Serie Literatura y Cultura
Editor General: Greg Dawes
Editor encargado de la serie: Ana Forcinito

José Revueltas y Roberto Bolaño
Formas genéricas de la experiencia

Alejandro Sánchez Lopera
Universidad El Bosque

Raleigh, NC

© 2017 Alejandro Sánchez Lopera

Reservados todos los derechos de esta edición para
© 2017 Editorial *A Contracorriente*

All rights reserved for this edition for
© 2017 Editorial *A Contracorriente*

ISBN: 978-1-945234-05-7

Library of Congress Control Number: 2017941670

ISBN-10: 1-945234-05-9
ISBN-13: 978-1-945234-05-7

Revisión y corrección de maqueta por Diana I. Torres
Diseño de interior y cubierta SotHer
Imagen de la cubierta "Bombardeo del palacio de La Moneda", Biblioteca del Congreso Nacional, Chile [CC BY 3.0], via Wikimedia Commons

Esta obra se publica con el auspicio del Departamento de Lenguas y Literaturas Extranjeras de la Universidad Estatal de Carolina del Norte

This work is published under the auspices of the Department of Foreign Languages and Literatures at North Carolina State University

Distributed by the University of North Carolina Press, www.uncpress.org

Para Tom, Loli, Edie Mona y Cami, Elisa y Múkaka

Tabla de contenido

1. Introducción	1
2. Soberanía genérica. *El luto humano*	17
2.1. Revolución Mexicana	17
2.2. El luto humano	22
2.3. Dos soberanos: Adán y Calixto	26
2.4. La huelga	28
2.5. Viaje inmóvil	31
3. José Revueltas y la filosofía latinoamericana: imágenes cinematográficas del mundo	43
3.1. La filosofía latinoamericana	45
3.2. El método de Revueltas	47
3.3. Conciencia, verdad, idea	50
3.4. América Latina como imagen	53
3.5. América Latina como isla	58
4. 1968: Lógicas de la crueldad. Parte I	65
4.1. Los hechos	71
4.1.1. Procedencias	71
4.2. La novela	81
4.2.1. Culpa y rencor	84
4.3. Las explicaciones	87

4. 1968: Revueltas y el acto profundo. Parte II ... 107
    4.4. Los críticos ... 111
        4.4.1. *Fantología* ... 115
    4.5. La memoria es el olvido ... 121
    4.6. Origen ... 126

5. *Amuleto*. Roberto Bolaño y las formas de la memoria ... 141
    5.1. Auxilio Lacouture ... 144
    5.2. Todo dentro de todo ... 152
    5.3. Auxilio y Funes, el memorioso ... 155
    5.4. Nube del tiempo ... 159
    5.5. Conjura ... 163

6. ¿Fascismo y sadismo en Chile? La *Estrella distante* de Roberto Bolaño ... 171
    6.1. De la dictadura al fascismo. De Carlos Keller a Carlos Wieder ... 178
    6.2. Raúl Zurita y la Nueva Vida ... 181
    6.3. Artes de la lectura: el confinamiento ... 192
    6.4. Artes de la escritura: de la tinta al gas ... 196
    6.5. Técnicas morales: mercantilismo meditado ... 199

7. De las letras a los cálculos: el *Nocturno de Chile* de Roberto Bolaño ... 207
    7.1. Sebastián consigue trabajo ... 210
    7.2. Sebastián se deprime ... 218
    7.3. Sebastián viaja a Europa ... 223
    7.4. Sebastián se despista ... 228
    7.5. La rumba final de Sebastián ... 236

8. Palabras de salida ... 245

9. Bibliografía ... 249

1. Introducción

"Es el cerebro el que forma parte del mundo material y no el mundo material el que forma parte del cerebro."

Henri Bergson, *Materia y memoria* 219

Este libro es una lectura en conjunto del mexicano José Revueltas (Santiago Papasquiaro, 1914-1976) y el chileno Roberto Bolaño (Santiago, 1953-2003), dos de los escritores más sugestivos para pensar filosóficamente América Latina. Sostengo que su lectura conjunta permite retratar formas genéricas de la experiencia en América Latina en términos anti-moralistas. Evito así adscribir a la literatura y al pensamiento adjetivos identitarios y territoriales como "latinoamericano." Con la literatura de Bolaño y Revueltas la cuestión latinoamericana deja de ser una lucha ética frente a los imperios (europeo o norteamericano); o un problema de autorización y búsqueda de legitimidad para el pensamiento producido en Latinoamérica. A partir de su literatura trazo formas genéricas que, no obstante, no persiguen inscribirse en la historia universal, ni construir un feudo frente a los demás continentes. Ese retrato anti-moralista que construyo a través de Revueltas y Bolaño, es posible en la medida en que la literatura y los análisis literarios se vinculen con la filosofía y la historia. En la medida en que se atraviesen espacios analíticos cerrados, excepcionales y aislados frente a los demás.

Entiendo la moral como las consecuencias de las operaciones que realizan nuestros prejuicios, esto es, los sedimentos que no son objetivados en la conciencia. Las operaciones morales, entonces, obedecen a hábitos y compulsiones corporales: "lo esencial e inestimable en toda moral consiste en que es una coacción prolongada" (Nietzsche, *Más allá* 146). Por anti-moralismo entiendo la posibilidad de dilucidar "los prejuicios que recubren los objetos, de manera que al quedar desnudos, dejen ver las fuerzas nobles y viles, que los constituyen" (Zuleta, "La moral cruel colombiana" 263).

Esta mirada me permite construir nuevas interpretaciones de ambos autores a partir de otros usos de sus textos. No hago entonces un análisis exhaustivo de la obra de Revueltas y Bolaño. Ni un análisis comparado de ambos escritores. En el caso de Revueltas, existen análisis destacados de su vida y su obra (Morrúa; Cheron). En el de Bolaño, la proliferación exponencial de análisis de sus textos,[1] que contrasta con el escaso material biográfico producido, va desde el odio a la alabanza; desde percibirlos como elixir para soportar el fin (Volpi, "Bolaño, epidemia;" Volpi, "El fin de la literatura"), a celebrarlos como el re-inicio de la literatura latinoamericana (González Echeverría). En cambio, trato de *pensar con* Revueltas y Bolaño, antes que *pensar a* Revueltas y Bolaño. En ese sentido, los capítulos sobre Revueltas se acercan más a los usos creativos que ha hecho Bruno Bosteels de novelas como *Los errores* (1964) o textos póstumos como la *Dialéctica de la conciencia* (1986) del escritor mexicano. Las novelas de Bolaño, de otro lado, las analizo como síntomas de un conglomerado de fuerzas sociales que rebasan el juicio acerca del escritor. ¿Es Bolaño bueno? ¿Es malo? ¿Es neoliberal? ¿Escribe confuso?, son preguntas que descarté desde el principio.

La literatura de Bolaño y Revuelas plantea un reto inmenso a aquello que ha obsesionado a nuestras sociedades: alcanzar el humanismo. Este ha pretendido alojar la crueldad en lo no humano: el bárbaro y el salvaje, la naturaleza, los animales y las plantas; el humano, así, trasciende aquello que corroe desde afuera, en exterioridad, su naturaleza virtuosa y buena. Por el contrario, Revueltas y Bolaño permiten estudiar las experiencias anti humanistas en sus propios términos; leer de forma inmanente aquello que escandaliza al pensamiento ilustrado mas, querámoslo o no, también nos habita. Puede postularse entonces que, al igual que la razón, la crueldad también es una facultad. Y en la medida en que, al igual que hicieron Bolaño y Revueltas en su literatura, penetremos en sus mecanismos y fibras íntimas, veremos que es el humanismo su principal promotor. Ambos autores permiten, para decirlo con Bolaño, una luz nocturna: "adentrarse en la oscuridad con los ojos abiertos y [mantener] los ojos abiertos pase lo que pase" (*Entre Paréntesis* 149). Mantener los ojos abiertos quiere decir observar el mundo tal cual es, sin darle la espalda ni, precisamente, inventarse otro mundo, negando el existente. Mantener los ojos abiertos, como un ángel frío.

El punto de partida para la escritura de los seis capítulos fueron dos interrogantes con respecto a estos dos escritores: ¿De qué es capaz un texto? y ¿qué es capaz de suscitar un texto? A partir de esas preguntas, el sentido de este libro es cómo se puede pensar a partir y a través de ciertos textos y ciertas vidas. La elección de los textos obedeció entonces no a un panorama de las obras de Revueltas y Bolaño, sino a la construcción de problemas. Cada capítulo está armado en torno a un problema, y los textos elegidos responden a su ubicación y sentido en el planteamiento del problema. Son seis problemas en total: soberanía genérica y no-territorial; imágenes del pensamiento; derecho de crueldad y ejercicios de la memoria, en el caso de Revueltas. Memoria no-psicológica y pensamiento; fascismo y sadismo; tránsito del letrado al calculista, en el de Bolaño.

Seis problemas articulados en torno a tres procesos sociales: la Revolución Mexicana, el 68 en México, y el golpe militar de 1973 en Chile. Tres procesos que estructuraron y desestructuraron de forma decisiva el siglo XX. Le otorgaron parte fundamental de su fisionomía, alterando el rostro de sociedades regidas por las neurosis decimonónicas de orden, progreso y civilidad. Son tres procesos que retan tanto la imagen decimonónica de orden y progreso, como la aspiración humanista de dar por sentado el bienestar de una naturaleza humana esencial. Tres procesos sintomáticos, no ejemplares, en que se desordenaron los códigos morales y no simplemente se quebrantó la legalidad. De hecho, para bien y para mal, estos tres procesos constatan la imposibilidad de captar ese desorden, en sus propios términos, desde el lente humanista. Así, entender el desorden desde el desorden mismo (y no desde un ideal de orden), permite abrir nuevas luces sobre estos tres procesos históricos. Que el orden no es más que un recorte del desorden, un desorden (temporalmente) ordenado erigido a partir de la moralización de la vida, a favor de unos y en detrimento de muchos: la configuración de lo que en su veta nietzscheana Max Weber llamaba "la ventaja del pequeño número" (*Economía* 704). Entender el desorden en términos inmanentes, permite ver su trastrocamiento por parte de fuerzas múltiples irreductibles en su actuar a nociones como "bondad," "progreso" o "legalidad," o a figuras como la de "mayorías" o la de "élite." La civilización liberal no es entonces una barbarie justificada o legítima (eso nos mantendría en una imagen jurídica de la sociedad); la civilización no es más que una barbarie moralizada que se presenta como fruto de la conciencia. Y la conciencia, un efecto, no una fuente u origen. "La creencia en las autoridades es la fuente de la conciencia: no es ésta, pues, la voz de Dios en el corazón del hombre, sino la voz de algunos hombres en el hombre" (Nietzsche, "El caminante" 439).

Voz cuyo eco y resonancia es salvaguardada por un peculiar guardián: el intelectual. En "La parte de los críticos," de la novela de Bolaño titulada *2666*, Oscar Amalfitano, profesor de literatura, exiliado chileno, bosqueja un retrato de los intelectuales latinoamericanos, en gran medida incomprensible para los críticos literarios europeos:

> En México, y puede que el ejemplo sea extensible a toda Latinoamérica, salvo Argentina, los intelectuales trabajan para el Estado. Esto era así con el PRI y sigue siendo así con el PAN. El intelectual, por su parte, puede ser un fervoroso defensor del Estado o un crítico del Estado. Al Estado no le importa. El Estado lo alimenta y lo observa en silencio. (161)

A través de la imagen del proscenio, Amalfitano pone a los intelectuales en un escenario, "una máquina, un juego de luces y de sombras, una manipulación en el tiempo, [que] hurta el verdadero contorno de la boca a la mirada de los espectadores":

> Por su parte, los intelectuales sin sombra están siempre *de espaldas* y por lo tanto, a menos que tuvieran ojos en la nuca, les es imposible ver nada. Ellos sólo escuchan los ruidos que salen del fondo de la mina. Y los traducen o reinterpretan o recrean. Su trabajo, cae de su peso decirlo, es pobrísimo. Emplean la retórica allí donde se intuye un huracán, tratan de ser elocuentes allí donde intuyen la furia desatada, procuran ceñirse a la disciplina de la métrica allí donde sólo queda un silencio ensordecedor e inútil. Dicen pío pío, guau guau, miau miau, porque son incapaces de imaginar un animal de proporciones colosales o la ausencia de ese animal. El escenario en el que trabajan, por otra parte, es muy bonito, muy bien pensado, muy coqueto, pero sus dimensiones con el paso del tiempo son cada vez menores. (162-163)

Amalfitano aclara que "la relación con el poder de los intelectuales mexicanos viene de lejos. No digo que todos sean así. Hay excepciones notables." Dentro de estas excepciones notables, entendido en toda su rareza y singularidad, se encuentra la obra y la experiencia vital de José Revueltas. Revueltas aparece mencionado en *Los detectives salvajes* (se menciona su novela *Los días terrenales*), novela en la que uno de sus personajes centrales, Ulises Lima, es el poeta mexicano *Mario* Santiago Papasquiaro: "Ulises Lima era mi amigo Mario Santiago," escribe Bolaño, y lo reitera en una carta al propio Mario: "estoy escribiendo una novela donde tú te llamas Ulises Lima" (Proyecto Patrimonio). Mario Santiago Papasquiaro se otorgó ese nombre en honor del pueblo natal de José Revueltas (Santiago Papasquiaro). Papasquiaro, de quien Bolaño afirma que es el mejor poeta que conoció en su vida, y el literato mexicano que más influyó sobre él (Proyecto Patrimonio),[2] fue compañero de Bolaño en la fundación del Movimiento Infra-realista (Espinoza Patricia 2005), y considera a José Revueltas su maestro, a quien frecuentaba asiduamente. Santiago Papasquiaro se considera a sí mismo "hijo" de José Revueltas.[3]

Existe otro cruce entre Bolaño y Revueltas sumados a estas circunstancias y coincidencias. Ambos autodidactas, y si bien con vínculos divergentes frente a la izquierda, ambos redundaron en algún momento en el trotskismo, por supuesto con intensidades y alcances diferentes: Revueltas como miembro fundador de la Liga Comunista Internacionalista de México junto con Diego Rivera y Carlos Chávez (Alexander 607-613); y Bolaño, tal como lo cuenta en una entrevista en 1998 sobre su retorno a Chile justo antes del golpe militar de 1973: "No, no militaba, pero en aquella época estaba en la extrema izquierda. Lo más cercano que tenía políticamente era el MIR (Movimiento de Izquierda Revolucionario) pero mi ideología era trotskista" ("Entrevista a Roberto Bolaño" 143).

México además es un cruce de caminos para Revueltas y Bolaño. Tanto *Los Detectives Salvajes* y *Amuleto*, como segmentos sustanciales de *2666* ("La parte de los crímenes" y "La parte de los críticos") transcurren en México. En términos históricos, estas novelas ubican los sucesos del 68 en México en un marco continental; en términos analíticos, despegan las fuerzas sociales de su particularismo geográfico para ingresar en formas genéricas del sujeto concernientes a la memoria y la experiencia. Los personajes de esas dos primeras novelas de Bolaño experimentan el 68 y sus efectos. De hecho, Bolaño mismo los experimentó cuando en 1968 se traslada a México, donde cursa la secundaria sin completarla. Vive en México hasta justo antes de volver a Chile, en 1973, en la antesala del golpe militar de Pinochet. Revueltas, por su parte, adquiere una importancia central en el 68 no por ser investido como líder instigador de los jóvenes, sino por su novedosa interpretación de lo sucedido. Los textos de Revueltas muestran no sólo que el 68 no puede ser comprendido sin los sucesos previos de la década del cincuenta, sino que el 68 no puede captarse sin un renovado diagnóstico del carácter de la Revolución Mexicana. De hecho, vistos desde un ángulo que no se pregunte por el éxito o eficacia históricas, estos tres procesos, por su carácter inacabado, permiten no sólo conectar las trayectorias escriturales y biográficas de Bolaño y Revueltas. Sino mapear un siglo XX latinoamericano por fuera de la idea de "transición," "mejoría" o "progreso." No se trata de un mapa del horror; sino de un diagrama de aquello que efectivamente hemos llegado a ser. Es decir, en términos afirmativos, se trata de pasar de la pregunta ¿qué puede un cuerpo?, a ¿qué puede un pueblo?

La Revolución Mexicana, el 68 en México y el golpe militar en Chile, son procesos cuyos efectos aún no están clausurados y están lejos de restringirse a América Latina,[4] y sobre los que articulo seis problemas que no son ni externos ni previos a los textos literarios, históricos o filosóficos usados, sino que se fueron fabricando en la lectura conjunta de esos tres grupos de textos. Estos problemas, y no los criterios de obra o autor (autoridad-autorización), son los que a su vez brindan el criterio de relación entre los textos analizados de Bolaño y Revueltas: si bien cada capítulo puede leerse de forma independiente con respecto a los demás, son esos problemas los que le dan unidad al libro. El cuerpo del que se trata aquí entonces no es el *corpus* literario. Se pasa entonces del corpus literario y sus formas, a las fuerzas que componen el cuerpo, cuerpo entendido aquí como superficie donde se inscriben los acontecimientos y lo inmemorial. En suma, el cuerpo en devenir y el devenir del cuerpo que la historia arruina (Foucault, *Nietzsche* 32).

Los seis problemas fueron construidos desde inquietudes morales que operan en los textos de ambos escritores. Así, el tono de Revueltas como Bolaño, su descripción anti-moralista del mundo, nos recuerda que el mundo no está ahí *para* nosotros, y mucho menos *por* nosotros. Ahí se sitúa la incomodidad, fastidio y malos entendidos que generan los textos de estos dos escritores. Porque una cosa es desengañarse con el mundo, desilusionarse por el mundo porque este no es lo que quisiéramos que fuera. Y otra distinta, que es la pulsión de Bolaño y Revueltas, es desmoralizar nuestro presunto lugar privilegiado en el mundo. Desde allí, el presunto pesimismo que se le adscribe principalmente a Revueltas, no radica entonces en que Revueltas escriba contra el mundo, sino que escribe contra el lugar que hemos erigido para nosotros mismos en ese mundo. Por eso se lo lee, una y otra vez, como pesimista.

Pensar a través de Bolaño y Revueltas no implica suspender los prejuicios propios, sino hacerlos parte del análisis, interrogarlos *al mismo tiempo* que se interrogan los textos. De esta manera, a la hora de analizar los textos, es posible poner en relación fuerza e interpretación, lectura y materialidad. Una mirada que dé cuenta de los múltiples sentidos, de las diversas fuerzas que intentan apropiarse de un texto y producir su "verdad." La materialidad de la lectura y la escritura rebasa la materialidad del texto, pues tiene que ver con *otro tipo de materia*: ni texto, ni autor, ni obra. Por el contrario, materia extra-literaria: la presunta "verdad" de un texto no proviene de sí mismo, sino de las fuerzas que se apoderan de él. Fuerzas sociales exteriores a la conciencia del autor. Y a la lucidez del crítico. Si bien confronto posturas de otros autores a lo largo de los capítulos, al crítico no lo defino por un nombre propio. El crítico es un modo de operación por el que todos pasamos una y otra vez. Su rasgo principal, que abordo en detalle en el capítulo 7, es su carácter sacerdotal. Ángel Rama recuerda en *La Ciudad Letrada* cómo, al referirse a los intelectuales, "fue también indispensable que este grupo estuviera imbuido de la conciencia de ejercer un alto ministerio que lo equiparaba a una clase sacerdotal" (31). Sacerdotes que, en el capitalismo, devenimos sacerdotes nihilistas: la encarnación perversa, en el sentido de negación del otro, del ascetismo. Envueltos en una atmósfera de pesadez vital, el nihilismo es el síntoma más agudo de debilidad y carencia que agota la fuerza vital del ser humano, para el cual "nada tiene sentido" o todo es "en vano". De acuerdo con Nietzsche, nihilismo es el intercambio generalizado e indiferenciado de personas, objetos y afectos (*Fragmentos Póstumos (1885-1889)* 115, 242, 394).

De ahí, también la diferencia clave que establezco entre el acontecimiento y la valoración que se tiene de este. El que la valoración sobre el acontecimiento cambie, no quiere decir que el acontecimiento también lo haga: "en este sentido, aunque un acontecimiento sea contrariado, reprimido, recuperado, traicionado, no por ello deja de implicar algo insuperable. Son los renegados los que dicen: ha quedado superado. Pero el propio acontecimiento, aunque sea antiguo, no se deja superar: es apertura de lo posible" (Deleuze, "Mayo del 68" 213). Es decir, es distinto el acontecimiento, a la fidelidad (o infidelidad) que se tiene hacia él. No debe, entonces, confundirse el acontecimiento con su efectuación espacio-temporal en un estado de cosas (Deleuze, *Lógica* 22); por eso el carácter impersonal del acontecimiento es irreductible a la opinión o valoración del sujeto. Lo cual tampoco significa homologar al acontecimiento con algo "bueno": es algo que simplemente sucede, por eso es inocente. Y el acontecimiento, en caso de ocurrir, no es global: es siempre local; incluso la desterritorialización ocurre en lugares precisos.[5] La transferencia del desencanto individual al proceso social en su conjunto, es el alto precio que hace pagar el nihilismo hoy. Eso es lo que distancia a Revueltas de Octavio Paz, y a Bolaño de Jorge Volpi. Distancia que se hace inconmensurable cuando Paz lee a Revueltas, y Volpi a Bolaño. En ese momento, la distancia se transforma en *misreading*: se empobrece la interpretación por la fuerza de los prejuicios (sea el anacronismo, sea el desencanto y la desilusión, la solemnidad, la creencia en el progreso, la bondad, etc.).

Por eso este libro es también un ejercicio de lectura. Por fuera del análisis intraliterario, parte de un presupuesto: *lo que pasó no es lo mismo que lo que se escribió*. Lo sucedido no es lo mismo que lo escrito (sobre lo sucedido). Además, el discurso "esconde" las fuerzas;[6] por eso el discurso, en cierto sentido, es posterior. Escribe Revueltas en su texto sobre cine: "Antes que la palabra en el hombre nace la mueca—prima hermana del gesto—como el conjunto primitivo, todavía no humano, de los signos necesarios de la comunicación... La articulación del lenguaje viene después, el hombre se convierte en palabra, la palabra en hombre" (*El conocimiento* 132). Antes que nada, primero que todo, la mueca, plástica y burlesca. Luego, el resto.[7]

De hecho, al confundir el texto con el mundo, buena parte de las veces el crítico termina afirmando que todo es lo mismo, que todo da igual pues se diluyen los criterios históricos de valoración. Al asimilar el mundo a un texto—el texto de textos—, la crítica literaria convencional ha despachado a la historia para quedar absorbida en los juegos de palabras. De ahí el casi nulo diálogo que hay entre la crítica literaria y la historia, que reduce la textura histórica del momento en que se escriben las obras a la lucidez interpretativa del crítico. De esta manera es posible analizar lo sucedido durante el año de 1968 en México (incluida la masacre de Tlatelolco el 2 de octubre), como lo hace Volpi en *El fin de la locura,* que ha sido llamada "la novela del 68 en México" (Steinberg), sin llegar a revisar el mínimo de fuerzas sociales que condujeron al acontecimiento—como dije, el acontecimiento no es "bueno," es tan solo una relación inestable de fuerzas; por eso no necesariamente se opone a la destrucción o al *mal*. Una de las consecuencias de esta forma de ver el acontecimiento es que al tiempo que se exalta el 68 en México como un acontecimiento (consumado o aún en proceso de hacerlo), se le desengancha de la secuencia más amplia que incluiría alzamientos estudiantiles y obreros previos en la década de 1950 y, por supuesto, de la Revolución Mexicana y el proceso de insubordinación por fuera del canal comunista convencional, del anarquismo de los hermanos Flórez Magón a principios del siglo XX. Retratar entonces las fuerzas pues ¿cómo se puede de-construir las convenciones, o alejarse de ellas, sin siquiera mostrar el proceso que llevó a su formación? ¿Cómo hablar de ruptura o conmoción, sin mostrar aquello que se conmueve? Por más que el acontecimiento irrumpa y sea intempestivo, de todos modos tarda en llegar.[8] Olvidar esto implica, como sostengo en el capítulo cuarto, no ser sensible a las formas en que el acontecimiento adviene al mundo, ingresando tanto en un equívoco en la relación con la historia como en un *impasse* lógico.

Se consuma así el paso de la totalidad social a la totalidad textual; o, en otros términos, la separación final entre pensamiento y experiencia. El texto, entonces, "resuelve" el mundo. Pero a la vez, se convierte en un texto sin mundo. Devolver el texto al mundo es la operación palpable en Revueltas y Bolaño. Por eso, los procedimientos para devolver el texto al mundo son, precisamente, los que evita mostrar la inmensa mayoría de los críticos de Revueltas y Bolaño.

El cansancio vital de nuestros días tiene una expresión más en ese evitar el contacto con la historia por parte del crítico literario. Centrado en el acontecimiento, la irrupción y la novedad, el crítico encuentra resguardo frente a los dogmas del Partido y los desastres del comando del líder. Bolaño, entre tanto, será el primero en alertar frente a la reducción de ese espesor de la experiencia a la hora de escribir y valorar, evitando decir que todo da igual. Sin optimismo o candidez, pero también sin desencanto, escribe Bolaño con sobriedad en "Una proposición modesta":

> La izquierda cometió crímenes verbales en Chile (una especialidad de la izquierda latino-americana), crímenes morales, y probablemente mató a personas. Pero no le metió ratas vivas por la vagina a ninguna muchacha. No tuvo tiempo para crear su mal, no tuvo tiempo para crear sus campos de trabajos forzados. ¿Es posible que si hubiera tenido tiempo lo hubiera hecho? Claro que es posible. Nada en la historia de nuestro siglo nos permite suponer una historia paralela más optimista. Pero lo cierto es que los campos de concentración en Chile no son obra de la izquierda, ni los fusilamientos, ni las torturas, ni los desaparecidos, ni la represión. Todo eso lo hizo la derecha. Todo eso es obra del gobierno golpista. (84)

Al evitar esa valoración, gesto muy afecto a la crítica anacrónica que juzga el pasado desde el hoy, el nihilismo y el capitalismo exhiben su íntimo nexo: todo da igual, da lo mismo izquierda que derecha, precisamente en el momento en que la equivalencia generalizada del capitalismo hace que nada valga la pena porque todo da igual. Eso es precisamente lo que expone Bolaño: que la nada nihilista del crítico literario (y del escritor vanguardista en el caso de su novela *Estrella Distante*) es el correlato necesario de la indiferenciación generalizada del capitalismo, donde todo vale porque todo da igual.

El libro presenta, finalmente, una lectura a medio camino entre la filosofía y la literatura. El diálogo entre la literatura de Bolaño y Revueltas, y la filosofía de Nietzsche y Deleuze, es lo que me permitió postular esas problemáticas, construir problematizaciones. Las problemáticas se armaron en ese encuentro entre dos mundos: ambos al tiempo, no uno sin otro. Las lecturas y la creación de problemáticas avanzaban al mismo tiempo, pero en distintas direcciones. Se puede hacer filosofía de la literatura, o analizar literariamente un texto filosófico. En este libro intento pensar si es posible hacer filosofía a partir de la literatura, y hacer literatura a partir de la filosofía. Y sostengo que la forma más productiva es mantener a la literatura y la filosofía juntas. Esa combinación me parece la más fructífera: cada una lleva a la otra a lugares insospechados. Así, la filosofía de Gilles Deleuze, que uso aquí, era imposible de producirse sin la literatura, y es ilegible sin ella: no se podían inventar nuevas conceptos y estilos sin alterar las formas de la filosofía, y es el recurso a la literatura el que permite la transformación de la lengua de la filosofía y su talante. La filosofía, finalmente, encuentra su propia forma literaria, y la literatura se abre como lugar de pensamiento (Badiou, "Panorama" 178-79). Y lo que es capaz de suscitar un texto de Bolaño o Revueltas escapa a las posibilidades literarias mismas: allí donde la literatura agota sus posibilidades, la filosofía toma el relevo, y viceversa. No se trata entonces de saber si los autores que abordo tienen las mismas influencias, si leyeron a los mismos autores (algo que, por supuesto, no debe descartarse en algunos casos). Tampoco si Revueltas leyó a Nietzsche, o Bolaño a Bergson. O si su pensamiento es equiparable—todo lo contrario, el diferencial del pensamiento busca poner en relación cantidades no comparables, busca navegar sobre el diferencial de potencias. Pero sí que, en momentos y perspectivas distintas, se instalaron en series de problemas similares, en combates morales que resuenan entre sí. De nuevo, el anti moralismo sería un lugar de co-incidencia y con-fusión. Así como el pesimismo, atribuido a todos por igual: Bolaño, Nietzsche, Revueltas y Deleuze.

Esto instala mi argumento en el vitalismo, no en el existencialismo. Antes que angustia frente al hecho mismo de existir, frente a la finitud, hacerse parte de un cosmos que nos deja sin lugar soberano. Antes que elecciones o decisiones de sujetos, encuentros imprevistos y raros de fuerzas con lo que acontece una filosofía del devenir.[9] No es lo mismo Kierkegaard que Nietzsche; ni Sartre que Deleuze. Vitalismo, entonces, en tanto anti-humanismo, es decir, en tanto la *existencia* no es un predicado particular del animal humano, del sujeto libre o de la acción moral. Sartre expresa el contraste frente al vitalismo con claridad en "El existencialismo es un humanismo," en términos topológicos, "puesto que precisamente estamos en un plano donde sólo hay hombres" (42). De hecho, el vitalismo concierne más a la *experiencia* que a la *existencia* (por lo menos a una existencia humana).[10] Inhumano, claro, es tanto Nietzsche como Sade, tal como veremos en el capítulo 6 sobre la novela *Estrella Distante* de Bolaño.

En Bolaño y Revueltas se celebra el desgarramiento, el desencuentro, pero no como un festejo del sufrimiento, o un festejo desde el sufrimiento. Ni como un lamento nostálgico: es lo que Nietzsche—mejor que nadie—llamará "pesimismo propio de la fortaleza" ("Ensayo de autocrítica" 34). El pesimismo: no el nihilismo. Es decir, un pesimismo que no niega la vida, ni reniega de la vida: todo lo contrario a una "«voluntad encaminada a negar la vida»" (43).

> Mi nuevo camino hacia el "Sí." Mi nueva versión del pesimismo como búsqueda voluntaria de los aspectos terribles y cuestionables de la existencia: con lo que se me han hecho claros algunos fenómenos del pasado. "¿Cuánta 'verdad' soporta y osa un espíritu?" (Nietzsche, *Fragmentos Póstumos* 54)

Es una dicha sin optimismo (por eso el libro de Philippe Cheron sobre Revueltas se titula "El árbol de oro: José Revueltas y el pesimismo ardiente"). La vida es voraz, y tiene una fuerza destructiva inmensa. Por eso la literatura de Bolaño y Revueltas permite sentir el juego del mundo; así este sea un juego trágico. Experimentarlo entonces desde la *sobriedad*, esto es, el cómo no desesperar ante el horror de la vida tal cual es. Pero también, como no caer en el nihilismo. En esa dirección, el mundo es indiferente a nosotros, indiferente frente a nuestras valoraciones. Y a su vez, el libro se instala en una indiferencia ante las cosas primeras y últimas, para vivir la cercanía a las cosas próximas, "la inmanencia del más acá," evitando así la "difamación del mundo" sobre la que nos alerta Nietzsche (*Fragmentos póstumos* 192).

Por eso me fue posible hacer la crítica de la idea de que el único despliegue posible para el pensamiento en el continente es la denominada filosofía latinoamericana—o el latinoamericanismo. Universitaria, disciplinada, normalizada, la filosofía latinoamericana capturó las posibilidades de pensamiento en América Latina reduciéndolo a una colección de nombres propios (Enrique Dussel, Leopoldo Zea) que se oponían a la gran Europa desde una condición de esclavitud y culpa: eres el amo que me ha hecho daño, debes repararme y reconocerme como par, es la exclamación que abunda en la dialéctica de dicha filosofía latinoamericana.[11] Esclavitud la entiendo en un sentido preciso, nietzscheano: ni debilidad ni miseria, sino impotencia, el estar separado de lo que se puede, de la potencia: "Nietzsche llama débil o esclavo no al menos fuerte, sino a aquél que, tenga la fuerza que tenga, está separado de aquello que puede" (Deleuze, *Nietzsche* 89). Recientemente, en el caso de la academia norteamericana, el latinoamericanismo ha entendido a América Latina como significante, sumatoria de discursos, u objeto de conocimiento; como representación o idea.[12] Sufrimiento por un lado; lenguaje por el otro.

Al separarme de esa dialéctica, trato de extraer de los textos literarios fuerzas y afectos invisibles desde ese gran paradigma de la herida colonial, así como de las teorías liberales del Estado y la sociedad, la fe en el progreso como fuente de superioridad moral y la candidez del humanismo.[13] Estas fomentan un crítico incapaz de hacerse parte del mundo, de hacerse mundo y devenir mundo pues esto le implicaría perder su estatus de juez. Y perder los privilegios y majestad a los que insiste en aferrarse. Al final, tanto las teorías liberales como la candidez humanista son incapaces de percibir las pasiones naturales del mundo. De aceptar que la luminosidad del mundo proviene de las cosas, no del ojo. De arriesgarse a pensar sin resentimiento.

Notas

1. La calidad de la explosión bibliográfica en torno a Bolaño es diversa y desigual. Quizás los textos de Peter Elmore y el de Hermann Herlinghaus, concentrados en su novela *2666*, son dos de los análisis más lúcidos escritos hasta el momento sobre sus textos. Para un análisis de esta explosión, pueden verse los textos de Jean Franco ("Questions for Bolaño") y Sarah Pollack.
2. Durante una entrevista, a la pregunta "¿hay algún personaje de la literatura mexicana con quien tú te relaciones y que te influya de manera importante?", Bolaño responde: "De manera importante, importante, Mario Santiago. Para mi es el mejor poeta que he conocido en mi vida" (Proyecto Patrimonio).
3. Dice Mario Santiago Papasquiaro: "Yo y mis amigos. Lo que pasa es que fui líder estudiantil, fundé el comité de lucha en la prepa 1, en San Ildefonso. Te conozco toda la historia de la guerrilla y la guerra sucia… Fui marxista-leninista… Tuve oportunidad de conocer a mis 19 años a José revueltas y a Efraín Huerta en sus respectivas casas. Yo soy hijo de ellos. Por eso mi seudónimo de Santiago Papasquiaro, el pueblo de Durango donde nacieron los hermanos Revueltas… Hay dos camadas fundamentales para mí, la de los Revueltas y la de los Flores Magón. Yo también tengo una formación anarquista, Un maestro me puso en la secundaria a hacer investigación sobre los Flores Magón y me gustó. Creo que son las familias más preclaras que han existido en México. Pero todo eso vale para pura chingada…" (Proyecto Patrimonio).
4. Como discuto en el capítulo 2 y 4 sobre la Revolución Mexicana y el 68 siguiendo a Eric Van Young, el borramiento de la Revolución Mexicana en las meditaciones sobre las revoluciones occidentales es sintomático y *habla* por sí mismo. Al discutir la génesis y efectos del golpe militar chileno en los capítulos 6 y 7, sobre la obra de Bolaño, aludo al debate producido en la *Revista de Crítica Cultural* y *Extremoccidente* en torno a la significación del golpe militar, el arribo de Salvador Allende al poder ejecutivo institucional, y los efectos de dichos procesos en la actualidad de Chile como índice de globalización radical.
5. Deleuze y Guattari hablan de la desterritorialización del nómada en un "absoluto local," y escriben que el nómada encuentra en la tierra un territorio, "la tierra deja de ser tierra, y tiende a devenir un simple suelo o soporte. La tierra no se desterritorializa en su movimiento global y relativo, sino en lugares precisos" (*Mil Mesetas* 386). Esta localización puede también expresarse en los términos de Alain Badiou: "lo que ocurre es siempre local: la idea de una excepción

global está desprovista de sentido porque, ¿a qué haría excepción, desde el momento en que todo ha cambiado?" (*Segundo manifiesto* 83).
6. Al respecto puede verse el trabajo de Stephen Zepke sobre la artista suiza Anita Fricek. En pintura se trata de hacer visibles las fuerzas invisibles—invisibles, no ocultas. Escribe Deleuze a propósito de la pintura: "En arte, tanto en pintura como en música, no se trata de reproducir o de inventar formas, sino de captar fuerzas. Por eso ningún arte es figurativo. La célebre fórmula de Klee, 'no hacer lo visible, sino hacer visible', no significa otra cosa. La tarea está definida como la tentativa de hacer visibles fuerzas que no lo son" (*Francis Bacon* 35).
7. Dice Foucault en su lectura de la genealogía de Nietzsche: "el hombre ha comenzado por la mueca de lo que iba a devenir; hasta Zaratustra tendrá su mono, que saltará detrás de él y tirará el faldón de su vestido" (*Nietzsche* 20).
8. Nietzsche, el escritor de las intempestivas contra la historia, lo vio mejor que nadie: "'Llego demasiado pronto—dijo entonces—, mi tiempo todavía no ha llegado. Este enorme acontecimiento aún está en camino y deambula, aún no ha penetrado en los oídos de los hombres. El rayo y el trueno necesitan tiempo, la luz de las estrellas necesita tiempo, aún después de que hayan ocurrido, para ser vistos y escuchados'" ("La ciencia jovial" 688).
9. Aquí sigo el texto de Nietzsche, *Los filósofos preplatónicos*: "El devenir eterno y único, la absoluta indeterminabilidad de todo lo real, que constantemente actúa y deviene pero nunca *es*, como enseña Heráclito, es una idea terrible y sobrecogedora cuyo influjo puede compararse a la sensación que se experimenta durante un terremoto de perder la fe en la solidez de la tierra" (226). Puede verse la confrontación entre devenir e historia que establezco en el capítulo 4.
10. Jean-Paul Sartre distingue tres signos del existencialismo en su texto *El existencialismo es un humanismo*, su conferencia de 1945 en París: a) una afirmación: "que la existencia precede a la esencia, o si se prefiere, que hay que partir de la subjetividad," es decir, "el hombre no es otra cosa que lo que él hace" y es responsable por completo de ello (27, 31, 33); b) una pregunta, frente al pesimismo atribuido al existencialismo: "En el fondo, lo que asusta de la doctrina que voy a tratar de exponer, ¿no es el hecho de que deja una posibilidad de elección al hombre?" (25-26) y c) un emplazamiento: "¿qué queremos decir con esto sino que el hombre tiene una dignidad mayor que la piedra o la mesa? El hombre es ante todo un proyecto que se vive subjetivamente, en lugar de ser un musgo, una podredumbre o una coliflor" (31-32). Frente a esto opongo el esquema de pensamiento que atraviesa a parte sustancial del pensamiento francés de la segunda posguerra mundial (Althusser, Lacan, Foucault), y que Alain Badiou ha sintetizado con lucidez en diversos lugares como anti-humanismo. Para el anti-humanismo el sujeto es una *forma*, no un contenido, y sobre todo una forma posible entre otras: una estabilización de fuerzas y no una interioridad. El sujeto, como efecto o síntoma, no coincide con el yo, y es posterior a su locación: alguien se hace sujeto en la medida en que pasa o habita un lugar determinado (de ahí la primacía de la topología sobre el saber de las esencias o sustancias, ontología). Dice Deleuze: "Y es en el hombre donde hay que buscar, tanto en el caso de Foucault como en el de Nietzsche, el conjunto de

las fuerzas y funciones que resisten… a la muerte del hombre. Spinoza decía: no se sabe lo que puede un cuerpo humano cuando se libera de las disciplinas del hombre. Y Foucault: no se sabe lo que puede un hombre 'en tanto que está vivo', como conjunto de 'fuerzas que resisten'" (*Foucault* 122-123). A su vez, en la estela de un materialismo que se remonta a Spinoza, para el anti-humanismo no hay superioridad intrínseca de "lo humano" sobre los demás seres y objetos del cosmos: cada ser (humano, cosa, objeto) expresa una sustancia, que a su vez se expresa en cada ser trastocando el mundo segmentado y vertical centrado en el sujeto en un cosmos anti-jerárquico poblado de perspectivas. Puede verse de Badiou su *Segundo Manifiesto por la filosofía* (51-53), y de Deleuze, sus clases sobre Spinoza tituladas en español *En medio de Spinoza* (56-57). Para una crítica del existencialismo (particularmente el caso de Camus) elaborada a partir de Nietzsche, ver Loeb.

11. La crítica a esa forma de la filosofía latinoamericana, que adoptó la forma de historia de las ideas en la línea de José Ortega y Gasset y José Gaos, fue tempranamente realizada por Edmundo O'Gorman y por Roberto Salazar Ramos, como veremos en el capítulo III. O'Gorman planteará la "destrucción de la metafísica de lo latinoamericano," criticando la visión de América como "cosa en sí." Para Salazar Ramos, la pregunta no era tanto si nuestra presunta "razón latinoamericana" era "lógica," sino que se trataba de indagar por cuál era la lógica de esa razón. Una década más tarde, a mediados de 1990, será Santiago Castro-Gómez quien desarrolle esta crítica, entendida como "crítica de la razón latinoamericana," siguiendo la formulación del filósofo Daniel Herrera (remito a la nota 2 del capítulo III del libro). Para una crítica afirmativa a esta filosofía, se puede ver Sánchez Lopera.

12. Al respecto pueden verse distintos acercamientos hechos desde presupuestos diferentes: el libro de Román de la Campa, *Latin Americanism*, que en 1999 entendía el latinoamericanismo en estos términos: "a community of discourses that has gained particular force during the past few decades, mainly in the United States, but also beyond" (Campa vii). En una dirección similar, en 2001, Alberto Moreiras sostenía en *The exhaustion of difference*: "Latin Americanist reflection today, understood as the sum total of academic discourse on Latin America, whether carried out in Latin America, in the United States, in Europe, or elsewhere" (1). Posteriormente, en 2002, el *Journal of Latin American Cultural Studies* publicó un número dedicado al tema cuya introducción a cargo de Jon Beasley-Murray, "Introduction: towards a new Latin Americanism," decía: "the New Latin Americanism is a near-empty signifier; it is whatever you want it to be, and we gave our contributors the brief of addressing the topic 'however you might wish to interpret that phrase'" (261). En 2013, la revista *Política Común* de la Universidad de Michigan, en su cuarto número, reavivó estos debates a raíz de la publicación del libro de John Beverley, *Latinamericanism after 9/11* en 2011. Finalmente, en 2014, Erin Graff-Zivin publicó el artículo "Beyond Inquisitional Logic, or, toward an An-archaeological Latin Americanism," texto que analizo críticamente en el capítulo IV del libro. Para

una crítica de estos enfoques y debates, se puede ver el texto de Neil Larsen. Recientemente, desde otro ángulo analítico, puede verse el texto de Nick Morgan.

13. Sobre la candidez del humanismo y su lado siniestro, develado por Nietzsche, se lee en *Normas para el parque humano* de Peter Sloterdijk: "Con la tesis del hombre como criador del hombre estalla por los aires el horizonte humanista, en tanto que el humanismo no puede ni le es lícito pensar nunca más allá de la pregunta por la domesticación y la educación: el humanista deja primero que le den al hombre para después aplicarle sus métodos domesticadores, adiestradores, educadores, convencido como está de la necesaria relación entre leer, estar sentado y apaciguarse. Nietzsche en cambio—que ha leído con la misma atención a Darwin y a Pablo—cree percibir, tras el claro y alegre horizonte de la domesticación escolar de los hombres, un segundo horizonte más oscuro. Él barrunta un espacio en el que darán comienzo inevitables peleas sobre la dirección que ha de tomar la cría de hombres; y es en este espacio donde se muestra el otro rostro, el oculto, del claro del bosque. Cuando Zaratustra camina a través de la ciudad en la que todo se ha vuelto más pequeño, percibe el resultado de una política de cría hasta entonces exitosa e indiscutible: los hombres—según le parece—han ido criándose a sí mismos hasta lograr, con ayuda de una habilidosa asociación entre ética y genética, hacerse más pequeños. Se han autosometido a la domesticación, y han puesto en marcha sobre sí mismos un proceso de selección y cría orientado a la docilidad del animal doméstico. De esta suposición nace la peculiar crítica de Zaratustra al humanismo, articulada como el rechazo de la falsa orla de candidez de la que se rodea el buen hombre moderno. Efectivamente, no sería cándido que los hombres criasen hombres para la candidez. El recelo de Nietzsche frente a toda la cultura humanística exige que se airee el secreto de la domesticación de la humanidad. El pretende llamar por su nombre a los que hasta ahora han asentado el monopolio de la cría, los curas y los profesores, que se presentaban como los amigos del hombre" (63-64).

2. Soberanía genérica. *El luto humano*[1]

2.1. Revolución Mexicana

La conmoción experimentada por México, especialmente durante la segunda década del siglo XX, no cesa de producir efectos. Como todo sueño despierto y colectivo de un pueblo, hermoso y atroz al mismo tiempo, la Revolución Mexicana desató potencias y produjo sometimientos cuya génesis y sentido marcan la actualidad. Recientemente, ha sido definida por dos destacados especialistas en la materia, como "the long, bloody, chaotic struggle began on November 20, 1910, as a rebellion against President Porfirio Díaz, the nation's authoritarian ruler since 1876" (Joseph y Buchenau 1).

Independientemente que se le califique como "nacional," "popular," "campesina" o simplemente como "una gran rebelión" (Knight, "The Mexican Revolution: Bourgeois?"), la polémica sobre su definición, logros o fracasos, y acotamiento temporal, sigue abierta.[2] Esto a pesar que, como señala Eric Van Young, "no es muy probable que el largo y agitado siglo XIX mexicano (1800-1920), incluyendo la fase armada de la Revolución, como tampoco los movimientos independentistas de América Latina en general aparezcan en los radares de nuestros pensadores más influyentes en la sociología histórica comparada" (33). A su vez, desde hace cuatro décadas los estudios regionales y locales sobre la Revolución Mexicana se han multiplicado, impugnando tanto la "historiografía capitalina" como la mistificación interpretativa de la historia oficial sobre los eventos regionales, "searching for historical roots and analogies that might inform the political activity of the present, the new regional and microhistorians issued a strong indictment of the stifling centralization of the postrevolutionary state" (Joseph y Nugent 8).[3]

Precisamente la centralización es uno de los dilemas nucleares instalados en el corazón de la Revolución Mexicana. Una centralización que pasaba por el asentamiento y dominio territorial, por las posibilidades y dificultades para absorber territorios desde el centro, México. La consolidación, entonces, o el conjuro, del Estado central. La expresión más significativa de las fuerzas vivas tensadas en ese proceso, es la Convención de Aguascalientes de octubre de 1914 a septiembre de 1915. Allí confluyeron las tres fuerzas que derrocaron, luego de la caída de Porfirio Díaz, al régimen de Victoriano Huerta: constitucionalismo, villismo y, en condiciones especiales, el zapatismo. Y una cuarta, conformada por Álvaro Obregón y Eulalio Gutiérrez (a la postre presidente provisional que ejercería el ejecutivo en lugar del primer jefe), que precisamente apuntaba a "excluir tanto a Villa como a Carranza, y de ser posible a Zapata, de la jefatura de la Revolución" (Katz, *La guerra secreta* 306). Esto es, las fuerzas de Venustiano Carranza (hacendado y antiguo senador porfirista), Francisco Villa y Emiliano Zapata enfrentadas a la presidencia provisional de Victoriano Huerta, que estaba asentada en una coalición conservadora de altos mandos del ejército federal, católicos y ex revolucionarios enemigos de Francisco Madero, y el "felicismo," grupo de rebeliones multiformes movilizándose desde Veracruz a Oxaca y Chiapas, que pueden entenderse como "revueltas defensivas" o "provincialismo anti-revolucionario" (Knight, *The Mexican Revolution* 375-76; Avila Espinosa 122).

La Convención de Aguascalientes aparecía como un escenario de posible confluencia y acuerdo entre las fuerzas dispares de Villa, Carranza y Zapata, pero era la expresión de una "guerra entre facciones revolucionarias" (Joseph y Buchenau). Cabe recordar que la Convención de Aguascalientes (citada para el 10 de octubre de 1914) se preparó casi simultáneamente a la Convención de México (1 de octubre). Ese "desfase" temporal marcó el sentido de lo sucedido en Aguascalientes:

> The Mexico City convention reached one decision—after acrimonious debate—which was of great practical and even more symbolic significance: that, as the original Torreón Statement stipulated, the Aguascalientes convention should be confined to the revolution's military leaders, or their appointed delegates. Civilians, in other words, could only appear as delegates of the military: the revolutionary army was the fount of legitimacy. (Knight, *The Mexican Revolution* 255)

La pregunta por el uso legítimo de la fuerza, y su ejercicio sobre territorios específicos, adquirió allí uno de sus momentos cumbre. Así como las relaciones de mando y jerarquía, tanto sobre los territorios, como entre las fuerzas militares y las civiles:[4] dilemas irresolubles de una sociedad en armas. ¿Quién, o quiénes eran, entonces, dignos de mando? ¿Quién o quiénes serían los llamados a ser investidos de autoridad legítima, y a través de qué canales? ¿Los caudillos, los hacendados y rancheros, o las multitudes armadas? La composición multiforme, de fronteras porosas de la Convención, no excluía sin embargo líneas de confrontación transversales que otorgaban sentidos precisos a la multiplicidad de intereses contrapuestos. De esto da cuenta el diálogo entre Zapata y Villa en Xochimilco en diciembre 4 de 1914.[5]

A pesar de las tensiones entre facciones—llevadas al límite tras el retiro de los carrancistas, la acusación hecha sobre Carranza de estar "en abierta rebelión" y la proclamación de Villa como "jefe en armas"—, la Convención se declaró a sí misma soberana e independiente de todas las formas previas constituidas de autoridad (Aguilar Camín y Meyer 48, 50). Así, el martes 9 enero de 1915, el general Felipe Ángeles, quien había ido hasta Morelos buscando a los zapatistas para que asistieran a la Convención, dijo en representación de Francisco Villa en la Convención Soberana de Aguascalientes:

> No estoy de acuerdo en que realmente debimos declararnos soberanos, porque la mayoría haya estado aquí; no sabemos si será mayoría; pero aunque así fuera, no es condición suficiente que la mayoría esté representada, es necesario que todas las facciones estén aquí representadas para que la convención pueda ser representada. (225)

La Convención Soberana de Aguascalientes contó con la participación de militares en representación de los generales y distintos ejércitos alzados en armas a lo largo de México. Sus requisitos de admisión los relata otro participante de la misma, "el ciudadano Berlanga": "las condiciones para ser miembros de la asamblea eran: primera, ser militar; segunda, ser General, Gobernador, o bien, que a estos se les concedía el derecho de nombrar representante, siendo indispensable que los representantes fueran militares" (230).

Parte de la discusión planteada por Ángeles era, por un lado, las condiciones de participación del Ejército Libertador del Sur, al mando de Emiliano Zapata. Por el otro, el posible lugar del Plan de Ayala como parte del programa de gobierno de la Convención. Es decir, la cuestión de la apropiación, uso y tenencia de la tierra. Detrás de los comentarios de Ángeles hay un objeto específico, este objeto es un problema, y ese problema es la ausencia de Emiliano Zapata. Y detrás de Zapata está, por supuesto, el objeto que está en el centro de la Revolución como tal: la tierra. Esto es, lo que estaba en juego en la posición de Ángeles con respecto a la soberanía de la Convención es la preocupación con la exclusión potencial de una fuerza que había concentrado su vigor en la cuestión de la ocupación, tenencia, y distribución de la tierra. Zapata, finalmente, no asistió a la Convención. "No quería asumir su parte en un gobierno central. Cuando se celebró la Convención de Aguascalientes, mandó a sus voceros intelectuales, como Soto y Gama y Palafox, a hablar pues él no quería asistir" (Knight, "VII. Alan Knight: El Leviatán de papel" 80).

No obstante, fue Zapata quien, pocos años antes puso en práctica esta visión a través de uno de los documentos básicos de la Revolución, el *Plan de Ayala*, firmado en Morelos en noviembre 28 de 1911. El punto 6 del plan dice:

> Como parte adicional del Plan que invocamos hacemos constar: que los terrenos, montes y aguas que hayan usurpado los hacendados, científicos o caciques a la sombra de la tiranía y de la justicia venal entrarán en posesión de estos bienes inmuebles desde luego, los pueblos o ciudadanos que tengan sus títulos correspondientes de esas propiedades, de las cuales han sido despojados, por la mala fe de nuestros opresores, manteniendo a todo trance, con las armas en la mano, la mencionada posesión y los usurpadores que se crean con derecho a ellos, lo deducirán ante tribunales especiales que se establezcan al triunfo de la Revolución. (Zapata y otros 4)

En el centro de la intervención de Ángeles, entonces, se encuentra una disputa armada en torno a la cuestión de la tierra en dos niveles: primero, la situación *de facto* de la Revolución, en la cual distintos ejércitos gobernaban distintas porciones de tierra, esto es, distintos territorios. Segundo, el impulso jurídico de la rebelión de Zapata, en la cual individuos específicos podrían poseer tierras, convirtiéndose en propietarios.

No es casualidad que esta condición recubra la expresión de precaución de Ángeles con respecto al tópico específico de la *soberanía*. La formación del Estado estaba a la orden día: sólo pocos años después de la Convención, en el contexto de establecimiento de una nueva república, Max Weber ofrecerá una teoría del Estado en estos términos en 1919 en Múnich: "aquella comunidad humana que, dentro de un determinado territorio (el *territorio* es un elemento distintivo) reclama (con éxito) para sí el monopolio de la *violencia física legítima*" (*El político* 83). Monopolio de la violencia que, entre otras cosas, estaba en el corazón de los debates de la Convención, y de ahí el problema de la soberanía planteado por Ángeles: ¿quién o quiénes, pueden ejercer legítimamente el derecho de violencia en un territorio específico? Este uso de la violencia, el respaldo de las armas, es además el sostén que podía hacer efectiva la posesión sobre la tierra.

Treinta años y una guerra mundial después, un incisivo teórico de la soberanía, el jurista católico Carl Schmitt, profundizará esa cuestión de la soberanía con relación a la violencia ("violencia física legítima") y la tierra ("un determinado territorio"). En el capítulo titulado *El derecho como unidad de ordenamiento y asentamiento*, parte del libro *El nomos de la tierra*, escrito en Berlín entre 1942 y 1945, concluye Schmitt:

> La historia de todo pueblo que se ha hecho sedentario, de toda comunidad y de todo imperio se inicia, pues, en cualquier forma con el acto constitutivo de una toma de la tierra. Ello también es válido en cuanto al comienzo de cualquier época histórica, la ocupación de la tierra precede no sólo lógicamente sino también históricamente a la ordenación que luego le seguirá. (28)

Las formas de acumulación primitiva, en esa tesis, preceden a la ley, o al menos la ley *efectiva*, no sólo en cualquier imperio (lo que es de esperar) sino en cualquier asentamiento de gente, e inclusive, *al comienzo de cualquier época histórica*. En el corazón de la Revolución se encuentra la posesión o *toma de la tierra*, y es este acto fundador el que antecede la ley.

La Revolución Mexicana es un contexto productivo para abordar los límites de esa tesis. En parte porque las interpretaciones predominantes de dicha Revolución, se enmarcan en los dilemas que enfrentaron tanto Weber como Schmitt y, especialmente, uno de los teóricos esenciales del Estado en Occidente: Thomas Hobbes. Así, el historiador británico Alan Knight, destacado estudioso de la Revolución Mexicana, ha propuesto interpretarla desde una perspectiva hobbesiana, asimilando el Estado mexicano en construcción a un Leviatán.[6] En cierta medida, este "Hobbesian carácter, a 'condition of war of everyone against everyone,' a 'restless striving after power which ceases only in death'" (Knight, *The Mexican Revolution* 450), es lo que explicaría, más allá de las inclinaciones o rencillas individuales entre los líderes como Villa o Zapata, los cursos de la Revolución.

De esta lado del Atlántico, la intervención del militante comunista y escritor mexicano José Revueltas, que data de la misma década de *El nomos* de Schmitt—el "Hobbes del siglo XX" en palabras de uno de sus más destacados comentaristas—,[7] es una suerte de reto a esa forma soberana que, de Hobbes a Schmitt, no cesa de producir jerarquías verticales. Revueltas se ocupó de la cuestión que invocaba Felipe Ángeles en dos sentidos. Por un lado, reconoció el dilema que estaba en el fondo de la Revolución: no el ejercicio del sufragio, sino la tierra. Así lo expresa en el texto de 1939 sobre la independencia mexicana y la Revolución:

> La fórmula del sufragio y la no reelección ha alcanzado la victoria. Pero, ¿qué significan estas palabras?, parecen preguntarse las masas indígenas y desposeídas. Ellas han venido luchando por palabras desde la Independencia. Detrás de esas palabras han querido ver la tierra, pero la tierra no les ha sido entregada. La fórmula del sufragio efectivo las deja también sin tierras […]. Emiliano Zapata se levanta como maderista, apoyando la fórmula del sufragio efectivo, pero quiere que esa fórmula abstracta se convierta en tierra y pan para sus indios […]. [Así] el zapatismo ya se ha convertido en la revolución, ya es por sí mismo la revolución. ("La independencia nacional" 76)

Por el otro lado, rechazó la historia de que un caudillismo de corte militar—del cual la Convención de Aguas Calientes sería ejemplar—podría conducir a una representación de los intereses colectivos, y por esa vía, a una transformación de corte socialista en la sociedad. Prosigue Revueltas:

> En el análisis de la revolución mexicana los caudillos tienen importancia en tanto representan intereses y clases no transitorios, no episódicos, no superficiales ni anecdóticos. Puede decirse más aún: que ningún caudillo, individualmente, ha representado los intereses en conjunto de la revolución […] (114)

En medio de estos dos obstáculos, Revueltas tejerá otro tipo de relación del humano con la tierra, y en últimas, perfilará otro tipo de soberanía. Su primer intento de dilucidar esto se encuentra, no en el estudio de un texto jurídico o en alguno de sus ensayos políticos, sino en un texto literario: su segunda novela, *El luto humano* (1943), basada en parte en su experiencia como sindicalista (Revueltas, "El realismo" 117), y publicada en las postrimerías de la construcción del Estado en el México "post-revolucionario." Para la época en que la Revolución ha perdido su impulso inicial, Revueltas abordará este problema de la relación entre tierra-soberanía-violencia en términos distintos, esto es, desde la posibilidad de concebir otro tipo de soberanía, no jerárquica. La jerarquía y centralización de la que huía Zapata al no asistir a la Convención de Aguascalientes.[8]

2.2. *El luto humano*

Dos historias constituyen *El luto humano*. La primera, el éxodo de un grupo de huyentes—Ursulo, Adán, el cadáver de una niña, Chonita, un sacerdote; Cecilia, Calixto, Marcela y Jerónimo—en medio de un vendaval interminable. Ursulo, tras la muerte de Chonita, emprende la búsqueda del sacerdote para enterrarla, en medio del vendaval que no termina, pero que da inicio a la novela. Adán, asesino a sueldo quien muere finalmente a manos del cura, es además quien "había matado a Guadalupe y torturado salvajemente a Valentín, otro de los jefes cristeros" (31). Es el victimario de Natividad, a quien mata por encomienda de sus "protectores" (el gobernador y el jefe de operaciones (130)). A primera vista, la sin salida a la que llega ese recorrido—bien la muerte física como sucede con varios de ellos, o el *sobrevivir* al final de la novela frente a la amenaza de ser devorado por un grupo de zopilotes en la azotea—, retrata el naufragio no sólo de ese éxodo, sino de la Revolución misma. La segunda, tiene que ver con la intervención de Natividad, líder que organiza a los trabajadores del campo en torno al Sistema de Riego, que en últimas termina siendo un cuestionamiento sobre las relaciones entre el hombre y la tierra: cómo *trabajar y ocupar* la tierra, y no sólo cómo *poseerla*. Es preciso recordar que en la década de los veinte, que recrea la novela, una nueva rebelión se había articulado: la de los Cristeros en Jalisco (Michoacán), un grupo de rancheros que, a partir de 1926 y durante tres años, presionaron una reforma agraria en defensa de sus tierras y su religión en contra de los líderes pos-revolucionarios (Tutino 7).

Natividad entonces interviene para re-articular las relaciones entre el hombre y la tierra—al organizar a los hombres que trabajan con la tierra—en el intento de catalizar un nuevo *modo* de producción. Ese *modo*, tiene que ver además con algo esencial: la manera en que se puebla la tierra. El momento culmen de dicha intervención, y de la novela, sería la huelga. Pero la huelga, por supuesto, *fracasa*. Sin embargo, en los motivos de ese *fracaso*, se anida algo inesperado.

La perspectiva de Revueltas es sugestiva para pensar los dos dilemas ya señalados: la consolidación o conjura de autoridades verticales y centralizadas, y el enigma del uso legítimo o ilegítimo de la fuerza en un territorio específico durante la Revolución Mexicana. Sin entrar en el juicio acerca de si la Revolución Mexicana triunfó o fracasó, la entiendo como un proceso no unitario, siguiendo además la indicación que José Revueltas mismo da. A la pregunta de si la Revolución Mexicana ha tenido "algún buen resultado," éste responde: "La implicación de buen o mal resultado me parecería subjetiva. Ha tenido resultados que no podemos calificar con el criterio de si han sido buenos o malos, sino con un criterio histórico" ("El realismo" 111).

El contexto histórico relacionado con la huelga novelada por Revueltas en *El luto humano* es doble. Por un lado, durante las décadas de 1920 y 1930 en México se había institucionalizado la viabilidad de sindicatos y confederaciones laborales, así como la reforma agraria comunitaria, el *ejido* (Knight, "The Myth" 237).[9] La posibilidad de sindicalización, unida a la autonomía de los sindicatos mismos, estaba consignada en la Constitución Revolucionaria de 1917 y, como veremos en el capítulo tercero, será una de los tópicos relacionados con las reivindicaciones del movimiento estudiantil de 1968 (Katz, "Pancho Villa y la Revolución Mexicana" 89).[10] Por otro lado, de la mano de esa posibilidad, Revueltas mismo había participado como organizador de un sindicato en un sistema de riego, acción que, a la postre, lo conduce de nuevo a la prisión de Islas Marías tal como se lo relata a Adolfo Ortega en California, en 1972:

> Yo participé en la huelga del sistema de riego como uno de los organizadores. Esto ocurrió bajo el gobierno de Abelardo Rodríguez [1932-1934], en que el sistema de riego había sido construido de una manera artificial y a un costo de millones de pesos. El agua era mala, no servía para el riego. Era un *affaire* de los medios gubernamentales y por eso no les importaban los salarios. Esto sucedía en el Norte del país, en Nuevo León, cerca de la frontera con Estados Unidos. Era una gran estafa: para decirte que desaparecieron las poblaciones y aquello quedó calcinado. Yo comparecí allí. Como consecuencia, fui enviado a las Islas Marías junto con los compañeros que aparecen en el recuerdo de los personajes de *El luto humano*. ("El realismo" 117-18)

Leída como una meditación sobre la sociedad y sus formas de autoridad, la novela de Revueltas problematiza la idea de una soberanía vertical, asentada en la *apropiación* de la tierra y su dominio a través de las armas. Desde allí es que leo el hecho que Natividad, se rehúse a tomar las armas incluso en las situaciones más extremas—al perseguir a un traidor confeso de la Revolución (Revueltas, *El luto humano* 149), y al enfrentarse con su propio asesino (156). En el contexto de la Revolución Mexicana, el giro de Revueltas hacia un personaje desarmado es ciertamente una provocación, que se desvía del curso narrativo normal de héroes y anti-héroes convencionales que pueblan las novelas de la Revolución.

El *fracaso* de la huelga, el asesinato de Natividad a manos de Adán, y el final de la novela donde el vendaval arrasa todo el pueblo y los zopilotes se disponen a devorar a los sobrevivientes, parecería confirmar los juicios que se han hecho acerca de la obra de Revueltas como pesimista. Esta valoración culmina, en una especie de explicación de corte hobbesiana, expresada mejor que nadie por Juan Cristóbal Cruz Revueltas: Revueltas "es mejor heredero de la visión pesimista de la naturaleza y del hombre de Hobbes que de 'ese lagrimeo roussoniano […] heredado de los comunistas' del que él mismo se queja" (23).

A esta lectura que sitúa a Revueltas en la línea de Hobbes, quiero oponer otra interpretación: una que se opone a Hobbes, no sólo en sus consideraciones sobre la soberanía, que como vimos se extienden hasta Schmitt, sino sobre su estilo de pensamiento. Tal como lo anota uno de sus más destacados comentadores contemporáneos, Quentin Skinner, el pesimismo antropológico[11] informa la teoría política de Hobbes; esto es, se constituye en "the psychological grounding of his theory of the state" (*Reason and Rhetoric* 320). Hobbes representa el modo dominante de pensamiento sobre la soberanía. En la tradición hobbesiana, la soberanía se refiere a la autoridad, el poder que mantiene la naturaleza a raya y protege al humano del propio humano. Representa una trayectoria lineal y un diseño geométrico, de la cabeza al cuerpo, en el cual los territorios están subsumidos por la autoridad del Uno:

> [T]he only way to erect such a common power as may be able to defend them from the invasion of foreigners and the injuries of one another, and thereby to secure them in such sort as that by their own industry, and by the fruits of the earth, they may nourish themselves and live contentedly, is to confer all their power and strength upon one man, or upon one assembly of men. (Hobbes 109)

Frente a este pesimismo antropológico, que irradia tanto la concepción de humano como del Estado y su soberanía, sitúo la novela de Revueltas en la perspectiva de un contemporáneo de Hobbes: Spinoza.[12] Y a contravía de ese presunto pesimismo presente en la obra de Revueltas, sostengo que su escritura está así en sintonía con la manera en que Spinoza, definiendo su estilo de pensamiento, inicia su *Tratado Político*:

> Me he esmerado en no ridiculizar ni en lamentar ni en detestar las acciones humanas, sino en entenderlas. Y por eso he contemplado los afectos humanos, como son el amor, el odio, la ira, la envidia, la gloria la misericordia y las demás afecciones del alma, no como vicios de la naturaleza humana, sino como propiedades que le pertenecen como el calor, el frío, la tempestad, el trueno y otras cosas por el estilo a la naturaleza del aire. (Spinoza 80-81)

Este estilo de pensamiento es lo que, a mi modo de ver, le permite a Spinoza imaginar otra forma de gobierno de los humanos, y en últimas, otra concepción de la soberanía. De manera pertinente para una lectura de Revueltas, Spinoza rearticulará el problema de la soberanía, desde otras premisas para, literal y figuradamente, religarlo con la cuestión de la tierra. En tanto Hobbes se interesa por la autoridad de la que dependen los derechos sobre la tierra y las cosas—"for before constitution of sovereign power (as hath already been shown) all men had right to all things, which necessarily causeth war; and therefore, this propriety, being necessary to peace, and depending on sovereign power, is the act of that power, in order to the public peace" (114)—Spinoza apuntará a una *parcela* inalienable, una tierra que no está disponible para la venta, por un lado, o para la conquista o usurpación por el otro. Es decir, un terreno no susceptible de ser sometido a la *apropiación* de la que habla Schmitt. Una *parcela* que no se transfiere a ningún soberano o asamblea.

De hecho, Spinoza afirma cómo "el derecho de las potestades supremas a todas las cosas," y "el derecho natural de cada individuo a ellas transferido," encuentran un límite, pues ese derecho y lo que se transfiere "nunca dejarán de ser en muchos aspectos puramente teóricas" (Baruch Spinoza 350). Es decir, "nadie, en efecto, podrá jamás transferir a otro su poder ni, por tanto, su derecho, hasta el punto de dejar de ser hombre" (350). Lo que queda, entonces, es el *derecho* en sentido concreto, efectivo y no teórico, material. En sus palabras: "cada uno reserva muchas parcelas de su derecho" (351). La *parcela*, el pedazo de tierra, que nunca se cede o transfiere. Ni popular ni divina, ni siquiera una soberanía del "yo," la parcela de Spinoza es material, la tierra que habitamos. Esta forma de habitar la tierra es la que quiero llamar *soberanía genérica*.[13] Su fuerza y sus dilemas se hallan en el centro de *El luto humano*.

2.3. Dos soberanos: Adán y Calixto

En *El luto humano* Calixto había llegado a la región a raíz de la inauguración del sistema de riego, que es el centro de la acción huelguística posterior que detona de Natividad. "Duro, sin belleza, las manos grandes, huesudas," Calixto se enfiló en el ejército de la División Norte, y queda a la deriva una vez Francisco Villa depone las armas y se va a vivir en su hacienda en Canutillo (*El luto humano* 92). Adán, como dije, asesino a sueldo, victimario de Natividad, a quien mata por encomienda de sus "protectores" (el gobernador y el jefe de operaciones (130)).

Calixto, al seguir en el ejército una vez Villa depone las armas, experimenta el esplendor que le otorga la majestad de llegar a ser propietario: "El odio se apoderó de su alma. Aborrecía a los que, merced a este milagro de las joyas, ya no eran sus iguales; a los descalzos, a los desnudos. Que murieran, desaparecieran" (99). Adán por su parte, el primer hombre, el único hombre, el que hace morir a los demás con su fusil: "Cecilia correría otra vez, como cuando la muerte de Natividad, sin sentido, con los ojos en llamas. A ella habría que matarla también para que Adán se erigiese como el hijo único, ungénito, solitario y terrible" (118). Solo, propietario, enseñoreado, Calixto "se sabía de pronto un ser libre, poderoso y dueño" (98).

Estas son formas convencionales de la soberanía: la del mercenario (Adán) y la del propietario (Calixto). Este es, por supuesto, el modelo de soberanía basado en el miedo que va de Hobbes a Schmitt: el miedo al desorden, y, por ende, la necesidad de la seguridad (no lo contrario): "Era preciso huir," comenta Calixto al apropiarse del botín de joyas que había visto esconder cuando era niño: "Que la revolución cesara y se estableciera un orden eterno, sin más revoluciones, sin más inquietud, sin asechanza alguna." Y prosigue: "Seguridad, apoyo, protección: que lo dejaran correr con las joyas, con el oro, e ir a esconderse en un sitio abrigado, pues de otra suerte mañana mismo una legión sucia, lastimera, le pediría socorro como si él tuviera una fortuna entre sus manos" (99).

Estas dos formas convencionales de soberanía indican que la primera soberanía, antes de la del gobernante, es la del humano. Soberano de sí mismo, el humano entra en relaciones de mando y dominio consigo mismo, con los otros y con las cosas—y no sólo como súbdito o gobernado. El aprendizaje de Adán sobre la guerra se da al lado del General, que "muy buen tirador, se ejercitaba una mañana en compañía de varios oficiales" (152). El general apunta su arma sobre el blanco, que es una moneda: "Consistía todo en apuntar serenamente, con los nervios sujetos, sometidos en absoluto y sin lugar a dudas" (153). Esto es, el hombre que ejerce perfecta soberanía sobre sí mismo. La fisura, sin embargo, aparece:

> Pero esto, oprimir el llamador, era lo extraordinario, pues la acción tiene su sitio en el tiempo y en el espacio, no debe ser antes ni después, y si el segundo, esa acción infinitesimal de destino que existe para ello, pasa, se pierde, ya no es, entonces todo resulta inútil. Pueden encadenarse con lógica, con independencia, con frialdad, todos los eslabones del proceso anterior al segundo crucial, pero de súbito se llega al sitio donde está el hueco de un alfiler sobre el tiempo, y ese huequecillo se convierte en el azar, en la ventura, en lo que se encuentra lejos del mecanismo de la volición y de la soberanía humanas. (153)

Es ese azar, esa ventura (instalada incluso en el gatillo del arma), es lo que en la teoría de la soberanía de Schmitt va a intentar ser controlado, previsto: "[La fuerza es un poder físico [...] la pistola que el ladrón empuña es también un poder]" (Schmitt, *Teología Política* 22). La ley no es suficiente para someter lo que acontece: es demasiado abstracta. "No existe una sola norma", comenta Schmitt, que fuera aplicable a un caos. Es menester que el orden sea restablecido, si el orden jurídico ha de tener sentido. Es necesario de todo punto implantar una situación normal, y soberano es quien con carácter definitivo decide si la situación es, en efecto, normal. El derecho es siempre 'derecho de una situación.' (18)

La localización de ese azar o esa excepción, es lo que va a interesar a Schmitt. Esta localización implica, aparte del personalismo, un suelo a partir del cual dominar. Un texto menos conocido de Schmitt, el ya citado de *El nomos de la tierra*, muestra precisamente el otro lado de su teoría de la soberanía como excepción o milagro religioso. Si bien trata de ofrecer un marco para situaciones concretas, no previsibles a través de la ley, la cuestión de la soberanía permanece abstracta, idealista, hasta tanto no se le anude a una materialidad, cosa que Schmitt observa como "un argumento decisivo" presente en Hobbes.[14] Su teoría, por ende, tiene un sustrato material.

Schmitt define "three concluding corollaries" (según la traducción al inglés) al momento de especificar los tres sentidos de la palabra *nomos*: "apropiación/partición/apacentamiento" (361).[15] Y concluye: "Ingeniously, many doctrinaire thinkers have shifted attention away from appropriation and distribution to production. However, there is clearly something utopian about construing social and economic systems in terms of mere production" (*The Nomos* 335).[16] Lo que Schmitt capta es el elemento irrealizable que se esconde detrás de todo reformismo que no expropie la propiedad, y específicamente, del reformismo agrario, de toda tecnificación del campo que no pase por el problema de la apropiación de la tierra.

De allí, también, retomando la novela de Revueltas, la necesidad de Adán de pisotear la tierra: "*su* revolución" era "correr por el monte sin sentido. Era pisotear un sembrado. Exactamente pisotear un sembrado" (*El luto* 154). En el postfacio a *Nomos of the Earth*, escrito en 1950, Schmitt afirma que "The earth has been promised to the peacemakers. The idea of a new nomos of the earth belongs only to them" (*The Nomos* 39). ¿Quiénes son los pacificadores? Antes del legislador y del juez, debe venir quien se apropie de la tierra: Adán, el pacificador. A quien pertenece el *nomos*.

2.4. La huelga

Uno de los aspectos más polémicos y fructíferos en el trabajo de Walter Benjamin es su concepción sobre la huelga en relación con una crítica de la violencia. Benjamin, contemporáneo de Schmitt, pone en relación la cuestión de la huelga con el ejercicio de la violencia, y de la soberanía. En su planteamiento *para una crítica de la violencia*, Benjamin pregunta en su texto de 1921: "¿Cuál es la función que hace de la violencia algo tan amenazador, algo tan digno de temor?" ("Para una crítica" 27). La respuesta de Benjamin se refiere al derecho de huelga garantizado a los trabajadores, "los únicos sujetos de derecho a los que se les concede un derecho a la violencia" (27). Este derecho, es capaz de fundar otro derecho, de ahí el pánico del Estado: "La huelga demuestra, empero, que la violencia es capaz de ello: puede implantar o modificar condiciones de derecho por más que le pese al sentido de la justicia" (28). Benjamin, finalmente, aclara que, aun en su función pasiva o como posibilidad, "un comportamiento es violento aun cuando resulte del ejercicio de un derecho" (28).

Precisamente, uno de los momentos centrales de la novela de Revueltas es el proceso de la huelga iniciado a raíz de la llegada de Natividad, llegando a su auge, para luego empezar a cerrarse una vez éste es asesinado. Pero este proceso no es, en mi lectura, el momento de confrontación más fuerte con la cuestión de la soberanía propiciada por la Revolución Mexicana. La problematización más radical y desafiante de la soberanía en *El luto humano* se halla en los márgenes de la huelga y su desenlace, en los itinerarios precarios de aquellos más afectados por la misma, y en su retorno a la tierra, ahora con Natividad muerto y enterrado en ella.

La acción de Natividad, por supuesto, está directamente relacionada no sólo con la posibilidad de la huelga (y la potencia que esto entraña), sino con la tierra. El sistema de riego es un experimento, derivado del intento del "gobierno del centro, preocupado vivamente de imprimir a la reforma agraria un sentido moderno y avanzado, en tierras expropiadas al latifundismo" (Revueltas, *El luto* 132). Su núcleo se compone de una represa y una serie de canales, y allí la propiedad estaba dividida entre grandes, medianos y colonos pequeños o pobres. Con el sistema de riego, "el gobierno lograba una serie de objetivos: establecía con seria raigambre una mediana propiedad, sólida y conservadora; moderaba, con ello, los ímpetus extremistas de la revolución agraria" (132). La aparición de Natividad, es precisamente lo que desborda los límites de este reformismo agrario. La primera vez que Natividad ve el Sistema de Riego, va acompañado de Adán, a la postre su victimario. De inmediato, su percepción se centra en la tierra: "El modo de propiedad—piensa Natividad—, por inadecuado, constituía, empero, un terrible obstáculo para cualquier reforma. Tal vez una cooperativa y la implantación del trabajo colectivo mejoraran todo" (135). La cuestión de la tierra aparece de nuevo, en términos de su división entre campesinos propietarios (el modo de propiedad), y su irrigación a través de una represa—Natividad sin embargo ve que esa agua no sirve (186).

Lo que está en juego es el espectro de la revolución en relación con la apropiación y productividad. Por un lado, el problema de la propiedad, y los modos de organización que permitan su redistribución. Por el otro lado, el problema del uso de la tierra, el proceso de alimentar la tierra con la irrigación del agua para hacerla económicamente productiva.

La intervención de Revueltas, esto es, la producción de una soberanía genérica, se instala entre ambas cuestiones, y postula otro tipo de problema con la tierra: el vínculo del humano con la tierra. Propietarios como Calixto, o mercenarios como Adán, condensan las expresiones convencionales de soberanía que podemos esperar de la novela de la Revolución. Pero adyacente a estos intentos convencionales en la novela de Revueltas, se halla la maqueta de una soberanía que posibilita el retorno del humano a la tierra como tal, a la parcela inalienable que describí anteriormente.

Dos retornos marcan el tipo de relación con la tierra. El primero se da al inicio de la novela, cuando Ursulo viaja a buscar al sacerdote para poder hacer el entierro de Chonita, su hija. Ursulo es aquel que salva a Adán, a la postre victimario de Natividad, de morir ahogado al principio de la novela cuando van en busca del sacerdote para el entierro (48). En esa travesía, Ursulo "caminaba a la ventura, sin orientarse" (15). De repente, "tropezó con un cercado en medio de la abrumadora oscuridad. ¿Qué? ¿Dónde estaba?" Su viaje lo lleva a un lugar inesperado. "Cuando en la noche un viento se desata y sus mil cadenas baten en la tierra, el espíritu vuelve a sus orígenes, a sus comienzos de espanto" (15): sin quererlo, Ursulo en su trayecto sobre la tierra batida, retorna a la casa de su némesis, Adán. Al inicio del capítulo V de *El luto humano* el grupo de huyentes va a la deriva en medio de la tormenta, y al final, retornan a su casa.

Dos retornos que parecen atrapar a los personajes en el cansancio de las fuerzas vitales al final del día. Sumados al colapso de la huelga, el asesinato de Natividad a manos de Adán, el desastre natural que inunda el pueblo y la perspectiva de ser devorados por los zopilotes, no es de extrañar que la idea de *pesimismo*, y de parálisis, esté en el centro de la literatura crítica sobre la novela. En efecto, es fácil leer el asesinato de Natividad como la clausura de la posibilidad de acción colectiva al interior del grupo de campesinos: su fracaso. El hecho de que la huida del grupo eventualmente los obliga a regresar al inicio de su travesía, la casa que intentaban abandonar, ahora inundada, puede tentarnos a ubicar la novela dentro de una trayectoria interpretativa más amplia de la novela latinoamericana,[17] cercana al marasmo, la desilusión, y en el límite, la derrota: los rebeldes simplemente culminan en la vieja conclusión de la represión y la muerte; el intento de huida termina en el punto de partida. La mayoría de los críticos de *El luto humano*, se situarán en este presupuesto de impotencia.[18]

2.5. Viaje inmóvil

> "La pregunta para todo lo que quieras hacer:
>
> '¿es esto de tal manera, que quisiera hacerlo incontables veces?'"
>
> Friedrich Nietzsche, *Fragmentos póstumos* 165-166

Cabe sin embargo preguntarse, si esta es la mejor lectura posible de esta novela de Revueltas. Por el contrario, esas dos escenas del retorno en la novela nos abren a una pregunta: ¿Es acaso esto un retorno de lo mismo? Más allá de esta concepción de la literatura latinoamericana como una narrativa fuera del tiempo (*timelessness*), mi lectura es que en Revueltas precisamente aparece la repetición con diferencia. En efecto, existe un retorno al punto de partida:

> ¿Qué era aquello, deteniéndolos, como si la lluvia a plomo se tornara de metal o de piedra? Ursulo abrió los ojos desmesuradamente: aquel obstáculo era su casa, en torno de la cual giraran sin descanso durante aquellos infinitos años. Todo, entonces, la muerte de Jerónimo, la desaparición del cura, el amor de Calixto hacia Cecilia, se había desenvuelto ahí, sin apartarse del punto primero. (82)

Pero precisamente en ese retorno es donde la historia desvía el presunto sentido de sufrimiento, desolación y ostracismo que le atribuyen lectores y críticos.[19] No es entonces un marasmo o repetición ciega, sino un viaje inmóvil:

> Justo, preciso, indispensable caminar, ahora que no tenían sitio. Caminar intensamente, sólo que sin meta, huyendo. Quizá fuese cosa del destino y no de ellos nada más eso de huir siempre. Pero huir permaneciendo, o mejor, con un anhelo tan violento de permanecer que la huida no era otra cosa que una búsqueda y el deseo de encontrar un sitio de tierra, vital, donde pudieran levantarse. (60)

Al asentamiento sobre la tierra, al dominio soberano sobre un territorio específico que vimos anteriormente, la respuesta de Revueltas es esta: *huir permaneciendo*. Pero esto no significa la angustia de la sin salida como observan algunos críticos;[20] tampoco la comodidad del punto de apoyo firme, del hogar o el lugar originario. Ese viaje inmóvil consiste por el contrario en un re-inicio: un movimiento estático; una "emigración extraña" (46). Ese es, al final, el llamado de Ursulo a los huelguistas para que no partan en éxodo: permanecer en la tierra. Continuar donde se había interrumpido. En efecto, este movimiento estático nos permite aventurar otra interpretación de la huelga descrita en la novela: la huelga fracasa por el asesinato de Natividad, sí. Pero a la larga, más allá de la muerte de Natividad, la huelga no rinde sus frutos precisamente por el éxodo:

> [L]a huelga fracasó porque sobrevino el terrible éxodo. Nadie quiso permanecer en una tierra seca, sin lluvias, junto a un río inútil y junto a una presa inservible cuyas cuarteaduras dejaron escapar el agua. Trepado sobre unas vigas, por aquel entonces del éxodo, Ursulo instaba a los huelguistas emigrantes para que se quedaran, para que permanecieran. (185)

Sólo Ursulo quiere quedarse. Ahí es que el retorno es, por un lado, un relanzamiento y no una "pérdida del sentido" (Negrin 97). A mi modo de ver, esa errancia como retorno obstinado, es por el contrario un re-comienzo. En *El luto humano*, el llamado de Ursulo es a volver a la tierra para permanecer en ella, pero retornar a ella siendo otra cosa. No en vano, de Spinoza a Nietzsche, y de este a Deleuze, se hablará de la recuperación de la tierra y el cuerpo. Recuperación, como en Spinoza, o Revueltas; no apropiación, como en Schmitt. El retorno, por un lado, es el retorno a esa parcela; por otro lado, es una renovación: así, el luto es por lo humano que va a perecer. La muerte de esa parte humana por sobrepasar, sin embargo, no conduce a ningún agotamiento vital o clausura histórica (no cabe el nihilismo aquí, ni el *pesimismo antropológico* señalado anteriormente).

Lo que no va a retornar, aquello por lo cual se hace el luto, es eso que se llama *humano*, como aquel soberano que se intenta apropiar de las fuerzas que componen la vida. La imagen del vendaval, la inundación y sus efectos, adquiere entonces otro sentido más allá de la desolación o la pesadumbre: ¿Qué es lo que está naufragando? ¿Qué *tipo* de hombre está naufragando en la novela de Revueltas? Es el individuo encerrado en la experiencia soberana del mercenario y la del propietario el que naufraga.

> Descenderían aquellos zopilotes de manera fatal, animales ruines en espera de la impotencia del hombre, aun antes de que los náufragos murieran. Entonces, si fuerzas para combatir, aquellos seres desamparados dejaríanse roer las entrañas lentamente, sin voluntad que oponer, Prometeos perdidos. (Revueltas, *El luto* 91-92)

Aún antes de que los náufragos de la novela mueran (Marcela, Calixto, Jerónimo, Ursulo, Cecilia), la impotencia ya había aniquilado parte de su potencia de existir. Ya habían naufragado, antes de la muerte. Pero esto es muy distinto a la manera como generalmente se ha leído *El luto humano*, esto es, como una parálisis histórica o repetición cíclica sinsentido.[21] Aquí el eterno retorno produce diferencias en vez de generar igualdad, lo que vuelve y vuelve sin cesar es lo que deviene—no lo que es, ni lo que fue. Por eso *El luto humano* es el luto por lo humano, sí, pero especialmente por *esa* forma de ser humano: es ese humano el que no regresa, el que no permanece. ¿Qué tipo de *humano* es ese por el cual se hace el luto? Es el ser de la impotencia:

> Adán estaba hecho de una liturgia compacta, sangrienta, cuyo rito era la negación por la negación misma; liturgia que había nacido de un acabamiento general donde la luz se extinguió por completo y sobre el que se edificaron, más tarde, tan sólo símbolos destructores, piedras en cuyos cimientos germinaba la impotencia tornándose voluntad, modo de ser, fisionomía. Adán era la impotencia llena de vigor. (24-25)

Esta impotencia tornándose voluntad se traduce en un odio hacia la vida como sentido afirmativo. Lo negativo aparece aquí no como falta de bondad, sino como asco por la vida, como hastío de que exista vida; de ahí que Adán siempre pisotee lo sembrado como anotamos anteriormente. Esa es su falsa potencia: llevar su resentimiento al límite, en una afirmación capturada por lo negativo: "Pero el odio demanda también su establecimiento y pisar un surco se convierte en una negación fortalecedora" (155). ¿Será entonces que El *luto humano* es por la muerte de la soberanía convencional del humano, la del propietario y la del mercenario? Ni propietario, ni mercenario. Hay algo más aquí:

> Ursulo descubrió de pronto que su reino no era de este mundo. Que pertenecía al mundo de lo inanimado, antes, siquiera, de lo vegetal, y que como la piedra maternal primera, ignorándolo también, era tan sólo una extrahumana voluntad hacia el ser, la más vehemente, la más ardiente voluntad de la historia, la voluntad, la vocación de la piedra: sin armas, como ella, sin pensamiento, inmóvil. (61)

Ursulo se acerca a una experiencia desarmada, sin vocación humana, extrahumana. Es una experiencia que no responde al narcisismo del individuo; a la majestad de quien domina, al dueño de la propiedad o al que porta el arma. Es lo que podríamos llamar, contrario a la soberanía del propietario y del mercenario, una soberanía de carácter *impersonal*. No es una soberanía humana, es una soberanía semejante a la de las cosas. Revueltas postula la posibilidad de una "racionalidad no antropomórfica" distante del "'provincialismo' terrestre" (*Cuestionamientos* 348), derrocando así cualquier antropocentrismo o superioridad de lo humano sobre cualquier otra especie:

> Adán debía descender de los animales. De los animales mexicanos. Del coyote. De aquel pardo ixcuintle sin pelos y sin voz, con cuerpo de sombra, de humo; de la serpiente, de la culebra; de las iguanas tristísimas y pétreas. Si tuviera un machete, una pistola, y si su hija no hubiese muerto hoy, Ursulo lo mataría. Porque Adán era hijo de los animales; de los animales precortesianos que tenían algo de religioso, bárbaro y lleno de misterio y de crueldad. Aunque también Ursulo descendía de esos mismos animales. (*El luto* 20)

Revueltas, en diversos momentos de su obra, insistirá en las similitudes entre las formas sociales y las formas naturales.[22] De manera general, al insistir en que "nos envolvamos en las cosas, les pertenezcamos como ser colectivo" (Revueltas, "Respuestas" 122), su perspectiva se inscribe en las operaciones fundamentales del materialismo.[23] Afirmación referida a la materia, a una suerte de paridad entre las cosas, nada lejos del estilo de pensamiento anti jerárquico de Spinoza: "En esto, no reconozco ninguna diferencia entre los hombres y los demás individuos de la naturaleza, ni entre los hombres dotados de razón y los demás, que ignoran la verdadera razón, ni entre los tontos y locos y los sensatos" (Spinoza 332). Y muy lejos, de la antropología humana en que Hobbes basa su teoría del Estado y la soberanía: en tanto Hobbes construye su visión del pacto social a partir de una teoría de las *pasiones humanas*, Spinoza vislumbra son *pasiones naturales*. Fuerzas humanas y no humanas que operan en el mismo plano: como el amor y la tempestad de Spinoza citadas al principio del capítulo.[24] Como el vendaval de Revueltas. En este punto la amenaza que se cierne sobre el Estado y sobre el derecho mismo, es indiferente al éxito o fracaso de la huelga misma.

En esa dirección, en un texto que recopila diversos ensayos titulados *Cuestionamientos e intenciones*, Revueltas multiplicará a Adán al infinito, destituyéndolo precisamente como primer hombre:

> El hombre será el *otro* de Adán, que ya no pensará antropomórficamente puesto que el otro Adán no es otra cosa que la conciencia racional que existe, y no puede menos que existir, en un número infinito de otros puntos del universo, a más de esta pobre tierra nuestra. Esa racionalidad que somos nosotros mismos, como la otredad de aquellos que existen en alguna parte. (240, itálicas en el original)

Ya Adán no es ni el primero, ni el único. No será el origen, sino un pliegue entre muchos otros que se desplegará por siempre en cualquier parte del universo. Es decir, Adán, el presunto origen, el presunto único y soberano, está en todos lados. En ti, en mí. El hombre, repetido, ha devenido el *otro*. Revueltas además no solo multiplica a Adán: también a Natividad. Por eso es que Natividad se salva aún de los zopilotes; no por un carácter cuasi-religioso, sino por su ética afirmativa que desafía la impotencia: "Lo mataron. Hoy, bajo la tierra, se salvaría también de los zopilotes" (*El luto* 186). En ese sentido, Natividad no es un simple cristo o redentor inmortal. El carácter inmortal de esa cosa de la cual Natividad es un síntoma, no proviene de algo teológico, como de manera reiterada lo presentó Octavio Paz en su análisis sobre la obra de Revueltas: es el materialismo del sujeto.[25] Del mismo modo que el inconsciente es indestructible, lo es el sujeto. Dice Adán: "¿Qué?—pensaba. Mato a Natividad hoy por la noche o mañana. Pero después será como si Natividad siguiera viviendo. Se me encargará que mate al que sigue, y después al otro" (117). De la repetición al infinito de Adán, emerge entonces la diferencia: siempre vendrá otro Natividad.

El luto humano permite pensar la soberanía de Adán, de Natividad, de Ursulo… de Revueltas mismo. En uno de sus momentos en prisión, Revueltas parecía decir: la cárcel es el mundo. ¿Cómo fue posible entonces que José Revueltas, encarcelado y recluido durante tanto tiempo, haya escrito sobre esta suerte de soberanía sin espacio? ¿Una novela sin suelo, ante lo cual se quejaba Octavio Paz en su reseña sobre *El luto humano*? Entre más lo encerraban y excluían, mayor su potencia en su escritura. Sin una sola arma al cinto. Sin disparar un solo tiro. Al final de la novela, cuando ya Adán ha sido asesinado por el cura, el vendaval arrincona a los cuatro sobrevivientes en la azotea de la casa, Cecilia, Calixto, Marcela y Ursulo. Si la inundación que recorre la novela, la que arrastra todo, es una fuerza que diluye las fuerzas de la soberanía armada y territorial; es, al mismo tiempo, la fuerza que dará alimento a la tierra. Y eso nos abre una posibilidad: una interpretación no soberana del vendaval. La idea del vendaval que, a su paso, vuelve a dar inicio a todos los caminos. Pero ya no serán vías sobre superficies terrestres: serán mil mesetas que llevan desde todos los lugares hacia todos los lugares. Será una experiencia ligada al agua, ya no a la tierra. Es quizás la inundación la que posibilita siempre *una* diferencia en ese eterno retorno campesino. Pasar de la tierra al agua: es por fin un cambio de naturaleza, de lo sólido a lo líquido. La tierra, entonces, se ahoga. Finalmente, *un cambio de medio*. El vendaval que inunda la novela, borra todos los caminos y demarcaciones de la tierra a su paso, lejos de la dominación sobre los otros o la apropiación de feudos.

Como fuerza genérica, el vendaval traerá nueva vida a la parcela de tierra donde Ursulo quería permanecer, en su viaje inmóvil. La parcela de tierra donde descansa Natividad.

Notas

1. Una versión de este capítulo apareció en un trabajo colaborativo con Joshua Lund en torno a José Vasconcelos y José Revueltas, cuya versión conjunta fue publicada en el número 7 de la revista *Política Común* de la Universidad de Michigan en 2015 con el título "Revolutionary Mexico, the Sovereign People and the Problem of Men with Guns" (Lund y Sánchez Lopera).
2. Parte de la discusión en torno a la Revolución Mexicana es, por supuesto, el concepto mismo de revolución, que dista de un acuerdo entre los especialistas que se ocupan de ella. De la profusa y quizás inabarcable bibliografía sobre la Revolución Mexicana, tres trabajos pueden citarse aquí como referentes fundamentales. El del mexicano Adolfo Gilly, el británico Alan Knight y el del austriaco Friedrich Katz. Gilly escribió *La revolución interrumpida* durante 5 años de prisión en Lecumberri, entre 1966 y 1971. Allí, a las concepciones burguesa (triunfal e ininterrumpida), pequeño-burguesa y del socialismo democrático acerca de la Revolución Mexicana, opone "la concepción proletaria y marxista, que dice que la Revolución Mexicana es una revolución interrumpida. Con la irrupción de las masas campesinas y de la pequeña-burguesía pobre, se desarrolló inicialmente como revolución agraria y antiimperialista y adquirió, en su mismo curso, un carácter empíricamente anticapitalista llevada por la iniciativa de abajo, y a pesar de la dirección burguesa y pequeñoburguesa dominante" (397-98). Knight, que evalúa en la obra de Gilly una visión demasiado romántica y unitaria de las fuerzas populares que contribuye a hacer visibles ("The Mexican Revolution: Bourgeois?" 2), escribe a su turno en su seminal *The Mexican Revolution* (1986) que "el México de la Revolución era el México de la provincia," por lo cual "para entender la Revolución, es necesario mirar más allá de la capital y por debajo de los líderes nacionales más importantes; comprender algo de la diversidad de las provincias." Y añade: "la revuelta que surgió a raíz del llamado a las armas que hiciera Madero, inició una revolución 'social' comparable a la rusa y sin precedentes en Latinoamérica. Su carácter 'revolucionario social' se derivó de la participación de las masas y de la expresión del descontento genuinamente social. No hubo una distinción clara ni cronológica (como se ha postulado a menudo) entre la revuelta 'política' inicial y la revolución 'social' subsecuente; por el contrario, ambas fueron simultáneas" (*La Revolución Mexicana* 24, 124). Años después, en 2010, añadirá una serie de matices a sus afirmaciones: "The Revolution of 1910 certainly ushered in a period of profound conflict, leading to major structural changes in Mexican society. In this sense it was certainly a revolution. But repudiation of the past was highly qualified, at times minimal. There was no 'invention of ideology', no great cultural watershed. The Revolution began, as Arnaldo Córdova notes, with 'a

burning defence of the past' chiefly, of the liberal-patriotic past associated with Benito Juárez and his generation" ("The Myth" 230). Por su parte, Friedrich Katz ofrece una explicación trans-nacional en su libro fundamental, *La guerra secreta en México: Europa, Estados Unidos y la revolución mexicana* (1981): "Los motivos de tal transformación deben encontrarse, creo yo, en la convergencia, en vísperas de la revolución, de tres procesos, cada uno de los cuales se inició hacia principios del régimen de Díaz y casi se había complementado hacia el final: la expropiación de tierras comunales de las comunidades campesinas en el centro y sur de México; la transformación de la frontera con indios nómadas en una frontera con Estados Unidos y su consiguiente integración política y económica al resto del país así como a la esfera de influencia de los Estados Unidos; y el surgimiento de México como escenario principal de la rivalidad europeo-norteamericana en América Latina" (21).

3. Para un panorama reciente de la bibliografía regional y local de la Revolución Mexicana, puede verse la nota bibliográfica del libro de Joseph y Buchenau de 2013 (232-233).

4. Este dilema se vio agravado debido a la movilización de tropas que Villa ordenó rodeando Aguascalientes, a pesar que esto contravenía uno de los acuerdos de la Convención: "la proximidad física de tropas villistas dio lugar desde el principio a acusaciones de intimidación; aunque estas eran pocas y quizás exageradas, la Convención no podía ignorar la presencia de fuerzas villistas casi a las afueras de la ciudad, ni que Villa y sus tropas estaban en Guadalupe—a unos 120 km de distancia—" (Knight, *La Revolución Mexicana* 994).

5. El documento corresponde a "la versión taquigráfica de la entrevista preliminar que celebraron los generales Francisco Villa y Emiliano Zapata en Xochimilco, D.F., el 4 de diciembre de 1914, entre doce y media y dos de la tarde." Está recogido en el Volumen I de las *Fuentes para la historia de la revolución mexicana*: "Al principio hablan los generales Zapata y Villa respecto a una carta del segundo al primero, interviniendo el general Palafox para fijar la fecha de la carta. Después se generaliza la conversación en esta forma:

> El Gral. Villa: Siempre estuve con la preocupación de que se fueran a quedar olvidados, pues yo tenía empeño en que entraran en esta Revolución. Como Carranza es un hombre tan, así, tan descarado, comprendí que venían haciendo el control de la República; y yo, nomás esperando.
> El Gral. Zapata: Ya han dicho a usted todos los compañeros: siempre lo dije, les dije lo mismo, ese Carranza es un canalla.
> F. V.: Son hombres que han dormido en almohada blandita. ¿Dónde van a ser amigos del pueblo que toda la vida se la ha pasado de puro sufrimiento?
> E. Z.: Al contrario, han estado acostumbrados a ser el azote del pueblo.
> F. V.: Con estos hombres no hubiéramos tenido progreso ni bienestar ni reparto de tierras, sino una tiranía en el país. Porque, usted sabe, cuando hay inteligencia, y se llega a una tiranía, y si es inteligente la tiranía, pues tiene que dominar. Pero la tiranía de estos hombres era una tiranía taruga y eso sería la muerte para el país. Carranza es una figura que yo sé de dón-

de salió para convertir a la República en una anarquía.
Palafox: Lo que hicieron en la ciudad de México no tiene precedente; si hubieran entrado los bárbaros lo hubieran hecho mejor que ellos.
F. V.: Es una barbaridad.
E. Z.: En cada pueblo que pasan...
F. V.: Sí, hacen destrozo y medio. No había otro modo para que se desprestigiaran, para que se dieran a conocer. Tenían antes algo de prestigio, pero ahora... Estos hombres no tienen sentimientos de Patria.
Palafox: De ningunos, de ninguna clase de sentimientos.
F. V.: Yo pensaba que con nosotros pelearían ahora que empecé a caminar del Norte; pero no, no pelearon.
E. Z.: Aquí empezaban a agarrarse fuerte, y... ya lo ve usted.
Serratos (al Gral. Zapata): Que si no quería usted someterse tenía 120,000 hombres para darles a los del Sur lo que necesitaban, eso fue lo primero que dijo Carranza.
F. V.: Para que ellos llegaran a México fue para lo que peleamos todos nosotros. El único ejército que peleó fue el nuestro (refiriéndose al avance hacia el Sur). Nunca nos hacían nada, no obstante que tenían guarniciones hasta de mil hombres. Los que por allá pelearon muy duro fueron estos huertistas, llegó a haber batallas donde hubiera poco más de cinco mil muertos" (Zapata y Villa).

6. Sostiene Knight: "Such divisions were to be expected in the wake of revolution, as the primary struggle for national power gave way to the secondary process of institutionalization; which involved the promotion of some caudillos, the passing over of others [...]. Relations within the elite, therefore, were hardly those of fraternally united comrades—the dutiful generals and dedicated reformers of Carrancista myth (which still has its adherents today); rather they displayed a Hobbesian character—a 'condition of war of everyone against everyone,' a 'restless striving after power which ceases only in death'; and not least among the tasks of revolutionary myth, rhetoric and exhortation was to contain Hobbesian conflicts, lest they tore civil society apart. The Leviathan of the 1920s, it could be said, grew out of the 'state of nature' pertaining in 1915-20. But the endemic conflict of these years did not lack meaning or pattern [...]. The civil-military rift ran from top to bottom of the political nation [...]. It was Hobbes 'perpetual and restless desire after power,' rather than profound differences over policy, which set Constitutionalist against landlord; and agrarian reform—far from being the cause of the conflict—was often a weapon devised to bring advantage once the conflict had already begun" (*The Mexican Revolution* 450, 200).

7. Esta es la expresión acuñada por Georges Schwab en la introducción a la traducción al inglés del libro *Political Theology* (xl).

8. Acerca del transitorio acercamiento de Zapata y Villa, y su no asistencia a la Convención, comenta John Womack Jr: Hasta que la Convención aceptase el Plan de Ayala, dijo Zapata, él no reconocería su legitimidad. Pero, se preguntaba, ¿Cómo podría lograr que los admitiesen con voz y voto, si no la recono-

cía? [...]. Nuevamente, salvo por el propio Zapata, no tomó parte ningún jefe importante de Morelos. Nuevamente, casi todos los 'coroneles' zapatistas que representaban al movimiento eran secretarios, hombres de pluma, de números y palabras. Y sólo uno era originario del estado. Todavía no se entiende bien por qué razón los jefes de Morelos delegaron su autoridad. Fue como si su preocupación por la causa local los hiciese desistir de meterla seriamente en los asuntos nacionales (211)".

9. "During the 1920s and 1930s, therefore, the state consolidated itself on the basis of new institutions: the labour unions and confederations; the federal school system and the Ministry of Education (Secretaría de Educación Pública; SEP); the ejido (the agrarian reform community); and, after 1929, the official party (PNR, later PRM during 1938-46, then PRI from 1946)" (Knight, "The Myth" 237).

10. "A diferencia de sus colegas de otros países, los estudiantes mexicanos no pedían una total transformación ideológica de México, pero si la aplicación de la Constitución revolucionaria de 1917, con sus garantías de libertad de expresión, autonomía de los sindicatos y elecciones libres" (Katz, "Pancho Villa y la Revolución Mexicana" 89).

11. "His second and deeply pessimistic contention is that, since we are all more or less equal, the state in which we attempt to exercise this equal right of self-preservation will prove to be a state of war" (Skinner, *Reason and Rhetoric* 320). Ver así mismo Bobbio cuando se refiere a los "two constitutive principles of Hobbes's moral philosophy: his ethical conventionalism and his anthropological pessimism" (95).

12. La confrontación, y diferencia, entre Hobbes y Spinoza, es definida de manera espléndida por Pierre Macherey: "¿Qué es lo que distingue esencialmente a Hobbes de Spinoza? Lo cierto es que la preocupación central de Hobbes es fundar una política basada en una antropología, es decir, en una teoría de las pasiones humanas que permita discernir esa motivación fundamental que dirige todas las acciones de los hombres: el miedo a morir, motivación que da al derecho su único principio y funda la concepción jurídica del poder. Según Spinoza, echar a andar por ese camino significa constituir al hombre *tanquam imperium in imperio* al asignársele una naturaleza enteramente opuesta a la naturaleza; por eso él mismo no trata de apoyar su reflexión político en una teoría de las pasiones humanas delimitadas en el seno de la naturaleza, un orden propiamente humano, sino que por el contrario desarrolla una teoría natural de las pasiones en general y muestra cómo todos los afectos, y en particular los de los hombres, están completamente inmersos en la naturaleza cuyas leyes siguen y de la cual ellos mismos no son más que expresiones diversas" ("Sobre una historia natural de las normas" 184).

13. "Soberanía genérica" es un término que proviene de Peter Hallward. Fue enunciado primero en un manuscrito posteriormente publicado como libro bajo el título *Badiou: A Subject to Truth* (2003) (ver Bosteels *Badiou and Politics* xi), y en un ensayo llamado "Generic Sovereignty: The Philosophy of Alain Badiou" (1998). Si bien Hallward no desarrolla el concepto como tal, su concepción de

lo "genérico," como categoría central del pensamiento de Badiou, resuena con el espíritu que invoco aquí: "Any singular truth, in other words, is necessarily generic or indiscernible, indifferent, the stuff of a radically egalitarian homogeneity" (Hallward *Badiou: A Subject to Truth* xxvii). Acerca del uso de "lo genérico" en Alain Badiou, ver su *Manifesto for Philosophy* (108-09).

14. "Hobbes acertó a esgrimir un argumento decisivo que lleva implícito el entronque de este tipo de decisionismo con el personalismo y rebate cualquier intento de poner en lugar de la soberanía concreta del Estado un órgano abstractamente valido" (Schmitt *Teología Política* 33-34).

15. "Each of these three processes—appropriation, distribution, and production—is part and parcel of the history of legal and social orders. In every stage of social life, in every economic order, in every period of legal history until now, things have been appropriated, distributed, and produced. Prior to every legal, economic, and social order, prior to every legal, economic, or social theory are these elementary questions: Where and how was it appropriated? Where and how was it divided? Where and how was it produced?" (Schmitt, *Nomos* 327-328).

16. Aquí cito la traducción inglesa de *El nomos de la tierra*, pues en la edición española no aparece este fragmento. Tampoco aparece el postfacio de 1950 escrito por Schmitt, que también cito en el texto.

17. Si nos atenemos a las formas convencionales de lectura de la novela latinoamericana, estos dos regresos pueden hacer pensar al lector en una especie de tiempo cíclico y repetitivo. En efecto, el lugar común para interpretar la novela en América Latina, ha sido la ausencia de dinamismo en la historia, pueblos atrapados en un tiempo donde existe repetición pero no diferencia. Es la equivalencia entre historia y mito, de acuerdo con el crítico literario Roberto González Echevarría: "Latin American history is set on the same level as mythic stories; therefore it becomes a sort of myth" (20).

18. Es el crítico norteamericano James Irby, en su tesis de maestría—a la que Revueltas responderá—quien en 1956 instala el tono de lo que será la literatura crítica sobre Revueltas, al escribir: "La filosofía de Revueltas se caracteriza más bien por un materialismo estático y muerto y un fatalismo atroz que anulan acción y movimiento y crean personajes unilaterales, sin desarrollo interno, meras figuras" (citado en Torres 259). Comentando específicamente *El luto humano*, Edith Negrín se refiere a "la atmósfera de impotencia y desencanto que impregna el relato" (El luto 96) y José Ortega arguye que la "falta de progresión, de historia, que permea el relato se pone de relieve desde las primeras páginas. La repetición al principio y al fin del párrafo, así como en el centro, sirve para enfatizar un monótono y fatídico pendular" (103). Para lo que es el último desarrollo de la tesis negativa sobre las "fallas" de Revueltas, especialmente en términos de la disonancia entre sus proyectos políticos y literarios, ver Sánchez Prado. En décadas pasadas ha surgido, sin embargo, una posición afirmativa sobre Revueltas, minoritaria de todos modos, donde el nombre clave es Evodio Escalante. En esa misma dirección, los recientes trabajos de Bruno Bosteels han profundizado esa lectura afirmativa de Revueltas ("Una Arqueología"; *Marx*

and Freud). Es en ese estilo de análisis donde inscribo este capítulo. Dirección afirmativa que fue expresada ya por Evodio Escalante hace unos años: "A la eficacia represiva de una sociedad confinatoria, que pone a su servicio las fuerzas invencibles de una geometría enajenada, José Revueltas opone la naturaleza libertaria de un acto inmemorial, que surge de lo profundo, sin razón aparente. Me gustaría que el nombre de Revueltas se asociara siempre, entre otras cosas, a ese acto inmemorial intrínsecamente afirmativo" (162).

19. "¿Cuándo comenzó ese camino al infierno de Revueltas? [...]. No era solamente su entrega como mártir al comunismo lo que lo inducía naturalmente al sufrimiento, sino un fervor religioso a través del cual entró en los terrenos de la culpa y el pecado. El hombre era un ser desamparado a merced de la guerra, el frío y el hambre, la injusticia y el desamor. Y en ese valle de lágrimas el artista debía sufrir, soportar el desprecio de la sociedad, sacrificarse en nombre de una ética y una estética que transformarían el mundo" (Abreu 84).

20. Escribe José Ortega: "Esta realidad se caracteriza, entre otras cosas, por el enclaustramiento, o la aparente falta de salida en un mundo dominado por la idea de la muerte. La falta de progresión, de historia, que permea el relato se pone de relieve desde las primeras páginas. La repetición al principio y al fin del párrafo, así como en el centro, sirve para enfatizar un monótono y fatídico pendular, así como para crear un tono de pesadilla que afecta tanto a los personajes, como a su acontecer histórico" (103). Por su parte, Juan García Ponce: "Negada esa libertad final, hecha imposible por los celadores, por los monos, por la sociedad, el cumplimiento extremo de la necesidad, negando el derecho a tener la muerte, lo que se pierde es la condición de hombre" (151).

21. De nuevo escribe Ortega: "Una de las posibilidades de combatir esta soledad es retornando al tiempo mítico, es decir, aboliendo el presente histórico" (104).

22. Ver por ejemplo de Revueltas: "La formación de las nacionalidades tiene el mismo encanto cósmico que la formación de los tejidos en el cuerpo del hombre, o la constitución de las células o la condensación de las nebulosas" (*Ensayos sobre México* 17).

23. Por un parte, desliga la cuestión del infinito de una cuestión religiosa. Se instala así en la ruta abierta por Spinoza, que abre la posibilidad que el mundo sea infinito, pues plantea una unidad entre dios y el mundo, dios y la naturaleza (*God is nature*), y entre el mundo y el infinito: todo lo que existe es dios. Todas las cosas que hay en el mundo son atributos de una sustancia, y lo eterno y lo infinito son así dimensiones temporales y mundanas: "nada de lo que la mente entiende desde la perspectiva desde la perspectiva de la eternidad, lo entiende en virtud de que conciba la presente y actual existencia del cuerpo, sino en virtud de que concibe la esencia del cuerpo desde la perspectiva de la eternidad" (Spinoza 412-13). Se puede ver así mismo *Spinoza subversivo* de Negri (106, 16). Por otra parte, la escritura de Revueltas, fuertemente impregnada por los Manuscritos Económico-Filosóficos de Marx, revela los límites de la noción de individuo-propietario por oposición al ser genérico: "Oponer al ahora y aquí de la vida, el ahora y aquí de la muerte. Es decir, estar tan dispuesto a no considerar la vida como persona, como propiedad privada, sino en atención al yo genérico

del hombre. A que nuestra muerte no es la muerte del hombre" (Revueltas "Oponer al ahora" 39). Este tipo de pensamiento es, precisamente, lo que se llamará *perspectivismo*: no es que el sujeto tenga un punto de vista sobre los seres y las cosas, sino que los seres y las cosas son puntos de vista.

24. Escribe Deleuze en su curso sobre Spinoza: "Y la manera como piensan el Estado, ya no es la relación de alguien que manda y otros que obedecen. En Hobbes, la relación política, es la relación de alguien que ordena y alguien que obedece. Esa es la relación política pura. Desde el punto de vista de una ontología, no es así; en esto Espinoza no estaría con Hobbes. El problema de una ontología está, entonces, en función de: el ser se dice de todo lo que es, es como ser libre. Es decir cómo efectuar su potencia en las mejores condiciones" (*En medio de Spinoza* 57).

25. Los dos textos de Paz, escritos con casi 40 años de diferencia entre sí, apuntan a lo mismo. En la "Primera nota" de 1943, escribe: "Una constante preocupación religiosa invade la obra: lo mexicanos, piadosos por naturaleza, y enamorados de la sangre, han sido despojados de su religión, sin que la católica les haya servido para satisfacer su pétrea sed de identidad" ("Cristianismo y Revolución: José Revueltas" 11); "Revueltas siente una especie de asco religioso, de amor hecho de horror y repulsión hacia México" (12). En 1979, en su "Segunda Nota," escribe: "Pero hay algo que distingue a las dudas y a las críticas de Revueltas de las otras: el tono, la pasión religiosa. Y hay más: las preguntas que una y otra vez se hizo Revueltas no tienen sentido ni pueden desplegarse sino dentro de una perspectiva religiosa. No la de cualquier religión, sino precisamente la del cristianismo" (15).

3. José Revueltas y la filosofía latinoamericana:
imágenes cinematográficas del mundo

"Digo isla y pienso en mar. Digo mar y pienso en isla. ¿Son lo mismo? Se suceden vacío continuo y plenitud sin nombre."

Blanca Varela

José Revueltas Sánchez fue un escritor polémico, y prolífico. Fue expulsado del Partido Comunista Mexicano dos veces (en 1943 y 1960), y del Consejo Nacional de Huelga de los estudiantes de octubre del 68 en México. Encarcelado dos veces en Islas Marías, muere en 1976 en libertad bajo palabra. Al lado de escritores como Octavio Paz, Carlos Fuentes o Juan Rulfo, por décadas la obra literaria de Revueltas fue ubicada en un lugar marginal en el panorama literario mexicano, y latinoamericano, si bien su novela *El luto humano* (1943) le había merecido el Premio Nacional de Literatura en México. Es sólo a raíz de su encarcelamiento en Lecumberri en 1968, acusado de ser el líder intelectual e instigador del movimiento estudiantil del 68, y de la compilación de sus textos escritos hasta el momento en 1967 por la editorial ERA de México, que su obra y práctica política adquieren otra recepción.

En medio del creciente interés que genera su obra tanto en América Latina como en Estados Unidos, una de las facetas menos exploradas por la crítica es su pasión por el cine. Para el momento en que nació Revueltas, 1914, ya el cine contaba con casi dos décadas de existencia: ya era entonces posible un conocimiento cinematográfico del mundo. Paralelo a su militancia comunista, y su escritura de novelas y ensayos filosóficos y políticos, Revueltas trabajó en la adaptación de 35 guiones cinematográficos, y dictó cursos de cine en el Instituto Cubano de Arte e Industria Cinematográfica de Cuba en 1961, y en el Centro Universitario de Estudios Cinematográficos (CUEC) de la Universidad Nacional Autónoma de México UNAM (entre 1963 y 1965) (Arévalo 40). Sin embargo, no es mi intención ocuparme aquí de esos guiones, sino de algo un poco más extraño: la forma en que la literatura de Revueltas es tejida a través de un método cinematográfico. En este capítulo sostengo que José Revueltas es capaz de crear a través de su literatura, otras imágenes del pensamiento, y, por ende, otras imágenes de América Latina. Con la obra de Revueltas es posible cuestionar la idea referente a que el único despliegue posible para el pensamiento en el continente es la filosofía latinoamericana. Salir, entonces, de cualquier hermenéutica del ser latinoamericano. En gran medida, el pensamiento en América Latina se ha reducido a la práctica de la filosofía (especialmente la filosofía universitaria), tal como lo atestiguan los reiterados intentos de inscribir la filosofía en el ámbito de la "normalización."[1]

La obra de Revueltas se aleja de las convenciones de la filosofía latinoamericana, al dejar atrás la experiencia del lamento y la nostalgia por la unidad perdida.[2] Así como el extravío del ser sepultado por el colonialismo. Argumento que a ello Revueltas opone un pensamiento sin finalidad y un análisis anti-moralista de la verdad. Para lograrlo, postulo que Revueltas utiliza un método basado en la construcción de una imagen cinematográfica del pensamiento. Esto permite construir otra imagen de América Latina, y de su filosofía, por fuera de la moral del sufrimiento o la victimización por parte de Europa. Esa imagen es la de Latinoamérica como isla, y no como continente que, precisamente, contiene las fuerzas y potencias, encadenándolas a la idea de una identidad latinoamericana y sus avatares.

De esta manera, Revueltas proporciona una posible respuesta a un acertijo latente en la filosofía latinoamericana del siglo XX: la expulsión o des-ubicación de América Latina del curso de la historia universal. Hegel es aquí, con sus *Lecciones sobre la filosofía de la historia universal*, el condenado, al ubicar a América no en la sección de historia, sino en la sección de geografía. Al haber situado a América en la geografía y no en la historia, Hegel despertó un reclamo incesante por parte de la filosofía latinoamericana mayoritaria, de Leopoldo Zea a Enrique Dussel.[3] Frente a esta expulsión del continente latinoamericano, con la literatura de Revueltas es posible dejar de concebir a América Latina como un continente, encubierto o por descubrir. Sin recurrir al reclamo que buena parte de la filosofía latinoamericana le ha hecho a Hegel, Revueltas ofrece una posibilidad para pensar a América Latina ya no como espacio, o continente, sino como imagen-tiempo: una isla desprendida del continente en perpetuo devenir. Es decir, ya no se trata de seguir a la filosofía latinoamericana que ha concebido a América Latina en términos territoriales: una tierra donde se despliegan identidades y se ejercen las soberanías del yo y del Estado. Una tierra donde se pueden seguir los rastros y señas que nos conduzcan a un origen que diferencie al continente latinoamericano del continente europeo.[4] La idea territorial implica tanto una idea de fijación como de aridez y sequía. La isla rodeada de agua, por el contrario, implica no sólo desplazamiento, sino un medio húmedo—nada lejos del vendaval que vimos en el capítulo anterior sobre *El luto humano*. Isla cuyo centro está en todas partes, que no contiene su propio centro único y territorializable, su punto fijo de identidad, escribe Revueltas en *El reojo del yo*:

> Bien, estamos en esta pequeña isla que tiene su centro en todos los puntos y su circunferencia en ninguno, de acuerdo con la antigua y sabia definición de viejos pensadores ya no discernibles en la Historia. (435)

3.1. *La filosofía latinoamericana*

La novedad de la forma de pensar de José Revueltas ha sido destacada ya en varias ocasiones. Henri Lefebvre comparó los escritos filosóficos de Revueltas con los de la Escuela de Frankfurt, y específicamente con los de T. Adorno, en el prólogo que escribió a *Dialéctica de la Conciencia* (14). Recientemente, y lejos de la perspectiva de Frankfurt, Bruno Bosteels comparó su novela *Los Errores* de 1964 con lo que vino a realizar treinta años después el filósofo francés Alain Badiou en sus conferencias tituladas *El Siglo*.[5] Estas conexiones globales no parecen haber tenido eco al interior de América Latina. A pesar de una copiosa producción filosófica y política, el diálogo entre el pensamiento de José Revueltas y la filosofía latinoamericana es prácticamente nulo. Quizás la única alusión directa es el liminar que escribe Leopoldo Zea a la novela *Los días terrenales* de Revueltas, de 1949. En ese texto, titulado *Revueltas, el endemoniado*, Zea comenta acerca de sus relaciones con Revueltas: "nuestro encuentro fue difícil," dice Zea, que considera a José Revueltas un loco. Luego de citar el fustigamiento de Pablo Neruda en contra de Revueltas,[6] habla de la aparición de éste en la experiencia de su propio grupo filosófico, Hiperión: "En 1951 se pusieron en marcha varias conferencias sobre el ser y la cultura del mexicano, en las que se formó el grupo filosófico Hiperión. Revueltas fue invitado a dar una conferencia, lo que aceptó con mucho entusiasmo. Tartamudeó algunas palabras y, poniendo la cabeza sobre la mesa de conferencia, empezó a dormir profundamente" ("Liminar" XVIII). De manera sintomática, describe la discusión pública que sostuvo con Revueltas en torno a la interpretación de la historia de Hegel:

> Respetuosamente me preguntó que de qué estaba hablando; le respondí que sobre la interpretación de la historia de Hegel. Le interesó mucho y me pidió que continuase, para luego participar en las preguntas hechas por los estudiantes dando su propio enfoque a la historia y pidiendo a los estudiantes liberarse para poder liberar a su pueblo. (XVIII)

¿Cuál era ese enfoque propio que Revueltas le daba a la historia? Antes de responder esa pregunta, vale anotar que en tanto Zea dedicó numerosos trabajos a comentar esa interpretación de la historia de Hegel, en uno de sus diálogos-respuesta al grupo Hiperión, "Posibilidades y limitaciones del mexicano," de 1950, Revueltas se burla de los pensadores que pretenden hallar la especificidad del ser del mexicano. Hegel, vale recordarlo, en sus Lecciones sobre la Filosofía de la Historia Universal había situado a América (la del norte y la del sur), por fuera de la secuencia temporal del Espíritu, ubicándola en cambio en el capítulo titulado "La conexión de la naturaleza o los fundamentos geográficos de la historia universal" (171). La indignación que provocó esa exclusión generó una serie de respuestas reiteradas en la tendencia mayoritaria de la filosofía latinoamericana, basada en el esfuerzo de institucionalización y profesionalización de la filosofía denominado "normalización filosófica."[7] Y en el anhelo de que, por fin, naciera un Hegel latinoamericano.[8]

Tanto esa interpretación hegeliana de la historia, como la búsqueda del ser mexicano, y latinoamericano, serán dos tendencias prevalecientes en la filosofía latinoamericana del siglo XX. Es el filósofo argentino radicado en México, Enrique Dussel quien, de manera sintética, confronta dicha exclusión en su proyecto intelectual:

> Debo reconocer que en esos años, la obra de Zea *América como conciencia* (1953) me impactó de tal manera que desde aquel momento hasta hoy todo mi intento es justamente posibilitar la 'entrada' de América Latina en la historia mundial (en cuanto a la autointerpretación histórica de la Humanidad, y en cuanto a la 'comunidad hegemónica filosófica'). (*Materiales* 75)

Y puntualiza: "Desde hace cuarenta años me hice cargo en primer lugar de la pregunta: ¿Qué lugar ocupa América Latina en la historia universal?, porque estábamos *fuera* de las interpretaciones estándar de la historia ("Modernidad" 75 195). Por un lado entonces, se buscaba la profundidad de ser, su esencia u origen previo a la expropiación de la conquista europea.[9] Se buscaba así una *correspondencia* entre el ser (latinoamericano) y su verdad, entre el sujeto y el mundo. Por el otro, se interpelaba y exigía el derecho a hacer parte de la historia del mundo.

La forma de acercarse a la historia de Revueltas es distinta. A pesar de su tratamiento prejuicioso sobre América, en la lectura Hegel mismo deja escapar una posibilidad, un lapsus. Dice Hegel unas páginas más adelante: "América es el país del porvenir" (180), en un gesto que de alguna manera retorna a América al curso de esa historia. Es en ese gesto que a mi modo de ver se inscribe la concepción de la historia en Revueltas: una historia de América Latina pensada filosóficamente, a través de los recursos que provee la técnica cinematográfica. Pero es una historia que es una historia mundial. Es decir, el problema con Revueltas ya no es Hegel y su presunto prejuicio; es la correlación de fuerzas a nivel mundial tal como lo escribió una y otra vez en sus ensayos y notas Revueltas. Más aún, Revueltas se ubicará como veremos más adelante, por fuera de la perspectiva de denuncia con respecto a Hegel, en su relato titulado "Hegel y yo." Dicha técnica cinematográfica entonces, por un lado, ya no indagará por profundidades, sino por superficies (planos). La composición y el montaje permiten estallar la idea de una historia lineal, tejiendo superposiciones, combinaciones y discontinuidades—tal como lo hace la mente. Dice Revueltas, tras afirmar que "el montaje es un principio válido, no sólo para la obra cinematográfica sino para cualquier obra de arte," que

> El montaje procede con el mismo método que el intelecto humano al formar, a) las percepciones, sobre la base de una primera impresión o dato sensible; b) las imágenes, sobre la base de un conjunto determinado de percepciones y c) la imagen total del tema, el concepto acabado del mismo, sobre la base de un conjunto combinado de imágenes. (*El conocimiento* 80)

Por otro lado, al evitar pensar América Latina como continente excluido—de la historia, y del reino del pensamiento—, con Revueltas es posible cambiar las coordenadas del problema de la herida colonial. Henri Lefebvre, en su prólogo a *Dialéctica de la conciencia,* el texto póstumo de Revueltas, fue el primero en señalar esa relación distinta con Hegel: "Así, Revueltas parte de formulaciones muy cercanas a las de Hegel; luego supera el hegelianismo al tomar en cuenta experiencias modernas, atravesando el pensamiento inspirado por Hegel (entre otros, el de Sartre)" (14).

3.2. El método de Revueltas

José Revueltas fue encarcelado dos veces en las Islas Marías. La primera vez, tras participar en la planificación de una huelga en la fábrica El Buen

Tono en Ciudad de México con la Juventud Comunista Mexicana (JCM), a la edad de 17 años (Crespi 95). Las Islas Marías fue una colonia penal a la que, por segunda vez en 1933, a los 29, Revueltas fue enviado por dirigir una huelga en Ciudad Anahuac en Nuevo León (95). El encierro será uno de los signos que atravesará su vida. La vida de Revueltas es un navío, que regresa de la prisión de las Islas Marías, para embarcarse en el extravío de la imaginación, en medio de tantas ciencias sociales desarrollistas, tanto complejo colonial y tanta literatura nacional. En su travesía revolucionaria, Revueltas imagina un método.

> Ejemplo: un escritor compone una novela sobre la vida de un pintor, digamos. Su *crítica*, es decir su modo de componer, ordenar artísticamente la realidad de aquella vida ha sido tan exacta que en un cierto número de sus lectores logra que éstos descubran su escondida vocación y decidan convertirse en pintores. Este último hecho es la *autocrítica*. El acto crítico de modificar, componer una realidad en el arte, dio por resultado que esa realidad se modificara en la vida. ("Por una literatura nacional (Mesa Redonda)" 95, itálicas en el original)

La crítica como composición fue lo que ejerció Revueltas. Un *modo de componer* que radicaliza lo hecho y sugerido por José Carlos Mariátegui, maestro de Revueltas según su testimonio.[10] Mariátegui lo decía con extraordinaria lucidez en *La escena contemporánea* en 1925, al referirse al estado del mundo:

> Pienso que no es posible aprehender en una teoría el entero panorama del mundo contemporáneo. Que no es posible, sobre todo, fijar en una teoría su movimiento. Tenemos que explorarlo y conocerlo, episodio por episodio, faceta por faceta. Nuestro juicio y nuestra imaginación se sentirán siempre en retardo respecto de la totalidad del fenómeno. Por consiguiente, el mejor método, para explicar y traducir nuestro tiempo es, tal vez, un método un poco periodístico y un poco cinematográfico. (11)

La imagen de este método de composición es delgada como un cabello. Esta imagen trastoca la representación del mundo, entiende el mundo como desajuste, desde el desajuste, lo que implica asumir en plenitud la posible sacudida que alberga un cabello en su materialidad. Jacobo Ponce, personaje de *Los errores* (1964), novela en la cual Revueltas realiza una evaluación del siglo XX, lee estas líneas:

> El hombre es un ser erróneo—comenzó a leer con la mirada, en silencio—; un ser que nunca terminará por establecerse en ninguna parte: aquí radica precisamente su condición revolucionaria y trágica, inapacible. No aspira a

> realizarse en otro punto—y es decir, en esto encuentra ya su realización suprema—, en otro punto—se repitió—que pueda tener una magnitud mayor al grueso de un cabello, o sea, ese espacio que para la eterna eternidad, y sin que exista poder alguno capaz de remediarlo, dejará siempre sin cubrir la coincidencia máxima del concepto con lo concebido, de la idea con su objeto. (67)

Revueltas sostuvo que el humano es un ser erróneo. Erróneo, no defectuoso o deficitario, como postuló de manera recurrente la cuestión el pensamiento latinoamericano mayoritario al concebir la filosofía latinoamericana. Esto es, como un ser en déficit con respecto a la institucionalización de la filosofía como disciplina normalizada La novela *Los errores* de Revueltas es precisamente un intento de evaluar el siglo XX en interioridad, esto es, captar los errores del siglo desde los errores mismos, y no desde el acierto o lo correcto. El mundo entonces no es la idea, el objeto no es como lo pienso: no hay pues coincidencia de la idea con su objeto. Mi verdad no es la verdad. El ser erróneo (no defectuoso) habita en un mundo que se construye punto por punto. Cada punto entonces es inconmensurable, y un punto es todo: el espesor de una hebra de cabello se revela entonces como infinito; ningún poder es capaz de mesurar esa vastedad; ningún poder es capaz de esa verdad.

> Sin embargo, el punto que ocupa en el espacio y en el tiempo, en el cosmos, la delgadez de un cabello, es un abismo sin medida, más profundo, más extenso, más tangible, menos reducido, aunque quizás más solitario, que la galaxia a que pertenece el planeta donde habita esta extraña y alucinante conciencia que somos los seres humanos. (67)

Cada punto del mundo expresa entonces el mundo mismo. Esa es una bella definición tentativa de lo que muchos llaman universal: lo universal no es el todo respecto a una parte. La cuestión es que cada parte contiene en sí misma el universo entero. Es decir, el universo no es lo que me trasciende y está allá fuera. Es lo que se esconde en mí, en cada cosa, por pequeña que sea, es lo que alberga un cabello en su extraordinaria delgadez: "hay mundos en los mínimos cuerpos" dice Deleuze (*El pliegue* 15). Así, el universo no difiere de la cosa en que se expresa: el pez son las líneas del mar que son él, la gota es la lluvia; la gota es el mar y toda el agua. En ese sentido, el punto ya no es vincularse a la historia universal como ha postulado la filosofía latinoamericana mayoritaria. Las similitudes que pueden hallarse entre Revueltas y Walter Benjamin (Bosteels "Una Arqueología;" Espinoza "Angeles") adquieren entonces otra dirección. En este punto es posible cambiar de superficie: de la tierra al vidrio, del territorio al cristal, al punto que es todo:

> La primera etapa de este camino será retomar para la historia el principio del montaje. Esto es, levantar las grandes construcciones con los elementos constructivos más pequeños, confeccionados con un perfil neto y cortante. Descubrir entonces en el análisis del pequeño momento singular, el cristal del acontecer total. (Benjamin, *Libro de los pasajes* 463)

3.3. *Conciencia, verdad, idea*

En el duelo sostenido con las grandes filosofías europeas, los filósofos latinoamericanos esgrimieron dos tópicos intentando hallar los rasgos distintivos del continente latinoamericano. Primero, una verdad esencial, primigenia y "oculta" por la dominación europea (la colonización primero, y posteriormente el imperialismo). Segundo, la búsqueda continua de un *cogito* cartesiano en América Latina, pues "nosotros no tuvimos un Descartes, no tuvimos un sujeto fuerte, no tuvimos un *cogito*" como afirmó recientemente José Pablo Feinman (30). La forma predilecta para abordar estos tópicos, fue la denominada *historia de las ideas*, corriente intelectual que en América Latina tuvo su impulso decisivo a través de filósofos españoles como José Gaos—quien tradujo al español las lecciones de Hegel a las que aludimos—, el mismo Leopoldo Zea, el colombiano Danilo Cruz Vélez y el argentino Francisco Romero.[11] Figuras dispares de distintas latitudes que, sin embargo, asumieron la tarea de la "normalización de la filosofía" en América Latina, y reconocieron en José Ortega y Gasset al filósofo que más lejos había llegado en intentar hacer una filosofía en español, de altura universal. Para la *historia de las ideas*, entonces, la conciencia y la verdad representaban los marcos de entendimiento del proceso de pensamiento latinoamericano, expresado a través de linajes de ideas que se remontaban a la época colonial. Además, estaba encapsulada en una extraña obsesión: el advenimiento, por fin, de un Hegel latinoamericano.[12]

Revueltas por su parte, tomará un rumbo distinto. Más cercano al tipo de reflexión de filósofos como Adolfo Sánchez Vásquez y, más recientemente, Bolívar Echeverría, abordará los mismos tópicos de la filosofía latinoamericana convencional desde otras coordenadas. Construirá un método a partir del cine y el periodismo en la estela de Mariátegui, igual a lo que Revueltas quería de su realismo: "el realismo de un buen reportero, digamos, aquí sí exigencia necesaria del oficio, y yo he sido reportero durante largos años" (*Los muros de agua* 20). Método derivado de su concepción del cine, plasmado en su escritura de novelas, adaptaciones de guiones cinematográficos y cuentos: "la síntesis que el arte [cinematográfico] conjunta jamás puede concebirse como un puro proceso de comprensión o como una suma aritmética de cantidades homogéneas" (Revueltas, *El conocimiento* 9).

Revueltas entiende el cine como pensamiento: plano sobre plano, fondo sobre fondo en una composición voluble, la mente es "naturaleza que se piensa" ("Problemas" 163), pero de todos modos naturaleza ciega, al igual que el mundo. Así, sostiene en un ensayo sobre su novela *Los días terrenales* de 1949 que "el pensamiento no tiene finalidad alguna, del mismo modo que el mundo exterior, en sí mismo, no tiene finalidad alguna" ("Esquema" 43). Lo que habría que retratar, son las operaciones y no las esencias, pues el origen o el ser son sólo una falsa ilusión, un abismo de horror. Bloquear entonces el proceso de comprensión, declararlo caduco.

¿Y la verdad? Aquí nos abrimos a una vida que se pregunta no por cuánto vale la vida o a qué equivale, sino por cómo operan los valores que la informan; vida que se autogobierna, que se da sus propias reglas. Gregorio, personaje de *Los días terrenales* (1949), describe su forma de conducirse en la vida atada a un destino, pero "el destino no significa—se dijo—sino la consumación de la propia vida de acuerdo con algo a lo que uno desea llegar, aunque las formas de esa consumación resulten inesperadas y sorprendentes no sólo para los otros, sino para uno mismo en primer término" (169). Ese destino debe ser hallado, debe experimentarse desde lo imprevisto: "esa ambición no tiene la misma esencia en todos. En cierta forma es un asunto privado, personal, de temperamento, y cada quien debe encontrarlo. Porque el problema consiste en soportar, resistir la verdad interna de uno mismo, aunque esa verdad sea mentira" (169). Verdad sin verdad, que cada quien puede encontrar, pero es un camino que no se mide por el éxito o el fracaso. Hallar ese destino implica que se pasa, para Olegario Chávez en *Los errores*, de la verdad del poder, al *poder de la verdad*:

> Entretanto la verdad histórica, al margen del poder, se halla desvalida, sin amparo, y no posee otro recurso que no sea el *poder de la verdad*, en oposición a todo lo que representa como fuerza compulsiva, instrumentos represivos, medios de propaganda y demás, la verdad del poder. (223-24, itálicas en el original)

Tenemos entonces un ser erróneo (no deficitario), pero aquí el error es distinto al dogma. Contrario al lugar común que en retrospectiva denuncia al Partido como la verdad, y a la historia como expresión teleológica de la dialéctica, Revueltas retorna la dialéctica la conciencia del humano, no a una pretendida lógica inexorable de la historia. La conciencia humana entonces está en una relación dialéctica con la realidad, y es ese carácter dialéctico el que impide una reconciliación final (salvífica) del humano con el mundo en la versión común del Partido. Y devuelve la cuestión de la verdad, no al sujeto, sino a la perspectiva. La verdad entonces no es una unidad o una revelación, es una posible perspectiva entre otras: igual que en el cine con sus múltiples planos, tomas y cortes en la acción, la verdad es una posible perspectiva sobre el mundo, no *la* perspectiva sobre el mundo. El montaje en el cine "evita" confundir la imagen proyectada con la realidad: la imagen no es el mundo, así como *mi* verdad no es *la* verdad. "La imagen del mundo se desmigaja en el cine moderno, pues ya no hay fundamento en el que colocar cualquier presupuesto de verdad" (Barragán 173). La verdad no está entonces ligada al ser, sino que es un conjunto creciente de perspectivas: "La única verdad es la falta de verdad: verdades concretas, transitorias, tangibles" dice Jacobo Ponce en la novela *Los errores* (71). Pero la perspectiva no necesariamente es un candoroso pluralismo, no es que sea algo bueno: la perspectiva es imposición, avidez, dominación. Por eso el problema no es si las verdades son ciertas o falsas, sino su grado de concreción, de materialidad. Su fuerza. La pregunta entonces sería no si la verdad es cierta, sino cuáles son los elementos que la hacen surgir y desaparecer, cómo una verdad llega al mundo, cómo se hace material. ¿Y la conciencia? Está desligada de las ilusiones que el individuo fabrica para sí: "La mente es algo curioso y casi inverosímil" comenta Revueltas: "Tiene una extraordinaria semejanza con un escenario de esos muy profundos—tanto que se sentiría vértigo—que tuviese una serie sucesiva de decoraciones imprevistas. Primero una, después otra y otra, sin acabar jamás, porque la mente, en el fondo, es insondable" (*Los muros de agua* 64). La mente es insondable porque está desfondada, abismal porque, al igual que la mónada, no es un haz de claridad, sino un fondo sombrío. "También," prosigue Revueltas en contra de cualquier hermenéutica o pre-visión sacerdotal,

> se parece a dos grandes y descomunales espejos encontrados, que se reprodujeran a sí mismos sin cansancio y de una manera tan infinita como en las pesadillas, con la diferencia que a medida en que apareciesen nuevos espejos—espejos y espejos como una torre de Babel—las figuras reproducidas fueran siendo otras o, con mayor exactitud, las mismas, pero vistas en aspectos desconocidos, como si a cada nueva aparición se descompusieran en sus elementos integrantes creando la falsa idea de que, después de algún tiempo, en el más lejano y último de los espejos, acabaría por encontrárselas, simples ya, y como quien dice 'monocelulares' poniendo al descubierto

su origen y con ello el origen de todas las cosas, el secreto del universo y el principio de todo lo que existe. (64)

Abrirse a las decoraciones imprevistas antes que congelarse en la imagen final, que sería la primera, el reflejo primigenio del Yo. Imagen final siempre alentada por las preguntas de la filosofía latinoamericana: ¿Quién soy? ¿De dónde vengo? ¿Cuál es la verdad de mi ser? Por supuesto, ese espejo al final de la fatigada búsqueda, no deja de ser un autoengaño. Ni siquiera la más persistente de las ilusiones, la del yo pensante, es capaz de reflejarse allí:

> Pero ya se ha dicho que, en todo caso—y aun dejándose llevar por ilusiones ópticas—, se trata de una falsa idea o si se quiere, de un 'espejismo.' La mente, no obstante, es así. Nosotros somos un pensamiento, una emoción, un instinto. Mas todos ellos—y cada uno en lo particular—se pueden descomponer en mil pedazos y no encontraremos jamás el camino, no encontraremos jamás lo simple ni lo primario. (65)

No hay entonces camino a lo primario; no hay ninguna senda al origen de nuestras esencias robadas o expropiadas por Europa y su imperialismo político o filosófico. A partir de eso entonces, antes que un sismógrafo que detecta peligros y fallas, ¿se puede decir que América Latina no carece de nada, no le falta nada? Tal vez, si somos capaces de afirmar una composición distinta: no habría una verdad que secuestraron, o una verdad por venir en el continente. En América Latina, somos tan perfectos como podemos ser, potencia plena de fuerzas afirmativas y erráticas. Somos capaces de verdad, y de no verdad, pero, ¿somos capaces de vivir sin verdad, sin encumbrar subrepticiamente el veneno del ideal, del otro mundo? La respuesta de Revueltas es afirmativa: pero entonces hay que construir entonces un método acorde con esa riqueza. Y dar el paso de la idea a la imagen: de la trascendencia de las cosas superiores a la gente, a la consistencia del espesor de un cabello; antes que la idea de la mente o el bien, la materia del cabello: la imagen, el cristal.

3.4. *América Latina como imagen*

En tanto la filosofía latinoamericana intentó pensar a América Latina desde la historia de las ideas, el método de José Revueltas produjo un camino distinto. En lugar de recorrer la senda de la filosofía disciplinar, mapeando su normalización y sus maestros como lo hizo la tendencia mayoritaria, la novedad que introduce Revueltas es el intento de pensar filosóficamente desde la literatura. ¿Era posible dejar de usar la literatura latinoamericana, para corroborar las tesis postuladas desde la filosofía? Sostengo que sí, pero para dar ese paso, era necesario abrirse a una escritura acorde con la velocidad y riqueza del mundo: no era posible seguir captando el mundo, su velocidad, desórdenes e inconsistencias, desde la quietud. Era necesario, como ya lo advertimos con Mariátegui, un método cinematográfico, capaz de pensar a partir de la literatura misma, en pleno movimiento.

Para efectuar el distanciamiento con la filosofía latinoamericana, Revueltas desplazó el foco de atención desde el espacio hacia el tiempo. El punto ya no era concebir a América Latina como continente en el espacio, sino como imagen en el tiempo. Eso le implicó a Revueltas hacer dos revaluaciones fundamentales. Por un lado, abrirse a la posibilidad de una escritura de la historia no lineal, que evitara seguir el linaje que lleva a los orígenes. Por el otro, postular otro tipo de memoria, desligada de cualquier predicado sustancial o esencial: una forma del recuerdo que no revelara o confesara nuestro principio confiscado. Sobre lo primero, escribe Revueltas en el texto "Autogestión académica, y universidad crítica," de 1971:

> La acción teórica, el acto histórico, no pueden comprenderse sino en su fluir, unido a una sucesión de momentos que jamás ofrecen una continuidad lineal ni resisten una definición unívoca. Hay una especie de geología de las corrientes históricas, en que estas se subsumen, recorren un trayecto subterráneo y tortuoso, para emerger años más tarde, bajo formas diferentes y actuadas por otros personajes. (152)

Ya no hay aquí una suerte de hermenéutica tratando de auscultar el ser profundo y oculto en América Latina, sino una *geología* que puede conducir por sendas inesperadas, a través de un análisis de la materialidad del mundo. Para esta geología, la cuestión ya no es hacer un reclamo por haber ubicado a Latinoamérica en el área geográfica. Por el lado del recuerdo, tema sobre el que volveré en el capítulo referido al 68 en México, Revueltas plantea la materialidad de una memoria desligada de la conciencia: evita el invocar una memoria psicológica. Años después de lo escrito por Revueltas, en sus libros sobre cine, Gilles Deleuze dirá que lo que es luminoso es la materia, y que el supuesto centro de comprensión, la conciencia, es un lugar más entre otros: "mi cuerpo es una imagen, y por lo tanto un conjunto de acciones y reacciones. Mi ojo, mi cerebro, son imágenes, partes de mi cuerpo. ¿Cómo podría contener mi cerebro las imágenes, si él es una entre las demás?" Y puntualiza: "'Decid que mi cuerpo es materia, o decid que es imagen…'" (*La imagen-movimiento* 90-91). En el reino de la imagen, sujeto y acontecimiento son inconmensurables, pues están ubicados de forma simultánea en el mismo plano móvil, cada uno valiendo por sí mismo, así como en sus contaminaciones y cruces recíprocos.

Al igual que la mente, el sujeto es una imagen entre otras, como se lee en *El luto humano*, novela fustigada por Octavio Paz:[13] "Existo y me lo comunican mi cuerpo y mi espíritu, que van a dejar de existir; he participado del milagro indecible he pertenecido. Fui parte y factor, y el vivir me otorgó una dignidad inmaculada, semejante a la que puede tener la estrella, la mar o la nebulosa" (*El luto humano* 91).

Revueltas es capaz de crear imágenes, pero son imágenes que no *representan* el mundo: no se corresponden con un objeto, ni tampoco son realidades psicológicas alojadas en la conciencia. Estas imágenes sin semejanza más verdaderas que el objeto, pura imagen en los términos de Deleuze (*La imagen-movimiento* 90-91), se expresan en la forma en que Ezequiel, en *Ezequiel o la matanza de los inocentes*, recuerda lo sucedido en la masacre de Tlatelolco en el 68:

> Las cosas, en su derredor, se le daban a Ezequiel desnudas de toda significación, en su naturaleza concreta y pura, bajo una única, desolada e incompartible denominación monolítica a la cual habían llegado mediante un proceso minucioso de autodestilación en que se despojaban, una a una, de todas las mediaciones que las encubrieran a lo largo del tiempo y de la historia, como serpientes que abandonasen una sucesión infinita de epidermis o un fruto que se fuese desprendiendo de las cáscaras a la búsqueda de lo que eran como tales cosas que no se sabían. (32)

En ese momento, entonces, es que para Ezequiel el recuerdo aparece como recuerdo; no recuerdo de o sobre algo, sino recuerdo en tanto recuerdo. Imagen inmediata y sin raíz que la evoque, imagen sin concepto—"memoria sin lenguaje" como afirma Revueltas en *Hegel y yo* (134)—relato escrito durante su encarcelamiento en Lecumberri por los sucesos del 68. O en *Ezequiel*:

> Un proceso del recuerdo en el que éste se desdoblaba, siempre hacia atrás, en una encarnizada unilateralidad de repetidas transparencias, hasta convertirse en la acción absoluta de recordar, desprovista ya de la cosa recordada, y ésta quedaba reducida a no ser ninguna otra noción o simple actitud por fuera del recuerdo puro de sí, a salvo de cualquier peligro, incitación, impulso o deseo de compartirse con nadie como cosa genérica, universal. (32)

En contra de la representación universal, la imagen como singularidad pura, pensamiento en sobrevuelo desligado del significante. Así como en *Los errores* Revueltas evalúa el siglo XX desde la interioridad del siglo XX, en *La matanza de los locos* capta el recuerdo como inmanencia radical sostenida por una evaluación interna al recuerdo mismo. El cuerpo como imagen, el texto como imagen. Si el método imaginado por Revueltas es la *composición*, en este punto se adiciona la cualidad que lleva esa composición a desplegar toda su fuerza: composición *cinematográfica*.

En su lectura de *Los días terrenales*, titulada *Ángeles en el abismo. Las imágenes dialécticas de Walter Benjamin y José Revueltas*, para Rogelio Espinoza José Revueltas captura las "imágenes dialécticas, policronías espaciales que conjugan en un solo espacio/tiempo las eras imaginarias del México prehispánico, colonial y moderno" (231). La escena de *Los días terrenales* a la que alude Espinoza efectivamente va en esa dirección:

> México trastoca, subvierte los puntos cardinales, y al mezclar el pan *y el vino del tiempo y el espacio se transustancia en una unidad extraña que hace posible la convivencia de sucesos ocurridos hace cuatro siglos con cosas existentes hoy*; piedras que ya existían en el año de Ce-Ácatl con campanas y fábricas y estaciones y ferrocarriles. Escuchó con atención de ciego, tenazmente, igual que un avaro, con una especie de sed. Voces que venían desde Tlatelolco, donde Zumárraga edificó el Colegio de los Indios Nobles, se escuchaban a más de dos o tres kilómetros, en la plaza donde los acróbatas de Moctezuma hacían el juego de El Volador; lamentos y silbatos provenientes de Popotla, de Azcapotzalco. (43)

Todos los tiempos al tiempo en espacios conjugados, en una operación que desbarajusta los puntos cardinales. El punto cardinal está fijado por el movimiento de los astros, del Sol. Son puntos fijos que intentan mapear el mundo a partir del movimiento. Precisamente, el tiempo, es la dimensión fundamental de la imagen, y la imagen en movimiento, es la que subvierte los puntos cardinales (el espacio). Es la imagen del cine. Las peculiares relaciones entre tiempo e imagen son la gran invención del cine moderno. El plano móvil está lleno de imágenes, y ese plano, es anti-representativo, o más precisamente, es no-representativo: no es un mapa del espacio, es una imagen del tiempo.

Como ya anoté, Henri Lefebvre en el prólogo al texto final de Revueltas, *Dialéctica de la conciencia*, diagnosticó sintonías entre la obra de Revueltas y la de T. W. Adorno. Señaló cómo "Revueltas muestra 'en acto' las contradicciones; las muestra actuando en la conciencia" (13), fundamentando la dialéctica en el sujeto y no en el objeto. Recientemente, como apunté antes, Bruno Bosteels ha señalado similitudes de Revueltas con respecto a Walter Benjamin, y Alain Badiou. Si escuchamos las palabras de Ejel en el relato *Hegel y yo* de Revueltas ("la memoria no es lo que se recuerda sino lo que olvidamos, la memoria es lo que uno hace y nadie ha visto, lo que no tiene recuerdo. Añade luego: 'no somos sino pura memoria y nada más,'"

(129) a lo que podría incluso añadirse el Foucault-Bergson de Deleuze: "Pero el tiempo como sujeto, o más bien subjetivación, se llama memoria. No esa corta memoria que viene después, y que se opone al olvido, sino la 'absoluta memoria' que dobla el presente, que redobla el afuera y que se identifica con el olvido" (*Foucault* 141). En fin, el sobrevuelo de un pensamiento libre, se intersecta con sus afinidades despegado de la tierra, en un plano de intensidades. Es un animal cósmico que, como bestia que es, revienta la cadena de las causas e influencias. Revueltas, por supuesto, no es un adelantado ni una anticipación. Es simplemente la historia de otro tipo de práctica vital. Una forma de vida disímil.

Así, la mencionada cercanía de Revueltas con distintos filósofos europeos pertenecientes a tradiciones de pensamiento dispares (Benjamin, Adorno, Badiou) se transforma, no en un problema de influencias e intertextualidades, o de nivelación pos/de-colonial (como diciendo, aquí en América Latina también *hay pensamiento*). Es un problema de ubicación. Es decir, la escritura de Revueltas, su método, se ubica en el plano del cine moderno. Y el cine moderno abre otro camino para el pensamiento, provee una nueva imagen del pensamiento dice Deleuze. La idea, por su lado, en su soberanía reparte dádivas: la trascendencia es la fuente del bálsamo para aguantar el hecho de estar vivos. La imagen, por su parte, es inmanencia pura, como soporte del mundo.

> Pues no es en nombre de un mundo mejor o más verdadero como el pensamiento capta lo intolerable de éste; al contrario, es porque este mundo es intolerable por lo que él ya no puede pensar un mundo ni pensarse a sí mismo. Lo intolerable ya no es una injusticia suprema, sino el estado permanente de una banalidad cotidiana. El hombre 'no es él mismo' un mundo distinto de aquel en el cual experimenta lo intolerable, y donde se experimenta atrapado. (Deleuze, *La Imagen-Tiempo* 227)

Esto, por supuesto, explicaría mucho mejor el sentido de muchos de los personajes de Revueltas: se acusa a sus personajes (y a Revueltas mismo) por desdichados o desesperanzados.[14] Pero aquí hay otra posibilidad: lo que es intolerable entonces es el mundo, no quien lo observa. Revueltas recuerda que la luz nueva del mundo se renueva sin cesar. La luz, como dijimos, viene del mundo, no del cansancio lúgubre del sujeto que juzga las fuerzas del día. Luz que cambia con el mundo y no envejece en el atrio del tribunal. Luz, entonces, para ver las imágenes y no para guiar las conciencias o domesticarlas. Luminosidad del mundo para concebir Latinoamérica como *algo* afirmativo e incierto y no como tierra del porvenir o escena del origen perdido. Luz para suspender la obsesión por América Latina como *continente*, como algo que contiene. Así como la escritura pasa del caracter a la imagen, América Latina puede pasar del mapa al plano (o pantalla). La pregunta con Revueltas ya no es *qué son las cosas*, qué es el mundo, qué es América Latina, qué es la identidad o el ser, qué son los objetos:

> Entonces aquí descubría Ezequiel el hecho insólito y sobrecogedor de que si se interrogara a sí mismo acerca de lo que es la madera, esa abismal y compenetrada madera terrestre, si acertara a preguntarse lo que significa, qué es lo que la decide madera y aquello en que se asume, su olor o su ruido o sus sueños oceánicos o su sordera unánime de pez ciego o el mundo y la nada o la sombra de lo que proyecta la sombra, qué es, qué es, no sabría contestarse y la palabra madera se iría convirtiendo en una mancha loca y aterrada, la sustancia universal de que está hecha la muerte de ese espacio que se extiende como un aceite de silencio de un planeta a otro, el infinito de madera. ("Ezequiel" 32)

La pregunta, entonces, es otra. Nietzsche nos recuerda siempre el preguntar por *quién* quiere eso, *quién* quiere que busquemos el *qué* de las cosas. El reino de la imagen opera en medio de singularidades que desquician el significante, mancha loca y aterrada. A su vez, define las cosas desde su interior: no opera como aquel que señala las cosas, les da un nombre y así les otorga su función o su ser. Se trataría pues, de definir las cosas en interioridad, no desde el mecanismo lingüístico que se posa desde afuera sobre las cosas. Definir entonces en interioridad a América Latina. Abrirnos a otra imagen del pensamiento produciría otra imagen de América Latina, y viceversa. La pregunta es: ¿Somos entonces capaces de concebir a América Latina como imagen, y no como idea o discurso? Como cuerpo, que es imagen, y no representación. Con Revueltas es posible embarcar a América Latina en un navío arrancado de cualquier raíz o igualdad identitaria. Su técnica de escritura es la composición cinematográfica: así como el cine no representa el mundo, la literatura de Revueltas impide la metáfora de la representación (*esto* es aquello; *esto* remite a lo otro): América Latina no está incrustada en el espacio de la representación, ya que ese espacio en Revueltas, como en el cine, se convierte en un plano móvil. Un plano sin profundidad que cambia a cada instante.

3.5. *América Latina como isla*

El espacio de la representación y su juego de ideas, es el espacio del continente, tieso y compacto: América Latina como continente o espacio seco en busca de una esencia que conjure el ataque imperial, o restaure el daño colonial. El plano móvil, por el contrario, América Latina como imagen, es una isla en su deriva desprendida del continente: "El cine, luego, puede tomarse como esta 'estabilidad de la inestabilidad' de que nos habla Heráclito, la estabilidad móvil, el reposo en movimiento" (Revueltas, *El conocimiento* 11). Es el movimiento estático, del que luego hablará Deleuze.

De alguna manera, la imagen se descongela. Y la heterogeneidad del movimiento (la isla) se vuelve irreductible a la homogeneidad del espacio (el continente). El todo cambia su naturaleza en cada movimiento. Así, América Latina sería una isla en movimiento, y no un continente en el espacio. Cúmulo de imágenes, no idea. ¿Podemos captar una visión de América Latina como mundo material de "variación universal"?:

> Los objetos, los cuerpos, son múltiples, infernalmente variados. Pero eso es *allá*, en el otro tiempo, en el otro mundo, el de los vivos. Esta circunstancia—su diabólica multiplicidad—influye directamente en la propia, rotunda, e inimaginable naturaleza de los objetos. Son tan plurales, *allá*, que dejan súbitamente de existir. (Revueltas, "Esto también era el mundo..." (66)

Es la materia entonces, la que es iluminada, es el mundo el que es indiferente a nosotros en su variación infernal. La luz, como dijimos, proviene del mundo, no del ojo. Estamos frente a "un mundo que vibra al propio nivel de la materia poblado por imágenes previas al sujeto." Los procedimientos de Revueltas recuerdan que la imagen movimiento es la máquina de hacer ver afectos y sensaciones que el discurso oscurece; el discurso opera ordenando y conteniendo lo múltiple. Máquina para ver la inmensa montaña oscurecida para que por fin nos salgan lágrimas, capaz de pintar no las ideas ni los discursos, sino las fuerzas.

> Los grandes escritores—ha dicho Maurois, y habría que extender el concepto a todos los artistas—, emplean palabras no para bosquejar mundos imposibles, sino para evocar y establecer el mundo verdadero Este mundo verdadero que el arte revela según Maurois, es ese que, sin decirlo, sin pronunciarlo, sin oírlo, se escucha con los puros sentidos del corazón, porque el arte usa las cosas visibles y audibles para mostrar las cosas invisibles e inaudibles. (Revueltas, *El conocimiento* 12-13)

Hacer visible el mundo real, pero visibilizarlo en su riqueza y complejidad. Volver al mundo. Atacar la fábrica del ideal, el taller de mundos ilusorios de espaldas a la experiencia. Habitar no el mundo verdadero, sino el mundo como tal. Planear sobre su superficie, evitando la tentación de caer en la navegación de las profundidades. Ese es el pálpito de José Revueltas. Eso sería construir una imagen cinematográfica del pensamiento; hacer que el pensamiento sea imagen. Así, el proyector a partir del cual se generan las imágenes no sería la conciencia, sería el mundo mismo, siempre en vías de hacerse. La crítica vendría a ser la artesanía de componer imágenes, como invitación a "creer, no en otro mundo sino en el vínculo del hombre con el mundo" como sugiere Deleuze. La imagen como pensamiento, el pensamiento como imagen—ese es el sutil arte de volver al mundo:

> A su vez, la estructura interna del montaje, por lo que a ella respecta, consiste en la combinación, yuxtaposición e interpenetración de valores diversos, a efectos de obtener un todo armónico que represente *algo más* que sus partes, es decir, un todo que sea un resultado cualitativo general diferente al valor cuantitativo particular de los elementos que lo integran. (Revueltas, *El conocimiento* 20-21)

Ese *algo* más no es un líder, una doctrina o un Dios: es simplemente ese exceso que se alberga en la fragilidad de un cabello. Revueltas cita aquí a Rilke: "Una mano que se posa sobre la espalda o el muslo de otro cuerpo no pertenece ya aquel del que proviene: ella y el objeto que toca o agarra forman juntos una nueva cosa, una cosa más que no tiene nombre y no pertenece a nadie." Entonces señala: "Esa cosa 'que no tiene nombre' es, ni más ni menos, el resultado de un montaje, es decir, el resultado de una combinación, de una yuxtaposición de valores diferentes que, unidos, arrojan un valor nuevo" (21). Ese algo más, *algo impersonal*, ese valor nuevo efecto de una suma que no totaliza, es el todo como imagen, una imagen descongelándose y saliendo de su letargo. Es la isla-imagen abierta a lo común, anónima, NN. Es la valoración renovada: la posibilidad de una invención moral. Es el acontecimiento. Así, antes que un simple pesimismo, una angustia vana ante el fin del Uno, Revueltas ofrece un sujeto disociado, pero no sólo en su interior, sino con respecto al encierro de la sociedad: Revueltas prisionero, entre más encerrado, más abierto al mundo. Fue encerrado dos veces en una isla, las Islas Marías, teniendo en cuenta que la isla en su deriva se desprende del continente.

Pensamiento sin finalidad, verdad anti-moralista, imágenes cinematográficas, son entonces los resortes del mundo de José Revueltas. ¿Podremos nosotros habitar ese mundo? Revueltas nos propone una voluntad de mundo, precisamente contra la pérdida del mundo. Una voluntad de isla frente al iceberg continental, aquella costra que, como continente, contiene las fuerzas y las doma, al sancionarlas en vez de valorarlas. Revueltas se embarcó en esa nave hace mucho tiempo, en el ir y venir del apando al espacio abierto, del continente a las Islas Marías, del individuo al mundo: "así que es imperioso", dice Gregorio en *Los días terrenales*, "buscar algo parecido a una forma, digamos, de solidaridad inversa, que nos destruya, que nos anule, que nos liquide, que nos despersonalice como individuos, y esa forma no puede ser sino la responsabilidad común en lo malo y lo bueno" (146). En lo malo y en lo bueno, en el mundo tal cual es, como amor al mundo, amor a todo lo que acontece. El otro pasajero de esa embarcación, Gregorio, sigue entrando en el mundo al entrar de nuevo en la sala de tortura: "Esa era su verdad. Estaba bien" (170). La dirección del navío de Revueltas es este mundo, descongelado y ardiente.

Notas

1. La normalización, según el argentino Francisco Romero en un escrito de 1940, consiste en "el ejercicio de la filosofía como función ordinaria de la cultura, al lado de otras preocupaciones de la existencia. No ya como la meditación o creación de unos pocos entendimientos conscientes de la indiferencia circundante." Y prosigue: "La lectura corriente de escritos filosóficos por interesados cada día más numerosos, el mutuo conocimiento e intercambio entre quienes activamente se ocupan en filosofía, van originando lo que podríamos denominar el 'clima filosófico,' una especie de opinión pública especializada que obra y obrará cada vez más, y según los casos, como estímulo y como represión, como impulso y como freno: esto es, como una vaga, indeterminada sanción continua antes y después de los juicios expresos de la crítica, corrigiendo lo que hubiera en estos de partidismo y apreciación individual" (68-69).

2. Comenta Dussel: "Por una parte, el filósofo latinoamericano debe efectuar la hermenéutica que descubre el sentido de su propia historia, de su propia realidad, tarea efectuada por Zea, así como Aristóteles exigía que en el uso del método más fundamental de todos, el dialéctico, ni la ciencia ni la filosofía servían, porque debía pensarse directamente *ta endoxa* (las opiniones del «mundo de la vida cotidiana» desde donde pueden ser pensados los «principios» de la ciencia y de la misma filosofía en sentido estricto o restringido), y para ello sólo valía la paideia (como una 'cultura', fundamental)" (*Materiales* 76). Tal como señalé en la introducción, es Roberto Salazar Ramos quien con más fuerza inicia durante la década de 1980 la desestabilización del esencialismo e identitarismo de la filosofía latinoamericana. Esta crítica será prolongada por Santiago Castro-Gómez, siguiendo a Daniel Herrera, como "crítica de la razón latinoamericana" a mediados de los noventa. La crítica es frente a las tesis del "ocultamiento" o "encubrimiento" del ser latinoamericano, herederas del traspaso de la filosofía de José Ortega y Gasset en términos de historia de las ideas latinoamericanas. Tal como anota Santiago Castro-Gómez, "el proyecto inicial de la filosofía latinoamericana, tal como fue formulado en México por José Gaos y Leopoldo Zea en la década de los cuarenta, pretendía retomar el historicismo de Ortega y Gasset en clave de historia de las ideas" (245-46). Esta recepción, a través del

trabajo de José Gaos, alcanzará un punto máximo en los trabajos del mexicano Leopoldo Zea. El desplazamiento fundamental en esa desestabilización consistió en un principio en recurrir a Xavier Zubiri en vez de a Ortega y Gasset. La lectura de Zubiri se impulsó desde el "Grupo de Bogotá," articulado alrededor de la Universidad Santo Tomás, y conformado básicamente por filósofos y teólogos, el grupo se articuló en torno a los diferentes intereses de sus miembros (la hermenéutica de Paul Ricoeur, la lectura de Marx, la metafísica de Xavier Zubiri). Siguiendo la idea de Zubiri referente a que "toda realidad tiene eso que llamamos su ser. El ser no es la realidad, sino algo fundado en ella, por tanto algo ulterior a su realidad," se abogó entonces por una "meta-física intramundana." Articulados en torno a los Congresos Latinoamericanos de Filosofía realizados en Bogotá periódicamente, entre sus miembros estaban Germán Marquínez, Jaime Rubio, Teresa Houghton, Eudoro Rodríguez Albarracín, Luis José González y Roberto Salazar Ramos. Se pueden consultar los diversos trabajos del Grupo de Bogotá en torno a la filosofía durante la época colonial, la filosofía de la liberación y la religiosidad popular, publicados por la Universidad Santo Tomás y la editorial El Búho, así como los artículos publicados en la revista *Cuadernos de Filosofía Latinoamericana*, que recogieron reflexiones de diversos países del continente en torno a la situación filosófica, política y cultural de América Latina. Al respecto se puede ver mi texto *El estallido de la verdad en América Latina* (2009).

3. Afirma Lepoldo Zea: "hablaremos en este trabajo tratando de continuar el relato de la historia del espíritu que, en Hegel, había llegado a la extraordinaria etapa que representó la Revolución Francesa de 1789 y su antecedente americano, la revolución de 1776. En esta revolución, Hegel pudo ver la explicitación de un futuro del que no quiso hablar, negándose a hacer profecías. Intentamos una filosofía de la historia de nuestra América, como expresión concreta de la historia de la humanidad pugnando realizar ampliamente la idea de libertad, por llegar a ser su máxima encarnación" (*La filosofía en América* 21). Por su parte, escribe Enrique Dussel en sus conferencias en Frankfurt de 1992, su texto conmemoratorio de los 500 años de la conquista de América: "Los pueblos y etnias indígenas americanas no entran en la historia mundial como contexto del descubrimiento de América [...]. Debe encontrarse racional e históricamente su lugar en la historia" (*1492. El encubrimiento del Otro* 86).

4. Durante la Segunda Sesión Plenaria del IX Congreso Interamericano de Filosofía realizado en Caracas en 1977, el argentino Angel Capelleti pronunció una frase en apariencia lapidaria: "No tiene una filosofía propia el que quiere sino el que puede," la cual dejaba sin sentido, desde el presupuesto de la impotencia, la discusión sobre la posibilidad de "una filosofía enteramente original, una verdadera filosofía de América Latina" (24).

5. "What I do know is that *Los errores* already asks, forty years earlier, some of the same questions that drive Badiou's project in *The Century*. In particular, Revueltas' novel gives us important insights into the potential destiny of a whole

jargon of finitude when it is combined with an antitotalitarian, antidogmatic, left-wing revisionism" (Bosteels *Marx and Freud* 64).

6. "De hoy en adelante—escribe Neruda—el apellido Revueltas no es uno. Silvestre, el músico, es el Revueltas del pueblo, que el pueblo recordará como uno de los defensores y amigos. Pepe, el escritor, es el Revueltas de la parte más corrompida de la sociedad. La odia, pero en el fondo intenta desarmarla contra ella, pero en el fondo es su avergonzado apóstol" (citado en L. Zea "Revueltas, el endemoniado" XVII).

7. Al respecto, escribe Enrique Dussel: "Estas cortas páginas, una vez más, están dictadas por un espíritu de respeto al gran maestro del pensar latinoamericano, y de agradecimiento por aquella primera lectura de sus obras, cuando en París, al comienzo de la década de los sesenta, me descubrí «fuera de la historia», gracias a Leopoldo Zea" (*Materiales* 78). Y añade: "Debo decir que en París, en 1962, comencé a reconstruir el «lugar» de América Latina en la historia mundial, para refutar a Hegel desde una sugerencia de Leopoldo Zea, el filósofo mexicano" (340).

8. En la sección "Nuestro pasado filosófico" del ensayo titulado "Los orígenes," al referirse a la manera como "el mundo hispánico—España y sus colonias—ha sido suelo estéril para la filosofía," se preguntaba el filósofo colombiano Danilo Cruz Vélez: "Aunque en el fondo no quisiéramos formularla, aquí nos sale al paso inevitablemente una pregunta indeseable, a saber: ¿podría generalizarse este aserto y decirse que el hombre hispano carece por esencia de genio filosófico?" (*Tabula rasa* 85). El filósofo argentino José Pablo Feinmann afirma, en un reciente libro, que "nosotros no tuvimos un Descartes, no tuvimos un sujeto fuerte, no tuvimos un *cogito*" (30).

9. O'Gorman, en su "destrucción de la metafísica de lo latinoamericano," comenta acerca de la visión de América como "cosa en sí," lo siguiente: "proviene de un previo supuesto en su modo de pensar que, como apriorismo fundamental, condiciona todos sus razonamientos y que ha sido, desde los griegos por lo menos, una de las bases del pensamiento filosófico de Occidente. Aludimos, ya se habrá adivinado, a la viejísima y venerable idea de que las cosas son, ellas, algo en sí mismas, algo per se" (48). Al respecto anota Castro-Gómez: "La pregunta por la filosofía latinoamericana presupone justo aquello que debería ser el resultado de una investigación filosófica. Lo que es resultado de un proceso histórico de *producción*, a saber, 'Latinoamérica,' se toma como si fuese algo constituido de antemano" (247).

10. "Mariátegui siempre ha sido mi maestro, pero en la cuestión ideológica," comenta Revueltas en una entrevista con Norma Quiteño titulada "Oponer al ahora y aquí de la vida, el ahora y aquí de la muerte": "Fue él quien abrió los ojos a mi generación ante la necesidad de adaptar el marxismo a las condiciones nacionales y continentales y no hacer un marxismo de importación, zafio y de repetición de fórmulas, sino de tratar de captar la realidad nacional" (37). Para un análisis detallado de las relaciones entre Revueltas y Mariátegui ver el texto de Jorge Fuentes Morúa.

11. Afirma el filósofo colombiano Danilo Cruz Vélez: "En América la Filosofía no es todavía una realidad. Al menos si nos atenemos a lo conocido, es imposible encontrar entre nosotros algo semejante a *El sofista* de Platón o a la *Metafísica* de Aristóteles [...] o a las investigaciones Lógicas de Husserl [...] para ofrecer solo algunos elocuentes ejemplos" ("La Filosofía en Latinoamérica: ¿posibilidad o realidad?" 142).
12. Al respecto comenta Danilo Cruz Vélez: "pero la otra influencia fue una influencia necesaria y decisiva en la normalización de la filosofía en España y América. Para mí es tan importante poner a unos pueblos que nunca habían tenido filosofía a filosofar, poner una lengua como la española que nunca había luchado con los problemas filosóficos a filosofar, es tan importante, repito, como escribir las *Investigaciones lógicas*" (Sierra Mejía 36).
13. Ver los comentarios de Octavio Paz sobre *El luto humano* en sus dos notas de 1943 y 1979 ("Cristianismo y revolución: José Revueltas").
14. Pablo Neruda y Octavio Paz, entre tantos otros, se quejaron de Revueltas. Paz escribió que "Revueltas siente una especie de asco religioso, de amor hecho de horror y repulsión, hacia México" ("Cristianismo y revolución: José Revueltas" 12). Es el crítico norteamericano James Irby, en su tesis de maestría—a la que Revueltas responderá—quien en 1956 instala el tono de lo que será la literatura crítica sobre Revueltas, al escribir: "La filosofía de Revueltas se caracteriza más bien por un materialismo estático y muerto y un fatalismo atroz que anulan acción y movimiento y crean personajes unilaterales, sin desarrollo interno, meras figuras" (citado en Torres 259). Comentando específicamente *El luto humano*, Edith Negrín se refiere a "la atmósfera de impotencia y desencanto que impregna el relato" (Negrin 96) y José Ortega arguye que la "falta de progresión, de historia, que permea el relato se pone de relieve desde las primeras páginas. La repetición al principio y al fin del párrafo, así como en el centro, sirve para enfatizar un monótono y fatídico pendular" (103). Para lo que es el último desarrollo de la tesis negativa sobre las "fallas" de Revueltas, especialmente en términos de la disonancia entre sus proyectos políticos y literarios, ver Sánchez Prado. En décadas pasadas ha surgido, sin embargo, una posición afirmativa sobre Revueltas, minoritaria de todos modos, donde el nombre clave es Evodio Escalante. En esa misma dirección, los recientes trabajos de Bruno Bosteels han profundizado esa lectura afirmativa de Revueltas ("Una Arqueología"; *Marx and Freud*). Es en ese estilo de análisis donde inscribo este capítulo. Dirección afirmativa que fue expresada ya por Escalante hace unos años: "A la eficacia represiva de una sociedad confinatoria, que pone a su servicio las fuerzas invencibles de una geometría enajenada, José Revueltas opone la naturaleza libertaria de un acto inmemorial, que surge de lo profundo, sin razón aparente. Me gustaría que el nombre de Revueltas se asociara siempre, entre otras cosas, a ese acto inmemorial intrínsecamente afirmativo" (162).

4. 1968: Lógicas de la crueldad. Parte I

> "Revueltas es un gran delincuente porque tiene plena conciencia de que su arma es su mente, de donde emanan sus enseñanzas para abrir la conciencia en el mundo estudiantil."
>
> Audiencia de Responsabilidad Penal contra José Revueltas

José Revueltas es quizás la figura más destacada y polémica del 68 en México. Figuración ambigua que por supuesto se encuentra en su obra literaria y política: por un lado, diagnostica que el proletariado en México se encuentra sin cabeza, o lleva sobre los hombros una cabeza que no es suya, esto es, reclama una vanguardia o verdadero Partido Comunista Leninista. Por el otro, y retomando en su obra el impacto del anarquista Ricardo Flórez Magón (1874-1922), figura clave del replanteamiento de la cuestión obrera en México (de ahí en parte el interés de Revueltas en él),[1] postula nociones de autogestión y autonomía ajenas a ese marxismo leninismo partidista.

Luego de lo sucedido en Tlatelolco el 2 de octubre de 1968, Revueltas fue encarcelado en Lecumberri acusado de ser el instigador intelectual del movimiento estudiantil. Autodidacta, fue quizás el único líder del 68 que, además de impulsar el pliego petitorio del Consejo Nacional de Huelga (CNH), propuso una reflexión hacia adentro de la universidad misma, para al final explotar su privilegio: la universidad también tenía que pensarse a sí misma, y no sólo pensar su realidad exterior; debía ceder así su lugar de privilegio a una serie de *actos teóricos* que estaban dispersos por todo el cerebro social o "cerebro colectivo" (Revueltas, *Ensayo* 37). Años después, en su carta del 6 de abril de 1969, escrita en la prisión de Lecumberri y dirigida al Tercer Congreso de la IV Internacional Comunista, escribe Revueltas que la lucha por la desenajenación humana, "la nueva revolución es un salto teórico respecto al papel desempeñado por los partidos comunistas durante los últimos 50 años," con un "doble carácter, anticapitalista y antidogmático" ("Carta" 208).

Es de vital importancia observar que la trayectoria de Revueltas desemboca en la formulación de ese cerebro colectivo. Su posición viene precisamente de su sostenida crítica, desde la década del 30, del dogmatismo del Partido Comunista mexicano. Dogmatismo que después, en su novela *Los errores* de 1964, nombrará como "crímenes sacerdotales" de la izquierda contra la misma izquierda (124). Por eso la cabeza del proletariado para Revueltas ya no será el Partido Comunista, sino precisamente el cerebro social. Ese es el enlace que va a faltar entre la lucha contra el dogmatismo comunista y lo sucedido en el 68 en México a instancia de esos actos teóricos diseminados en el cerebro colectivo. Enlace que, precisamente, Revueltas elabora.

A la luz de los actos teóricos, no sólo era importante entonces para Revueltas conocer la realidad, sino preguntarse por *cómo* se conoce esa realidad y *quién* la conoce. ¿Cómo entonces ha sido conocido el 68 en México, y Tlatelolco en particular? El 68, y la masacre del 2 de octubre en el Distrito Federal, han sido novelados, narrados y recordados una y otra vez. En parte, el no haber esclarecido judicialmente lo sucedido (con respecto a los desaparecidos, los torturados y muertos ese día), ha convertido a Tlatelolco en una "herida abierta;" un recuerdo que, en forma de "fantasma" imposible de conjurar, regresa sin cesar. Innumerables testimonios dan cuenta de lo sucedido. En 1991, uno de los cronistas más visibles del 68, Paco Ignacio Taibó, sintetizó la cuestión en su libro *68* en estos términos: "Hoy el movimiento de 68 es un fantasma mexicano más, de los muchos fantasmas irredentos e insomnes que pueblan nuestras tierras" (27).

Este carácter "inconcluso" de Tlatelolco ha dejado huellas en la literatura que analiza y reconstruye los sucesos. No es por eso casualidad quizás que gran parte de la literatura escrita retrospectivamente sobre el 68 en México, y sobre Tlatelolco, ha recurrido a la figura del fantasma, del espectro, y más recientemente, a la *fantología*, acercamiento que discuto en la segunda parte de este capítulo. Otra de las marcas de este carácter abierto presente en la literatura es la idea de utopía para intentar comprender lo sucedido: una generación de jóvenes idealistas, sin asidero en la realidad.[2] En esta literatura se afirma la idea del 68 como fantasma que reaparece sin cesar—y no puede ser conjurado—, y se califica a esa generación de jóvenes como idealista y utópica, sin lugar. Mas si fue una generación utópica, idealista y sin asidero en la realidad, ¿por qué entonces la represión sobre ella fue tan brutal?

Revueltas mismo usó en uno de los apartados de su diario titulado *Gris es toda teoría*, escrito durante su clandestinidad luego de la masacre, un subtítulo sintomático: "Un fantasma recorre México," evocando por supuesto el Manifiesto Comunista de Karl Marx y Friedrich Engels. Allí escribe refiriéndose a Tlatelolco: "Falsa alarma. Pero ¿quién ha caído aquí? Todos somos una falsa alarma. Una falsa alarma de Dios. La matanza de los inocentes." Las notas culminan con la evocación fantasmal no sólo de Tlatelolco, sino de la existencia: "Un fantasma recorre México, nuestras vidas. Somos Tlatelolco..." ("Gris" 68, 70).

A pesar de su evocación del fantasma, parte del esfuerzo de Revueltas fue precisamente el intentar concebir el 68 como un suceso ligado a las fuerzas históricas, a las dinámicas materiales de los sectores sociales. "El Movimiento Estudiantil de 1968," comenta Revueltas en unas notas escritas entre 1969 y 1971, "no puede separarse de la derrota ferrocarrilera de 1958-59" ("Un movimiento" 145). En efecto, las huelgas ferrocarrileras de finales del cincuenta habían logrado aglutinar a sectores diversos de la clase trabajadora rasa—incluyendo maestros—, al pasar de una reivindicación salarial sectorial liderada por Demetrio Vallejo, a la movilización nacional demandando la democratización del Sindicato de Trabajadores Ferrocarrileros de la República Mexicana STFRM (Carr 201). El papel jugado por el PCM en la derrota de las huelgas ferrocarrileras señala para Revueltas la incapacidad del Partido Comunista Mexicano de transformarse en la cabeza del proletariado en tanto parte del cerebro social. De hecho, la denuncia de Revueltas de esta incapacidad (un cerebro incapaz de coordinar un proletariado sin cabeza), redundará en su expulsión del Partido Comunista, después de la VIII Convención celebrada en 1960.

La máxima concentración del poder a que llega la élite en ese decenio, agota para Revueltas todas las posibilidades de independencia política y sindical del movimiento obrero. Y es allí donde "se desencadena, dentro de estas condiciones, el Movimiento Estudiantil de 1968" (Revueltas, "Un movimiento" 152). Para él no era entonces posible presentar el 68 como novedad absoluta desligada del proceso histórico. En parte porque no era tan fácil fechar el inicio de ese 68. ¿Cuándo comenzó el 68? ¿En septiembre cuando las fuerzas antidisturbios (granaderos) invaden la UNAM? ¿En julio, con los enfrentamientos entre estudiantes de preparatoria y las pandillas? ¿O en 1956 y 1963 con el Congreso Estudiantil en Morelia como sugiere Jaime Pensado, historiador revisionista que ubica esos alzamientos, no los del 68, como el parteaguas?

Para desentrañar el mecanismo que separa el 68, entendido como acontecimiento, de las fuerzas históricas que lo produjeron, era necesario hacer un desplazamiento. Escribe Revueltas a propósito de Tlatelolco:

> No obstante, si se les castiga de manera tan cruel, acaso sea cierto y verdadero que habrían cometido en realidad algún espantoso crimen sin nombre, del cual les resulta imposible acordarse, pero de cuya comisión tienen que asumir en toda su integridad las terribles consecuencias. ("Cama 11" 377-78)

Culpables, de todos modos, de un crimen inmemorial que deberán pagar. De un crimen siempre al acecho, probable, tal como lo declara el manifiesto del 4 de agosto de 1968 de la Federación Nacional de Estudiantes Técnicos (FNET), opositora del Consejo Nacional de Huelga Estudiantil—conformado el 2 de agosto del 68 por estudiantes de las instituciones que estaban en paro: la UNAM, el Instituto Politécnico Nacional (IPN), la Escuela de Agricultura de Chapingo, El Colegio de México, la Universidad Iberoamericana, el Colegio La Salle, las escuelas del INBA y algunas universidades de provincia. Allí la FNET se denuncia que

> el gobierno de México es víctima de una conspiración nacional e internacional 'por parte de los provocadores tradicionales organizados en las corrientes del maoísmo y del trotskismo' quienes, desde hace tiempo, estaban ya preparados para el estallido de la violencia, 'si no en estos días, sí en las épocas en las que México ofrecerá su corazón a la juventud del mundo en la XIX Olimpiada, lo que hubiera sido grave.' (Ramírez, *El Movimiento I* 187)

La adjudicación de ese crimen repetido incesantemente, el tribunal y la sentencia, corresponden a mi modo de ver al terreno de la moral. En esa dirección, es clave entender cómo las lecturas convencionales sobre Tlatelolco deben suprimir toda la densidad y coordenadas históricas de lo sucedido allí, para entonces poder recurrir a la deuda inmemorial, impagable. En este capítulo bosquejo los mecanismos que la literatura, escrita con posterioridad a lo sucedido, esgrime retrospectivamente para desligar el 68 de las fuerzas históricas en las que emergió.

En la primera parte de este capítulo, presento una descripción de los hechos referidos a la masacre de Tlatelolco. Los sucesos del 68, incluyendo la masacre de Tlatelolco, no son presentados aquí desde una fenomenología o descripción de la experiencia, remitida al qué querían o decían los jóvenes (slogans). La pregunta que hago no es entonces *qué pasó* en Tlatelolco[3] (de eso dan cuenta los testimonios, las pírricas investigaciones judiciales),[4] sino *cómo fue posible* Tlatelolco desde el ángulo de la moral. Como ya señalé en la introducción, la moral la entiendo como el conjunto de consecuencias de las operaciones que realizan nuestros prejuicios, esto es, los sedimentos que no son objetivados en la conciencia. Las operaciones morales, entonces, obedecen más bien a hábitos y compulsiones corporales (y no al juicio que realiza la conciencia entre el bien y el mal): "lo esencial e inestimable en toda moral consiste en que es una coacción prolongada" (Nietzsche, *Más allá* 146).

Los mecanismos morales que hicieron posible lo sucedido en Tlatelolco alcanzan expresión en el cúmulo de relatos novelados sobre el 68. Por eso en la segunda sección, me detengo en la novela de Jorge Volpi *El fin de la locura* (2003), recientemente valorada por un crítico literario como "la novela del 68 en México" (Steinberg). La novela de Volpi teje el carácter lícito de la crueldad ejercida contra los estudiantes y, para ello, convertirá a Tlatelolco en un hecho no-histórico. Sostengo entonces, a partir del análisis de la culpa y la deuda que realiza Nietzsche, que no se puede explicar el abuso de la fuerza utilizado en Tlatelolco desde el abuso de la fuerza mismo. Así, en lo sucedido en Tlatelolco no estamos frente a un exceso de violencia de un poder paranoico que reestablece el orden frente a la desestabilización estudiantil y la influencia comunista internacional. La explicación genealógica que uso postula que allí está en juego no sólo el derecho a la fuerza estatal, sino el derecho que Nietzsche definió como derecho de crueldad: a partir de una deuda entre acreedor y deudor, al primero le es dado "experimentar el exaltador sentimiento de serle lícito despreciar y maltratar a un ser como a un 'inferior'" y reclamar para sí una compensación autorizada no como simple arbitrio o discrecionalidad, sino como derecho (*La Genealogía* 83-84). El personaje de *El fin de la locura* acepta la licitud de la crueldad y para ello, debe suprimir toda la densidad y coordenadas históricas de lo sucedido en Tlatelolco, para entonces poder recurrir a la deuda inmemorial. Es precisamente la totalidad histórica, ni hermética ni autosuficiente, la que como veremos está ausente en la novela de Volpi y la mayoría de críticos literarios contemporáneos que escriben sobre el 68. Totalidad entendida entonces en términos dialécticos (de alteración y alteridad).

Me desmarco así de las lecturas centradas en la soberanía y la excepción (de la ley, del Estado o del soberano) o del abuso del derecho positivo al momento de explicar lo sucedido en Tlatelolco. No se trata entonces, de problematizar el ejercicio de una soberanía legítima o ilegítima.[5] No es entonces un exceso soberano, sino un abuso meditado y legitimado en relación con la totalidad social: por eso no es un error, accidente o simple desmesura. El retorno y persistencia de lo sucedido en Tlatelolco, una y otra vez en otros momentos y lugares—como el jueves de Corpus Christi en 1971—,[6] dan cuenta de ello. Al excavar en las lógicas que rigen este otro derecho, a partir de la crueldad, el rencor y la culpa, evito la tentación de ofrecer como explicación aquello que debe ser explicado. La violencia no puede explicarse desde la violencia misma; no puede explicarse a sí misma, o a partir de su uso/abuso.

O, en términos precisos: la violencia sólo se puede entender desde la violencia misma, en la medida en que dispongamos de los medios para hacer su crítica. Y, de hecho, incluso la crítica de la violencia, para hacerse posible, requiere como condición ingresar en el terreno no sólo del derecho sino de la moral y la justicia, ya que no hay violencia natural o física (originaria). A su vez, argumentar que la violencia es lo que detona el abuso del derecho, es sostener que la violencia es exterior al derecho. Esto es, que la violencia (excesiva) es un accidente, una circunstancia ajena a la estructura del derecho. El acertijo consiste en que, además, el carácter legal de la violencia la vuelve inatacable, y no susceptible de crítica: por eso se auto-posiciona como *originaria*, previa a cualquier discusión de medio y fin, de legitimidad/legalidad. Previa a su uso. Suprimir esa huella (de hecho, imborrable) que antecede a su ejercicio, hace posible que la violencia se presente, *a posteriori*, como una simple administración casuística, caso a caso, de la intensidad en el ejercicio de la misma. La ley sería un mecanismo, posterior, de restitución, retribución y compensación de la afrenta a la violencia originaria, del crimen inmemorial.[7] Un daño que se serializa en el tiempo hipotecando el futuro:

> El deudor, para infundir confianza en su promesa de restitución, para dar una garantía de la seriedad y santidad de su promesa, para imponer dentro de sí a su conciencia la restitución como un deber, como una obligación, empeña al acreedor, en virtud de un contrato, y para el caso de que no pague, otra cosa que todavía 'posee' otra cosa sobre la que todavía tiene poder, por ejemplo su cuerpo, su mujer o su libertad Pero muy principalmente el acreedor podría irrogar al cuerpo del deudor todo tipo de afrentas y de torturas, por ejemplo cortar de él tanto como pareciese adecuado a la magnitud de la deuda:—y basándose en este punto de vista, muy pronto y en todas partes hubo tasaciones precisas, que en parte se extendían horriblemente hasta los detalles más nimios, tasaciones, *legalmente* establecidas, de cada uno de los miembros y partes del cuerpo. (Nietzsche, *La genealogía* 83-84)

¿Qué pasa entonces cuando no es posible emplazar ese ejercicio de la violencia, cuando se ejerce sobre un presunto no-lugar o escena sin-lugar, como en la represión ejercida por el Estado mexicano? El que se defina de forma reiterada dicha generación del 68 como utópica, sin lugar, reafirma la exculpación natural e impensable del Estado con respecto a la represión, ya que la violencia se define en términos de un ejercicio monopólico sobre un territorio determinado. Evitar la localización: "El Estado es la soberanía. Pero la soberanía sólo reina sobre aquello que es capaz de interiorizar, de apropiarse localmente" (Deleuze y Guattari, *Mil mesetas* 367).

4.1. Los hechos

> "...se concedió la palabra al que llamaban maestro REVUELTAS, quien leyó unas hojas que llevaba escritas, en las que se declaró marxista-leninista, relacionado el movimiento estudiantil con esto último, y que ya estaba logrando despertar a los obreros para que a su vez hicieran su propio movimiento; que esto fue lo que el de la voz entendió del discurso que el maestro REVUELTAS llevaba escrito y leyó y que dicho maestro usa barbas."
>
> Audiencia de Responsabilidad Penal contra José Revueltas, *Los procesos de México 68. Acusaciones y defensa* 206

4.1.1. Procedencias

En diversos relatos contemporáneos la descripción mínima de los hechos del 68 no aparece, con contadísimas excepciones, en los textos de crítica literaria. A su vez, en algunos textos históricos, aparecen con pasmosa simplicidad. Como escribe John W. Sherman en una síntesis histórica escrita en el cambio de siglo,

> The origins of the crisis were amazingly simple. In July 1968, after months of mindless juvenile petty crime driven by gang allegiances and interschool rivalries, México City's crack riot police badly overacted to a street melee between competing students from two downtown preparatory schools. (560)

En términos generales, la mayoría de observadores concuerdan en ubicar el inicio del movimiento estudiantil el 24 de julio de 1968. La situación que ha sido presentada por los distintos comentaristas, resuena por su simpleza: una pelea entre alumnos de las vocacionales 2 y 5 del Instituto Politécnico Nacional (IPN), "capitaneados por las pandillas de 'Los Arañas' y 'Los Ciudadelos,' atacaron a los estudiantes de la preparatoria particular 'Isaac Ochoterena'" (Zermeño 11). Este tipo de enfrentamientos se venían dando desde principios del año, sólo que esta vez aparecieron en la escena los *granaderos,* fuerzas policiales encargadas de controlar el orden público (antimotines). Los granaderos persiguieron y golpearon a varios de los estudiantes participantes de la pelea, irrumpiendo incluso en las instalaciones de la Vocacional 5. Dos días después, el 26 de julio, como respuesta al exceso en el uso de la fuerza, la Federación Nacional de Estudiantes Técnicos (FNET) convocó a una manifestación en contra del abuso de fuerza (marcha que fue autorizada por la Dirección de Gobernación del D.F.). El 26 de julio se conmemoraba, además, el aniversario al asalto del Cuartel Moncada en 1953, signo del posterior triunfo la Revolución Cubana. El encuentro en la calle entre esas dos manifestaciones, la del 26 de julio y la de las vocacionales, tomó una dirección inesperada: el Zócalo de México D.F. De nuevo el 29 de julio, los granaderos hostigan otra manifestación, situación que se va a incrementar gradualmente, incluyendo la ocupación a la fuerza de varias de las preparatorias de la UNAM y la vocacional 5 del IPN, llevando presos a un grupo de estudiantes (125 en total). La ocupación incluye un disparo de bazuca en la puerta de una de las preparatorias, y numerosos heridos. "El día 29 de julio se puede leer en el periódico *Excélsior* que la policía busca a varios anarquistas franceses ligados a la 'revolución de mayo'" (13). La ocupación militar de la UNAM constituye un punto pico: tanto la UNAM como el IPN suspenden sus clases. El Rector Javier Barros Sierra expresa su desacuerdo público invocando una palabra que se volverá central: la autonomía. "Hoy es un día de luto para la Universidad; la Autonomía está amenazada gravemente. Quiero expresar que la institución, a través de sus autoridades, maestros y estudiantes, manifiesta profunda pena por lo sucedido" (Ramírez, *El movimiento I* 164).

Es de este contexto del cual surge el pliego petitorio definitivo presentado por el CNH (Consejo Nacional de Huelga) al presidente Díaz Ordaz. El CNH, originado el 2 de agosto de 1968, estaba conformado como ya dije por estudiantes de las instituciones que estaban en paro: la UNAM, el Instituto Politécnico Nacional (IPN), la Escuela de Agricultura de Chapingo, El Colegio de México, la Universidad Iberoamericana, el Colegio La Salle, las escuelas del INBA y algunas universidades de provincia. De forma paralela a la creación del CNH, se forma la Coalición de Profesores de Enseñanza Media y Superior Pro Libertades Democráticas. Y el mismo 2 de agosto, se publica un desplegado firmado por 26 directores del IPN apoyando a los estudiantes. El *Pliego Petitorio* final, desplegado en *El Día*, el 13 de septiembre de 1968, contenía 6 puntos. La primera versión del pliego petitorio dada a conocer públicamente fue redactada el 4 de agosto y publicada en *El Día*, fue escrita por el Comité Coordinador del Movimiento General de Huelga del IPN:

1. Libertad a los presos políticos. 2. Derogación del artículo 145 y 145 bis del C.P.F. (delito de disolución social) instrumentos jurídicos de la agresión. 3. Extinción del cuerpo de granaderos, instrumento directo en la represión y no creación de cuerpos semejantes. 4. Destitución de los generales Luis Cueto Ramírez y Raúl Mendiolea, así como también el teniente coronel Armando Frías. 5. Indemnización a los familiares de todos los muertos y heridos desde el inicio del conflicto. 6. Deslindamiento de responsabilidades de los actos de represión y vandalismo por parte de las autoridades a través de policía, granaderos y ejército. (Ramírez, *El movimiento I* 189-90)

Lo interesante es que, desde julio de 1968, diversas agrupaciones como el Partido Comunista Mexicano, la Confederación Nacional de Estudiantes Democráticos (CNED), así como diversas asambleas estudiantiles como la convocada por la Escuela Superior de Economía del Instituto Politécnico Nacional coincidían en varias de las demandas. Estas incluían la "liberación inmediata de todos los detenidos," la "desaparición del cuerpo de granaderos y demás policías de represión," la "desaparición de la FNET, de la Porra Universitaria y del MURO" y la "derogación del artículo 145 del Código Penal" (Ramírez, *El movimiento I* 153-57). El artículo 145, reformado el 14 de julio de 2014, decía:

> Artículo 145. se aplicará pena de cinco a cuarenta años de prisión y de ciento veinte a mil ciento cincuenta días multa, al funcionario o empleado de los gobiernos federal o estatales, o de los municipios, de organismos públicos descentralizados, de empresas de participación estatal o de servicios públicos, federales o locales, o de órganos constitucionales autónomos, que incurran en alguno de los delitos previstos por este título, con excepción del delito de terrorismo, cuya pena será de nueve a cuarenta y cinco años de prisión y de quinientos a mil ciento cincuenta días multa. (Cámara de Diputados)

El punto, quizás, es que no solo era un movimiento estudiantil masivo, crítico de ciertas medidas del gobierno. Era la convergencia de innumerables tendencias y facciones en un mismo espacio: el pliego petitorio. La propia trayectoria política de Revueltas es síntoma de esa inmensa diferencia agrupada como "izquierda." La represión homogeniza y concentra en puntos específicos lo que de otra manera era un cúmulo de desencuentros y luchas. Y es precisamente en esa diferencia que surge la radicalización insurgente posterior.

Las *porras* por su parte fueron un mecanismo de control y mediación creado por el gobierno, que incluyó la infiltración de agentes estatales (*porristas* o provocadores) y la promoción de líderes corruptos (*charros*) en las organizaciones estudiantiles y los sindicatos (Pensado, *Rebel Mexico* 5). Lo anterior, sumado al reclamo de la desaparición de la FNET, indica que es imposible sostener la idea de un único movimiento estudiantil, unitario y sin fisuras. De hecho, historiadores como Herbert Braun han sugerido cómo el rompimiento con los lazos paternalistas por parte de los estudiantes con el Estado en el 68 hace parte de la versión oficial, y mítica, del 68. "These ideas", escribe Braun en un texto polémico en contravía de lo que sostengo aquí, "have been turned into the official history of the student protests and remain unchallenged in the historiography of contemporary Mexico." Por el contrario, ese mito oculta entre otras cosas el ingreso futuro de muchos de estos estudiantes a la burocracia estatal, sin que ello constituya una traición al 68, pues "the protestors in 1968 had never challenged the right of the government to govern. The students had appealed for their government to govern more." (512, 48). El mito de un único movimiento estudiantil encubre a su vez la tendencia de derecha que también aglutinaba grupos de estudiantes en la UNAM.[8] En lo que sí coinciden diversos comentaristas es que la unidad transitoria del movimiento se daba a medida que escalaba la represión estatal.[9] Por otra parte, la alusión al artículo 145 del código Penal abre una veta fundamental al referirse a los "delitos de disolución social": la dimensión internacional. Este artículo decía:

> Artículo 45. Se aplicará prisión de dos a seis años, al extranjero o nacional mexicano, que en forma hablada o escrita, o por cualquier otro medio, realice propaganda política entre extranjeros o entre nacionales mexicanos, difundiendo ideas, programas o normas de acción de cualquier gobierno extranjero, que perturbe el orden público o afecte la soberanía del Estado Mexicano. (Federal 2)

Es pertinente recordar, que México se estaba preparando para organizar en Octubre los Juegos Olímpicos, a celebrarse por primera vez en territorio Latinoamericano. La posibilidad de que la convulsionada situación influyera negativamente en el buen desarrollo del certamen, tuvo una veta que llama la atención: la posibilidad de que lo sucedido desde julio con los estudiantes, fuera parte de un complot o conspiración internacional, como parte de una desestabilización cuyo punto concreto de acción sería el sabotaje de los Juegos Olímpicos. En sus memorias personales, inéditas a la fecha pero transcritas en parte en su libro por Enrique Krauze, el presidente de entonces Gustavo Díaz Ordaz escribe refiriéndose a la asistencia de varios representantes mexicanos a la Conferencia Tricontinental en Cuba en 1967: "Fue el primer caso que llegó a nuestro conocimiento de que se había resuelto abiertamente impedir la realización de los Juegos Olímpicos en México" (citado en Krauze 329). No es preciso saber el grado de realidad—o de verdad—de la hipótesis que, de acuerdo con Krauze, condujeron a la "conjura comunista" (Krauze 329). Mucho menos si las memorias inéditas son escritas a-posteriori por Díaz Ordaz, y ofician como justificación de sus decisiones. Pero sí su grado de efectividad: es decir, es posible leer la forma en que los sucesos iniciados en julio tenían un vínculo directo no tanto con la historia mexicana, sino con una difusa y heterogénea mezcla de comunismo internacional, y levantamientos estudiantiles foráneos (París sobre todo).

Cabe preguntar, sin embargo, cómo concebía José Revueltas, tildado de cerebro del movimiento estudiantil, el inicio del fenómeno. "Yo parto de la siguiente premisa," comenta Revueltas: "el movimiento del 68 no es un proceso aislado históricamente, sino que tiene sus raíces en la falta de independencia de la clase obrera y en la represión del 58, diez años antes, contra la huelga ferrocarrilera" (citado en Revueltas y Cheron 21).

No es casual entonces que, a finales de septiembre de 1968, el gobierno haya desatado de nuevo la represión sobre los ferrocarriles (Revueltas *Written Works*). Es más, la historiografía revisionista ha mostrado precisamente cómo el 68 no es punto de origen e inflexión de los alzamientos estudiantiles. Esta tradición emerge una década atrás con las protestas de 1956 en el Instituto Politécnico Nacional (IPN), fundado en 1936-37 con el objetivo de educar a los hijos e hijas de la clase trabajadora. Y se condensa en las protestas de 1956:

> On April 11, 1956, what began as a unanimous IPN strike son exploded into one of the largest student uprisings in Mexico's history. Although the movement started in the politécnicos with twenty-five thousands students, it soon spread to students at the National Teacher's School, the Normal School, the School of Physical Education, and some thirty-three Rural Normal and Practical Agricultural Schools. By the first week of May, the movement become national in scope and more than one hundred thousand students strong. (Pensado, "The Rise" 365)

La omisión responde en este sentido a una mitología del 68 creada por una izquierda de clase media y de élite, pues como lo expone Pensado, "working-class students had been awake for longer." Aún así, "despite the longer history of student activism that took place within the broader context of the long sixties, the scholarship continues to see the 1968 as a 'watershed moment'" (362, 72). Omisión que explica en buena medida la tendencia en la construcción y el abordaje del 68, pues posteriormente a la protesta de 1956, el Estado procede a desmantelar la FNET, organización progresista y popular, y a absorberla como una federación estudiantil "charrista." A contravía de la versión vigente en la mayoría de los cronistas (Carlos Monsiváis y Luis González de Alba por ejemplo), "for politécnicos, it was 1956 and not 1968 that marked a watershed in the history of student activism" (362, 72). Esta omisión no es la única si seguimos los textos explícitamente políticos de Revueltas. Omisión que fue definida, para el caso de las huelgas ferrocarrileras de 1958-59 por Revueltas en sus escritos como "amnesia histórica": "no constituye pues, ningún inintencionado olvido, ni ninguna distracción accidental el hecho de que nadie quiera establecer críticamente los lazos que, como antecedente histórico y como determinación de su contenido, existen entre la huelga ferroviaria de 1958-59 y el Movimiento Estudiantil de 1968" ("¿Nacionalismo burgués o socialismo revolucionario?" 123). Olvido de la tradición popular-proletaria, por un lado; y de los errores del PCM por el otro al momento de concebir el 68, por el otro. Que a su vez se inscribe en la amnesia voluntaria de la bibliografía crítica reciente sobre el proceso mexicano, en el bloqueo que impide inscribir el 68 mexicano en una secuencia más amplia.[10]

El camino que toma Revueltas frente a esas dos omisiones a la hora de interpretar el 68 es llamativo. Formula primero un interrogante y luego una tentativa de respuesta. Pregunta entonces: "¿Por qué una acción de masas—una serie sucesiva de acciones de masas, como lo fue entre nosotros de julio a diciembre 1968—que carece de una 'conciencia organizada,' de una dirección política e ideológica que actúe de vanguardia puede considerarse, *no obstante*, como un *hecho teórico*, como una *expresión teórica*?" (130). Su respuesta es altamente sugestiva: "La respuesta a la pregunta anterior comienza en el concepto de *praxis*." De ahí su planteamiento:

> La realidad que se expresa en todo el mundo con los acontecimientos revolucionarios de 1968 es, en primer lugar, una realidad teórica, que ofrece un material de enorme riqueza, pero cuyos elementos no se hacen transparentes sino a condición de saber verlos como negación dialéctica de un largo y catastrófico período, de cerca de cincuenta años de alienación de conciencia socialista. (129)

De manera que,

> analizar pues nuestro Movimiento de 1968 en México con los viejos criterios esquinados, paupérrimos, de 'lo proletario' y 'lo burgués,' la 'dirección consciente,' la 'alianza de clases' y la 'pequeña burguesía democrática,' la 'dictadura del proletariado' y la 'liberación nacional,' y otras fijaciones ideo-

lógicas por el estilo, pero todavía peor en tanto que puntales de una táctica y una estrategia, es no entender nada de nada. (129-130)

Incomprensión, entonces, precisamente porque la conciencia, que es desigual, y la razón, que es dialéctica, operan como "función conceptual del 'tejido conjuntivo' que enlaza y une todas las relaciones dispersas y contradictorias, dentro de una unidad" (Revueltas *Dialéctica* 192-93). Esa unidad posible, no sólo de las fuerzas políticas (en contraste con lo que Revueltas criticaba como la "locura brujulear de la izquierda"),[11] sino de las fuerzas sociales en conjunto, era el hecho teórico, la expresión teórica de lo que el movimiento del 68 encarnaba como praxis. Una praxis de las relaciones y las conexiones de los elementos entre sí, una praxis popular-proletaria y ajena a los errores del Partido Comunista en relación con lo sucedido una década atrás con las huelgas ferrocarrileras. Praxis que, por eso mismo, se expresaba como totalidad. De alguna manera lo que oculta la idea del 68 como acontecimiento, borrando sus antecedentes, es el cúmulo de fuerzas populares-proletarias ajenas a los dogmas del PCM que, por eso mismo, tiende a presentarse invisible sino se lo piensa en relación con la totalidad histórica, del "todo real de la historia" o "totalidad histórica concreta," evitando entender los hechos o "autonomías fácticas objetivas," como "la propia totalidad independiente y soberana, no devenida sino determinada por sus propias causas internas, autosuficientes y sin historia fuera de su propia historia íntima, circular y petrificada" (170-71).

Ni el hecho como totalidad autosuficiente, ni totalidad como ente hermético y cerrado, y aquí Revueltas sigue a Karel Kosik (quien había asistido al XIII Congreso Internacional de Filosofía celebrado en México en 1963),[12] pues no se pretende ingenuamente conocer *todos* los aspectos de la realidad sin excepción y ofrecer un cuadro "total" de la realidad con sus infinitos aspectos y propiedades. La totalidad concreta es una teoría de la realidad y de su conocimiento como realidad, trascribe Revueltas de Kosik (215). La totalidad, entendida en términos dialécticos (de alteración y alteridad), será precisamente el punto de enganche que Henri Lefebvre observa entre Revueltas y la Escuela de Frankfurt (14).[13] En palabras de Kosik, según escribe en el texto que leyó Revueltas,

> la realidad es entendida como concreción, como un todo que posee su propia estructura (y, por tanto, no es algo caótico), que se desarrolla (y, por ende, no es algo inmutable y dado de una vez para siempre), que se va creando (y, en consecuencia, no es un todo perfectamente acabado y variable solo en sus partes singulares o en su disposición). (56)

Se trata de hacer posible un pensamiento que haga posible percibir y comprender algo (la praxis) en relación con la totalidad histórica, incomprensible desde los lugares comunes del pensamiento: de ahí el nombre conjugado que le da Revueltas al 68, *hecho teórico*. Y hacer posible el alcanzar un despertar en la experiencia, o de la experiencia, a través de ese acto teórico—aspecto que abordo en la segunda parte de este capítulo. No se trata sin embargo de una razón que se devela inexorablemente, de forma espontánea o natural: "La razón, pues, no nos es dada. La razón se hace, es una razón *devenida*, y es el tumulto de la razón que se nos ofrece en la historia y la realidad inmediatas como momentos siempre por desentrañar, repensar y esclarecer, hacia todas las direcciones y todos los tipos," esto es, "se autogenera en la cabeza de los hombres y se dispara en todos los sentidos y dimensiones posibles del tiempo y el espacio" (213-214). Baste mencionar por ahora ese encuentro momentáneo entre pensamiento y experiencia, razón y praxis que Revueltas presiente en el 68:

> Lo que importa advertir ante todo es que tales relaciones (entre conciencia racional y *praxis*) son *desiguales* y sólo actúan como relaciones de identidad, en determinados *momentos* del desarrollo histórico (momentos que, en su expresión más elevada, pueden contarse por años). Pero aún tal *identidad* no llega a ser absoluta, pues *en todo caso*, para actuar sobre la praxis (y convertirse ella misma en una praxis) la conciencia racional está mediada por la *ideología* o las ideologías. (219)

Por eso los estudiantes, prosigue Revueltas en otro lugar, son una "pequeña burguesía intelectual" y, a su vez, "fueron los estudiantes quienes representaban a esta corriente proletaria que había sido postergada por la represión" (Revueltas y Cheron 21). Revueltas entonces le da otra dirección a la hipótesis de la represión, pues ya no se trata de un simple abuso de la fuerza por parte del cuerpo militar sobre unos estudiantes de colegio, sino de un proceso de represión extra-colegial y extra-universitario que había iniciado una década antes. Esta tesis de Revueltas, recientemente soportada por la historiografía revisionista (e.g., Pensado *Rebel Mexico*), permite entonces insertar los sucesos del 68 en un marco temporal más amplio, y, sobre todo, en el campo de fuerzas de la sociedad en su conjunto. La crítica de Revueltas aquí no se dirige a nuestra actual obsesión en contra de las distintas formas de la totalidad, sino a las formas de la verdad y su mistificación: el punto para Revueltas es cómo la noción de totalidad permite emprender una crítica de la verdad, en términos de desmitificación de la verdad social, de desestructuración del "mundo verdadero," aquel donde el 68 es inexistente, sin lugar, utópico: un 68 que tendrá lugar después, en otro mundo.

Lo que estaba en juego allí, entonces, era mucho más que un grupo de jóvenes idealistas y utópicos, o una generación sin-lugar. De acuerdo con la mirada que ofrece el historiador Barry Carr sobre la época: "Radical and revolutionary politics now opposed a despotic state and its corporatist net in which worker and peasant organizations were snared. The key episode in which many of these changes were condensed was the student-popular movement of 1968" (225). "All agree", señala de nuevo Carr al referirse a los análisis sobre el 68, "that the student-popular movement that culminated in the events of 1968 was not really concerned with student issues as such (which was the case in France, for example" (228). En efecto, luego de la renuncia del rector de la UNAM y de un primer acuerdo con el gobierno, los estudiantes del CNH se sostienen en un pliego petitorio que desborda las cuestiones intrínsecas universitarias. Carr señala además que el movimiento estudiantil venía ganando fuerza en estados como Morelia, Puebla, y Baja California desde los primeros años de la década del sesenta (Carr 155-56; Pensado *Rebel Mexico*). En este sentido, más que origen o bautizo, lo sucedido en Tlatelolco sería por un lado un efecto, un punto máximo donde se condensan fuerzas ya existentes. Por el otro, sería un pasaje: un punto que permite ir hacia atrás y hacia adelante en la década del sesenta, que permite ir y venir: hacia atrás, por la forma en que las experiencias previas coagulan, no como síntesis, sino como uno de los tantos efectos entre otros posibles. Y hacia adelante, pues brinda las claves para comprender la justificación en la escalada de la guerra sucia.[14]

A su vez, es decisivo anotar que los años previos al 68 habían sido de extraordinaria y violenta convulsión, y no sólo en Ciudad de México:

> Asesinaron a [Rubén] Jaramillo en 1962 [en Morelos]; disolvieron el movimiento de Salvador Nava en San Luis Potosí; diversas matanzas reprimieron manifestaciones pacíficas en plazas de Guerrero; aplastaron el movimiento médico en 1964-1965; ocuparon militarmente la Universidad Nicolaíta en Michoacán en 1966 y un año después, la de Sonora. Mientras se aniquilaba cualquier intento de brote armado, el exiguo PCM seguía acosado, sin registro, y continuaban presos algunos de los dirigentes ferrocarrileros como Demetrio Vallejo, Valentín Campa, Alberto Lumbreras y Hugo Ponce de León, entre otros, por haber luchado por la autonomía y la dignificación sindical una década atrás. (Castellanos 168)

En ese sentido, reducir el 68 a la masacre de Tlatelolco, o localizarlo exclusivamente en Ciudad de México, es perder de vista la magnitud y complejidad de lo sucedido. Describir los hechos brinda un contexto a partir del cual entender tanto las acciones tomadas por el gobierno, como la interpretación posterior que van a esgrimir distintos intelectuales sobre lo sucedido en el 68. La explicación de la represión vivida está en la base de las explicaciones sobre la radicalización del movimiento. De acuerdo con el análisis de Sergio Zermeño, uno de los referentes básicos sobre la masacre, "la hipótesis de una provocación en el origen del conflicto se fortalece al examinar lo acontecido entre el 22 y el 30 de julio" (12). Otros, como Enrique Krauze, postulan explicaciones psicológicas deja entrever que un posible motivo de la reacción de Díaz Ordaz es una reacción a la burla de su físico (!).

Al lado del consenso en torno a la hipótesis de cómo fue la represión estatal la que aglutinó y catalizó el movimiento, se encuentra la precepción de que este respondía a una conspiración internacional que, en una mezcla compleja, incluía a Cuba, la Unión Soviética y los jóvenes de mayo del 68 en París. Lo que quiero presentar en la siguiente sección, es un análisis de los mecanismos morales que a mi juicio hacen posible Tlatelolco. Para ello, analizo en profundidad la novela de Jorge Volpi, *El fin de la locura*, utilizando el análisis genealógico nietzscheano. La novela de Volpi es un retrato, en tono irónico, de lo sucedido en el 68 tanto en Francia como en México. Es quizás la valoración reciente más provocativa del 68 y Tlatelolco, publicada en 2003 como parte de su trilogía sobre el siglo XX. Como mencioné al principio de este capítulo, Aníbal, el personaje de *El fin de la locura*, acepta la licitud de la crueldad y para ello, debe suprimir toda la densidad y coordenadas históricas de lo sucedido en Tlatelolco, para entonces poder recurrir a la deuda inmemorial. Para ello debe desaparecer la totalidad histórica, cuya ausencia marca la distancia final entre pensamiento y experiencia.

En específico, planteo que la fundación del lugar y función del intelectual a partir de la década del sesenta en México, pasa por la aceptación de la represión estatal, y una moderación subjetiva. Esa moderación es efecto de la "dignidad del sosiego," del desencanto con respecto al mundo, de "la inteligencia sin ilusiones" que "permite la acción más inescrupulosa hacia el exterior," esto es, el desengaño como saber práctico que permite gobernar (Benjamin, *El origen del Trauerspiel alemán* 304-05). Una cierta moderación que requiere, extraña, o exige el Estado como referente necesario, y acepta como lícita la práctica de la crueldad. No será casual, así, que Volpi publique una novela titulada precisamente *El temperamento melancólico* en 1996. Ese será, como veremos, el destino de Aníbal Quevedo, el intelectual psicoanalista que protagoniza la novela de Volpi que analizo a continuación: Aníbal, después de haber estado cerca de políticos como Fidel Castro en Cuba y Allende en Chile, terminará trabajando para Carlos Salinas de Gortari, presidente de México entre 1988 y 1994.

No será casualidad, como señalo en el capítulo final del libro, que las políticas de contención contemporáneas (como el neoconservadurismo), sean impulsadas en buena medida por una serie de intelectuales y militantes de izquierda desencantados, como es el caso del propio Volpi, si se observa especialmente su tesis de doctorado de 2003 sobre el movimiento zapatista en México. Significativamente titulada *La guerra y las palabras. Una historia del alzamiento zapatista en Chiapas*, entiende al zapatismo como un juego de retórica, un combate de palabras, y a Marcos como su propia creación literaria ("Marcos emprendió una verdadera revolución del lenguaje político revolucionario." Esto es, como una suerte de guerrilla verbal ("la guerra convertida en un combate teórico") renovadora frente al "caduco discurso revolucionario de la guerrilla latinoamericana" (21, 23).

4.2. La novela

Jorge Volpi, nacido en Ciudad de México el 10 de julio de 1968, hace parte de la llamada Generación del Crack, y de una enorme resistencia a los slogans adscritos a la novela latinoamericana—realismo-mágico o *boom*—, ubicando a la narrativa latinoamericana ya no en el plano de la "literatura latinoamericana," sino en el plano de la literatura mundial (Volpi, "El fin de la literatura" 41-42). La novela narra la serie de desventuras afectivas del psicoanalista Aníbal Quevedo con Claire, militante revolucionaria, y con la praxis revolucionaria de la izquierda del siglo pasado. Es una crítica a las idolatrías por los grandes amos, sean líderes políticos o intelectuales; en cierta medida, es una biografía de los encuentros y desencuentros del propio Volpi con la izquierda intelectual de la época. Quevedo pasa al diván a personajes tan dispares como Althusser, Carlos Salinas de Gortari y Fidel Castro, al tiempo que encarna en su propio cuerpo e historia personal "el delirante relato del derrumbe de las utopías revolucionarias," como se lee el subtítulo del libro. Vive, como anotamos al principio, en tres lugares cruciales para la izquierda de la segunda mitad del siglo XX: Francia, Cuba y México.

El fin de la locura tiene dos inicios: el primero, se refiere al primer contacto que Aníbal tiene con los sucesos de mayo del 68 en París. Aníbal sale a la calle, al Barrio Latino, y empieza a sentir "una súbita invasión de palabras, similares a arañas que trepan a sus nidos." Esa invasión, sin embargo, la sentía aún resguardado en su habitación: "Basta de ruido" dice Aníbal: "Los muros de la habitación me resguardaban de su ira, no de sus lamentos: el clamor me perforaba los tímpanos como un disparo a quemarropa" (25, 19). Sigue caminando en medio de los ruidos que persisten: prohibido prohibir; ni dios ni maestro: "aquellas consignas nada me decían; preferí olvidar sus presagios y continuar mi peregrinaje" (25). Aníbal, quien páginas atrás reconoce la necesidad que tiene de ir a un analista, siendo él mismo uno, percibe de esta manera lo que sucede el 3 de mayo de 1968: "La ciudad se despertó de su letargo y me vi inmerso en un caos de voces; al avanzar un poco más, ingresé en un universo descompuesto" (25). Pareciera entonces que Aníbal quisiera ver conjurada la situación de "disolución social": Caos y descomposición, ruido y arañas, son las imágenes que nos transmite Aníbal. "¿Por qué no se callaban de una vez? ¿Qué iban a conseguir con esos alaridos? ¿No podían protestar en voz baja, civilizadamente, en vez de incordiarme con sus lloriqueos? Si hubiese sido menos escandalosa, me habría dado tiempo de estudiarla" (26). Lo curioso es que es en el centro de esa algarabía incivilizada, donde se encuentra con Claire, "convertida en militante de la extrema izquierda y por fin en terrorista" (352), su gran amor y tormento a lo largo de la novela. La posibilidad del amor con Claire depende de la conversión de Aníbal en militante; esa es la transformación requerida para acceder a esa relación con ella. El amor por Claire es lo que produce convertirse en lo que detesta: un ser "utópico." Escribe Aníbal: "Tenía la obligación de seguir adelante, de proseguir *su* lucha, de vengarla. Se lo había prometido. Lo haría por ella. Lo haría por Claire" (123). Promesa y venganza se anudan entonces en la relación entre Aníbal y Claire a lo largo de la novela, al tiempo que la fidelidad amorosa y la fidelidad política se ligan y en gran medida se confunden: para obtener el amor de Claire, Aníbal *debe* transformarse en revolucionario.

Claire es, quizás por eso, la destinataria de la nota suicida que escribe Aníbal, presumiblemente—según sabemos al final de la novela—luego de tener un último desencuentro con ella. Esto marca el segundo inicio de la novela: el texto de la carta que aparenta ser la nota de despedida de Aníbal, antes de su suicidio. La fecha: 1989, luego de haber observado la caída del muro de Berlín. "Acaricio el revólver de mi padre y regreso por enésima vez a la carta que tuviste la vileza de dejar en mi escritorio" escribe Aníbal. "¿Por qué no confías en mí? ¿Por qué me abandonas cuando más te necesito? Adivino tus palabras: *porque no me dijiste toda la verdad.* ¿La verdad? ¿De qué te sirvió contemplar el fin de la revolución, el penoso trayecto de este siglo, el sanguinario envejecimiento de nuestra causa?" (12).

Sus desencuentros afectivos con Claire, están en el centro de la historia de parte de la izquierda en América Latina: "se había ido una vez más" dice Quevedo en pleno Chile de Allende en 1971, "dispuesta a enfrascarse en un nuevo acto de violencia, sin que le importase su futuro. ¿Y ahora qué debía hacer yo?" se pregunta Aníbal. Claire decide quedarse en Chile pues "Allende se está poniendo la soga al cuello al dejar que el ejército controle la situación—estalló. Los generales son sus verdaderos enemigos" (233). Aníbal vuelve a Cuba—en ese momento es el psicoanalista de Fidel Castro—; "Claire, en cambio, permanecería en Chile, contaminada por la muerte, lejos de mí" (239).

Al final de la novela, la divergencia de caminos entre Aníbal y Claire no puede ser mayor: Aníbal terminada siendo condenado por Claire como un renegado, cuando este le hace el llamado previsible: "Ya no son los mismos tiempos de antes Claire, cuando éramos jóvenes y creíamos en la revolución. Ahora, para seguir adelante y preservar nuestra lucha, debemos ser realistas" (462). Su trabajo con Carlos Salinas de Gortari ya lo ha llevado al límite: "Estoy harto. No puedo continuar esta farsa" dice Aníbal sobre su sesión psicoanalítica del 30 de agosto de 1989 con Salinas de Gortari: "¿Qué dirían mis compañeros de ruta si supieran que visito regularmente a quien se supone que es mi peor enemigo? ¿Cómo les explicaría mi incongruencia? ¿Y cómo le haría entender a la opinión pública que es posible criticar el poder e intentar comprenderlo al mismo tiempo?" (418). Claire, entre tanto, en su carta final a Aníbal, renuncia a que la locura llegue a su fin: "No me malinterpretes: acaso tu decisión sea razonable, pero me niego a compartirla. Yo soy la desquiciada, la violenta, la rebelde, ¿lo recuerdas? Oigo voces. Siempre me mantengo en pie de guerra. Y nunca transijo. Lo siento, Aníbal: a diferencia de ti, yo no pienso renunciar a la locura" (462). Ambos extremos muestran la escisión misma del siglo XX, sus dos figuras por excelencia: el renegado y el rebelde; el melancólico—que además saca provecho de su cercanía con el Estado—y el militante.

Las relaciones de Aníbal y Claire operan entonces a través del nihilismo y el voluntarismo: por un lado, cansancio vital, frustración, escepticismo cercano a la decepción: ¡Todo fue en vano! ¡Todo es vano! Por el otro, la ilusión, el anuncio y la promesa; el sacrificio y la destrucción como fuente de la creación.[15] En ese sentido, la novela de Volpi se instala en el corazón del siglo XX al concebir el 68 como momento saturado de dos figuras claves: el fantasma y el idealismo utópico asignado a esa generación.

> ¿Cuántos de nuestros compañeros de ruta no padecen dilemas similares? ¿Cuántos de ellos no se lamentan, justifican o arrepienten al comprobar la fugacidad de sus anhelos y la dimensión de sus crímenes? Nuestro caso resulta tan trágico e ilusorio, banal y esperpéntico como el propio siglo XX. (12)

Lo interesante es que *El fin de la locura* da por sentado el hecho 68: tan lo da por sentado que escasamente lo nombra. En efecto, si atendemos a uno de los comentaristas recientes de la novela, "the emergence of the Mexican student movement, as well as its sacrifice at Tlatelolco are largely absent from the narrative" (Steinberg 267). A pesar de esta ausencia, o precisamente por ella, la novela es calificada en ese texto como "the novel of 68' in Mexico" (265). El argumento desarrollado por Steinberg para calificar la novela de Volpi de esta manera, es el siguiente:

> Yet despite its relatively allusive appearance, Tlatelolco serves as perhaps the most significant of many events in a "Quixotic" journey that drives its protagonist toward the century's madness. An image travels from Mexico to become the sign that drives Quevedo's future. If, on one level, Tlatelolco initiates and organizes the protagonist's stated emancipatory desire, then on the other, more formal, level, Tlatelolco initiates and organizes the narrative's disenchantment of this desire, that is, *tran-sition*, turning on the decline of the Mexican state's national-popular form and its reconfiguration in the neoliberal era. Tlatelolco serves, indeed, as a narrative point of departure-as partial impetus for the titular "locura," the event of reading that drives the protagonist mad. (267)

¿Cómo es posible entonces que una novela que esquiva la alusión historiográfica a Tlatelolco, llegue a ser "the novel of 68' in Mexico"? Se puede afirmar entonces que la novela de Volpi enuncia lo que es capaz de decir una época sobre el 68. Es parte del archivo historiográfico contemporáneo, que mira al pasado desde un punto específico. Esto, sin embargo, es distinto a afirmar que sea la novela del 68 pues ¿de cuál 68, si no se le dan coordenadas materiales?

4.2.1. *Culpa y rencor*

Aníbal, en su nota escrita aparentemente el mismo día de su suicidio—el día que cae el Muro de Berlín—, realiza un balance del siglo XX entretejido con las desventuras de su relación sentimental con Claire, militante de izquierda con quien sostiene una relación culposa y sufriente. Esto, debido, en gran medida, a que la relación pasa por el filtro de la convicción y creencia en el proyecto de izquierda—algo que Aníbal juzga como parte de su condena sobre el siglo.

El hecho que de cierta manera entreteje los tres lugares centrales de la novela (París, México D.F. y Habana), y que da cuenta de la conversión de Aníbal en militante, es la masacre de Tlatelolco. Josefa, mexicana residente en París quien se convierte en su madrina—y de quien Aníbal llega "a pensar que sus virtudes podrían convertirla en una esposa perfecta"—, le pregunta a este psicoanalista que hace el ajuste de cuentas de ese siglo demente: "¿No has leído las noticias? No, no sabía nada—responde Aníbal. Perdido en Marsella, medio alcoholizado y en brazos de viejas prostitutas, ni siquiera se me pasó por la cabeza la idea de abrir un periódico" (Volpi, *El fin de la locura* 140).

Lo que es inquietante aquí no es tanto su vida bohemia o su distancia geográfica, por supuesto, sino su respuesta una vez le cuentan que a los estudiantes les dispararon "por culpa de las olimpiadas, Aníbal. El gobierno no quería que los estudiantes perturbaran las Olimpiadas." Entonces dice Aníbal:

> ¿Esa había sido la causa? ¿Las Olimpiadas? Me derrumbé en el asiento. ¡Qué estupidez! ¿Cómo se les ocurrió a esos muchachitos que en México podría reproducirse el Mayo francés? ¿No se daban cuenta de que desafiar la maquinaria represiva de nuestro país equivalía a un suicidio colectivo? ¿No sospechaban que el mandril que los gobernaba no era tan civilizado como Pompidou y nunca permitiría un desafío similar? (141)

Aníbal, moderado, escéptico por su propio cansancio, ubica el problema de la represión no en el Estado, sino en el comportamiento de los "muchachitos," en su "estupidez." Más sorprendente aún, es la reacción inmediata del personaje de Volpi. Realiza primero un rodeo moral ("Una aciaga casualidad me había conducido a París y ahora me resultaba imposible sentir una verdadera indignación ante aquellos muertos lejanos, *mis* muertos" (141)). Sus muertos, su objeto, se había perdido, y su primera reacción es golpear hasta que pierda la conciencia a un transeúnte cualquiera, en este caso, a "un respetable hombre de negocios" que estaba esperando un taxi en la calle. Luego de reflexionar ("por fin ponía en práctica las lecciones de esos meses: los ricos y poderosos eran simples verdugos encubiertos"), nos cuenta su experiencia: "Una ola de calor subía por mi espina dorsal. Emprendí el camino de regreso. Había pasado la prueba: Tlatelolco me bautizó" (142).

Ese es el camino de regreso al 68 como origen: "Tlatelolco me bautizó": algo que quebró en dos la historia, de forma traumática e irreparable. Origen y seña de una generación: Tlatelolco me dio mi nombre, me bautizó. De allí vengo. Carlos Monsiváis por su parte no está lejos de este tipo de gesto: el título de su artículo es sintomático: "1968: la herencia en busca de herederos." Tampoco lo está Susana Draper al indagar por cómo heredar la promesa del 68 "un acto de imaginación que parece recordarnos que todo recuerdo del pasado está siendo un acto de ficcionalización de ese pasado, una traducción casi imposible de voces aniquiladas, una escucha espectral que en el texto respondería quizás a la pregunta de qué tipo de "construcción" del 68 se puede hacer en el 1998, cómo heredar su promesa y repetir su gesto sin intentar calcarlo. No es casual, así, que al retornar de esa sección del viaje" ("Fragmentos" 66). En este punto, la memoria ya no es una función del pasado que se opone al olvido, sino del futuro: memoria de la promesa, memoria como promesa. Memoria hipotecada al porvenir, que evita olvidar la deuda del deudor, trastocando así el arquetipo de la organización social del intercambio al crédito. El dolor se convertirá, así, en la compensación por haber olvidado la promesa de ese futuro (Deleuze, *Nietzsche* 188). Y la promesa es la base del contrato de acuerdo con Thomas Hobbes.

> Los signos del contrato son o bien *expresos* o *por inferencia.* Son signos expresos las palabras enunciadas con la inteligencia de lo que significan. Tales palabras son o bien de tiempo *presente* o *pasado*, como *yo doy, yo otorgo, yo he dado, yo he otorgado, yo quiero que este sea tuyo;* o de carácter futuro, como *yo daré, yo otorgaré:* estas palabras de carácter futuro entrañan una PROMESA. (*Leviatán* 110)

Lo fundamental aquí es que ese es un bautizo que responde no sólo a la violencia (de la masacre de Tlatelolco), sino al rencor de Aníbal, revelado por completo en la golpiza que detona su bautizo: "Descargué mi rencor en las vísceras de ese miserable," exclama Aníbal tras golpear a este "sujeto de mediana edad, quizás un poco más viejo que yo, vestido con abrigo y corbata" (Volpi, *El fin de la locura* 142). La culpa se vuelve entonces no un sentimiento, sino un conocimiento, un instrumento para penetrar en las formas de sometimiento: "La culpa no es un sentimiento, sino un conocimiento; no, pues, una cuestión moral, sino un elemento esencial de la vida material, del conocimiento, del mundo" (Gutiérrez-Girardot 94). No hay pues, sustancia moral de la existencia que se haga culpable: ni una deuda inmemorial por saldar derivada de allí. La culpa, así, no sería algo heredado, ni tampoco algo que pueda ser adscrito a un ser humano específico (el deudor). Es un fenómeno *natural*, reconvertido en modo de dominación.[16]

4.3. Las explicaciones

> "La alternativa
> Tan sencillo como esto:
> Vivir indignamente entre algodones
> (que llegan al oído
> para tapiar al yo, para dejarlo
> sin nexos con el mundo),
> con la cuota de besos de la madre,
> los hijos y la esposa,
> con los pulmones llenos de incienso
> de la gloria oficial,
> o vivir dignamente en la tortura,
> en la persecución, en la zozobra,
> con la tinta azul cólera en la pluma.
> Tan sencillo como esto:
> Ser Martín Luis Guzmán o ser Revueltas."
>
> Enrique González Rojo

Como es previsible, el accionar del gobierno el 2 de octubre quedó justificado tanto por el ejecutivo como por el legislativo en términos de una defensa constitucional ante un quebrantamiento ilegal del orden.[17] Esta explicación nos lleva a un callejón sin salida, pues se ofrece como explicación aquello que debe ser explicado: se usó la fuerza porque había que usar la fuerza. Es preciso, aquí, un gesto genealógico en el sentido nietzscheano, pues no se puede explicar el abuso de la fuerza desde el abuso de la fuerza mismo. Por eso no es sólo el derecho (estatal) al uso de la fuerza lo que está en juego, sino *otra forma de derecho*. Además, la genealogía es útil pues imposible circunscribir lo sucedido en Tlatelolco al año del 68: ese tipo de represión, se repetirá inmediatamente después: el jueves de Corpus Christi en 1971, el 10 de junio, una vez salen libres los líderes del 68, convocan a una marcha desde el Caso Santo Tomás en el Politécnico. Allí de nuevo la fuerza pública hace una redada golpeando y apresando estudiantes. En una sentencia lapidaria, Díaz Ordaz lo expresa con toda gravedad en sus memorias inéditas: "México será el mismo antes de Tlatelolco, y después de Tlatelolco y quizás siga siendo el mismo, en parte muy importante, por Tlatelolco" (citado en Krauze 363). Tlatelolco, entonces, no había acabado; estaría siempre allí, repitiéndose, una especie de arcaísmo sin origen ni fin.

Octavio Paz, quien en el momento de lo sucedido el Tlatelolco era embajador de México ante la India, es quien abre la posibilidad del análisis que quiero hacer aquí. Tras renunciar a su embajada, y señalar que lo sucedido fue que "la intervención del Ejército en Tlatelolco fue pura y llanamente un acto de terrorismo por parte del Estado" en una entrevista a *Le Monde* de París, dice Paz:

> No es casual que los jóvenes mexicanos hayan caído en la antigua plaza de Tlatelolco: ahí precisamente se encontraba el templo azteca (*teocalli*) donde se hacían sacrificios humanos… El asesinato de estudiantes fue un sacrificio ritual…se trataba de aterrorizar a la población, usando los mismos métodos de sacrificios de los humanos de los aztecas (citado en Krauze 347).

Siguiendo el análisis de Paz, sostengo entonces que es en el rencor donde están las pistas para poder entender la sangrienta dimensión de lo ocurrido en Tlatelolco, y para entender lo que hizo posible que se descargara el castigo sobre el cuerpo presente ese día en la Plaza de las Tres Culturas. No hay que olvidar que *rencor* significa "resentimiento arraigado y tenaz" (DRAE). Por eso, si hablamos de rencor, y castigo, es de nuevo Nietzsche quien nos permite desentrañar esa posibilidad. Este tipo de castigos como los de Tlatelolco, sin restricción alguna y operando con crueldad extrema, se ejerce sobre el cuerpo "a la manera como todavía ahora los padres castigan a sus hijos, por cólera de un perjuicio sufrido" (*La genealogía* 82). Es decir, el cuerpo culpable queda en deuda con respecto a quien castiga por haber cometido una afrenta o daño. Nietzsche dirá que en el juego moral del deudor y el acreedor, se erige un *derecho de crueldad* del acreedor, "derecho de señores," que permite infligir una pena al acreedor como compensación, y así "experimentar el exaltador sentimiento de serle lícito despreciar y maltratar a un ser como a un 'inferior'" (85). Para poder castigar, debe haber una culpa, un culpable. El cuerpo presente ese día en Tlatelolco, era culpable. ¿Culpable de qué?

Veamos cómo se desenreda esa madeja en la novela de Volpi. No resulta casual que el cierre del capítulo sobre París, que marca el regreso de Aníbal a América Latina y su conversión en militante radical, se cierre con la transcripción casi literal de las palabras de Jacques Lacan a los estudiantes de París del 68:

> Si tuviera un poco de paciencia, le explicaría que la aspiración revolucionaria no tiene la menor oportunidad de sabotear el discurso de los maestros. (*Pausa*). A lo que ustedes aspiran, como revolucionarios, es un nuevo amo. ¿Y saben qué les digo? Que lo van a tener. (*El fin de la locura* 155)

Las palabras de Lacan, pronunciadas a los estudiantes de Vincennes luego del 68—en diciembre de 1969—, tituladas posteriormente "Impromptu,"[18] son transcritas con ligeras modificaciones por Volpi escasas páginas después del "bautizo" de Aníbal: la admonición del castigo al que se expone quien quebranta las leyes del orden, a quien haga parte de "ese gigantesco espejismo que fue la izquierda revolucionaria," como escribe Aníbal en su nota final antes de su suicidio (12-13). Aparece de nuevo la dimensión fantasmal ("espejismo"), al tiempo que el bautizo, el castigo y el rencor son las coordenadas que delimitan este cuerpo que encarna "el delirante relato del derrumbe de las utopías revolucionarias" como se lee en el subtítulo de la novela. El mismo cuerpo que delira es entonces el cuerpo de Aníbal luego de su bautizo a través de la golpiza ("una ola de calor subía por mi espina dorsal"). Pero, ¿no está en un estado de éxtasis, de delirio, el cuerpo militar que arremete contra centenares de jóvenes desarmados en Tlatelolco?

Volpi, al dejar por fuera cualquier alusión directa a la masacre, de alguna manera transfiere la violencia ejercida sobre los manifestantes en Tlatelolco a la furia de Aníbal, a su espina dorsal acalorada y a la golpiza que desata su "bautizo." Es el objeto perdido, "sus muertos," lo que le genera primero la diseminación de la culpabilidad sobre los muertos mismos, y segundo, su reacción de ira para acabar con su remordimiento, para cerrar la brecha que creó su distancia geográfica y afectiva con lo sucedido: emprende entonces "el camino de regreso" por la senda de la melancolía para buscar un objeto perdido (sus muertos): un camino de regreso marcado por el rencor.

La misma novela de Volpi nos da una pista preciosa en su burla sistemática sobre la intelectualidad parisina del 68, y específicamente sobre Michel Foucault, a quien dedica un buen número de páginas, titulando incluso una de las partes de la novela *Microfísica del poder*. Aníbal, quien es acusado de sacar provecho de sus relaciones con esa intelectualidad "-he sido acusado", dice, de "aprovecharme sucesivamente de Lacan, Althusser y Barthes, sólo me faltaba engatusar a Foucault"—, define a Foucault como "mi general" (146). Más allá de la parodia de esa intelectualidad, el lugar de Foucault es decisivo en la novela, pues hace de bisagra en la conexión entre Europa y América Latina, en el viaje que emprende Aníbal hacia América y, especialmente ofrece las huellas del prejuicio que intento describir aquí: el viaje que Aníbal emprende con Foucault a América es un viaje "que no haría sin exacerbar su rencor hacia la sociedad contemporánea" (328).

Como bien lo vio Nietzsche, "el sentimiento de venganza y de rencor forman parte de la debilidad" (*Ecce Homo* 42). O en otro registro, el psicoanalítico: la melancolía, esto es, la afección frente a la pérdida del objeto, adquiere aquí su intrincada virulencia, "insultándolo, denigrándolo, haciéndolo sufrir, y ganando en este sufrimiento una satisfacción sádica," que puede llevar incluso a la aniquilación del objeto mismo de acuerdo con Freud ("Duelo y melancolía" 248-49, 23).[19] Lo más inquietante, es que no se sabe qué parte del objeto se odia o qué parte se ama, no se sabe bien lo que se ha perdido. Ese desencuentro con su objeto, lleva finalmente a Aníbal por la senda del odio.

Lo que es más llamativo de todo esto es que poco a poco se va tejiendo un complejo mecanismo de culpabilización que se cierne sobre "esos muchachitos," esos "seres reales en un mundo irreal" de los que habla Octavio Paz ("Postdata" 286). Por eso, no es que la masacre haya sido un exceso o un accidente: es la crueldad ejercida como derecho, es el *derecho de crueldad* ejercido por alguien al que "le es lícito descargar su poder, sin ningún escrúpulo, sobre un impotente, la voluptuosidad de hacer el mal por el placer de hacerlo, el goce causado por la violentación" (Nietzsche, *La genealogía* 84). El castigo ejercido sobre las personas que ese día estaban en la plaza, es similar al castigo lleno de goce y placer que siente Aníbal en el culmen de su bautizo. Es la crueldad ejercida como derecho y, por ende, legítima, legitimada por la fuerza del derecho.

Una de las principales seducciones de la moral es encerrar al hombre en la deuda con sus orígenes (117). Ese es el problema de los bautizos: transforman un suceso histórico en un origen bautismal. El suceso histórico adquiere entonces un cariz jurídico, un *contrato* quizás. Pero lo que hay aquí es precisamente es toda una *lógica* que sobrepasa las explicaciones basadas en la reacción de un poder paranoico, que pierde mesura en el uso de la fuerza, sometido a avatares y circunstancias en parte incontrolables (influencia de la Revolución Cubana, conspiración comunista internacional)[20] Revueltas mismo señala cómo situar en pie de igualdad "actos de violencia externos o internos," magnificando la conspiración internacional, "equivale a considerar toda oposición como un atentado contra la soberanía nacional" (*Resoluciones* 55). No hay pues exceso o barbarie, como sostienen comentaristas recientes,[21] sino compensación y restitución al acreedor (Nietzsche, *La genealogía* 85).

Ahora bien, ¿cómo se hace posible ese *derecho de crueldad*? Nietzsche explica que la culpa, es la promesa rota del acreedor frente al deudor. Una vez incumplida la promesa, la sociedad se encarga de recordarle una y otra vez al deudor su incumplimiento. Aníbal, estructurado por el rencor, lo expresa con elocuencia: "¡Qué estupidez! ¿Cómo se les ocurrió a esos muchachitos que en México podría reproducirse el Mayo francés? ¿No se daban cuenta de que desafiar la maquinaria represiva de nuestro país equivalía a un suicidio colectivo?" (Volpi *El fin de la locura* 141). Estos jóvenes tentaron al poder represivo, lo provocaron, incumpliendo el pacto del orden y la sumisión, al volcarse a la calle y poblar la plaza. Todo fue una locura que debía llegar a su fin, si seguimos la novela de Volpi. Algo que también está presente en las "cartas cruzadas" en 2003 entre Marcelino Perello y Luis González de Alba, líderes del 68 en México:

> Creo, Marcelino, que fuimos algo peor que "hijos de la chingada": a la vez ingenuos y dogmáticos. La ingenuidad nos hizo exigir lo imposible, como la desaparición del cuerpo de granaderos; el dogmatismo nos llevó a proclamar que ninguna exigencia era negociable, ni siquiera la de solución imposible. Así convencimos al gobierno, que poco necesitaba en su feroz autoritarismo, de que no actuábamos de buena fe. Y eso, buena fe, es quizá lo único que nos sobró. Ésa fue nuestra culpa como dirigentes. Es el pecado que siguen cometiendo los dirigentes: del CGH a Atenco: nadie puede admitir que "el otro," la otra parte, el que piensa distinto, pueda tener algún asomo de razón. (Perelló y Alba)

A la ingenuidad, y el dogmatismo que surge de la buena fe, Volpi agregará las promesas incumplidas, o pervertidas: "Si algo aprendimos en esta era de dictadores y profetas, de carniceros y mesías, es que la verdad no existe: fue aniquilada en medio de promesas y palabras," le escribe Aníbal Quevedo a Claire en su carta suicida de despedida de ella y del mundo (*El fin de la locura* 12). El siglo XX se convierte así en un testimonio del mal, del delirio militante que acabó en mil atrocidades, con una advertencia adicional: las cosas fueron así porque así lo quisiste. Quieres un amo, lo tendrás.

En ese momento era permitido (y justificado luego como error pueril del joven), era el orden social el que lo alentaba—"la estructura permisiva," señalan Deleuze y Guattari: "¡Que yo pueda engañar, robar, estrangular, matar! pero en nombre del orden social, y que papá y mamá estén orgullosos de mí" (*Antiedipo* 276-277). Ahora que el orden social no lo permite, o que la consigna de sublevación está socialmente prohibida, viene entonces la diseminación de la culpa: "toma ejemplo de mí, no te soltaré hasta que también digas «es culpa mía»." Es culpa mía, el 68 fue un error, *justificado*. Veinticinco años después de lo sucedido, Luis González de Alba, participante del 68 que luego noveló lo sucedido, se pregunta: "¿Por qué entonces tomábamos esos riesgos? ¿Por qué marchaban centenares de miles a pesar de las advertencias policiacas y hasta familiares y paternas?" ("1968 La Fiesta y la Tragedia"). Esta es la forma en que Díaz Ordaz describe lo sucedido en sus memorias, hasta ahora inéditas:

Por fin habían ganado sus 'muertitos.' ¡A qué costo tan alto! Lo lograron al cabo asesinando a sus propios compañeros. Se debe recordar que la mayor parte de los muertos y heridos, tanto alborotadores como soldados, presentaron trayectorias de bala claramente verticales, balas asesinas de los jóvenes 'idealistas' disparando sus metralletas desde las azoteas de los edificios Chihuahua y Sonora (citado en Krauze 348).

"¡Por fin lograron sus muertos!" puntualiza Díaz Ordaz: "¡Y a qué costo! Y posiblemente asesinados por sus propios compañeros" (348). Ese cuerpo se encuentra entonces capturado: bien porque se fracasó incumpliendo lo prometido; bien porque se fue en exceso idealista (como para no prever la respuesta del ejército en Tlatelolco distinta a la de Pompidou), bien porque se logró lo que se buscaba ("muertitos"). Escribe Revueltas a propósito de Tlatelolco: "No obstante, si se les castiga de manera tan cruel, acaso sea cierto y verdadero que habrían cometido en realidad algún espantoso crimen sin nombre, del cual les resulta imposible acordarse, pero de cuya comisión tienen que asumir en toda su integridad las terribles consecuencias" (377-378) … "¡Culpable a priori y de todas formas!" dirían Deleuze y Guattari (*Mil mesetas* 289). Por eso has sido bautizado por Tlatelolco: eres culpable. ¿Culpable de qué? De traición: traicionaste los ideales de la Revolución Mexicana, de la "Revolutionary Family."[22] En el más reciente estudio revisionista sobre el período de los sesentas en México y la situación estudiantil, Jaime Pensado sostiene que, si bien "the dominant historiography suggests that the state had successfully unified its citizens by the 1950s under the umbrella of 'revolutionary nationalism,'" por el contrario es posible "demonstrate how incredibly faction-ridden the population of the nation's capital was, particularly young people who repeatedly challenge the state's patrimonial authority, not in 1968 for the first time, as the scholarship tends to suggest, but throughout the postwar period (and especially in the aftermath of the Cuban Revolution)." Los jóvenes eran entonces acusados de participar en una revolución, orquestada desde el extranjero, que va a acabar con *la Revolución*, que va a acabar con la revolución de las revoluciones: la revolución Mexicana. Díaz Ordaz lo señalaba en su *IV Informe* del 1 de septiembre de 1968, un mes antes de la masacre:

> Sigo teniendo confianza en que los derechos y los deberes de la ciudadanía serán ejercidos y cumplidos honrosamente por los jóvenes, que aportarán a las lides electorales sus inquietudes y sus convicciones; su presencia ciudadana acentuará el profundo sentido dinámico de nuestra Revolución. (209)

El acreedor ha sido engañado (Nietzsche, *La genealogía* 93). Ya en sus conferencias dictadas en la Universidad en Berkeley en 1974, Revueltas trazaba el camino de dicha traición que empieza, según él, con Ricardo Flórez Magón:

> Es decir los ideólogos democrático burgueses dan por un hecho que la no aparición de una conciencia proletaria en el contexto de la revolución de 1910 quiere decir que esta conciencia no era precisa, no era necesaria, no se necesitaba. Y que entonces bien pudo la revolución de 1910, prescindir de una conciencia proletaria. De tal suerte la pretendida independencia del proletariado no solo no es necesaria a este, aparte de que tampoco la desea, sino que constituye un señuelo demagógico, perturbador, anarcoide y contrario al Estado—así no provenga de los anarquistas—, y cuando logra seducir a determinados sectores de la clase obrera no se puede menos que combatirla en propio beneficio de las grandes mayorías proletarias a las que perjudica, y hay que combatirla con los medios represivos más expeditos y concluyentes. (Revueltas, *El proletariado* s.p.)

En ese engaño, se cruzaban factores externos e internos, se suspendía por un momento el desencuentro que al inicio señalaba Gorz: "Había pues" dice Revueltas, "algo en todo aquello que era mucho más profundo de lo que pudiera esperarse: Ho Chi Minh, el Che, Mao, Trotsky. ¿Por qué no otros héroes, por qué no 'héroes mexicanos'?, se preguntaba—y se pregunta—el político del PRI" (*Un movimiento* 143).[23]

¿Cómo percibía la intelectualidad mexicana la relación del movimiento estudiantil con la Revolución Mexicana? Diversos sectores intelectuales respaldaron abierta o tácitamente las decisiones de Díaz Ordaz y su valoración del movimiento estudiantil. En directa conexión con la táctica del Porrismo, circularon numerosos panfletos apócrifos escritos con posterioridad a la masacre, que presentaban a los asistentes a Tlatelolco como "armados con munición," "conectados con las fuerzas comunistas internacionales," y "listos para emplear a los francotiradores" estudiantiles que, de acuerdo con la versión sostenida por Díaz Ordaz, habían desencadenado la respuesta de los militares en Tlatelolco. Otros sectores intelectuales retrataron a los maestros como "maestros antipatrióticos del odio." Rubén Rodríguez Lozano, en el primer libro publicado en defensa de las políticas del Estado mexicano, titulado "El gran chantaje," culpaba a los profesores maoístas de haber tendido una "trampa" a los estudiantes, aprovechando la "crisis de la juventud" (Pensado, *Rebel Mexico* 217-20). En medio de estas posturas, sobresalen las de Elena Garro, Carlos Fuentes y de Martín Luis Guzmán, dos íconos de la intelectualidad mexicana del siglo XX, frente a los sucesos de Tlatelolco, el papel de los estudiantes y profesores, y las decisiones de Díaz Ordaz, son sintomáticos al respecto.

Garro, una de las más celebradas escritoras mexicanas, ex-esposa de Octavio Paz, narra su visión de lo sucedido en Tlatelolco, en una entrevista junto con su hija, Helena Paz, en 1980 y publicada en *Siempre!* Garro describe un mitin al que es invitada por Carlos Monsiváis. "Finalmente fui y resultó que el mitin me molestó muchísimo," prosigue Garro: "Me molestó profundamente porque estaban diciendo que Madero era un imbécil; que Zapata era un imbécil. Estaba lleno de gringos marihuanos, de extranjeros, de sudamericanos, todos insultando a la Revolución Mexicana" (Garro). Al otro día, Garro escribió *El complot de los cobardes. Los intelectuales y los estudiantes. Un análisis de la violencia*: "Al día siguiente," comenta el entrevistador, Garro "sacó un artículo diciendo que qué se creían": "El complot de los cobardes" responde Garro, porque yo sí estoy con la Revolución Mexicana y con quienes la realizaron" (Garro). Y puntualiza:

> Puedes estar tú también en desacuerdo con ciertos sistemas o métodos empleados en ese momento por el gobierno [de Díaz Ordaz] y los granaderos y la crueldad de la policía y todo eso, pero ¿cuál era la ideología del movimiento? Era cero, mentadas de madre a la Revolución, y mentadas de madre a todo Dios. Por eso no me pude poner a favor de una causa imbécil. (Garro)

Garro, que según sus palabras sí estaba con la Revolución Mexicana, ubica con precisión la traición cometida por los estudiantes con los revolucionarios anteriores. Nietzsche por su parte recuerda que el derecho de crueldad, entre deudor y acreedor, se da igualmente con respecto a las generaciones anteriores, "en la relación de los hombres actuales con sus antepasados" (*La genealogía* 114): con los héroes de la Revolución en este caso. Activa toda una infernal máquina del juicio, que en su interior alberga la posibilidad del castigo. La máquina del juicio y su efecto, el castigo, no obedece simplemente a la decisión del militar, o el político profesional. Revueltas, que por supuesto no escapó a los alcances de este mecanismo de la culpa,[24] mostró cómo es nuestro tribunal del juicio el que prima a la hora de juzgar lo sucedido. Ah, juzgar, ¡Cómo fascina! En *La matanza de los locos,* que gravita sobre lo sucedido en octubre del 68 en México, Revueltas habla de que el castigo contra esos locos "será ejemplar e inmisericorde." Tanto, "que hasta los mismos sacerdotes, magistrados, jueces, y los jerarcas todos de la más diversa condición, acuden también a las armas para no perderse nadie la honra de haber participado en el sacrosanto aniquilamiento de los réprobos" (29).

El cuerpo participante en Tlatelolco es culpable, además, de inautenticidad: eres imitador. Pareciera que lo intolerable para muchos de los cronistas del 68 es el "idealismo" de los jóvenes, su falta de originalidad. Creer que el mayo francés se podría reproducir en México, fue uno de los alegatos de Gustavo Díaz Ordaz un mes antes de la masacre en su informe de gobierno. Recordemos las palabras de Díaz Ordaz en su IV informe del 1 de septiembre del 68 citadas al inicio de este texto, donde consideraba al movimiento estudiantil una "burda parodia" de otras latitudes, en la cual "el ansia de imitación se apoderaba de centenares de jóvenes de manera servil y arrastraba algunos adultos".[25] O las de Martín Luis Guzmán. En su discurso pronunciado ante Díaz Ordaz precisamente el día de la libertad de la libertad de prensa, concebía este "movimiento hábil" compuesto "por sectores juveniles engañados y manejados desde la sombra," cuyo "instrumento de su acción ideológica eran no pocos intelectuales agitadores o agitadores disfrazados de intelectuales" (citado en Revueltas, *México 68* 342). Desde las páginas de *Tiempo*, del cual servía como editor, Martín Luis Guzmán habló de nuevo de los "filósofos de la destrucción" que había mencionado Díaz Ordaz, y retrató a los estudiantes a la vez como víctimas y culpables de lo sucedido, guiados por "maestros del odio" (Pensado, *Rebel Mexico* 230).

Lo interesante de la postura de Martín Luis Guzmán, el "dador de palabras" como lo llama Revueltas, es que no sólo señala la inoperancia de la juventud del 68 que sucumbió engañada al señuelo del agitador, sino que realiza un acto de contrición frente a su propia escritura pasada. "Él dijo entonces—comenta Revueltas—que sus palabras de otros tiempos habían sido delito: que hablar y escribir como él lo había hecho, con palabras de verdad, de cólera, de justicia, era traición y vergüenza y desamor por la patria" (247). En este gesto culposo de contrición, se marca el trayecto y el tipo de relación de los intelectuales mayoritarios con el Estado en México.[26]

Pues bien, antes que parodia o simple imitación, precisamente lo que había en juego era otra cosa: otra lógica. En su destacado estudio sobre marxismo y comunismo en el siglo XX en México, Barry Carr describe este cambio vivido entre 1960 y 1975 en México, como "the birth of a new left", y como el nacimiento de un nuevo enunciado: "the road to socialism no longer passed through the Mexican Revolution" (225). De alguna manera el 68 pone en riesgo a la revolución mexicana misma. O por lo menos la revolución que cooptó el Estado.

> From late July to early October 1968 a student-popular movement mounted a sustained assault on the authority of the State and the ideological as-

sumptions of the Mexican Revolution and its architect, the ruling PRI. (257)

Es esta "traición" la que ambienta las medidas que se tomaron. La culpa, entonces, y el castigo que ésta justifica, se encuentra enraizada en una relación de deuda con el amo, que debe saldar a cualquier precio, incluso al precio de la tortura, desmembramiento o aniquilamiento de su cuerpo. Debe pues restituir el daño, pagando incluso con su propia vida; o con la de centenares, como en Tlatelolco.

La lógica del mecanismo moral que operaría en Tlatelolco podría describirse tentativamente así: es tu culpa, una culpa en el límite pagada por un escarmiento sin cuartel, tal como lo muestra no sólo la masacre de Tlatelolco sino la persecución a líderes estudiantiles y de izquierda en los meses y años posteriores a la masacre de Tlatelolco. "De los escarmentados nacen los avisados," recuerda Nietzsche (*La genealogía* 107). El diagnóstico de Nietzsche de la culpa y la deuda, resuena en este punto otra vez: si el origen de la mala conciencia es la violencia que implica el encierro del humano en sí mismo, la domesticación al interior del Estado y el nacimiento de su propia soberanía, quedando así "definitivamente encerrado en el sortilegio de la sociedad y de la paz" (108), el encontrarse por fuera de ese sortilegio es precisamente lo que señala la afrenta más grave a la sociedad entera. En este caso, el castigo tiene un sentido específico, la pena, una dirección concreta: la "pena como medio de hacer memoria, bien a quien sufre la pena—la llamada 'corrección'—bien a los testigos de la ejecución," y sobre todo, "pena como declaración de guerra contra un enemigo de la paz, de la ley, del orden," a quien "se le combate con los medios que proporciona precisamente la guerra" (104). *La guerra, no la ley*, algo que no pasó desapercibido para Revueltas en su análisis del 68. En efecto, en su texto, "Un movimiento, una bandera, una revolución," Revueltas señala alude a la "ofensiva ideológica" del Estado mexicano contra la Universidad y el movimiento estudiantil en términos de una lógica de guerra:

> La circunstancia de que la ofensiva material, física, de la represión, descargue su acento con más o menos fuerza sobre otros sectores estudiantiles no-universitarios es un problema aparte que no corresponde al análisis que nos ocupa y que será necesario plantear a nivel de otras cuestiones. Dicho en términos castrenses, esta ofensiva ideológica contra la universidad corresponde a la *preparación* artillera con que se *ablanda* una plaza determinada antes de lanzar al combate las demás armas (tanques, infantería, aviación) con las que se pretende conquistarla. De paso diremos que en lo que se refiere a nuestras instituciones de educación superior (Politécnico, Universidad),

este lenguaje castrense ha dejado de ser puramente metafórico: estamos más que advertidos al respecto. (Revueltas y Cheron 131)

La deuda era entonces impagable. No era resarcible en términos judiciales, llevando simplemente a prisión a los infractores: de allí el tamaño grotesco de la represión y la guerra sucia subsecuente en contra de agrupaciones disidentes. Porque precisamente, lo que hay de por medio no es sólo la masacre de Tlatelolco sino la intensificación de la guerra sucia contra los disidentes en México. Por eso el proceder del Estado mexicano en Tlatelolco no obedece a cuestiones de defecto, a una situación arcaica como sostienen algunos críticos contemporáneos.[27] Todo lo contrario: la masacre sería la expresión más acabada del derecho—de crueldad. No es una falla o una grieta en el contrato social: más bien su sello característico, distintivo. No es un problema entonces de socavar la legitimidad en el uso de la violencia, porque no es un problema de crisis del derecho como sostiene la crítica literaria Diane Sorensen en su análisis de Tlatelolco (304). Es la exacerbación del derecho de crueldad llevado a su límite—no del derecho legal en su límite. Nietzsche lo dice con toda claridad: la pena proviene de la guerra (no del derecho): nada de excepción soberana aquí. El deudor que ha hecho una afrenta al acreedor, es un "proscrito," un desterrado—del derecho—(*La genealogía* 92).

La reiterada ocupación militar de la Ciudad Universitaria, da cuenta de ese castigo ejercido sobre quien se sale de las leyes de la república, de quien está acusado de atentar contra la gran superstición, "el sortilegio de la sociedad y de la paz." A ese cuerpo había que aniquilarlo, como en Tlatelolco, o encerrarlo: en Lecumberri. Resulta sintomático que Lecumberri, la penitenciaría donde fueron a parar buena parte de los *presos políticos* capturados en el 68 a raíz de lo sucedido en Tlatelolco, entre ellos José Revueltas, terminó convertida en el Archivo Nacional de México. Lecumberri, la prisión-archivo donde no sólo se torturó cuerpos insurgentes, sino donde en gran medida se "archivó" lo sucedido en Tlatelolco: allí están parte de los rastros de los cuerpos desaparecidos por la represión estatal.[28]

¿Qué era entonces lo que se quería eliminar con la extirpación de ese cuerpo? Y, además, ¿qué había *antes* de esas víctimas de Tlatelolco? ¿Qué hubo antes del proceso de victimización? ¿Qué hubo antes de este punto de inflexión, antes de convertir al militante en víctima? Lo que estaba en juego allí era mucho más que un grupo de jóvenes idealistas y utópicos, o una generación sin-lugar. De acuerdo con la mirada que ofrece Barry Carr sobre la época:

> Radical and revolutionary politics now opposed a despotic state and its corporatists net in which worker and peasant organizations were snared. The key episode in which many of these changes were condensed was the student-popular movement of 1968. (225)

De esta manera, quien concibe esa generación como utópica, ¿no está acaso esperando que hubieran logrado lo que querían esos jóvenes, borrando así el matiz utópico e idealista que al mismo tiempo les adjudica? Se juzga entonces algo que sucedió, pero lo curioso es que se le califica de utópico: pero si sucedió (por eso es que el crítico lo puede valorar hoy), ¿cómo pudo ser que no tenga lugar (es decir, que sea u-tópico)?

Además de situar a esa generación en un no-lugar (a contravía del emplazamiento que indica el referente *Plaza* de Las Tres Culturas), los diversos acercamientos sobre el 68 que invisibilizan la densidad histórica de lo ocurrido en Tlatelolco, hacen que el lugar de la historia como tal también se difumine. Como veremos en la segunda parte de este capítulo, la novela de Volpi no es la única escritura que borra las fuerzas históricas que hicieron posible lo sucedido en Tlatelolco: es una operación que también realizará la denominada mirada *fantológica* sobre el 68, de la cual el texto de Steinberg es ilustrativo.

Aníbal liga así el destino de su historia personal, al destino del acontecimiento: convierte su drama interior en las consecuencias del acontecimiento. Al tiempo que su vida va del amor paranoico a la traición y el moralismo, Aníbal intenta hacer entrever que al acontecimiento del 68 le sucedió lo mismo. Homologa entonces su transformación personal, de cierre y cansancio nihilista, con la clausura del acontecimiento: de ahí que llegue el fin de la locura. La historia personal absorbe así la historia colectiva. Volpi confunde entonces el acontecimiento con la fidelidad (o infidelidad) al acontecimiento. Es decir, el hecho que el individuo deje de ser fiel a un acontecimiento, no quiere decir que el sentido del acontecimiento necesariamente cambie.

Como he expuesto hasta acá y continuaré desarrollando en la parte II de este capítulo, la operación que realizan tanto novelistas como Volpi como críticos como Steinberg es la de reducir el hecho al discurso. Esto es, sustentan la imposibilidad—nihilista—de distinguir entre hecho y valor, olvidando que *lo que pasó no es lo mismo que lo que se escribió*. Olvidando que el mundo y lo sucedido es algo más que el sujeto que lo vive, y no se extingue por el hecho de que ese sujeto extinga su fuerza vital.

La novela de Volpi, como ya insinué, más que un ajuste de cuentas con el 68, o "the novel of 68 in Mexico," es un documento que expresa aquello que una época es capaz de saber sobre un suceso. Es el síntoma de lo que se puede saber hoy sobre el 68 y, específicamente, sobre Tlatelolco. La confusión entre lo que hoy es posible (y deseable) saber sobre el 68 en México, y lo que sucedió durante ese año, es lo que a mi juicio borra el lugar donde lo sucedido cobró forma. Lo sucedido no es lo mismo que lo escrito (sobre lo sucedido). En cierta medida, la novela de Volpi da por sentado el hecho (lo que pasó), y se ocupa de ofrecer una valoración (al igual que el análisis de Steinberg) sin delimitar lo acontecido. Literatura y crítica literaria toman entonces un rumbo ajeno al de la historia. La totalidad social que Revueltas veía en los sucesos de 1968, da paso a la totalidad textual de Volpi y algunos críticos literarios contemporáneos. O, para decirlo en otros términos: "The Revolution is dead; long live Literature" (Beverley, "A Turbulent Decade" 270).

Notas

1. El magonismo ha sido rescatado, cada vez con más interés, como parte de un movimiento anarquista y anticapitalista, ajeno a la consigna de "sufragio electivo, no reelección" de Francisco Madero—si bien parte de las fuerzas maderistas. Revueltas verá en Flórez Magón no solo la génesis de sus nociones de autonomía y cerebro social, sino la posibilidad de construir un comunismo por fuera de la captura que la burguesía mexicana ejercía sobre el movimiento obrero institucionalizado. Muere en 1922 tras dos años en la Prisión Federal de Leavenworth en Kansas por haber hecho un llamamiento a alzarse en armas en contra de los blancos racistas en Tejas y del ejército de Venustiano Carranza. Como miembro de la Junta Organizadora del Partido Liberal Mexicano (PLM), "in his own writings and in *La Regeneración*, Ricardo Flórez Magón, championed self-governing, self-reliant, socialistic communities and expressed his disdain for Madero's brand of anti-reelectionism. The Magonistas had attempted to organize urban workers and miners, mostly in the North, during the final years of Porfiriato, and they turned out some dedicated fighters in 1910, especially in Baja California" (Joseph y Buchenau 44). El trabajo histórico académico más reciente sobre Flórez Magón es el estudio biográfico de Claudio Lomnitz, de 2014, *The Return of Comrade Ricardo Flores Magón*.
2. Aquí cabe destacar los trabajos de Carlos Monsiváis (Monsiváis) y Paco Ignacio Taibó (Taibó).
3. Para una síntesis reciente de lo sucedido en Tlatelolco, y de la forma en que los debates alrededor de este han variado, ver Markarian. El texto informativo y documental más completo sigue siendo el de Ramón Ramírez. Se puede ver así mismo el análisis sociológico de Zermeño.
4. Durante la presidencia de Vicente Fox, se dictó el 27 de noviembre de 2001, el "ACUERDO por el que se disponen diversas medidas para la procuración de justicia por delitos cometidos contra personas vinculadas con movimientos sociales y políticos del pasado" (República). El acuerdo nombraba un Fiscal

Especial con el apoyo de la Procuraduría, creando la Fiscalía Especial para Movimientos Sociales y Políticos del Pasado (*Femospp*). El acuerdo apuntaba a "la reparación a las víctimas y ofendidos" y "la apertura de archivos institucionales." La Femospp desapareció en 2006, sin que se hay judicializado a ninguno de los responsables por lo sucedido en Tlatelolco.

5. En ese sentido, mi acercamiento analítico se ubica en el segundo polo que describe Michel Foucault en *Defender la Sociedad*, su curso de 1976, que llama "hipótesis Nietzsche" o "modelo del enfrentamiento belicoso de las fuerzas": "Por lo tanto podríamos oponer dos grandes sistemas de análisis del poder. Uno, que sería el viejo sistema que encontramos en los filósofos del siglo XVIII, se articularía en torno al poder como derecho originario que se cede, constitutivo de la soberanía, y con el contrato como matriz del poder político. Y ese poder así constituido correría el riesgo, al superarse a sí mismo, es decir, al desbordar los términos mismos del contrato, de convertirse en opresión. Y tendríamos el otro sistema que, al contrario, trataría de analizar el poder político ya no de acuerdo con el esquema contrato/opresión, sino según el esquema guerra/represión. Y en ese momento, la represión ya no sería lo que era la opresión con respecto al contrato, vale decir, un abuso, sino, al contrario, el mero efecto y la mera búsqueda de una relación de dominación. La represión no sería otra cosa que la puesta en acción, dentro de esa pseudopaz socavada por una guerra continua, de una relación de fuerza perpetua. Por ende, dos esquemas de análisis del poder: el esquema contrato/opresión, que es, si lo prefieren, el esquema jurídico, y el esquema guerra/represión o dominación/represión, en el que la oposición pertinente no es la delo legítimo y lo ilegítimo, como en el precedente, sino la existente entre lucha y sumisión" ("Clase del 7 de enero de 1976" 29-30).

6. Los documentos oficiales que han venido siendo desclasificados, especialmente en el caso de la Comisión de la verdad del Estado de Guerrero, constatan "el exterminio que la Secretaría de la Defensa Nacional ordenó contra estudiantes, maestros, campesinos, indígenas, mujeres y niños, en el año de 1971, en el contexto de la llamada "Guerra sucia," como parte de su lucha contra los grupos guerrilleros que operaban en Guerrero. Los documentos revelan que 227 mandos militares con sus tropas atacaron colonias populares y poblados enteros en busca de sus enemigos, los guerrilleros y todo aquel que les facilitara apoyo en las regiones centro, Costa Grande y Costa Chica de Guerrero. Los informes muestran que se contó con el apoyo de 54 policías. Se calcula que los militares detuvieron sin orden de aprehensión entre 500 y mil 500 estudiantes, profesores, activistas, campesinos, indígenas, mujeres, niños y ancianos. En los reportes oficiales recibieron el eufemismo de "paquetes para su revisión," luego de ser trasladados en helicópteros o camiones a las instalaciones militares para continuar el interrogatorio que, por supuesto, incluían diversas formas de tortura. La gran mayoría resultaron desaparecidos." (Castellanos "Ordenó la Sedena").

7. Esta es la reflexión que realiza Jacques Derrida a propósito del texto "Para una crítica de la violencia" de Walter Benjamin, mostrando la inane crítica del pacifismo. Por otro lado "'crítica' no significa simplemente evaluación negativa, rechazo o condena legítimas de la violencia, sino juicio, evaluación, examen que

se da los medios para juzgar la violencia. Así, el concepto de crítica, en cuanto implica la decisión bajo la forma de juicio y la pregunta sobre el derecho a juzgar, tiene por sí mismo una relación esencial con la esfera del derecho. En el fondo un poco como en la tradición kantiana del concepto de crítica. El concepto de violencia (*gewalt*) no permite una crítica evaluadora más que en la esfera del derecho y de la justicia (*Recht, Gerechtigkeit*) o de las relaciones morales (*sittliche Verhaltnisse*). No hay violencia natural o física" (*Fuerza de ley* 82-83). En tanto pensamiento que se da los medios para hacer una crítica de la violencia, en la lectura que hace Derrida de ese texto de Benjamin la violencia deja de ser exterior al derecho (87-89). Desde otro ángulo puede verse el intento de pensar y medir la violencia, y la distancia que el sujeto puede mantener frente a esta en Alain Badiou, cuestión que será una de las constantes de su pensamiento (al respecto se puede ver el texto de Alberto Toscano, "¿Se puede pensar la violencia? Notas sobre Badiou y la posibilidad de la política (marxista)").

8. Existía además una corriente de estudiantes de derecha de militancia conservadora, anti-castrista y anti-cubana, vinculada al grupo "Mariano." Dos de sus miembros fueron expulsados de la UNAM en agosto de 1961 a raíz de una confrontación de otro grupo estudiantil que estaba conmemorando la Revolución Cubana. "In retaliation, the two expelled students formed the Comité General Pro-defensa de la Libertad de Cátedra y Expresión Universitaria (General Committee for the Defense of Academic Freedom of Expression, CGPLCEU). With financial backing from conservative politicians and the support of journalists from the major dailies *Excélsior* and *El Universal*, CGPLCEU undertook an unrelenting campaign in the national press against the 'Marxist forces' and 'corrupt university authorities' who had been involved in their unfair expulsion" (Pensado "To Assault with the Truth" 489-90). Puede verse así mismo el ya citado Manifiesto de la Federación Nacional de Estudiantes Técnicos (FNET) glosado en el Tomo I del compilado hecho por Ramón Ramírez. Allí se denuncia que "el gobierno de México es víctima de una conspiración nacional e internacional 'por parte de los provocadores tradicionales organizados en las corrientes del maoísmo, y del trotskismo,' quienes desde hace tiempo estaban ya preparados para el estallido de la violencia, 'si no en estos días, sí en las épocas en las que México ofrecerá su corazón a la juventud del mundo en la XIX Olimpiada, lo que hubiera sido grave'" (187).

9. En su novela *Los días y los años* (1971) Luis González de Alba identifica el imposible que se hizo posible durante la protesta y su represión: "Las acciones de la policía lograron lo que parecía imposible: la unión Politécnico-Universidad y la de los grupos de izquierda" (27).

10. En ese sentido es llamativo constatar cómo en el volumen *Everyday forms of State Formation. Revolution and the Negotiation of Rule in Modern Mexico*, editado por Gilbert Joseph y Daniel Nugent en 1994, considerado uno de los libros que marca un nuevo sendero en la investigación sobre México, el 68 y Tlatelolco sólo aparezca mencionado, de pasada, dos veces.

11. Es lo que en un borrador previo se tituló "La locura brujulear del marxismo en México (ensayo ontológico sobre los grupúsculos marxistas)", incluido en el

texto póstumo *Dialéctica de la conciencia*. Allí escribe Revueltas (*Dialéctica* 22-23): "Tal es el punto donde florece, al amparo de dicha soberanía [dogmática], esa concreta forma de ser autosuficiente, ensimismada e impermeable al cuestionamiento, de la falsa conciencia que representa el marxismo vulgar. Luego, el examen de las contradicciones permitirá esclarecer el hecho—oculto bajo toda suerte de supercherías demagógicas y frases izquierdistas—de que la práctica sin *praxis* no es sino una locura brujulear, una pérdida del polo magnético del conocer".

12. La visita de Karel Kosik a México es narrada por Adolfo Sánchez Vásquez en el prólogo de 1967 a la traducción en español de su libro *Dialéctica de lo concreto*. "En 1963 asiste al XIII Congreso Internacional de Filosofía, celebrado en México, donde presenta una importante comunicación: "¿Wer ist der Mensch?," en la que concentra algunas ideas fundamentales expuestas ya en su libro Dialektika konkrétniho (Dialéctica de lo concreto), que ese mismo año había aparecido en su lengua original en Praga, provocando un enorme interés y acalorados comentarios no sólo entre los filósofos checos, sino, en general, en los medios intelectuales praguenses más diversos" (Kosik 7-8). Escribe Kosik: "Pero en verdad, totalidad no significa todos los hechos. Totalidad significa: realidad como todo estructurado y dialéctico, en el cual puede ser comprendido racionalmente cualquier hecho (clases de hechos, conjunto de hechos). Reunir todos los hechos no significa aún conocer la realidad, y todos los hechos (juntos) no constituyen la totalidad" (55).

13. En efecto, en su introducción de 1969 al libro *La disputa del positivismo en la sociología alemana*, Theodor Adorno indicaba la aporía e imposibilidad de una concepción cerrada de la totalidad: "En su versión idealista la dialéctica tuvo la audacia de presentar el ente, a través de innumerables mediaciones e incluso en virtud de su propia identidad, como idéntico al espíritu. Esta audacia fracasó y, en consecuencia, la dialéctica se encuentra, en su forma actual, en situación no menos polémica respecto del «Mito de la razón total» que el cientificismo de Albert. A diferencia de los años del idealismo, ya no le es posible adscribirse su criterio de verdad con total garantía. El movimiento dialéctico se autoconcebía en Hegel—sin mayor problema—como «ciencia». Porque ya en sus primeros pasos venía siempre incluida la tesis de la identidad, que en el curso mismo de los análisis no resultaba tan corroborada como explicitada; Hegel la describía con la imagen del círculo. Pero este carácter cerrado, al que correspondía la tarea de cuidar que nada quedara esencialmente desconocido y casualmente fuera de la dialéctica, ha saltado obligatoria y unívocamente en pedazos; no posee canon alguno que pueda regularla" (19).

14. Al respecto puede verse, entre otros: el informe "La guerra sucia en México y el papel del Poder Legislativo Comparativo internacional" del Grupo Parlamentario del PRD de la Cámara de Diputados de 2009; el texto de Aguayo y Rangel "Fox y el pasado. La anatomía de una capitulación" (Quezada y Rangel).

15. Aquí sigo el análisis que realiza Alain Badiou del siglo XX en sus conferencias tituladas *El Siglo* (48-51).

16. En la que es la interpretación reciente más arriesgada, penetrante y creativa de los escritos tempranos de Nietzsche, *El pensador en escena. El materialismo de Nietzsche*, Peter Sloterdijk va un paso más allá de la interpretación que Gutiérrez Girardot realiza sobre la culpa en esos escritos—especialmente en *El origen de la tragedia*—: "En esta nueva diversidad psiconáutica se manifiesta un agudo sentido de la distribución de responsabilidades. La miseria del hombre no consiste tanto en sus propios sufrimientos cuanto en su incapacidad de ser, él mismo, culpable de ellos e incluso de *querer ser* culpable de ellos. Ahora bien, la voluntad de aceptar la propia culpabilidad—la variante psiconáutica, por así decirlo, del *amor fati*—no mienta ninguna *hybris* narcisista ni un masoquismo fatalista: indica, más bien el coraje y el desasimiento necesarios para aceptar la propia vida de cada uno en toda su realidad y su potencialidad. Quien quiere ser culpable de sí mismo, cesa de buscar culpables; renuncia a existir como un ser teórico y a justificarse con orígenes ausentes o causas imaginarias; a través del drama, él mismo se convierte en héroe del saber—en sujeto paciente de la verdad—" (181-182).

17. Al respecto puede leerse la declaración de la "Gran Comisión de la Cámara de Senadores" del 3 de octubre de 1968 y el acuerdo de la Cámara de Diputados del 4 de octubre del mismo año. El primer documento señala que "a partir de fecha reciente y a pesar de la promesa pública de mantener el orden, se ha advertido la presencia entre los estudiantes, de elementos profesionales de la agitación, de la provocación y del motín, cuya influencia ha quedado comprobada por los trágicos resultados de la concentración efectuada ayer en la plaza de las Tres Culturas, se encaminan a impedir toda solución satisfactoria a los problemas planteados, ejecutando actos graves de agresión en contra de la policía y del ejército mexicano, mediante el empleo de armas modernas de alto poder, cuyo uso permite presumir fundadamente la participación de elementos nacionales y extranjeros que persiguen objetivos antimexicanos de extrema peligrosidad" (Ramírez, *El Movimiento II* 401). El segundo, anota: "Un incidente, en principio sin importancia, entre escolares, deliberadamente agravado en el transcurso de estas últimas semanas por elementos provocadores, algunos incluso de origen extranjero, encubrió una serie de instigaciones que no tiene otro fin que minar el prestigio del país, trastornar su desarrollo y exhibirnos, precisamente en estos momentos, y ante el mundo, como incapaces de mantener la paz, y consecuentemente, el orden y la armonía entre los mexicano" (Ramírez *El Movimiento II* 406).

18. La transcripción del debate entre Lacan y los estudiantes en Vincennes, París VIII, dice: "If you had a little patience, and if you were willing for our impromptus to continue, I would tell you that the aspiration to revolution has but one conceivable issue, always, the discourse of the master. That is what ex-perience has proved. What you, as revolutionaries, aspire to is a Master. You will have one" (126).

19. "Las causas de la melancolía van más allá del caso transparente de la pérdida por muerte del objeto amado, y comprenden todos los casos de ofensa, pos-

tergación y desengaño, que pueden introducir en la relación con el objeto una antítesis de amor y odio" (Freud, "Duelo y Melancolía" 223).

20. Frente a los rumores referentes a que Cuba estaría detrás de una desestabilización del régimen, promoviendo las movilizaciones estudiantiles en el marco previo a la realización de las Olimpiadas, recientes estudios historiográficos demuestran precisamente todo lo contrario, esto es, lo que había era una cercanía del Estado Mexicano con el cubano. Ver los textos de Renata Keller y Olga Pellicer.

21. Esto se opone a lecturas recientes sobre las masacres en América Latina, como la presentada en el último libro de Jean Franco, "Cruel Modernity." Franco afirma en la introducción de su libro lo siguiente: "Massacres represent the 'degradation of war'" (11). Asimismo, retoma la expresión "useless violence" de Primo Levi para describir la crueldad (13).

22. La expresión es de Frank Branderburg en *The Making of Modern Mexico* (3): "For the sake of convenience, and to suggest the nature of leadership of this revolutionary group, it will be assigned the label of 'Revolutionary Family,' or simply 'Family.' The Revolutionary Family is composed of the men who have run Mexico for over half a century, who have laid the policy-lines of the Revolution, and who today hold effective decision-making power".

23. Comenta Paco Ignacio Taibó: "Nada teníamos que ver con Morelos, con Zapata, con Villa, con Vicente Guerrero, con Hidalgo, con Leandro Valle, con Guillermo Prieto, con Mina. Eran personajes de la historia ajena que aburridos burócratas preparatorianos que ejercían de profesores, habían tratado de desenseñarnos; eran cuando más nombres de calles" (36).

24. Al ser acusado de ser el dirigente del movimiento estudiantil, Revueltas (*José Revueltas y el 68* 94) dice: "Mis interrogadores (los agentes que me secuestraron)—y es de suponer el gobierno mismo—*necesitaban* ese jefe y ante ellos parecí reunir las condiciones requeridas. Para quienes me conozcan, esto no necesita esclarecimiento alguno. Sin embargo, hubo una circunstancia que me determinó a no objetar por más tiempo las pretensiones del interrogatorio en el sentido de que yo me declarara 'culpable' (*culpable* mucho más que *dirigente*, entiéndase bien) del movimiento en su conjunto, y que asumiera *toda* su responsabilidad, desde el incendio de camiones hasta los discursos pronunciados por otras personas".

25. "Los desórdenes juveniles que ha habido en el mundo han coincidido con frecuencia con la celebración de un acto de importancia en la ciudad donde ocurren: en Punta del Este, Uruguay, ante el anuncio de la reunión de los presidentes de América, se aprovechó la juventud estudiantil para provocar graves conflictos; la Bienal de Pintura de Venecia, muy reciente, de la que estaba pendiente el mundo de la cultura, fue interrumpida con actos violentos; las pláticas de París, para tratar de lograr la paz en Vietnam, que habían concentrado las miradas del mundo entero, fueron oscurecidas por la llamada 'revolución de mayo'" (Ordaz 196).

26. "The remarkably long and prolific career of Martin Luis Guzmán as a revolutionary, politician, historian, and journalist came to personify the changing trajectory of the state and its institutionalized revolutionary party. At the age of

eighty-one he became one of the most outspoken supporters of Díaz Ordaz's violent reaction to the student movement of 1968" (Pensado *Rebel Mexico* 228).

27. "The massacre revealed an archaic form of domination", sostiene Diane Sorensen. Al revelar la "archaic face of the nation", Sorensen arguye que "during the massacre can be read as a mark of failure, which deeply scarred the social contract" (298, 302).

28. A su vez, era Lecumberri en su encierro lo que permitía *ver* lo que pasaba afuera ("(la sociedad entera) era una cárcel que se hacía visible desde Lecumberri (como apando)" (Draper "Las prisiones" 366). Susana Draper comenta: "El punto crucial con el que se inicia la novela es el ingreso de los documentos de la ya extinta Dirección Federal de Seguridad (DFS) a Lecumberri. Conteniendo información sobre los crímenes de lesa humanidad cometidos durante la guerra sucia mexicana, este hecho produjo una sustitución extraña: quienes desaparecieron de la prisión re-ingresaban ahora como una historia narrada por sus asesinos, esto es, bajo la forma de legajos, armando la idea que propone el título de la novela (el archivo como *cementerio* de papel). Se trata de un cementerio sin cadáveres, donde en lugar del cuerpo hay un papel con la historia de esa muerte, convirtiendo la ex-celda en nicho" (354).

4. 1968: Revueltas y el acto profundo. Parte II

"Como oposición a este asesinato del instante y de la singularidad, acuérdate de las pequeñas prosas que componen *Sentido único* e *Infancia berlinesa* de Walter Benjamin y que Theodor Adorno habría llamado 'micrologías.' Esas prosas no describen acontecimientos de la infancia sino que captan la infancia del acontecimiento, inscriben lo imperceptible de este. Lo que convierte en acontecimiento el hallazgo de una palabra, un olor, un lugar, un libro, una mirada, no es su novedad en comparación con otros "acontecimientos," sino el hecho de que tiene valor de iniciación en sí mismo. Eso solo lo sabemos más tarde. Ha abierto una herida en la sensibilidad. Lo sabemos porque desde entonces se ha reabierto y volverá a abrirse, escondiendo una temporalidad secreta, quizás desapercibida. Esta herida da entrada a un mundo desconocido, pero nunca hace conocer ese mundo. La iniciación no inicia en nada: comienza, tan solo."

J.F. Lyotard, *La posmodernidad explicada a los niños* 106

Periodizar los sesentas, y específicamente el 68, sigue siendo uno de los debates más prolíficos de la actualidad. Desde distintas posturas y objetos de estudios dispares, destacados teóricos como Alain Badiou, Fredric Jameson y Alessandro Russo, han intentado precisar la fisionomía de esa década a nivel global, y de ese año en particular en Europa, Estados Unidos y China respectivamente. Para el caso mexicano, la cuestión es igual de intrincada, y no es nueva. Ya las grandes revisiones historiográficas de la lucha independentista de 1810 y la Revolución Mexicana, de Eric Van Young a Alan Knight, han señalado con asombro cómo los estudios comparados seminales de revoluciones en Occidente dejan por fuera, de manera reiterada, ambos procesos mexicanos (Van Young 31-40). Esta situación volverá a reiterarse para el caso del 68: París, Tokio, Berlín, aparecen como referentes en el influyente análisis de Jameson, o el gran libro de Badiou sobre el siglo XX, más no México DF.[1] México, si aparece en estudios comparativos o síntesis historiográficas, lo hace de forma marginal—marcado por supuesto por la imagen de la masacre de Tlatelolco. El 68 en México, entonces, se mantiene como una suerte de espectro en ese tipo de análisis, algo que carece de materialidad.

Lo interesante es que pueden establecerse algunos vínculos problemáticos entre algunos de estos lugares. Desencuentros incluso. Entre los meses de mayo y junio de 1968, José Revueltas escribió una carta referida a los sucesos de Mayo del 68 en Francia en apoyo a "los revolucionarios franceses, a los marxistas independientes, a los obreros, estudiantes e intelectuales de las jornadas de mayo de 1968" ("Prohibido" 25). La carta es un extenso texto en el cual Revueltas no oculta su admiración por cómo dichos sucesos tienden a "emancipar al marxismo, liberarlo de la estrecha prisión mental y de la irrespirable atmósfera de los partidos comunistas." Así, "el marxismo mediatizado y deformado dentro de la gran mayoría de los partidos comunistas por la irracionalidad y el dogmatismo, deviene con la Nueva revolución en la racionalidad libre y democrática del marxismo fuera de ellos" (26). Esta admiración, sin embargo, se encuentra matizada, y postula una suerte de relación de ida y vuelta entre Europa y América para en parte explicar ese grado de emancipación: "Nos enorgullecemos de que Cuba, un país de América" dice Revueltas, "os haya servido de inspiración respecto de la independencia y el anti dogmatismo de vuestra lucha" (27). El texto está lleno de oscilaciones: si bien puntualiza la "quiebra histórica de los partidos comunistas," y saluda la salida de "enajenaciones partidarias" (tal como ya lo había hecho en su novela *Los errores* de 1964), Revueltas señala cómo la "clase obrera, cuyos sectores más conscientes y revolucionarios se colocan, en virtud de su naturaleza misma, a la cabeza de todo el movimiento" (26).

Hay que recordar que es sólo a partir de su encarcelamiento en Lecumberri, posterior a Tlatelolco, cuando Revueltas abandona esa concepción sobre la naturaleza de la clase obrera para dar paso a nociones como *autogestión* o *democracia cognoscitiva,* donde apunta ya no a una comandancia subjetiva de los procesos revolucionarios, sino a un "cerebro colectivo" (*Ensayo* 37). Por eso Revueltas finaliza su carta en estos términos: "impediremos que nuestras revoluciones—por el camino en que deban realizarse—sean prohibidas" ("Prohibido" 37).

Esa carta, titulada precisamente "Prohibido prohibir la revolución," fue traducida al francés y enviada a André Gorz para su posible publicación en Francia. Gorz, reconocido intelectual de izquierda, respondió de la siguiente manera devolviendo a su vez la carta de Revueltas en febrero de 1969:

> Estimado Señor:
>
> Aunque el texto que nos sometió usted sea eminentemente sugestivo y aunque deseamos afirmar nuestro apoyo a José Revueltas, su publicación en una revista francesa nos parece imposible: los criterios y las referencias intelectuales no son las mismas aquí y en América Latina. Es una dificultad que encontramos a menudo. Atentamente, André Gorz. (Revueltas y Cheron 303)

Esta "dificultad que encontramos muy a menudo" señalada por Gorz, da cuenta no sólo de los desencuentros e ilegibilidades permanentes entre Europa y América, sino de los dilemas presentes a la hora de abordar eventos de gran magnitud: mayo del 68 en Francia, octubre del 68 en México. Gorz había visitado en enero de 1966, junto con Erich Fromm y Herbert Marcuse, las instalaciones de la Universidad Nacional Autónoma de México, uno de los epicentros de las concentraciones y alzamientos estudiantiles en el 68. Esta visita, no pasó desapercibida para el presidente Gustavo Díaz Ordaz (1964-1970), quien refiriéndose a Marcuse en su *IV Informe Presidencial*, un mes antes de la masacre de Tlatelolco, exclamaba, en el marco de la rebelión estudiantil mundial y sus posibilidades de "dejarse alucinar," lo siguiente: "¡Qué grave daño hacen los modernos filósofos de la destrucción que están en contra de todo y a favor de nada!" (Ordaz 208). Díaz Ordaz postuló en ese momento otro tipo de desencuentro al planteado por Gorz: no tanto de mundos distintos sino de realidades imitadas. En efecto, en ese mismo informe presidencial, afirmó:

> De algún tiempo a la fecha a nuestros principales centros de estudio, se empezó a reiterar insistentemente la calca de los lemas usados en otros países, las mismas pancartas, idénticas leyendas, unas veces en simple traducción literal, otras en burda parodia. El ansia de imitación se apoderaba de centenares de jóvenes de manera servil y arrastraba algunos adultos. (196)

En los términos de Díaz Ordaz, no se trataba de realidades distintas (como le escribió Gorz a Revueltas tres años después de visitar México), sino de mundos repetidos: el mundo francés y el mexicano estaban conectados por "el ansia de imitación." Este carácter ficticio o ilusorio, imitativo, de la protesta estudiantil, así como la idea de jóvenes actuando de manera servil, serán dos marcas que, como veremos, atraviesan parte de lo escrito desde la crítica en torno al 68 y Tlatelolco—tendencia con excepciones notables, por supuesto. Dos mundos asincrónicos, por un lado, o calcados por el otro.

¿Qué era lo que provocaba esa percepción en Díaz Ordaz, un mes antes de lo sucedido en Tlatelolco? ¿Cómo fue posible que unos jóvenes guiados por el "ansia de imitación" y la "calca," terminen siendo objeto de la brutal represión el 2 de octubre en la Plaza de las Tres Culturas en Ciudad de México? ¿Puede el ansia de imitación, explicar la respuesta del gobierno en Tlatelolco? Estas preguntas además son pertinentes, ya que posterior a la masacre de Tlatelolco, la arremetida contra la izquierda, y contra sectores específicos del movimiento estudiantil fue tal, que el período posterior al 68 en México se conoce como "Guerra Sucia."[2]

Los análisis de José Revueltas sobre el 68 tomarán una dirección llamativa. Ni imitación ni desencuentro entre mundos. Tampoco hecho fechado o concluido. Revueltas nos invita a tomar distancia de análisis basados en hechos datados. Al calor de los sucesos del 68 y como participante de lo sucedido ese año en México, escribe una frase enigmática y potente después de lo sucedido en Tlatelolco: "El movimiento revolucionario de la generación 68 sigue en marcha; no ha terminado ni terminará" ("Un movimiento" 140). Nada se origina, nada finaliza: todo comienza, insistirá a lo largo de su vida. Pero es hacia el final de su estancia en la prisión de Lecumberri, en abril de 1972, cuando Revueltas realiza su contribución más fructífera y potente al problema de cómo pensar el 68 a través del relato *Hegel y yo*, que narra la historia de un Jeguel, un ladrón que pierde sus piernas en un tiroteo a manos de la policía, al intentar robar un banco situado "en las calles de Hegel, de Jorge Guillermo Federico Hegel" ("Hegel y Yo" 352).

La historia se estructura a partir del diálogo que Jeguel (o Ejel)—némesis de la filosofía latinoamericana mayoritaria como vimos en el segundo capítulo—sostiene con su compañero de celda en torno a la memoria, la historia y la acción. El acontecimiento es *inmemorial* nos dice Hegel—no se ha olvidado—; no empieza ni termina: y llama *acto profundo* a su forma de explicar el acontecimiento. ¿Es posible *inventar* algo a partir de las tensiones y fuerzas históricas? ¿Es posible un olvido activo, sin que sea agenciado por un sujeto o una conciencia? ¿Es posible que el acontecimiento exceda la realidad psicológica de la memoria humana? A mi modo de ver, esos son los interrogantes que enfrenta Revueltas en su texto *Hegel y yo*. A través de ese texto es posible acceder al 68 a través de vías no habituales como el testimonio,[3] o la mirada retrospectiva que muchas veces se asienta en valores como el desengaño o la melancolía. Con *Hegel y yo*, es posible explorar el 68 como un acontecimiento inmemorial: no podía fecharse su inicio, no podía establecerse su origen tan fácilmente, tampoco su acabamiento. Y tampoco puede destruirse. El Hegel de Revueltas nos invita a evocar el 68, pero a partir de una memoria no psicológica, no lingüística.

Así, me distancio de los análisis recientes sobre el 68 en México escritos por una parte de la crítica norteamericana que se ha ocupado recientemente sobre el tema, que presento en la primera sección, "Los críticos." Si en la primera parte de este capítulo establecí la lógica de la crueldad, y el crimen saldando una deuda inmemorial como licitud de la represión, en esta muestro cómo el mecanismo lingüístico usado por esos críticos a) homologa el hecho a lo que se dice sobre el hecho y b) encapsula al 68 en la problemática noción de promesa. No hay que olvidar que sólo es capaz de prometer a quien ya porta en sí una memoria (psicológica): y la promesa será lo que el deudor hace al acreedor para infundir confianza en su promesa (Nietzsche, *La genealogía* 79-80, 83). En la segunda sección del capítulo, retomo el relato de *Hegel y yo* de Revueltas, presentando otra posible lógica para pensar el 68. A partir de esta noción es posible concebir el 68 no como una serie de hechos alojados en el pasado para ser rememorados; espectro que retorna sin cesar, o fantasma susceptible de ser conjurado. El *acto profundo* que propone Revueltas *es* una forma de pensar el acontecimiento evitando recurrir a la *memoria* o al *origen*, y permite concebir el 68 como acontecimiento construyendo algunas coordenadas—un sitio—para pensar lo sucedido, sin melancolía o rencor. Precisamente el rencor, recuerda Nietzsche, no es sólo un "resentimiento arraigado y tenaz" dirigido hacia algo o alguien, sino que está en la base del terror al afuera: al acontecimiento. De esta manera, me distancio de usos recientes de la palabra resentimiento en parte de la crítica literaria realizada desde Estados Unidos, remitidos al rencor de los derrotados o marginales.[4]

4.4. Los críticos

> "Lo que nos enseña la doctrina del acontecimiento es, más bien, que todo el esfuerzo consiste en seguir sus consecuencias, no en exaltar su ocurrencia. Así como no hay héroe del acontecimiento, tampoco hay quien lo anuncie angélicamente. El ser no comienza."
>
> Alain Badiou, *El ser y el acontecimiento* 235

En gran medida estas fuerzas históricas, algunas previas al derecho que describí en la Parte I de este tercer capítulo, escapan a la vasta literatura sobre el 68 en México y sobre Tlatelolco. Ya en 1987, casi veinte años después de la masacre, se habían publicado alrededor de 30 libros en torno a lo sucedido (Sefchovich 216). La bibliografía sigue creciendo de manera exponencial, por lo cual aquí sólo abordo rasgos fundamentales de dicho corpus, análisis ya iniciado en la primera parte de este capítulo.

Un primer rasgo es la prevalencia que ha tenido el testimonio a la hora de narrar lo sucedido. Esta prevalencia tiene uno de sus puntos de referencia en el texto de Elena Poniatowska, *La noche de Tlatelolco,* en los textos de Carlos Monsiváis (*Parte de guerra, Días de guardar*) y Paco Ignacio Taibó II (*68*), para dar sólo dos grandes nombres asociados a la escritura del 68. Con contadas y valiosas excepciones, el análisis que prevalece *desde el ángulo de la crítica literaria* se vuelve sólo un análisis de palabras o discursos, más no una descripción de lo sucedido. Existe, por supuesto, otro tipo de análisis, de corte sociológico o histórico. Destacan aquí los análisis sociológicos de Sergio Zermeño (realizado en 1977) y Sergio Aguayo (de 1998), la recopilación de Ramón Ramírez (1969) o artículos recientes como los de Vania Markarian o Allier Montaño; así como el proyecto investigativo de Kate Doyle asentado en la George Washington University, basado en documentos desclasificados por Estados Unidos sobre el 68 en México. Así como la historia comprensiva de Barry Carr sobre la izquierda en México (1992). Lo sorprendente, sin embargo, es el escaso diálogo entre ambas corrientes, más allá de la citación en pie de página o la breve alusión al contexto histórico.

Así, al evitar el análisis de los sucesos y enfatizar el análisis de las palabras y los recuerdos (testimonios, memorias), el grueso de la crítica literaria contribuye a concebir el 68 como un fenómeno cuya forma es la del recuerdo o la del fantasma que regresa sin cesar. Ya Paco Ignacio Taibó II, en su texto *68*, habló del 68 como un "fantasma": "Hoy el movimiento de 68 es un fantasma mexicano más, de los muchos fantasmas irredentos e insomnes que pueblan nuestras tierras" (Taibó 27). De manera indirecta se afianza esa figura del 68 como algo que se fue y sólo reaparece como fantasma (o simulacro). Así, el 68 emerge casi siempre como lección, fantasma o simulacro, no habría que preguntar entonces, ¿por qué si lo sucedido en el 68 era sólo un grupúsculo de jóvenes utópicos, sin asidero real ni efecto contundente—idealistas—la respuesta militar fue tan violenta?

Al "Tlatelolco me bautizó" enunciado en la novela de Jorge Volpi, puede añadirse parte del texto de Carlos Monsiváis y Julio Scherer García, *Parte de guerra*:

Decir, ahora, que el movimiento estudiantil del 68 representa el parteaguas de la historia reciente de México es una perogrullada, y sin embargo así es, fundamentalmente por los sucesos del 2 de octubre, en que se dio fin a las demandas de justicia de los estudiantes. A partir de ese día, México fue otro país. (13)

Un segundo rasgo de los análisis, es la recurrencia a la idea de utopía. Carlos Monsiváis, participante de lo sucedido en el 68 en México, comenta sobre esta juventud ansiosa y esta época de una generación violenta: "Unos cuantos, los más afectados en sus ideales o los más violentos, tres o cuatro años después eligen la vía armada." Acto seguido, dictamina: "'insubordinarse' es un gesto de la edad juvenil, que si se prolonga culmina en frustraciones, y que si se cancela produce un ascenso político y / o burocrático condenado por la renuncia explícita a los ideales" (*El 68* 21). Y entonces se decepciona y sanciona:

> Aquí están los hechos: la pobreza, la miseria, la rapacidad del capitalismo salvaje, los asesinatos políticos, la prisión a los oposicionistas, los despidos injustos, el aplastamiento de las huelgas [...]. Y sin embargo, no hay modo de adelantar el combate a la desigualdad [...]. Y un resultado del desánimo es la aceptación del estado de cosas. (21)

Sin embargo, aquel que dictamina que esos jóvenes a la larga lograron poco— "a la Generación del 68 la despolitización le llega pronto vía la amenaza de la pérdida del empleo. El idealismo está bien hasta cierta edad" dice Monsiváis (21). Por su parte, en la "Posdata" a *El laberinto de la soledad*, escrita después de los sucesos del 68, escribe Octavio Paz acerca de los jóvenes universitarios, y su "paradoja":

> durante los largos años que pasan aislados en universidades y escuelas superiores, los muchachos y las muchachas viven en una situación artificial, mitad como reclusos privilegiados y mitad como irresponsables peligrosos. Añádase la aglomeración extraordinaria en los centros de estudio y otras circunstancias bien conocidas y que operan como factores de segregación: seres reales en un mundo irreal. Es verdad que la enajenación juvenil no es sino una de las formas (y de las más benévolas) de la enajenación que impone a todos la sociedad tecnológica. ("Postdata" 286)

Paz, Monsiváis y Taibó no están solos al postular este tipo de análisis. Los escritos referentes a Tlatelolco provienen de innumerables campos. En el terreno de la crítica literaria norteamericana, Diana Sorensen, por ejemplo, se refiere a una utopía generacional marcada por la clausura: "The generational utopia of 1968 was met with traumatic closure on October 2; the work of mourning and elaboration has produced impressive intellectual responses that continue to sustain resistance and the fleeting configurations of collective memory" (321). De esta manera, quien concibe esa generación como utópica, ¿no está acaso esperando que hubieran logrado lo que querían esos jóvenes, borrando así el matiz utópico e idealista que al mismo tiempo les adjudica? Se juzga entonces algo que sucedió, pero lo curioso es que se le califica de utópico: pero si sucedió (por eso es que el crítico lo puede valorar hoy), ¿cómo pudo ser que no tenga lugar (es decir, que sea u-tópico)? El análisis nietzscheano nos pone alerta aquí sobre los riesgos de convertirnos en sacerdotes: "¡Con qué derecho podríamos censurar o alabar el universo! ¡Guardémonos de atribuirle crueldad e irracionalidad o sus contrarios!" (*La ciencia jovial* 674).

Un tercer rasgo es el de mostrar el 68, y Tlatelolco, como algo aún no realizado, aún por venir. Las "cartas cruzadas" de dos destacados participantes del 68, Marcelino Perelló y Luis González de Alba, señalan un ocultamiento. Algo que *falta*:

> Entre todas las versiones, todos los puntos de vista, del movimiento del 68, destaca la que tú llamas lánguida y que yo, esdrújula por esdrújula, prefiero llamar tétrica. Versión que pone el acento en la represión y olvida, omite, oculta, a los reprimidos. Lo reprimido. Que esteriliza al movimiento y lo convierte en nota roja. Si le preguntas a un joven de hoy en qué consistió el 68, nueve sobre diez te dirán que fue una masacre. Muy pocos te podrán decir qué decíamos y cómo lo decíamos. Como si nosotros no hubiéramos estado. Pasábamos por ahí. (s.p.)

Me interesa en esa dirección referirme entonces a los estudios recientes sobre el 68, hechos desde la crítica literaria norteamericana. En mayor o menor medida, buena parte de la crítica literaria norteamericana reciente sobre el 68 y Tlatelolco comparte los rasgos descritos: *a)* énfasis en lo que el 68 y Tlatelolco aún no ha sido, como fantasma que siempre regresa y del cual se puede extraer aún *algo*; b) énfasis marcado en los discursos y las palabras, no en los hechos y *c)* escaso diálogo (o desconexión) con los análisis sociológicos e históricos. Este grupo de escritos está marcado por las huellas del *not yet* o *yet to come*, y el *What if*—"¿Qué hubiera pasado sí?". Mi crítica fundamental a este enfoque es que si no se retratan las fuerzas, si no se muestran los procesos sociales que coagularon en las convenciones que se pretenden criticar ¿cómo entonces se les puede rebasar o dejar de lado?

4.4.1. Fantología

> "*Un nihilista es un hombre que juzga que el mundo tal y como es no debería ser, y que el mundo tal y como debería ser, no* existe."
>
> Friedrich Nietzsche, *Fragmentos Póstumos* 100

Una posible explicación a la desconexión entre crítica literaria e historiografía, es la postulada por el crítico literario Gareth Williams en su bello y lúcido capítulo sobre el 68 en *The Mexican Exception*: existe una explicación del accionar de la juventud mexicana recurriendo a explicaciones como "nueva subjetividad" o "nueva identidad" del joven, basada en las transformaciones culturales y los nuevos consumos culturales (incluyendo por supuesto la lectura de la nueva izquierda, Marcuse entre ellos) (127).[5] A estas explicaciones (cuyo enfoque Williams inscribe "in a superficially anthropological or anecdotal fashion") se suma "the sociological rationalization" acerca del 68 y Tlatelolco, basada en el voluntarismo (o decisionismo), "which always comes accompanied by its calculating sages, melancholy pawns, and scientific militants" (152).[6] Ambos enfoques, de acuerdo con Williams, son incapaces de dar cuenta de lo incalculable de la experiencia, de la parte no subjetiva del sujeto que actúa—como decisión pasiva—en apertura incondicional a los demás: "[the sociological rationalization] has never been able to provide a convincing account of the singular experience of the democratic events called 1968" (152). De alguna, en ese tipo de análisis que analiza Williams, el ser se quedó sin acontecimiento. Es precisamente esta búsqueda de la experiencia singular (el acontecimiento), lo que marca el énfasis de Williams que, en esa dirección, termina por privilegiar el lenguaje siguiendo a Jacques Rancière (conjunto de "'speech scenes' or encounter between heterogeneous (i.e., police and egalitarian) languages"), considerando "each historical moment or sequence to be the staging of a relation to language" (15).[7]

Sin embargo, ese filón conlleva una ceguera y un riesgo: que la fuerza se "esconda" en narración o como narración—"el discurso esconde las fuerzas"—o, en términos de Revueltas, "el lenguaje es un rodeo, un extravío pernicioso" ("Hegel y Yo" 362).[8] Desde el lado de la crítica literaria asentada en Norteamérica Susana Draper, por su parte, estructura su visión sobre el 68 a partir de una pregunta que evoca inmediatamente la tentación anacronista: "Se trata de una pregunta sencilla que nos insta a trastocar o dudar del orden naturalizado del acontecer histórico: ¿Qué hubiera pasado si...?" ("Fragmentos" 58). Erin Graff-Zivin, por su parte, en su lectura de análisis recientes del 68—incluyendo los de Draper—sostiene que "it is possible to detect a gesture of return to 1968 not to 'bring to light' the truth of the Mexican student-popular movement, but rather to traverse the fantasy of the movement, together with its dissolution, without seeking to suture the gaps that are necessarily produced in such readings" (203). A su turno, reivindica "a genealogy of spectral inheritances" opuesta a una arqueología que quiera desenterrar verdades, que permita postular así una democracia que está por venir: "a democracy-to-come, that is, incalculable" (197).[9] Ni arqueología (no *desentierra* verdades según Graff-Zivin), ni ontología entonces: *fantología*, de acuerdo con la expresión usada por Derrida en su análisis de Marx, ajena a cualquier realización, plenitud o apropiación a través de un programa o aparato, o de cualquier invocación de figuras del sujeto ("como promesa y no como programa") (Derrida, *Espectros* 24, 89). Lo ausente que se hace presente, y la presencia que se esfuma: lo que de material tiene la idea, y de ideal tiene la materia.[10] Y es la *ausencia* la que permite que aún se pueda actualizar la *promesa*. En "Del derecho a la justicia," su conferencia sobre Montaigne/Pascal (titulada como libro *Fuerza de ley*), ya Derrida había definido el contraste riguroso entre futuro y porvenir, mostrando que el primero "pierde la apertura, la venida del otro (que viene) sin la cual no hay justicia" pues "la justicia está *por venir, tiene que* venir, *es* por-venir, despliega la dimensión misma de acontecimientos que están irreductiblemente por venir" (63). Se trata entonces, de acuerdo con Susana Draper para el caso del 68, de "una escucha espectral que en el texto respondería quizás a la pregunta de qué tipo de 'construcción' del 68 se puede hacer en el 1998, cómo heredar su promesa y repetir su gesto sin intentar calcarlo" ("Fragmentos" 65-66).

Las críticas a este enfoque *fantológico* no se han hecho esperar: Fredric Jameson y Antonio Negri por supuesto frente a Derrida, señalando su carácter utópico, religioso, y su énfasis pasivo en el trabajo del duelo, dando vueltas reiteradas sobre la pérdida. La crítica de Pierre Macherey a la *fantología* de Derrida es aún más ácida. No es casual que Macherey denomine la *fantología* de Derrida como "la nueva ciencia del espíritu" ("Marx desmaterializado" 27), tendiente a "rechazar toda apariencia de realidad a la realidad" (31).[11] Aquí, sin embargo, me concentro en usos particulares de la *fantología* de Derrida, no en la exposición que este hace de la *fantología*, o en su inmensa y potente obra.[12] Recientemente, Bruno Bosteels ha señalado las cercanías de los usos de esta *fantología*—la decisión pasiva—con la quietud e inoperancia (*The Actuality*). De hecho, la *fantología* contraviene uno de los presupuestos del materialismo, "the ontological perspective of an immediate production conflicts with any call to a Should-be" (191).

Sobre este sentido de pérdida y promesa se asienta la mirada "anarqueológica" de Graff-Zivin, precisamente en una crítica a la arqueología que intenta excavar y "desenterrar." Esto es, a su versión convencional en términos de hermenéutica religiosa.[13] Veamos, sin embargo, cómo Michel Foucault, el gran arqueólogo, un año después de lo sucedido en el 68, plantea esta cuestión del espacio que nunca se colma, como síntoma de su talante religioso, de una especie de origen al que siempre se puede volver:

> Finalmente, pensar la escritura como ausencia, ¿acaso no es repetir simplemente en términos trascendentales el principio religioso de la tradición a la vez inalterable y nunca saturada, y el principio estético de la supervivencia de la obra, de su posteridad más allá de la muerte, y de su exceso enigmático en relación con el autor? ("¿Qué es un autor?" 335-36)

De hecho, en *La arqueología del saber* Foucault apunta precisamente a las superficies, no a las profundidades: se dirige es a los monumentos. No el ejercicio de restituir el sentido perdido del documento a través de la excavación, sino la observación *en superficie* de las grietas y fisuras del monumento. Transforma entonces las profundidades en que presuntamente está sumergido el sentido del documento, en la superficie del monumento (9-11).[14] Si bien este énfasis en el lenguaje y el carácter espectral de la materia de la *fantología*, la separa de los análisis convencionales de Taibó o Monsiváis, se encuentra a su vez a distancia del análisis material de fuerzas que hago acá, que sigue el taller de palabras de Revueltas que atiende a las relaciones entre las cosas.[15] Quiero entonces postular otra posible explicación a este énfasis en las visiones de esta crítica literaria sobre el 68, acorde con la crítica del anacronismo que he venido desplegando. Esta puede ser hallada no tanto en los dilemas de la crítica cultural o la filosofía (el llamado "ontological turn"),[16] sino en los debates historiográficos. En efecto, los límites entre historia y ficción han sido puestos en cuestión por buena parte de la crítica cultural asociada o influenciada por el *linguistic turn* (del cual Hayden White sería su expositor más acabado en Norteamérica). En su versión más radical, historia y ficción se convierten en términos intercambiables, y se termina por confundir el hacer y el decir, las prácticas discursivas y las no-discursivas. Se homologa o nivela, en algunos casos de manera no problemática, las palabras y las cosas; es el discurso, en últimas, el que *constituye* sus objetos, *crea* su realidad (*Tropics* 2).[17] De otra parte según argumenta White—paradójicamente, no sin antes invocar a Nietzsche—no habría criterios para distinguir y elegir entre las distintas reconstrucciones del pasado.[18] Esto no es del todo casual, ya que parte del giro lingüístico asume el retorno al lenguaje (a la poesía), la "andadura hacia la palabra" en tiempos de angustia (tiempos de oscurecimiento, nihilistas donde no es posible discernir el valor de las distintas cosas).A su vez, esta perspectiva de White suprime la heterogeneidad entre lo discursivo y lo no-discursivo, lo visible y lo enunciable; o en otros términos, hace coincidir perfectamente los límites del mundo con los límites del lenguaje, declarando la coextensividad estricta entre mundo y lenguaje (Badiou, *Breve tratado* 104-05).

En este tipo de crítica literaria se homologan dos pares distintos: relato y ficción; hecho y discurso: "el hecho nunca tiene otra existencia que la existencia lingüística," se lee en el epígrafe que Hayden White extrae de Roland Barthes y usa al inicio de su libro *The Content of Form* de 1987. Esta es, en el fondo la imposibilidad de distinguir entre hechos y valores (Ginzburg *El hilo y la trama* 318). Este debate sobre la indiferenciación de los límites entre las palabras y las cosas, es el que está en la base de buena parte de la bibliografía sobre el 68 y Tlatelolco.[19] El texto, sin embargo, no es el hecho: *lo que pasó no es lo mismo que lo que se escribió*. Lo sucedido no es lo mismo que lo escrito (sobre lo sucedido). Y es, a mi modo de ver, una de las razones que puede explicar esa distancia máxima entre literatura e historia en la crítica literaria. Distancia que, en algunos casos (como el de Steinberg como expuse en la primera parte de este capítulo) deja de serlo para convertirse en una no-relación. En ausencia.

A su vez, este énfasis unívoco en lo incalculable es a mi modo de ver sintomático de un modo particular de lectura de la realidad, que está en relación con la cuestión del anacronismo que he venido tratando. En ese sentido, la *fantología* se opone en cierta medida al método de Nietzsche que uso aquí en lo referente a la cuestión del origen y de la historia.[20] El diálogo con la historia y los debates historiográficos es crucial, por dos motivos. Primero, porque los usos de las teorías del acontecimiento más sugestivas que emergen al calor del 68 (Badiou y Deleuze, y posteriormente Derrida), pueden llegar a disociar la irrupción de la novedad de las cuestiones históricas.[21] Nietzsche mismo, pensador intempestivo, lo recuerda: "Guardémonos de pensar que el mundo crea eternamente novedades" (*La ciencia jovial* 674). En segundo lugar, porque en el intento de extraer lo incalculable e indomable de lo sucedido en el 68 *a través del lenguaje*, presenta ciertas aporías.

Este tipo de análisis influenciados por el *linguistic turn* (*not yet o yet to come*, y el *What if*—"¿Qué hubiera pasado sí?"—) hacen pensar que lo sucedido pudo ser de otra manera: lo que pasó, entonces, es explicable desde los avatares políticos. Los hechos, así, pudieron haber tenido otra dirección. A su vez, comportan a mi modo de ver dos riesgos, y no diría complicidades pero sí afinidades directas con la historia de la carencia. Lo llamativo del *yet to come*, es no su complicidad pero sí su sintonía con la idea de una modernidad aún por llegar, un Estado desarrollado por arribar, siempre latente en América Latina. El espectro que está por llegar—"(the *arrivant*, the event)" en palabras de Graff-Zivin—evoca quizás sin buscarlo, la tendencia a comprender América Latina desde la inconsistencia, lo fallido y lo incompleto. El ser, el cuerpo como vimos en la sección anterior, está en deuda: en falta, en carencia. *Debe* algo. No hay que olvidar que buena parte del análisis sobre los Estados y sociedades latinoamericanas, ha estado sustentado en términos negativos y deficitarios: ausente, arcaico, incompleto, insuficiente, no racional, en construcción, fallido.[22] Este tipo de análisis "tiene por dinamismo la impotencia que se encarna en un Estado fallido que a la vez que ocasiona que el proyecto civilizatorio no pueda tener lugar, hace la promesa de que va a construirse en el futuro" (Zuleta "La moral de la crueldad"). Dos direcciones de crítica se pueden usar aquí. La primera, retoma la crítica nietzscheana de la moral, e inquiere por hasta qué punto este énfasis en lo que no es, lo que no ha sido, lo que no ha llegado a ser aún, no se corresponde con la moral como invención de mundos ficticios e ilusorios, de espaldas al mundo real. ¿No se asemeja en parte a la desvinculación del mundo diagnosticada por Deleuze y Nietzsche, base del nihilismo y la debilidad? La segunda, parte de la crítica que Bergson realiza a una ilusión común del pensamiento: el creer que algunas cosas habrían podido ser posibles, antes de que efectivamente se produzcan: "¡Como *si* un juicio hubiese podido preexistir a los términos que le componen! ¡Como si estos términos no datasen de la aparición de los objetos que representan!" exclama Bergson. Esto es, esgrimir el *valor retrospectivo del juicio verdadero*, asumir el *movimiento retrógrado de la verdad* al creer que "si el juicio es verdadero en el momento presente, debe, a nuestro parecer, haberlo sido siempre" ("Pensamiento y movimiento" 943-44).

Por otro lado, desde el ángulo de la historiografía que ha revisado las visiones predominantes sobre América Latina, se puede establecer una crítica a esa crítica sobre el sujeto programado, militante y, en últimas, dogmático (Grandin, "The Instruction" 48, 56). Este acercamiento minimiza el papel que jugó ese sujeto en la lucha contra formas políticas y laborales de dominio y expropiación, y en la construcción de formas sociales de insumisión frente al modo de vida liberal/neoliberal. La valoración del aumento de esos grados de libertad pasa, necesariamente, por ese sujeto que hoy es criticado desde distintos flancos. Esas críticas oscurecen por un parte que el tipo de sujeto que se condena como militante, quizás no sea exactamente igual al sujeto imaginado por la filosofía europea. Por otra parte, a los temores sobre la fusión del individuo en la masa, caudillismo o sujeto programado y dogmático de izquierda en América Latina, puede entonces postularse un reparo: su cercanía con los diagnósticos influenciados por el fin de las ideologías, el colapso del socialismo real, y la división entre democracia y totalitarismo/terrorismo. La mayor parte de esos diagnósticos son, por supuesto, anacrónicos. Y nihilistas.

Más aún, el desubicar a ese sujeto militante y diagnosticar únicamente sus debilidades y dogmas, es precisamente la operación que tanto las élites como corrientes predominantes de la historiografía en América Latina han querido efectuar: condenar a ese sujeto a un lugar utópico (a un no-lugar).[23] Y lo que es más inquietante, es que se genera un esquema donde la disposición moral de ciertos sectores de la población, "explica" la radicalización de la izquierda: "to posit radicalism as the cause of radicalization" (Grandin, *The Last Colonial Massacre* 173, 80). Un radicalismo que muchos han visto, no sobra recordarlo, como producto del rencor. Por el contrario, estos estudios históricos revisionistas sobre las revoluciones y represiones en América Latina precisan que dicha radicalización fue una reacción a la represión estatal. Ese es, como han notado diversos críticos, el caso de lo sucedido en México en los meses previos a lo sucedido en Tlatelolco, y en Tlatelolco mismo.[24]

Mantener en una tensión problemática ambas lógicas, es a su vez una herramienta para resistir al anacronismo: atender exclusivamente a los discursos, sin analizar simultáneamente los contextos históricos o las lógicas sociales extra-textuales, oscurece la complejidad de la época. En gran medida el anacronismo obedece a sostener que los textos del pasado dialogan exclusivamente con otros textos (los nuestros de hoy), y no con realidades extra-textuales de su propia época. Si "toda palabra es un prejuicio" (Nietzsche "El caminante y su sombra" 439), el diálogo sería no tanto entre discursos sino entre prejuicios. Y en ese terreno la historiografía, no la crítica literaria, es la que quizás brinda las pistas más productivas.[25] Por eso, si las palabras no han sustituido a las cosas como recuerda Revueltas desde su taller de palabras, entonces la palabra, no es la cosa; el juicio y la visión que se tienen sobre el 68, no *son el 68*.

La distancia entre la genealogía y la *fantología* se encuentra en otro lado. Es preciso reiterar que la *fantología* (el análisis espectral del 68) reactiva la cuestión de la promesa: y para la promesa se requiere la memoria. La crítica genealógica de Nietzsche, precisamente, se dirige en la dirección opuesta: el hombre que promete es el hombre calculable—y el hombre endeudado. El hombre capaz de hacer promesas, requiere ser fabricado antes: "aquella tarea de criar un animal al que le sea lícito hacer promesas incluye en sí como condición y preparación, según lo hemos comprendido ya, la tarea más concreta de *hacer* antes al hombre, hasta cierto grado, necesario, uniforme, igual entre iguales, ajustado a regla, y, en consecuencia, calculable" (Nietzsche, *La genealogía* 77). Y en ese momento establece un vínculo entre la memoria, y la voluntad y el cálculo. Nietzsche sin embargo, no reivindica el olvido de manera unilateral o *per se*.[26]

¿Se trataría, entonces, de *olvidar* el 68? No, ningún llamado a la impunidad aquí. Pero sí recordar que la memoria se enciende es a través de promesas, y es grabada de forma siniestra con fuego:[27] la memoria está allí para recordar la promesa que liga al deudor y al acreedor. Y el hombre memorioso, capaz de prometer, es a la vez, el soberano (79)—al que paradójicamente dirige su ataque la *fantología* en análisis sobre el 68 como el ya mencionado de Gareth Williams. De manera inadvertida, uno de los personajes de la novela de Volpi expresa esta siniestra ecuación entre promesa-voluntad-deuda: "Ojalá pudiéramos vivir de promesas y buena voluntad, porque entonces seríamos ricos, señor" (367). A esta *nemotécnica* Nietzsche opone la capacidad *activa* de olvido: olvidar el hábito—la memorización—de la voluntad, la responsabilidad, y la soberanía. El olvido, entonces, es una fuerza activa. En esa dirección activa del olvido se instala como veremos a continuación José Revueltas con su idea de lo *inmemorial*, del *acto profundo* como algo sobre lo que no se tiene memoria. ¿Se trata entonces de olvidar el pasado? Sí, en un sentido, es decir ¡Olvidar la promesa! (aquella que habilita la deuda entre acreedor y deudor). Esto sería el "olvido activo," lo *inmemorial* del *acto profundo* de Revueltas.

4.5. La memoria es el olvido

"Desde el punto de vista del ejercicio empírico de la memoria, lo que recuerdo es también lo que puedo—sobrentendido: en otras condiciones—captar de otra forma.

Si recuerdo a mi amigo Pierre, es porque en otras condiciones puedo verlo y tocarlo. Pero el ejercicio trascendental no es así. Recuerdo únicamente lo que solo puedo recordar. No puedo percibir, no puedo imaginar aquello que recuerdo.

El recuerdo es la única instancia por la cual puedo captarlo. ¿Qué es entonces? Lo que solo puede ser recordado es una sola cosa: lo olvidado para siempre."

Gilles Deleuze, *La subjetivación* 49-50

Como hemos visto, culpa y rencor se convierten entonces en los resortes del castigo. Este castigo, a su vez, no buscaba simplemente un escarmiento. Aquí podemos expandir el sentido ya descrito del rencor. El rencor no es sólo el desprecio hacia algo o alguien, deseando su daño. El rencor o "resentimiento arraigado y tenaz," en la perspectiva de Nietzsche—que coincide casi punto por punto con la explicación que Freud da del odio[28]—es el desprecio hacia el afuera, hacia lo que acontece, al acontecimiento:[29]

> La rebelión en los esclavos de la moral comienza cuando el *resentimiento* mismo se vuelve creador y engendra valores [...] Mientras que toda moral noble nace de un triunfante sí dicho a sí mismo, la moral de los esclavos dice no, ya de antemano, a un 'fuera,' a un 'otro,' a un 'no-yo'; y *ese* no es lo que constituye su acción creadora. (*La genealogía* 50)

Si recordamos el inicio de la novela de Volpi, la experiencia sensorial de Aníbal responde precisamente a este pavor hacia el afuera. Propongo una visión del 68 volcada hacia el afuera, hacia aquello a lo que teme el resentimiento. En ese sentido, mi trabajo se inscribe en la línea abierta por trabajos como los de Bruno Bosteels. Al tiempo que presenta el 68 como algo no clausurado, señala la forma en que Revueltas, férreo militante comunista, captó el carácter peculiar del 68.[30] Y especialmente, abre una relación distinta de Revueltas con el 68. En ese sentido, presento una visión afirmativa no sólo del 68, sino de la obra de Revueltas. El desplazamiento en el punto de vista consiste precisamente en que es la sociedad la que es incapaz de dar cuenta de lo sucedido: incapaz siquiera de procesar lo sucedido, de aprehenderlo. Ya no se trata aquí de una juventud idealista y utópica, sino de una sociedad que, incapaz de pensarse a sí misma, se condena a vivir con esa repetición. En un primer nivel, si nos mantenemos en el anacronismo que juzga la historia como cúmulo de éxitos y fracasos, precisamente lo sucedido en Tlatelolco, y lo que viene después, sería todo lo contrario a un fracaso del movimiento estudiantil y las movilizaciones de ese año: quien está interpelada aquí es la sociedad misma, de un modo muy particular.

En esa dirección se dirigen los análisis de José Revueltas sobre el 68. Agotada la opción de la calificación anacrónica, ¿qué imágenes y enunciados, no qué juicios o sanciones, podemos extraer del 68? En su Diario en la clandestinidad, que comienza a escribir el 29 de octubre, semanas después de la masacre describe precisamente la posibilidad de trazar ese mapa.

> En realidad había comenzado a tomar notas desde principios de mayo, antes del movimiento. Un día u otro las reconstruiré, a la luz siempre nueva—nueva a cada minuto, a cada hora—de esta vida vertiginosa, cambiante, inasible, donde algo que tuvo una enorme importancia en su momento, después nos parece irreal, ensoñado, inverosímilmente vivido. ("Gris" 65)

Para evitar que caiga en el mundo de la irrealidad, urge la re-construcción "a la luz siempre nueva—nueva a cada minuto, a cada hora—de esta vida vertiginosa, cambiante, inasible." El acontecimiento es precisamente lo que dejamos de ver—pero no porque esté oculto o haya que desenterrarlo—:

> Los demás, *los otros*, son mi sueño, no mi realidad. Esta se encuentra tan cerca y tan viva—y tan real, tan real como la presencia de aquel borriquillo joven que sorprendía a Goethe hasta lo indecible, hasta saltársele las lágrimas (pues aún no era consejero en Weimar y un viviente borriquillo podía mostrarle la vida en toda su plenitud)—una realidad tan viva y tan inmersa en uno mismo que no se le puede ver, como cuando se está en el centro de una montaña, en su seno, cuando se forma parte de ella. (80)

En la misma época en que Revueltas escribe sobre el 68, del otro lado del Atlántico, Gilles Deleuze escribe no muy lejos de esta reflexión un texto titulado precisamente "Mayo del 68 nunca ocurrió," donde afirmaba algo que cito en la introducción del libro: "en este sentido, aunque un acontecimiento sea contrariado, reprimido, recuperado, traicionado, no por ello deja de implicar algo insuperable. Son los renegados los que dicen: ha quedado superado. Pero el propio acontecimiento, aunque sea antiguo, no se deja superar: es apertura de lo posible" (213). No ha tenido lugar precisamente porque habría que, primero, construir ese lugar: el sitio del acontecimiento. El acontecimiento debe pensarse en situación, ligado a un lugar, si se quiere captar su potencia y límite, sus efectos y huellas; debe *localizarse*, precisamente para localizar sus contornos, pues *algo* sólo acontece de forma local, no global. Por eso, a su vez, el sitio del acontecimiento es efímero, una figura del instante.[31] De lo contrario, el acontecimiento se da por hecho sin precisar sus contornos, entrando así en un impasse lógico. Ahora bien, si el 68 no ha tenido lugar no es porque no haya existido; no ha tenido lugar porque las sociedades que experimentaron ese acontecimiento han sido incapaces de asimilar lo sucedido. Así, el 68 no es el resultado de una crisis o la respuesta a una crisis dice Deleuze. Es, precisamente, todo lo contrario: es la crisis actual, la crisis del presente, la que emerge directamente de la incapacidad de asimilar lo sucedido en el 68 (234). Pero el que el 68 no haya tenido lugar, es distinto a afirmar su carácter espectral. Badiou, el otro gran teórico del acontecimiento, alerta sobre la necesidad de construir herramientas para ser sensibles al advenimiento del acontecimiento, pasando de la ontología del acontecimiento a su *lógica*: afirma entonces la necesidad de "pensar lo múltiple 'mundano' según su aparecer o localización," esto es, pensar la aparición del acontecimiento en un mundo determinado (*Lógicas* 115). Esto nos pone en alerta sobre los riesgos de dar por hecho que el 68 está ahí, esperando por ser juzgado por el presente, o en designarlo a-históricamente como *origen* como en el caso de Volpi. Como ya anoté, la historiografía revisionista ha mostrado precisamente cómo el 68 no es punto de origen e inflexión (watershed) de los alzamientos estudiantiles: "Thus, for politécnicos, it was 1956 and not 1968 that marked a watershed in the history of student activism" (Pensado, "The Rise" 372).

El acontecimiento, entonces, debe ser siempre re-construido, puesto en perspectiva. La eficacia de la consigna que juzga el 68 como expresión una juventud idealista, radica en gran medida en que da por hecho que el 68 existe, sin más; sin discriminar sus facetas o cualidades, ni situarlo o localizarlo. *El acontecimiento no explica, sino que debe ser explicado.* Se trata pues de invertir la lógica; no dar por hecho el acontecimiento, y entonces juzgarlo. Sino de construir el acontecimiento (de manera retroactiva), y para ello, hay que describir su sitio.[32] De lo contrario, se cae en trampas historicistas y positivistas como las que señalé al analizar el *corpus* tejido en torno al enunciado "Tlatelolco me bautizó" en la parte I de este capítulo. A su vez, con respecto al acontecimiento es necesario situarse a distancia, analizarlo retrospectivamente, sino se quiere caer en oráculos o anuncios de lo que no se puede anunciar, de pre-ver algo imprevisible: el acontecimiento no puede ser nombrado, previsto o entendido, antes del acontecimiento. Es solo algo retroactivo lo que le da rostro.[33] El relato novelado de Volpi, como vimos, relata un acontecimiento originario, con tal fuerza que es capaz de bautizar, pero sin describir el acontecimiento. Equívoco interesante, precisamente porque a contravía de la idea de una presunta delirante y heroica utopía latente en el 68 y Tlatelolco, el acontecimiento no conoce de héroes ni mesías, ni orígenes o bautizos. Nada se origina, nada finaliza. Todo comienza. Revueltas lo explica así en su texto sobre cine:

> El agua 'aparece' en la formula, nace con ella de un golpe, de un salto violento, de pronto es agua, de pronto es Chaplin, de pronto es cine: y no hay sino agua clásica desde un principio, después del Caos, a partir del segundo día del Génesis. (*El conocimiento* 131)

El planteamiento de Revueltas permite así captar de otra manera lo sucedido en el 68, al problematizar el lugar de la historia a la hora de comprender lo sucedido en México, "porque el régimen imperante y la sociedad que éste régimen representa, no disponen de elementos *reales, históricos*, para detenerlo, ni para darle una salida, ni siquiera para mediatizarlo" (*Un movimiento* 140). Recuerda que tampoco se puede anticipar o capturar en leyes, sentencias o mediciones lo que fue, decretando su coagulación o no vigencia: en el texto

Autogestión académica y universidad crítica, de 1971, Revueltas avanza en esa dirección alejándose de cualquier anacronismo. Nada se origina, nada finaliza, así que podemos criticar la seducción del anacronismo, que mide la historia en términos moralistas, es decir, en términos de éxito o fracaso:

> La acción teórica, el acto histórico, no pueden comprenderse sino en su fluir, unido a una sucesión de momentos que jamás ofrecen una continuidad lineal ni resisten una definición unívoca. Hay una especie de geología de las corrientes históricas, en que estas se subsumen, recorren un trayecto subterráneo y tortuoso, para emerger años más tarde, bajo formas diferentes y actuadas por otros personajes. ("Autogestión" 152)

Pero es hacia el final de su estancia en la prisión de Lecumberri, en abril de 1972, cuando Revueltas realiza su contribución más fructífera y potente al problema de cómo pensar el acontecimiento. El relato *Hegel y yo* narra la historia de un ladrón que pierde sus piernas en un tiroteo a manos de la policía, al intentar robar un banco—precisamente, el catalizador de la deuda infinita—situado "en las calles de Hegel, de Jorge Guillermo Federico Hegel" (352). La llegada de Hegel a la cárcel dispara un diálogo extraordinario con su compañero de celda, en el que se toma distancia del anacronismo que he descrito de dos formas. Primero, socava la pregunta por el origen, el ansia por el encontrar el inicio de todo (bautizo). Segundo, postula que el recuerdo no es una realidad psicológica, por lo tanto, lo sucedido no depende exclusivamente de la valoración del sujeto. El acontecimiento es *inmemorial* nos dice Revueltas—no se ha olvidado, no lo ha olvidado la conciencia—; no empieza ni termina: y llama *acto profundo* a su forma de explicar el acontecimiento. ¿Es posible inventar algo a partir de las tensiones y fuerzas históricas? ¿Es posible un olvido activo, sin que sea agenciado por un sujeto o una conciencia? ¿Es posible que el acontecimiento exceda la realidad psicológica de la memoria humana? A mi modo de ver, esos son los interrogantes que enfrenta Revueltas en su texto *Hegel y yo*.

4.6. Origen

> "El guardián del sentido no tiene necesidad de alimentarse con el acontecimiento puesto que le basta con citarlo a comparecer en el proceso que la doctrina hace de lo real.
> Solo debe suceder aquello que ha sido anunciado, y todo lo anunciado debe suceder.
> *Lo prometido y lo forzoso son equiparables.*"
>
> J.F. Lyotard, *La posmodernidad explicada a los niños* 106

Ejel o *Jeguel*, como le dicen en prisión, es entonces capturado y reducido a una prisión: "[…] es curioso, pero aquí estamos, en la misma cárcel, Hegel y yo. Hegel, con toda su filosofía de la historia y su Espíritu Absoluto. Verdaderamente curioso" (351). El compañero de celda de Hegel, en apariencia desorientado, pregunta: "¿Dónde, dónde diablos fue que comenzó todo esto?, ¿dónde comenzaron estas cosas? ¿En Panamá?" (353), exclama el personaje de "Hegel y yo," indagando por los sucesos que lo llevaron a prisión. La respuesta a esta pregunta es indicativa: "No son las cosas mismas lo que recuerdo, sino su halo, su periferia, lo que está más allá de aquello que las circunscribe y define" (353-354). Hegel no tiene recuerdo entonces de las cosas mismas: desconoce su esencia.

Por eso lo del personaje que conversa con Hegel no es una desorientación, no es que tenga imposibilidad de acceder a los hechos porque son difusos o fantasmales. Lo que pasa es que, en su indagación, se aparta de la convención histórica. La lógica convencional para entender la historia, de acuerdo con el narrador de Hegel y yo, operaría así: "No descubro nada excepcional al darme cuenta que puedo encontrar lo que busco si tan sólo logro reconstruir con exactitud los hechos, uno a uno y uno tras otro, desde el principio." Sin embargo, aparece aquello que impide que esa lógica se cumpla, que la forma convencional de la historia se concrete, es esa aparente desorientación: "pero sucede que es el principio mismo lo que se me escapa, y en esto habría que darle la razón a Hegel: aquí hay algo que no ha comenzado, el extremo del hilo se me va" (363).

Presenciamos así la crisis del sentido mismo del origen, su desubicación, el señalamiento no de sus condiciones de posibilidad, sino de sus *condiciones de desaparición*: el origen, en José Revueltas, se vuelve impensable. En el "origen," no nos espera el ser, sino un desencuentro insalvable, fatal. ¿Acaso no nos espera el horror que habita a cualquier origen? Incluso el horror del bautismo al que refiere Volpi. Las cosas entonces no tienen esencia precisamente porque no se originan; porque *emergen* y *proceden* de fuerzas, y no de bautizos. Dice Revueltas:

> Mira—me dice [Hegel]—todo *acto profundo* (y no es necesario que tú mismo seas profundo para que hagas un acto profundo) es *inmemorial*. O sea, es tan antiguo que no se guarda memoria de su comienzo, nadie sabe dónde arranca, en qué parte se inicia o si no se inicia en parte alguna. El acto profundo no tiene principio, no ha comenzado jamás, pero tan solo porque no existe la memoria de ese acto, no hay ninguna data que lo testimonie ni podrá haberla nunca. Es anterior a la data, un acto no registrado, pero hecho, la suma de una larga serie de actos fallidos hasta llegar a él, en la soledad más absolutamente vacía de testigos. (359)

El acto profundo es un acto que ya fue hecho, no algo que se realizará. Lo que son fallidos son los actos para llegar a él. Bruno Bosteels, en su lectura de *Hegel y yo*, nos dice que la memoria en Revueltas opera como un trasfondo genérico, "que adquiere dimensiones casi cósmicas en el pensamiento de Henri Bergson y, después, de Gilles Deleuze. Es la memoria de un pasado que lo abarca todo, la memoria de la vida misma como pura recolección—ni real ni meramente posible sino más bien virtual y actual al mismo tiempo" ("Una arqueología" 165). Y a esa memoria, inconsciente, indestructible y casi ontológica—que desarrollo en el siguiente capítulo—Revueltas le adiciona una dimensión más: "la pregunta política de su vuelta abrupta a la conciencia," su retorno *involuntario* en el acto profundo. Lo que va en contravía de la versión que Graff-Zivin presenta de esta práctica que ella denominada arqueológica, y que en sus palabras "does not allow for a notion of the future that would leave room for the incalculable" (202).

En contra de la crítica a la excavación arqueológica que realiza la *fantología*,[34] profundidad aquí no se refiere a lo enterrado. La profundidad no se refiere aquí a una disposición del sujeto, o del hermeneuta (religioso) que interpreta los textos. Remite a una profundidad que es insondable, pero es insondable en todas las direcciones—no sólo por debajo o hacia abajo de los textos o las cosas. La profundidad tiene relación con una superficie, un fondo o suelo. Ahora, cuando no hay ese fondo o superficie ¿es posible seguir hablando de profundidad en su sentido convencional? ¿Qué pasa cuando ser y superficie coinciden, debido a que lo infinito se expresa en lo finito, es decir, el mundo se expresa en mí? Aquí la referencia es a una profundidad que no lleva al punto de origen: es la expresión materialista del mundo donde los modos finitos son la misma sustancia infinita en su expresarse. No hay cosas ocultas, porque aquí lo que hay es una visión materialista del mundo, sin espectros: a "la geología de las corrientes históricas" de Revueltas se suma ahora una "geología de la moral."[35] Louis Althusser, que en la novela de Volpi *El fin de la locura* es ridiculizado hasta la saciedad, y presentado como un "dios laico, cuando no es más que el agorero de quienes insisten en llamarse comunistas!" (124), es precisamente quien en este punto ofrece una bella indicación contraria a cualquier divinidad: "Lo que equivale a decir que el mundo e produce solo, y que reemplazando la pregunta idealista por la pregunta materialista del comienzo (o del acontecimiento o del advenimiento), *uno se desembaraza de las preguntas que no tienen sentido*" (37-48, énfasis en el original).

En su primera novela publicada en 1941, *Los muros de Agua*, ya Revueltas lo expresaba con claridad: "La mente es algo curioso y casi inverosímil" comenta: "Tiene una extraordinaria semejanza con un escenario de esos muy profundos—tanto que se sentiría vértigo—que tuviese una serie sucesiva de decoraciones imprevistas. Primero una, después otra y otra, sin acabar jamás, porque la mente, en el fondo, es insondable" (64). La mente es insondable porque está desfondada, abismal porque, al igual que la mónada, no es un haz de claridad, sino un fondo sombrío. La mente, como el mundo, es insondable. "También," prosigue Revueltas en contra de cualquier hermenéutica o pre-visión sacerdotal,

> se parece a dos grandes y descomunales espejos encontrados, que se reprodujeran a sí mismos sin cansancio y de una manera tan infinita como en las pesadillas, con la diferencia que a medida en que apareciesen nuevos espejos—espejos y espejos como una torre de Babel—las figuras reproducidas fueran siendo otras o, con mayor exactitud, las mismas, pero vistas en aspectos desconocidos, como si a cada nueva aparición se descompusieran en sus elementos integrantes creando la falsa idea de que, después de algún tiempo, en el más lejano y último de los espejos, acabaría por encontrárselas, simples ya, y como quien dice 'monocelulares,' poniendo al descubierto su origen y con ello el origen de todas las cosas, el secreto del universo y el principio de todo lo que existe. (64)

Abrirse a las decoraciones imprevistas antes que congelarse en la imagen final, que sería la primera, el reflejo primigenio del Yo (¿quién soy? ¿de dónde vengo? ¿cuál es la verdad de mi ser?). Por supuesto, ese espejo al final de la fatigada búsqueda, no deja de ser un autoengaño. Ni siquiera la más persistente de las ilusiones, la del yo pensante, es capaz de reflejarse allí:

> Pero ya se ha dicho que, en todo caso—y aun dejándose llevar por ilusiones ópticas—se trata de una falsa idea o si se quiere, de un 'espejismo.' La mente, no obstante, es así. Nosotros SOMOS un pensamiento, una emoción,

un instinto. Mas todos ellos—y cada uno en lo particular—se pueden descomponer en mil pedazos y no encontraremos jamás el camino, no encontraremos jamás lo simple ni lo primario. (65)

Por otro lado, no se trata de desprestigiar el testimonio, o la experiencia de haber vivido algo. Sino justamente de evitar que el recuerdo sea una realidad psicológica. Revueltas lo escribe en *Ezequiel o la matanza de los inocentes*, escrito en Lecumberri: de ahí la importancia del recuerdo desvinculado del objeto y del sujeto (y su memoria), esto es, el recuerdo en tanto recuerdo:

> un proceso del recuerdo en el que éste se desdoblaba, siempre hacia atrás, en una encarnizada unilateralidad de repetidas transparencias, hasta convertirse en la acción absoluta de recordar, desprovista ya de la cosa recordada, y ésta quedaba reducida a no ser ninguna otra noción o simple actitud fuera del recuerdo puro de sí. ("Ezequiel" 443)

Esto es, evita que el recuerdo de lo vivido dependa exclusivamente de la conciencia (de quien sí estuvo allí). Es lo mismo que propone Deleuze al leer a Bergson: "el recuerdo, por tanto, se conserva en sí mismo" (*Bergsonismo* 54). No se trata entonces de proyectar sobre el pasado nuestros valores presentes de desencanto o contrición, como es el caso de Aníbal Quevedo, el personaje de *El fin de la locura*. Tampoco de buscar herederos para la herencia del 68.[36] Es decir que la versión de un sujeto sobre lo sucedido no agota la potencia del acontecimiento. A la reconstrucción que propone el testimonio, Revueltas opone la construcción.

Entonces, ¿al 68 habría que descubrirlo, re-descubrirlo, o inventarlo? En esta pregunta, aparecen dos cuestiones. Primero, la posibilidad de plantear el 68 como un problema de pensamiento. De nuevo, la evocación que Gilles Deleuze realiza de Bergson para concebir un problema, es pertinente aquí: "plantear el problema no es simplemente descubrir, es inventar. El descubrimiento atañe a lo que ya existe actual o virtualmente: era, pues, seguro que tarde o temprano tenía que llegar" (12). Igual que con el acontecimiento, debe operar una lógica de invención. Pero, ¿cómo ligar esa invención con las dinámicas históricas? Esto es, ¿cómo localizar la invención?

Revueltas da un primer paso más allá del moralismo en la historia, del juicio anacrónico del pasado. El acto, dice el *Ejel* de Revueltas, "está simplemente fuera de toda calificación moral. El calificarlo queda para quienes lo anotan y lo datan, o sea los periodistas y los historiadores, que lo han de ajustar entonces, necesariamente a una determinada norma crítica vigente, con lo que no hacen sino borrar sus huellas y falsificarlo" (360). *Ejel*, en *Hegel y yo*, habla de la memoria de lo no ocurrido como un *acto profundo*, involuntario y al alcance de cualquiera, de la memoria como acto que se comete en cualquier momento. José Revueltas hace aparecer al sujeto al interrumpir el orden de la memoria, justo "en el momento en que por todas partes se nos invita a la 'memoria' como guardiana del sentido, y a la conciencia histórica como sustituto de la política."[37] Al abrir los ojos sin convertirse en testigo, participando de la apertura de un archivo inmemorial, genérico, el sujeto se expone a algo que no es relevado a nadie; nadie, entonces, puede decir: "Es verdadero porque yo lo vi." La memoria actúa aquí en otra dirección: no como virtud del testigo, sino como posibilidad colectiva de reconstrucción retrospectiva del acontecimiento, como inscripción inmemorial. La localización del acontecimiento alcanza aquí su máxima intensidad, en el acto *involuntario* que precede al sujeto:

> Sin memoria, sin testimonio, pero archivados en la página en blanco de un inconsciente colectivo, los actos profundos son aquellos actos que definen no solamente a la conciencia emergente de un sujeto, sino también a este sujeto mismo. El sujeto es una instancia o un fragmento local de tales actos. (Bosteels, "Una arqueología" 169)

Escapar de la lógica del testigo, es parte del desplazamiento. No se trata aquí de desvalorizar el testimonio. Pero sí de interrogar de otra manera la experiencia. Por un lado, la idea aquí es abrir la posibilidad de lo *inmemorial*. En contra de la mnemotecnia (que talla el dolor con fuego sobre el cuerpo según Nietzsche), el *acto profundo* emerge de ese fondo genérico, y está "al alcance involuntario de cualquiera":

> El acto profundo está en ti, agazapado y acechante en el fondo de tu memoria: de esa memoria de *lo no ocurrido*. Tiendes a cometerlo en cualquier momento; el que lo cometas o no tampoco es asunto tuyo ni de que reúnas las condiciones para ello. Se ha vuelto cosa del puro azar, al alcance involuntario de cualquiera. (360)

No es que lo sucedido pase *debido a* nosotros, sino que *pasa por* nosotros, es algo que nos pasa, pues está "al alcance involuntario de cualquiera." Revueltas coincide con el análisis *fantológico* en el proceso de destitución del sujeto: postula un acto profundo que puede estar al alcance de cualquiera y, sin embargo, no es asunto del que lo comete pues no es voluntario—es una memoria involuntaria. Pero lo hace de otro modo: ya que se pregunta, ¿cómo abordar la cuestión de la experiencia del 68, sin pasar por la práctica (del testimoniante) que busca herederos?

Lo que precisamente expresa el Hegel de Revueltas es que puede haber una experiencia no reducible a la experimentación de quien vivió los hechos. Y que sin embargo no sea transmitida o contagiada a través del canal de la memoria que, como vimos, surge del cálculo y del sujeto soberano con conciencia y al tiempo, capaz de prometer.

> Tiene razón [Ejel]: nuestros actos, los actos *profundos,* dice él, son esa parte de la memoria que no acepta el recuerdo, sin que importe el que haya habido testigos o no. Nadie es testigo de nadie ni de nada, cada quien lleva encima su propio recuerdo no visto, no oído, sin testimonios. (353)

Por la misma época en que José Revueltas escribía esto, del otro lado del Atlántico, en 1972 Gilles Deleuze y Félix Guattari intentaban construir medios para pensar lo insondable, lo excesivo y no narrable pero real: el acontecimiento. En pleno desafío a cualquier asociación directa de la experiencia con el testigo, o más precisamente, al lazo entre la experiencia y la experimentación desde coordenadas fenomenológicas, formulaban el mismo dilema: "Tratamos de extraer del alcohol la vida que contiene, pero sin beber" (Deleuze y Parnet 63). La fuente de donde bebían Deleuze y Guattari no era Hegel y su Espíritu absoluto encerrado en una cárcel como en el caso de Revueltas, sino el pragmatismo norteamericano que describe Henry Miller en *Sexus* en *1962,* en la escena de la borrachera con agua pura.[38] Miller, a quien Revueltas celebraba por su refinado tránsito entre la poesía, el ensayo y la novela ("En México" 29-30), precisa el sentido de lo que es tener una experiencia compartida sin vivirla. ¿Es necesario entonces haber vivido el acontecimiento para contarlo? ¿Es necesario tener la memoria fenomenológica del acontecimiento? No estamos lejos aquí de evocar el psicoanálisis, que nos alerta acerca de que la experiencia consiste en tener experiencia de aquello de lo cual no se querría tener jamás experiencia. Es quizás a esa experiencia de la no experiencia, a la que se refiere Nietzsche con lo *ahistórico,* que "es, pues, semejante a una atmósfera envolvente en la que se desarrolla únicamente vida, pudiendo esta desaparecer si esta atmósfera se destruye" ("Sobre la utilidad" 331). El frágil equilibrio entre lo histórico y lo *ahistórico,* ambos necesarios según Nietzsche,[39] apunta a las relaciones entre el acontecimiento y la historia: un acto no registrado que no puede ser atestiguado por nadie. El devenir, finalmente, se confronta con la historia, por eso la historia, es simultáneamente útil y perjudicial para la vida: porque historia y devenir no son lo mismo.[40] Y "la memoria" dice el Hegel de Revueltas, "no es lo que se recuerda, sino lo que olvidamos" (353). Una memoria que no pasa por el recuerdo de lo vivido. En *Hegel y yo* como dice Bosteels, el acto involuntario viene *antes* del sujeto

("Subjects are local instances of such acts,") por lo cual la "despersonalización" que enuncia Revueltas en las *Evocaciones requeridas* se entiende en plenitud: "mi intento es expresar todo lo anterior a través de la vida cotidiana, común, anti heroica, de hombres vivos y reales, que luchan por dar un significado apersonal a su existencia" ("Libreta de apuntes" 246). Despersonalización que no condena al yo a pagar sus promesas, sino que le permite olvidarlas.

En otro sentido, el acto profundo se distancia del análisis espectral y *fantológico* sobre el 68, en que su registro no es del orden de la memoria (psicológica) y, específicamente, no se accede a él a través de recursos lingüísticos. El acto profundo "está inscrito en tu memoria antigua, en lo más extraño de tu memoria, en tu memoria *extraña*, no dicha, no escrita, no pensada, apenas sentida, y que es la que te mueve hacia el acto. Tan extraña, que es una memoria sin lenguaje" (Revueltas, "Hegel y Yo" 360). El acto profundo, continúa Revueltas, "es tuyo sin que te pertenezca. Lo contrario es la verdad: tú eres quien le pertenece, con lo que, por ende, dejas de pertenecerte a ti mismo" (360). La desprivatización del individuo adquiere, en ese momento, una fuerza inusitada: tenemos aquí una posesión no privativa, no psicológica. Esta es, a su vez, una hermosa definición de lo que es una genealogía: sin origen, sin fecha ni datación, sin trascendencia…inmemorial. Por eso lo decisivo aquí es que la conexión que Revueltas establece entre el acto profundo y lo inmemorial, va en contravía con cualquier alusión a las promesas: a lo que abre el acto profundo—el acontecimiento—es precisamente al olvido, pues "el devenir es una antimemoria" (Deleuze y Guattari *Mil mesetas* 294). Así, a lo que nos invita el Hegel de Revueltas, es a acercarnos no al anacronismo ni a la memoria que rinde testimonio; tampoco a las utopías, los espectros o las herencias recobrables a través del lenguaje: sino a las fuerzas activas: al *olvido*, y a lo *ahistórico*, la memoria que no acepta el recuerdo según el *Ejel* de Revueltas. Sin memoria recordable, ni memoria voluntaria, sin promesa por cumplir, quizás hay aquí una alternativa posible al endeudamiento infinito del hombre.

Notas

1. De hecho, uno de los trabajos seminales de sociología histórica de las revoluciones, *States and Social Revolutions* (1979) de Theda Skocpol, elude a la Revolución Mexicana. La nombra en sus conclusiones, en dos páginas, al referirse a las revoluciones en países dependientes (287-88). Barrington Moore Jr., en otro trabajo comparativo fundamental (que en su tercera parte aborda el siglo XX), también deja por fuera el caso mexicano.

2. Remito a la nota 6 de la primera parte de este capítulo.
3. De acuerdo con Paul Ricoeur, "el testimonio nos conduce, de un salto, de las condiciones formales al contenido de las 'cosas pasadas' (*praeterita*)," y "tiene varios usos: 'la archivación con miras a la consulta por parte de los historiadores no es más que uno de ellos, más allá de la práctica del testimonio en la vida cotidiana y paralelamente a su uso judicial sancionado por la sentencia de un tribunal" (*La memoria* 208).
4. Ver, por ejemplo, el trabajo de Jean Franco, *The Decline of the Letter City*, que realiza un contrapunteo con la lectura que Fredric Jameson hace de Nietzsche en *The Political Unconscious* (*The Decline* 133-34): "What Rulfo captures brilliantly is the *ressentiment* of those who have not reaped the fruits of the conquest and who now must confront the abstraction of the nation state and the despoliation that secularization represented for them [...]. But in Rulfo's writing *ressentiment* is the bad taste of defeat, the defeat of the illegitimate descendants of the conquistadores who are relegated to the margins of history".
5. Afirma Williams (127): "The Beatles, a nascent pop culture, or middle-class youths' readings of translations into Spanish of Frantz Fanon or Herbert Marcuse cannot by themselves hold the key to our understanding of what has been the most significant challenge to sovereignty in the last sixty years".
6. Williams se refiere explícitamente a trabajos como los de Eric Zolov. Es posible también incluir allí la explicación que ofrece Carlos Monsiváis en "Enlightened Neighborhood," su contribución a la enciclopedia *Literary Cultures in Latin America* (349): "The most frequent interpretation stressed the supremacy of political issues among students, the influence of the Mexican Left, and the political echoes of the guerrilla cult in Latin America ('No queremos olimpiadas, queremos revolución'). This is only partly true, since it fails to take into account the strength of specifically cultural issues among broad sectors of society, disenchanted by the Mexican Revolution, and a new public devoted to novels, films, poems, philosophical essays, classical and rock music, and real (and not so imaginary) trips".
7. "Moreover, I consider each historical moment or sequence to be the staging of a relation to language. As such, within each historical sequence I a examine a particular 'speech scene' or encounter between heterogeneous (i.e., police and egalitarian) languages" (Williams 15).
8. Para la idea del discurso que esconde las fuerzas, ver la nota 6 de la introducción.
9. La postura de Graff-Zivin clarifica el énfasis en la lectura y el lenguaje que opera en la *fantología*: "We stand, now, before a genealogy of spectral inheritances, multiple inheritances that demand more work, more thinking. For the illegible quality of the other (the *arrivant*, the event) is in fact a call for *more* reading" (209).
10. Si seguimos las críticas realizadas a la *fantología*, existe en ella la posibilidad de elementos no deconstruibles, de un *espíritu indeconstruible* en la lectura que Derrida hace de Marx para postular su *fantología*: "lo indeconstruible es la voz

11. (o las voces) del espíritu de Marx, una voz que precede y excede a lo que se dice (y se hace) en un momento dado" (Montag, "Espíritus armados" 86).
11. Ambos proceden de los textos compilados por Michael Sprinker, *Demarcaciones espectrales. En torno a espectros de Marx de Derrida*. Macherey a su vez señala como lo único no deconstruible, según el propio Derrida, es cierta idea y promesa de justicia. Esto no estaría lejos de la idea de lo mesiánico sin mesianismo, que tanto Macherey como Negri ligan con el regreso a cuestiones teológicas (todo lo contrario a los fines del ejercicio deconstructivo en su crítica de las onto-teologías). Derrida mismo reconoce parte de estas dificultades en su libro, en su respuesta "Marx e hijos."
12. Aquí me refiero a una crítica y una distancia con la *fantología* en particular. No, por supuesto, con el vasto, complejo y potente proyecto de Derrida. En alguna ocasión Deleuze señaló brevemente su distancia, en términos de método de trabajo, con Derrida: "Si le he comprendido bien, dice usted que, desde un punto de vista heideggeriano, yo soy sospechoso. Me congratula saberlo. En cuanto al método de deconstrucción de los textos, entiendo perfectamente de qué se trata, y siento gran admiración por él, pero no tiene nada que ver con el mío. Yo no me presento en absoluto como un comentador de textos. Para mí, un texto no es más que un pequeño engranaje de una práctica extratextual. No se trata de comentar el texto mediante un método de deconstrucción, o mediante un método de práctica textual, o mediante otros métodos. Se trata de averiguar para qué sirve en la práctica extratextual que prolonga el texto" ("Pensamiento Nómada" 260-261). Es importante aclarar que con respecto a los textos de Monsivais o Taibó, los análisis *fantológicos* (espectrales) presentan una novedad a la hora de abordar el carácter fantasmal del 68: la imagen, la idea (lo espectral), también tiene materialidad, y viceversa: la materia está llena de formas ideales.
13. En *Verdad y método II*, Gadamer escribe que en la "hermenéutica teológica," "el tema central es de tipo normativo," a saber, "se busca la correcta interpretación de aquellos textos que contienen lo decisivo, lo que es preciso recuperar." Se trata entonces de "rescatar y renovar un sentido originario," algo "que estaba corrompido por distorsión, desplazamiento o abuso: la Biblia, por la tradición magisterial de la Iglesia; los clásicos, por el latín bárbaro de la escolástica; el derecho romano, por la jurisprudencia regional; etc." (97-98). "La hermenéutica pasó a ser el fundamento de todas las ciencias históricas y no sólo de la teología. Desaparece ahora el presupuesto dogmático sobre el carácter «decisivo» del texto, presupuesto que había guiado la función originaria de mediación en la actividad del teólogo como del filólogo humanista (por no hablar del jurista). Esto dejaba la vía libre al historicismo" (101). Ver asimismo Ricoeur (*On interpretation* 189).
14. Foucault hablará por eso de un "desmenuzamiento general de los suelos" ("Clase del 7 de enero de 1976" 20). Por la misma época en que Foucault criticaba, en sentido nietzscheano, la idea de profundidad, Pierre Macherey lo hacía a partir de Spinoza [y Foucault, de acuerdo con Macherey, no se encuentra nada lejos de Spinoza (Macherey "Sobre una historia natural de las normas" 184)]: "Ma-

cherey has accordingly deprived the work of its interiority—that space within, beneath the Surface, where the 'secret rationality' of the work, its hidden order—and thus the integration of each of its elements into the harmony where the diversity of the work must be resolved, if it is not to become an aesthetic failure. As Macherey learned from Spinoza, to reject the interior or depth, to take the work as pure surface without secrets or mysteries, is simultaneously to reject the postulate of order. No work exhibit order in its surface. No work exhibits order in its surface; hence the need to declare the surface mere appearance in a hermeneutic operation designed to reconcile apparently antagonistic and contradictory elements into the order of the whole. To accept the work as surface in which nothing can be hidden marks the first step in specifying a new concept of structure. Structure cannot be in the work but only outside of it" (Montag, *Althusser* 78).

15. Sobre las críticas al desdibujamiento del materialismo en el análisis que Derrida hace de Marx y en su propuesta *fantológica*, ver Montag ("Espíritus desarmados" 84) y Macherey ("Marx desmaterializado" 27, 31). Quizás una pista para intentar entender las paradojas de la *fantología* en relación con la materia y el materialismo, puede encontrarse en una de las influencias decisivas de Derrida: Heidegger. Como lo ha anotado recientemente Jorge Eduardo Rivera, traductor de la nueva versión al español de *Ser y tiempo*, las vacilaciones de Heidegger acerca del lugar de la realidad en su sistema de pensamiento, son notorias (24-26).

16. Acerca de los dilemas de la búsqueda de los *incondicionados* (los sin condición que todo lo condicionan, una suerte de incondicionado que condiciona los posibles); algo que es trascendental pero no lo es (cuasi-trascendental dice Derrida en "Marx e hijos"); Ser sin serlo, la política que no lo es, ver la expresión de Derrida interpretando a Levinas: "Beyond-in: transcendence in immanence, beyond the political, but in the political" (Derrida *Adieu to Emmanuel Levinas* 76). La cita de Spinoza (Carta XXIII, Gebbardt, vol. IV, p. 149) con que Antonio Negri inicia el debate sobre los espectros de Derrida, es sugestiva al respecto: "[...] aunque el ratón y el ángel, la tristeza y la alegría dependen igualmente de Dios, no puede el ratón ser una especie de ángel, ni la tristeza una especie de alegría".

17. "Tropic is the shadow from which all realistic discourse tries to flee. This flight, however, is futile; for tropics is the process by which all discourse *constitutes* the objects which it pretends only to describe realistically and to analyze objectively" (White *Tropics* 2). Para una lúcida crítica de las posturas de Hayden White, ver el estudio de Carlo Ginzburg ("Just One Witness").

18. En este punto la postura de White es, por decir lo menos, bastante polémica: "In the politics of contemporary discussions of historical interpretation, the kind of perspective on history that I have been implicitly praising is conventionally associated with the ideologies of fascist regimes. Something like Schiller's notion of the historical sublime or Nietzsche's version of it is certainly present in the thought of such philosophers as Heidegger and Gentile and in the intuitions of Hitler and Mussolini. But having granted as much, we must guard

against a sentimentalism that would lead us to write off such a conception of history simply because it has been associated with fascist ideologies. One must face the fact that when it comes to apprehending the historical record, there are no grounds to be found in the historical record itself for preferring one way of construing its meaning over another" (*The Content* 74-75). Para una crítica de los presupuestos políticos conservadores de la postura de White, ver de nuevo el texto de Ginzburg.

19. Esto es más notorio en los textos escritos y publicados en las universidades y revistas norteamericanas. En un reciente artículo Erin Graff-Zivin aborda nuevas perspectivas sobre el 68 en México, y presenta este tipo de literatura como expresión de pensamiento marrano: juego incalculable e indecidible de ausencia/presencia, cercano a la hauntología de Derrida y la decisión pasiva: "In contrast to Bosteels's project, recent work by Susana Draper ("Fragmentos de futuro en los abismos del pasado"), Gareth Williams (*The Mexican Exception*), and Sam Steinberg ("Photopoetics at Tlatelolco") enact a decidedly different approach to the past. In all three, it is possible to detect a gesture of return to 1968 not to "bring to light" the truth of the Mexican student-popular movement, but rather to traverse the fantasy of the movement, together with its dissolution, without seeking to suture the gaps that are necessarily produced in such readings. This is marrano thinking: a rejection of the excavation a buried truth in favor of an an-archaeological approach in which the future of the past remains unaccounted for: that is, the very possibility of reading" (203). Este tipo de pensamiento está influenciado directamente por Jacques Derrida y Roberto Esposito.

20. Así lo explicita Michel Foucault: "En pocas palabras, yo diría que encuentro en Nietzsche un cuestionamiento de tipo histórico que no hace ninguna referencia a lo 'originario' (*originatio*) como muchas otras investigaciones del pensamiento occidental. Husserl y Heidegger ponen en cuestión todo nuestro conocimiento y sus fundamentos, pero lo hacen otra vez acudiendo a lo que es originario (*originatio*). Sin embargo esta investigación se produce bajo el coste de cualquier contenido histórico articulado. En lugar de esto, lo que me gusta en Nietzsche es el intento de poner en cuestión los conceptos fundamentales del conocimiento, la moral y la metafísica recurriendo a un análisis histórico de tipo positivista sin volver a los orígenes" ("Les Problèmes" 372).

21. Frente a dos de los grandes intentos por pensar teóricamente el acontecimiento, el de Badiou y el de Deleuze, señala Alberto Toscano ("Review Essay" 94): "Perhaps the most evident mark of this is that the two French philosophers who did most to forge a notion of the event in the wake of May'68, Badiou and Deleuze—thinkers diametrically opposed on a number of fundamental issues—both juxtaposed the event to both history and possibility. For Badiou, the event triggers the upsurge—impossible from the standpoint of the status quo ante—of something that was previously radically excluded, inexistent. For Deleuze, following Bergson, the event is on the side of becoming, of geneses and transformations that exceed the grids of intelligibility and predictability that determine history, and in that regard is also 'impossible'".

22. Aquí me refiero a trabajos que retratan la decepción o frustración frente a proyectos incompletos de democracia y modernidad (Ortiz); el retrato de las sociedades latinoamericanas como deficiencia (Whitehead 33). O bien a un desajuste frente al curso normal del mundo, que es experimentado desde el lamento, el trauma o el duelo (Subirats 49). Por otro lado, existen trabajos que hacen alusión constante a ideas sobre déficit, fracaso o atraso al momento de concebir distintos procesos en Latinoamérica. Identifico allí dos vetas: por un lado, conversión y arrepentimiento frente al "fracaso" de experiencias radicales (partidistas, armadas). Esto se ha expresado algunas veces como juicio retrospectivo, desde el hoy hacia el ayer, sobre los peligros de la militancia—incluyendo, por supuesto la de los intelectuales—(Masilla). Esta postura a su vez ha sido criticada como anacrónica (Echeverría 59-105; Beverley *Latinamericanism after 9/11* 95-109). Por otro lado, en algunos estudios, incluso, la "depresión" y el "trauma" del intelectual al ver incumplidas las promesas de cambio, se mezclan con la "depresión" y el "trauma" de la sociedad misma (Gilman 375). De recibir el juicio de "fracaso," por ejemplo, no se escapa José Revueltas, si se lee a uno de sus críticos recientes: "Revueltas funda desde su fracaso [político] el *ethos* intelectual que definirá a los intelectuales de la transición, autores como Carlos Monsiváis o Roger Bartra... su fracaso fundó una nueva forma de ser intelectual en México" (Sánchez Prado 173).

23. Los estudios mencionados en la nota xvii nos sitúan en la pista de analizar los efectos sociales que son resultado de comprender, durante décadas, a las sociedades latinoamericanas desde la carencia. Es decir, valorar las consecuencias que recaen sobre la sociedad, de un pensamiento que, en lugar de analizar la potencia de su propia sociedad, inventa una serie de ficciones y artilugios (inautenticidad, déficit, plagio) que, como dije antes, no están nada lejos de la valoración moral que las élites y los funcionarios de las burocracias latinoamericanas tienen acerca de sus propios países: "La idea de fustigar la propia sociedad para que se inclinara frente a valores a veces un poco exóticos pero que se percibían vagamente como superiores, hacía parte, durante el siglo XIX, de un profundo complejo criollo. No se requiere hurgar demasiado en los textos historiográficos del siglo XIX para encontrarse con una hostilidad manifiesta hacia lo más autóctono americano, hacia lo indígena y hacia las castas. El fastidio hacia lo rústico y elemental de las masas campesinas iletradas se convertía en franca repulsión cuando se trataba de indígenas, mulatos y mestizos. No resulta extraño que la tesis de Sarmiento sobre la 'civilización' y la 'barbarie' fuera tan influyente a partir de su formulación" (Colmenares 20).

24. Al respecto escribe Luis González de Alba en *Los días y los años*: "Las acciones de la policía lograron lo que parecía imposible: la unión Politécnico-Universidad, y la de los grupos de izquierda" (27).

25. "Reconocer que el pasado por lo general no es accesible más que a través de los textos que lo organizan, lo modulan y lo representan, no quiere decir de ninguna manera postular la identidad entre estas dos lógicas: de un lado la lógica logocéntrica y hermenéutica que gobierna la producción de los discursos, y de

otro lado la lógica práctica que gobierna y organiza las conductas y las acciones" (Chartier 195-96).
26. En *Sobre la utilidad y el perjuicio de la historia para la vida*, Nietzsche volverá sobre un *caso extremo*: "Imaginémonos el caso extremo de un hombre al que se le hubiera desposeído completamente de la fuerza de olvidar, alguien que estuviera condenado a ver en todas partes un devenir" (329).
27. "¿Cómo hacerle una memoria al animal-hombre? ¿Cómo imprimir algo en este entendimiento del instante, entendimiento en parte obtuso, en parte aturdido, en esta viviente capacidad de olvido, de tal manera que permanezca presente? […]. Puede imaginarse que este antiquísimo problema no fue resuelto precisamente con respuestas y medios delicados; tal vez no hay, en la entera prehistoria de hombre, nada más terrible y siniestro que su *mnemotecnia*" (Nietzsche, *La genealogía* 79).
28. En "Las pulsiones y sus destinos" Freud escribe que "no puede desecharse que también el sentido originario del odiar signifique la relación hacia el mundo exterior hostil, proveedor de estímulos" (131). Y puntualiza: "El odio es, como relación con el objeto, más antiguo que el amor; brota de la repulsa primordial que el yo opone en el comienzo al mundo exterior de estímulos" (133).
29. De acuerdo con uno de los traductores de Nietzsche, Germán Cano (XCV): "El resentido no es resentido porque guarde algún tipo de desprecio hacia ese elemento real que le desborda, sino porque ante esta situación traumática que le perjudica sólo puede negar de otro modo, indirecta, subterráneamente, desde una construcción ficticia abocada a salvaguardar su impotencia ante los peligros de un 'afuera'".
30. Me refiero a los textos "Una arqueología del porvenir" y "México 1968. La revolución de la vergüenza."
31. Retomo la cita de Badiou ya incluida en la nota 5 de la introducción, cuyo desarrollo ya estaba en *El ser y el acontecimiento*: "hay sitios de acontecimiento en situación, pero no situación de acontecimiento. Podemos pensar la *historicidad* de ciertos múltiples, pero no *una* Historia. Las consecuencias prácticas—políticas—de esta concepción son considerables, porque comprometen una topología diferente de la acción. La idea de una conmoción cuyo origen sería un estado de totalidad es imaginaria. Toda acción transformadora radical se origina en un punto, que es, en el interior de una situación, un sitio de acontecimiento" (199).
32. Al respecto, el filósofo Alain Badiou, cuya filosofía es uno de los intentos más sistemáticos para pensar el acontecimiento, escribe (Badiou y Hallward 126): "I'm very struck by the fact that today everyone says 'the events of May 1968', but if we say that the event has 'event' as its name, it means that we haven't yet found its name. I expect that I will probably stick with this appreciation of May 1968: it is an event—part of my subjectivation was forged in it, so I will remain faithful to it—but one whose name is obscure.
33. En este punto, coincide también Jacques Derrida" (*Canallas* 170).
34. "Yet the notion of an unburied truth, a once forgotten truth brought to light, has dominated a certain strand of Latin Americanist political thought, a tradi-

tion that betrays a compatibility, or complicity, with the logic of archaeology, an arche logos. Such thinking, an excavational mode of thought, a cousin of a certain conservative philological tendency, has as its foundation or ground (*Grund*)—in addition to what is built upon it—that which hides beneath it, an identifiable and revealable truth" (Graff-Zivin 200).

35. La expresión es de Deleuze y Guattari es una de las mesetas de *Mil Mesetas*.
36. 36 La idea de herencia está presente en escritores dispares como Carlos Monsiváis y, recientemente, Susana Draper.
37. La afirmación en contra la hiperinflación de la memoria es de Alain Badiou (*San Pablo* 47).
38. La escena que escribe Miller está al final de *Sexus, The Rosy Crucifixion I* (460): "'You think it's the gin? All right, I'll throw the glass away' I went to the window and threw it into the courtyard. 'There! Now give me a glass of water. Bring a *pitcher* of water in. I'll show you... You never saw anybody get drunk on water, eh? Well, watch me! Now before I get drunk on the water' I continued, following him into the bathroom, 'I want you to observe the difference between exaltation and intoxication. The girls will be coming back soon. By that time I'll be drunk. You watch. See what happens'".
39. "Esta es precisamente la tesis propuesta a la reflexión del lector: que *lo ahistórico y lo histórico son en igual medida necesarios para la salud de un individuo, de un pueblo o de una cultura*" (Nietzsche, "Sobre la utilidad" 331).
40. Así lo explicita y aclara Deleuze en una entrevista con Toni Negri (Deleuze y Parnet, *Conversaciones* 268): "Progresivamente me he ido sensibilizando hacia una posible distinción entre el devenir y la historia. Decía Nietzsche que no hay nada importante que no ocurra bajo una 'nube no histórica.' No se trata de la contraposición entre lo histórico y lo eterno, ni entre la acción y la contemplación: Nietzsche se refiere a aquello que se hace, al acontecimiento mismo o al devenir. Lo que la historia capta del acontecimiento son sus efectuaciones en estados de cosas, pero el acontecimiento, en su devenir, escapa a la historia".

5. *Amuleto*. Roberto Bolaño y las formas de la memoria

> "Mi niñez es la fuerza de mi destino que no ceja en el empeño
> de ver todo
> como un misterio luminoso.
> Quizá porque no me abandona es porque amo tanto,
> tanto todo el pasado, íntegro,
> y me siento contemporáneo
> de todo lo antiguo que pervive en lo más nuevo."
>
> Oscar Barragán

"Yo estaba en la Facultad aquel 18 de septiembre cuando el ejército violó la autonomía y entró en el campus a detener o a matar a todo el mundo. No. En la Universidad no hubo muchos muertos. Fue en Tlatelolco. ¡Ese nombre que quede en nuestra memoria para siempre!" Así cuenta Auxilio Lacouture lo que le sucedió ese día de 1968 en la Universidad Nacional Autónoma de México (UNAM) en la novela *Amuleto* del escritor chileno Roberto Bolaño (1953-2003). La novela cuenta la historia de una estudiante de la Facultad de Filosofía y Letras que, tras el allanamiento de las fuerzas militares a la UNAM, permanece 15 días encerrada en el baño, sin comer, para evitar que la detuvieran o la mataran en septiembre de 1968. Publicada en 1999, *Amuleto* es un texto corto que narra la vivencia de Auxilio, Auxilio Lacouture, uruguaya que llegó en 1965 a México D.F., en el mundo de poetas, filósofos y militantes del 68 de dicha ciudad.

El *shock* editorial que generaron otras novelas de Bolaño como *Los detectives salvajes* (1998), y en parte *2666* (2009)—shock curiosamente agudo en Estados Unidos (Franco, "Questions for Bolaño" 207; Pollack)—ha llevado quizás a oscurecer otras obras de este escritor chileno. Al lado del éxito editorial de *Los detectives salvajes*, o de la densidad, complejidad y extensión de *2666*, esta pequeña novela estaría destinada a ser menor. Bolaño mismo parece sugerirlo, al explicar por qué ésta novela está escrita en primera persona: "Por eso he utilizado la primera persona, ya que las obras mayores de la literatura están escritas en tercera persona" ("Roberto Bolaño"). En principio entonces Bolaño nos indica que, por lo menos, el Yo de Auxilio es un yo *menor*.

Con respecto a Bolaño, lectores y críticos coinciden muchas veces en una sensación: su literatura, a veces excesivamente intelectual, a veces desesperanzada, da la sensación de ser apolítica, por lo menos en el sentido en que los escritores del *boom* entendían la política. Bolaño escribiría entonces una crítica desencantada del mundo latinoamericano desde la época posmoderna y neoliberal. Otros lectores, sin embargo, como Roberto González Echeverría, crítico cubano residente en Estados Unidos, tras escribir que "Sufrimos la nostalgia del Boom. ¿Cuándo va a surgir el próximo García Márquez? ¿Por qué no han aparecido ni un nuevo Borges ni otro Carpentier?," responde de manera inequívoca: "El chileno Roberto Bolaño, quien, con trágica disposición para serlo, murió joven (de 50 años; sus fechas son 1953-2003), es el único narrador latinoamericano reciente cuyos éxitos en nuestro ámbito y el extranjero nos recuerdan los del Boom, y anuncian tal vez la llegada de una nueva era de esplendor" (117). Efectivamente, ¿llegamos con Bolaño a esa nueva era, o Bolaño es más bien el signo del fin del fin de otra era? Esta última es la opinión de alguien como Jorge Volpi, escritor mexicano de la generación del *Crack*, quien considera a Bolaño precisamente como el último escritor latinoamericano: "murió Bolaño y con él murió esa tradición, bastante rica y bastante frágil, que conocemos como literatura latinoamericana (marca registrada)" ("Bolaño, epidemia" 78).

En este capítulo me desmarco de las lecturas que consideran a Bolaño como nihilista o neoliberal; pero también, de aquellas valoraciones que, como la de Jorge Volpi o González Echeverría, lo entienden como fin o principio de una era. Bolaño partió a México a los 15 años, en 1968, y vivió en Blanes (provincia de Gerona en Cataluña) hasta su muerte en 2003. Coincidencia o no, llega a México DF en 1968, y vuelve en 1973 a Chile: "Volví a los veinte años, a hacer la Revolución, con tan mala fortuna que a los pocos días de llegar a Santiago ocurrió el golpe de estado y los militares se hicieron con el poder" ("Exilios" 52-53). Bolaño estuvo en el lugar de dos de los grandes sucesos de la segunda mitad del siglo XX en México y Chile. Su regreso a Chile, en 1973, lo describe brevemente en su "Autorretrato" con motivo de la recepción del premio Rómulo Gallegos en 1999: "En 1973 estuve ocho días detenido por los militares golpistas de mi país" ("Preliminar. Autorretrato" 19). Parte finalmente de Chile en enero de 1974 para volver sólo 25 años después, en noviembre de 1998, como jurado del concurso de cuentos *Paula* (Bolaño *Entre Paréntesis* 347). Esos 25 años de exilio pueden interrogarse en la pregunta que formula Jean Franco, y frente a lo cual establezco mi crítica en este capítulo: "Why is Bolaño so eager to place a tragic mark on his generation? And: why this generation in particular?" ("Questions for Bolaño" 209).

En efecto, por momentos, Bolaño se expresa de acuerdo con la textura vital de nuestra época: nihilismo, desencanto. Sostengo sin embargo que la escritura de Bolaño resiste lecturas apresuradas, e invita más bien a construir problematizaciones. Sus ácidas y negras burlas a los medios literarios y los críticos literarios, le valió distintas animadversiones, empezando por supuesto en Chile. A pesar de la constante y punzante crítica de Bolaño hacia *los críticos* (que alcanza su punto más alto en novelas como *Nocturno de Chile* y *2666*), su postura frente a *la crítica* como práctica es distinta. Auxilio Lacouture, no hay que olvidarlo, "era una buscadora de matices" (*Amuleto* 13).

En *Amuleto* Bolaño construye una compleja reflexión sobre un tema polémico: la resistencia y su relación con el tiempo; resistencia entendida al mismo tiempo como insurgencia, persistencia y preservación (Comay).[1] Lo que va a detonar esa reflexión en la novela es, de nuevo, la memoria. Meses antes de la publicación de la novela, Bolaño describió así el nudo de su novela: "Es un crimen atroz que ella al principio no sabe bien, lo recuerda vagamente porque aún no ha ocurrido, pero en ese pliegue temporal lo ha percibido" (Bolaño "Roberto Bolaño"). El recuerdo borroso de algo que no ha sucedido, es lo que constituye a la memoria en un modo de resistencia en esta novela. El enigma del crimen no es resuelto en *Amuleto*: es creado. Del mismo modo, lo que propongo hacer en este capítulo es elaborar esa forma del recuerdo de lo que no ha sucedido. Escribe Bolaño al inicio de la novela: "Esta será una historia de terror. Será una historia policiaca, un relato de serie negra y de terror. Pero no lo parecerá. No lo parecerá porque soy yo la que lo cuenta. Soy yo la que habla y por eso no lo parecerá. Pero en el fondo es la historia de un crimen atroz" (*Amuleto* 11).

La novela de Bolaño, en su aparente simplicidad en comparación con otras de sus obras, ofrece un método no consciente para acceder a aquello que ya pasó (y no podemos recordar), y que seguirá pasando, que retornará.

En un revés de la reminiscencia (o *anamnesis*),[2] Bolaño imagina la introducción de un fragmento del acontecimiento futuro para poder decir: "Sí, eso me pertenece, pero todavía no ha llegado" (Deleuze, *Los signos* 652). No es entonces lo irrealizado por haber sido reprimido, como en el análisis que Susana Draper hace de *Amuleto*: "el acto de rememoración viene dado por la apertura del pasado a una imposibilidad: imaginar el recuerdo de *lo no-sido*, su promesa incumplida, y por tanto, su potencialidad" ("Fragmentos" 56). Es lo realizado que es real pero inactual, y que volverá a suceder. Y ese algo no es accesible a través de la conciencia y la técnica de la rememoración: "Memory has a double status in modern languages. It is either invoked or experienced" (Bollack 645). Es la memoria como fuerza, como algo que conmueve el estado de cosas por una intromisión del porvenir, de algo que aún no ha llegado pero de lo que hago parte y es parte mía. Por eso no es promesa incumplida o algo que vendrá en un futuro utópico, sin lugar, sino que está deviniendo. No es una rememoración; tampoco una premonición, sino algo cercano a una paramnesia, pero sin su distorsión: no es un sentimiento de semejanza, "de haber vivido algo semejante que apelaría a una memoria." No es, tampoco, un sentimiento localizable y por ende fechable: se lo ha vivido en un pasado cualquiera dice Deleuze—por eso es inmemorial, genérico. El de Auxilio frente a ese crimen atroz es precisamente eso: el sentimiento de lo ya vivido en algún momento cualquiera pero que no se puede recordar aún. Aquí es donde el yo menor anunciado por Bolaño revela su potencia, pues nos enfrentamos en suma a una memoria no-psicológica, ya que el cerebro no conserva ni almacena nada: todo se preserva en las cosas, en el mundo mismo.

5.1. *Auxilio Lacouture*

Amuleto es, precisamente, una de las novelas que se desmarca de una de las visiones prevalecientes en la crítica sobre Bolaño, a saber: un escritor que, desde el exilio, retrata una realidad latinoamericana desde el mundo postmoderno y post-comunista, cercano al fracaso y el desastre (*Cfr.* Espinoza; Poblete).[3] No obstante, si escuchamos al propio Bolaño, este nos ofrece por lo menos unas señas menos homogéneas: "No, no militaba, pero en aquella época estaba en la extrema izquierda. Lo más cercano que tenía políticamente era el MIR (Movimiento de Izquierda Revolucionario) pero mi ideología era trotskista" ("Entrevista a Roberto Bolaño" 143). Bolaño mismo entonces lo aclara: no hay aquí militancia, pero sí hay sentido: algo más que *nada*. El exilio, sin embargo, crea una distancia doble: cierto exilio permite pensar y decir ciertas cosas. El viaje de Auxilio Lacouture, por ejemplo, como veremos será un salir de ella misma, exiliarse de su conciencia y su memoria psicológica para desentrañar su drama y el de muchos. La memoria psicológica *no* es el depósito o sustrato de los recuerdos que atraviesan a Auxilio.

A Bolaño muchos críticos y lectores le endilgan nihilismo, pesimismo, e incluso cierto anti-latinoamericanismo. Ya el Muro de Berlín había caído, y el colapso del llamado "Socialismo Real" era estrepitoso cuando Bolaño estaba escribiendo sus textos. Auxilio Lacouture, sin embargo, a lo largo de toda la novela conjuga una palabra una y otra vez: resistencia. Auxilio, permanece desde el 18 hasta el 30 de septiembre de 1968 encerrada en el baño de mujeres de la cuarta planta de la Facultad de Filosofía y Letras de la UNAM cuando el ejército allana la Universidad durante 15 días y se lleva presos a los estudiantes. Encerrada en el baño, dice Auxilio:

> Y supe lo que tenía que hacer. Supe que tenía que resistir. Así que me senté sobre las baldosas del baño de mujeres y aproveché los últimos rayos de luz para leer tres poemas más de Pedro Garfias y luego cerré el libro y cerré los ojos y me dije: Auxilio Lacouture, ciudadana del Uruguay, latinoamericana, poeta y viajera, resiste. Sólo eso. (35)

Amuleto narra la experiencia de Auxilio Lacouture, uruguaya de Montevideo que viaja a México a mediados de los sesenta para quedarse a vivir allí. ¿Qué era lo que veía con sus ojos nocturnos y escrutadores Auxilio desde el lavabo, una vez se percata de su encierro al ser invadida la UNAM por las Fuerzas Armadas en 1968?

> ¿Qué hice entonces? Lo que cualquier persona, me asomé a una ventana y miré hacia abajo y vi soldados y luego me asomé a otra ventana y vi tanquetas y luego a otra, la que está al fondo del pasillo (recorrí el pasillo dando saltos de ultratumba), y vi furgonetas en donde los granaderos y algunos policías vestidos de civil estaban metiendo a los estudiantes y profesores presos, como en una escena de una película de la Segunda Guerra Mundial mezclada con una de María Félix y Pedro Armendáriz de la Revolución Mexicana. (30)

El suceso que novela Bolaño está transcrito como testimonio en el conocido texto de Elena Poniatowska, *La noche de Tlatelolco*, conjunto de testimonios de participantes en el 68 en México, y referente de la crítica que ha estudiado lo sucedido ese año en México. En el texto de Poniatowska ocupa un párrafo según lo cuenta Carolina Pérez Cicero "de Filosofía y Letras de la UNAM," y que Poniatowska transcribe en estos términos:

> Durante los quince días de la ocupación de CU por el ejército se quedó encerrada en un baño de la Universidad una muchacha: Alcira. Se aterró. No pudo escapar o no quiso. Al ver a los soldados, lo primero que se le ocurrió fue encerrarse con llave. Fue horrible. Uno de los empleados que hacen la limpieza la encontró medio muerta, tirada en el mosaico del baño. ¡Quince días después! Ha de haber sido espantoso vivir así, hora tras hora, tomando sólo agua de la llave del lavabo. Se la pasó entre los lavabos y los excusados—allí dormía, tirada en ese pasillo, en el piso de mosaico—y se asomaba por una mirilla para ver a los soldados recargados en sus tanques, bostezando, o recostados adormilados en los yips [...]. ¡Era tal su terror que nunca se movió del baño! (71)

Lo que en Poniatowska son "testimonios de historia oral"—según el subtítulo de su libro—, como el de Alcira, en Bolaño ese testimonio se convierte en un mundo interior que, al dar paso a las formas de la exterioridad, resiste el embate de la ocupación militar de la UNAM. Alcira se convierte entonces en Auxilio. El inicio de la novela anuncia de entrada lo que narrará como ya vimos: "Esta será una historia de terror. Será una historia policiaca, un relato de serie negra y de terror. Pero no lo parecerá. No lo parecerá porque soy yo la que lo cuenta. Soy yo la que habla y por eso no lo parecerá. Pero en el fondo es la historia de un crimen atroz" (11). Por eso no lo parecerá: Auxilio aún no lo sabe y sólo lo descubrirá con el paso del tiempo en la novela. En cierta medida, la novela es el proceso que Auxilio experimenta para poder expresar esa historia. Precisamente, la novela es la descripción de ese pliegue que menciona Bolaño en su entrevista, no el relato testimonial de lo sucedido con Alcira. Bolaño además escribe aquí no sólo bajo el código de una novela negra que devela un crimen, sino bajo el juego de las inquisiciones, es decir, bajo los azares de "indagar, averiguar o examinar cuidadosamente algo" (DRAE).

Al inicio de la novela Auxilio Lacouture nos cuenta sobre su llegada a México: "Yo llegué a México Distrito Federal en el año 1967 o tal vez en el año 1965 o 1962. Yo ya ni me acuerdo ni de las fechas ni de los peregrinajes, lo único que sé es que llegué a México y ya no me volví a marchar" (12). No es, sin embargo, una memoria certera: va y viene, confundiendo nombres, fechas, lugares. El tono de tanteo muestra lo que será parte de los rasgos de Auxilio: una memoria que opera por tanteos, aproximaciones y disociaciones, presente a lo largo de la narrativa de Bolaño: tal vez esto *o* tal vez lo otro. Sin elección hecha, es el lector quien finalmente elige, si quiere: Bolaño en esos tanteos muestra todo a la vez, en una disyunción que sin embargo no remite a la elección entre contrarios en cada momento. En diversos momentos de su obra, especialmente en *2666*, Bolaño despliega esta estrategia en su enigmático personaje, Benno Von Archimboldi, el gran escritor oculto y perdido a lo largo de toda esa novela póstuma:

> Esa noche, mientras trabajaba en la puerta del bar, se entretuvo en pensar en un tiempo de dos velocidades, uno era muy lento y las personas y los objetos se movían en ese tiempo de forma casi imperceptible, el otro era muy rápido y todo, hasta las cosas inertes, centelleaban de velocidad. El primero se llamaba Paraíso, el segundo Infierno, y lo único que deseaba Archimboldi era no vivir jamás en ninguno de los dos. (*2666* 1002)

No es otro *o* lo otro como elección; es esto *o* lo otro como simultaneidad. En otros términos: entre *a* y *b*, escoger *c*, sin saber por adelantado qué forma tendrá esa *c* (ni infierno ni paraíso). Pero sin infierno ni paraíso es imposible llegar a *c*: todo está implicado. Bolaño era disléxico: la dislexia, como lesión cerebral, capta sólo una parte de lo que lee. Capta fragmentos aquí y allá, no totalidades. Como Auxilio, que no distingue claramente las fechas, pero las liga; como Archimboldi, que no elige con claridad entre las opciones que tiene, pero sabe que no quiere las partes dadas (*a* y *b*), sino otra parte (*c*).

A su llegada a México Auxilio entonces trabaja en casa de León Felipe y Pedro Garfias, dos poetas españoles exiliados, a quienes ayuda limpiando su casa, y en cuyo oficio nos revela parte de su forma de ser: "Yo cantaba. Yo cuando trabajaba cantaba y no me importaba que el trabajo fuera gratis o pagado. De hecho, creo que prefería que el trabajo fuera gratis (aunque no voy a ser tan hipócrita como para decir que no era feliz cuando me pagaban). Pero con ellos [León Felipe y Garfias] prefería que fuera gratis" (19). Es interesante que su "trabajo" en esa casa era limpiar el polvo, el polvo que afuera de la casa de esos dos poetas se vuelve una nube:

> Ya apenas se escuchan canciones, aquí, en donde antes todo era una canción. La nube de polvo que lo pulveriza todo. Primero a los poetas, luego a los amores, y luego, cuando parece que está saciada y que se pierde, la nube vuelve y se instala en lo más alto de tu ciudad o de tu mente y te dice con gestos misteriosos que no piensa moverse. (21)

La inmovilidad de la nube que se posa en lo más privado (la mente) y en el afuera, la calle, pulveriza los libros sí, pero sobre todo cantos, amores y, finalmente, todo. De eso, de amores y cantos, se trata el itinerario de Auxilio, su deriva por la memoria. Y por la ciudad de México. ¿Qué pasa, durante esos 15 días que narra la novela, en la historia de México? El 18 de septiembre 1968, la Secretaría de Gobernación mexicana explica de la siguiente manera, la intromisión de las Fuerzas Armadas en la UNAM, violando la autonomía universitaria: "ocupados y usados ilegalmente, desde fines de julio último, por distintas personas, estudiantes o no, para actividades ajenas a los fines académicos" (Ramírez, *El Movimiento I* 298). Esas mismas personas, "han ejercido el derecho de plantear demandas públicas; pero también, casi desde el anonimato, han planeado y ejecutado actos francamente antisociales y posiblemente delictuosos" (298). "Por tanto—concluye el documento—hubo necesidad de hacer uso de la fuerza pública para desalojar de los edificios universitarios a las personas que no tenían derecho a permanecer en ellos" (298). Auxilio, precisamente, cabe en esas personas que no tienen derecho a permanecer en la Universidad. Se considera la madre de la poesía mexicana, y de los poetas mexicanos. Recorre Ciudad de México en vagabundeos: no tiene casa—duerme donde amigos—; no tiene pareja; no tiene trabajo. Permanece todo el día en la Facultad de Filosofía de la UNAM, hasta que en las noches cierran las cafeterías de la universidad, y entonces comienza a recorrer los bares donde se reúnen poetas, bohemios e intelectuales hasta altas horas de la noche.

Vive 13 días encerrada en el lavabo, sin comida, pero no se oscurece: "si no me volví loca fue porque siempre conservé el humor" dice. "Me reía de mis faldas, de mis pantalones cilíndricos, de mis medias rayadas, de mis calcetines blancos, de mi corte de pelo Príncipe Valiente, cada día menos rubio y más blanco, de mis ojos que escrutaban la noche del D.F., de mis orejas rosadas que escuchaban las historias de las Universidad, los ascensos y los descensos, los ninguneos, postergaciones, lambisconeos, adulaciones, méritos falsos, temblorosas camas que se desmontaban y se volvían a montar bajo el cielo estremecido del D.F." (42). Narra su amistad con distintos personajes: Arturo Belano, chileno, y alter ego de Bolaño, que además aparece en *Los detectives salvajes*; y el fantasma de Lilian Serpas, una poeta más o menos conocida que se acostó con Ernesto Guevara, que vendía de bar en bar las reproducciones de los dibujos de su hijo. En sus vagabundeos, Auxilio realiza encargos de todo tipo: dolorosos, cuando accede a conocer al nuevo novio de la mujer de la que se enamoró. Encargos peligrosos: acompaña sin que él lo sepa a Arturo a confrontar a un rey que vive en una especie de colonia donde mantiene prisioneros a esclavos sexuales. Visita la casa de la poeta Lilian Serpas, donde su hijo tiende una suerte de velada de la muerte para ella. Velada que, como veremos, finalmente detona su lucidez. En los momentos más delirantes y riesgosos para su vida Auxilio permanece con los ojos abiertos: "En casos así es como si una se tirara con los ojos cerrados en una piscina de fuego y luego abriera los ojos. Yo me tiré. Yo abrí los ojos" (79-80). Ese, por lo demás, es el modo de hacer literatura que prefiere Bolaño y transcribí en la introducción:

"la que osa adentrarse en la oscuridad con los ojos abiertos y que mantiene los ojos abiertos pase lo que pase" ("Neuman, tocado por la gracia" 149).[4]

Ella conserva su humor y su risa, a pesar que se la caen los dientes de adelante. Y adquiere un hábito que es el de llevarse una mano a la boca cada vez que habla. "Podrían decir: Auxilio habla como los conspiradores, acercando la cabeza y cubriéndose la boca" (37). El cuerpo de Auxilio es todo menos robusto ("yo soy flaca entre las flacas" (48)), sin dientes; sin embargo, alberga en ella una fuerza, la fuerza de la lucidez: lejos de estar anestesiada o sedada por el miedo dice esta bella mujer: "Tenía como cosquillas y al mismo tiempo como ganas de dormir. Pero la verdad es que estaba más despierta que nunca. La situación era nueva, lo admito, pero yo sabía que hacer": resistir (34). Despierta y lúcida, lucidez que quiere precisamente nublar la nube de polvo que se cierne sobre el D.F. Precisamente, uno de las raíces de la palabra olvido, es lo que se deshace en polvo, se desvanece, se pulveriza:

> The Latin word oblitare is related to oblinere, 'to efface, wipe out,' and is also associated with levis, 'smooth,' implying reduced to white powder. French retains something of this perhaps in the idea of a flat vacuity, and Mallarme connected the word oubli to aboli (abolished), which opens out onto nothingness). (Bollack 645)

Al contrario, sonriente y lúcida, despojada de casi todo, Auxilio vive con "las siluetas que nada tenían excepto la utopía de la palabra," pero en su vagabundeo y sus escasas posesiones preserva además algo muy singular: "yo estaba ahí con ellos porque yo tampoco tenía nada, excepto mi memoria" (43). Auxilio Lacouture recuerda todo, es incapaz de olvidar. Y más precisamente: ella y el recuerdo son uno solo. "Luego me desperté. Pensé: yo soy el recuerdo" (146). Pero el recordar aquí no es solamente una reminiscencia o una restitución del sentido, una rememoración de lo olvidado. Auxilio apunta a una segunda acepción del recordar: la sospecha que se opone a la recolección del sentido o la reminiscencia. La resistencia entonces no es sólo contra el olvido, pues el punto no es sólo la cuestión temporal: al recordarlo todo, Auxilio ya lleva a plenitud la recolección del sentido. Queda pendiente la otra forma de la recordación: evocar algo ya vivido. El recuerdo de Auxilio entonces no es la representación de una cosa ausente, o de algo que ya sucedió y se percibió, adquirió o aprendió anteriormente, como en la rememoración (Ricoeur, *La memoria* 23). Para que suceda el recuerdo de Auxilio, algo más debe pasar.

La opción de escritores contemporáneos de Bolaño como Volpi y su novela *El fin de la locura*, como vimos en el capítulo anterior, es recordar desde el desencanto. Volpi llegará a decir que no sólo hay que olvidar el 68 y su locura, y la idea de una literatura latinoamericana, sino a América Latina misma. El punto con Bolaño es más radical aún: no es tanto olvidar el objeto, o la idea—América Latina. Si no olvidar precisamente nuestra forma de recordar, nuestra forma habitual de memorizar. Para poder dejar a hablar de América Latina, y dejar de pensarla como realidad, no basta con decretar el olvido como hace Volpi. De alguna manera, Volpi se salta el proceso: el proceso de construir y plantear el problema que desemboque en esa afirmación; elude la problematización que sí asume Bolaño. Lo primero entonces sería replantear y revalorar algunos hábitos de pensamiento y compulsiones corporales, ya que *recordar* implica, entre otras cosas, "the movements of the mind." En este capítulo abordo esos dilemas desde la pregunta por el hábito de la memoria. Tal como vimos en el capítulo anterior, la memoria y el olvido son uno de los nudos de lo sucedido en el 68 en Tlatelolco, año en el que suceden los hechos en que se ve envuelta Auxilio.

Si lo que se olvida es en parte aquello que no se puede pensar ¿cómo puede entonces el recuerdo, bajo condiciones de neoliberalismo, abrir un espacio de resistencia? Las razones que llevan a Volpi a afirmar que con la muerte de Bolaño murieron todos los escritores latinoamericanos—"todos, sin excepción"—pueden ser debatibles. Mas lo que me interesa aquí es que la afirmación de Volpi es sintomática de cómo opera el olvido bajo condiciones neoliberales. Bolaño nos abre aquí, en cambio, al problema de la repetición. De hecho, la historia de Auxilio ya había empezado en la propia narrativa de Bolaño, en *Los detectives salvajes*, diez páginas donde se cuenta en resumen lo sucedido con ella. Con *Amuleto* el punto no es solo que la memoria se vacíe, y estemos en la condena del olvido y la repetición inerte y cíclica del pasado; que la memoria se vuelva testimonio mercantil por doquier, o que todo lo vivido se quiera grabar, registrar y codificar a la luz de las nuevas tecnologías. Bolaño presenta aquí una desviación a esa mezcla extraña de nuestra época de amnesia y almacenamiento ilimitado de información. Se trata pues de "recordar" el futuro: no hay "transiciones," ni novedades absolutas. No se va de lo tradicional a lo moderno, no se viaja de la democracia a la dictadura y luego de vuelta a la democracia. No se progresa, entonces, precisamente porque nada se ha ido. Del mismo modo, el golpe revolucionario no abre la posibilidad de una vanguardia que abra en dos la historia, no es tan novedosa como quizás parece: la novedad, como expuse en el capítulo anterior, se "capta" es de manera retrospectiva. La pregunta entonces no es cuándo se "acabó" la dictadura o en qué momento terminó la época de las masacres de estudiantes en las plazas públicas. Sino cuándo volverán. Lo que creíamos que había pasado ya, vuelve a suceder, en otro sitio, en otro tiempo. Aquí, ahora, mañana. Así lo repite Bolaño en un texto breve de 1999, a su regreso a Chile tras veinticinco años de haber salido luego de ser detenido por 8 días durante la dictadura. A propósito de la "transición" democrática y la concertación en Chile, comenta: "¿cuántos años hace desde el último toque de queda? ¿Cuántos años faltan para el próximo?" ("El pasillo" 77). Lo llamativo es que en esta novela de Bolaño, el tiempo de la resistencia no es solo el del futuro—el de la utopía. Sin quererlo, o sin saberlo, esta idea de un recuerdo de algo que aún no ha ocurrido, emparenta esta novela de Bolaño con algunas de las reflexiones más creativas sobre la memoria en el siglo XX: la de Bergson y la de Borges. La problematización que abre ese pliegue del tiempo es lo que describo en este capítulo, frente a un invitado de lujo que nos recuerda que los dilemas de la memoria y el pensamiento no son nuevos: *Funes, el memorioso*, escrito por Jorge Luis Borges en 1942, cuenta la historia de Ireneo Funes—uruguayo igual que Auxilio—, alguien incapaz de olvidar lo que recuerda. En una época en la cual diversas voces críticas insisten—con razón—en no olvidar, con Bolaño se invierte la cuestión: hay que olvidar, pero no lo que sucedió (en el 68 en México o el 73 en Chile por ejemplo), sino olvidar nuestra manera de recordar. No olvidar nuestros recuerdos, sino la forma en que memorizamos. Si el olvido no es simplemente una pérdida o una pasividad, sino una acción contra el pasado, sólo otra acción puede contrarrestar su fuerza. Para ello es necesario que el tiempo esté distendido—como acción de extender, de desplegar—, destemplado, por fuera de la sucesión y la cronología habitual. En parte la memoria es indestructible porque precisamente está afuera de la mente. Por eso no muere con los vencidos. En este punto, la revaloración de Freud puede llegar a ser de gran alcance: el "retorno de lo reprimido" que diagnosticó en *Moisés y la religión monoteísta*, permite observar la *herencia arcaica*, imborrable, la tradición que traiciona a la historiografía al develar y desviar, en la oralidad, las represiones de la escritura (97, 82). Tan imborrable la herencia, como el inconsciente no sólo individual, sino colectivo: los juegos de amnesias voluntarias, de voluntad-de-no-saber, de obliteración de lo vivido, penetran igualmente las verdades colectivas inscritas en la tradición. Prosigue Freud: "Sostengo que en este punto es casi completa la concordancia entre el individuo y la masa: también en las masas se conserva la impresión del pasado bajo la forma de huellas mnémicas inconscientes" (116).

5.2. Todo dentro de todo

> "Todo, según se sabe, ocurre inicialmente en
> otros países y a la larga en el nuestro."
>
> Borges, "El duelo" 91-92

Parte de lo que está en juego en *Amuleto* es cómo recordar dos eventos violentos: lo sucedido en Tlatelolco, sí, pero también lo que pasó *antes* de Tlatelolco. Antes del 2 de octubre hay toda una serie de tensiones, historias y fuerzas enfrentadas que, a pesar de Tlatelolco, le anteceden y le sobreviven como vimos en el capítulo anterior. Auxilio encarna una de esas historias al sobrevivir a trece días sin alimento encerrada en un baño de la UNAM. Y lo interesante es que si bien ella cuenta su historia varias, infinidad de veces, en ella sucede algo más que la voz de un sobreviviente. Auxilio recuerda muchas cosas de "esa tarde de 1971 o 1972. Y lo más curioso es que la recuerdo desde mi mirador de 1968. Desde mi atalaya, desde mi vagón de metro que sangra, desde mi inmenso día de lluvia" (Bolaño, *Amuleto* 52). Veo el 68, continúa Auxilio, "desde mi nave del tiempo desde la que puedo observar todos los tiempos en donde aliente Auxilie Lacouture, que no son muchos, pero que son" (52).

Auxilio observa todos los tiempos. Y su resistencia, *es*. Una vez Auxilio decide que va a resistir—"solo eso"—, inmediatamente las coordenadas convencionales del tiempo se desquician.

> El año 68 se convirtió en el año 64 y en el año 60 y en el año 56. Y también se convirtió en el año 70 y en el 73 y en el año 75 y 76. Como si me hubiera muerto y contemplara los años desde una perspectiva inédita. Quiero decir: me puse a pensar en mi pasado como si fuera en mi presente y en mi futuro y en mi pasado, todo revuelto y adormilado en un solo huevo tibio, un enorme huevo de no sé qué pájaro interior (¿un arqueopterix?) cobijado en un nido de escombros humeantes. (35)

El *arqueopterix*, en medio de lo que fue y no deja de ser (escombros humeantes), vive en lo que es (su nido, su huevo) siendo lo que será (el *arqueopterix* es un pájaro de transición entre los dinosaurios y las aves): ese es el tipo de interioridad que postula Bolaño, una interioridad donde todo está revuelto y los tiempos y los años se confunden. La resistencia es entonces como un pájaro interior. Y el tiempo, en la novela, opera como *intemperie* ("todos iban creciendo en la intemperie mexicana, en la intemperie latinoamericana, que es la intemperie más grande porque es la más escindida y la más desesperada" dice Auxilio), palabra que significa precisamente "destemplanza o desigualdad del tiempo" (Long 132).

Más adelante, Auxilio, acompañada de la familia del chileno Arturo Belano, asiste a "la primera manifestación que se hizo en México tras el golpe" de Pinochet en 1973; "recuerdo esa manifestación, puede que fuera la primera que se hizo en Latinoamérica por la caída de Allende" dice Auxilio. "Allí vi algunas caras conocidas del 68 y vi a algunos irreductibles de la Facultad y sobre todo vi a jóvenes mexicanos generosos" (67). Al tiempo que ve esas caras, Auxilio se ve de nuevo en el lavabo de mujeres de la UNAM en septiembre del 68: "Y en ese septiembre de 1973 aparecía el sueño de septiembre de 1968 y eso seguro quería decir algo, estas cosas no pasan por casualidad" dice Auxilio. Ni casualidad, ni causalidad: "nadie sale indemne de las concatenaciones o permutaciones del azar" (67). En el momento en que Auxilio está a punto de desvanecerse, pensando que ese sueño que aparece de nuevo es un valle de la muerte, en el momento en que se va a apoyar sobre el báculo de muerte—el báculo sobre el que se apoya América Latina—: "la madre de Arturo me tomó del brazo (yo estaba como traspuesta) y avanzamos todas juntas gritando *el pueblo unido jamás será vencido*, ay, de recordarlo se me caen las lágrimas otra vez" (68). Es aquí la mano generosa la que evita a Auxilio caer en el despeñadero. La palabra "traspuesta" lo indica: esa mano evita la huida u ocultación, antes de enclavarse en el repliegue que "impide ver lo que hay al lado de allá" (DRAE).

Los sucesos en la novela parecen estar en varios momentos al mismo tiempo. Y las cosas, en varios lugares al mismo tiempo. En la primera parte de la novela el poeta Pedro Garfias le regalaba a Auxilio unas figuritas mexicanas de barro, que ella va perdiendo poco a poco. "Ahora deben de estar en estanterías de casas sólidas o de cuartos de azotea de la colonia Nápoles o de la colonia Roma o de la colonia Hipódromo-condesa. Las que no se rompieron. Las que se rompieron deben ser parte del polvo del DF" (20). Garfias, a su vez, se quedaba detenido, impávido mirando los floreros vacíos que había en su propia casa. "Lo único cierto era que el florero estaba allí, aunque también podía estar en una ventana abierta de Montevideo o sobre el escritorio de mi padre, que murió hace tanto tiempo que casi yo lo he olvidado" (18). Aquí y allá.

Bolaño ensaya esa imagen en distintos textos, y no sólo con respecto al desquiciamiento del tiempo, sino también al desorden del espacio: lo que sucedió en otro tiempo, queda todo revuelto en un espacio diferente, tiempo después. En "Carnet de Baile," uno de los relatos de su libro *Putas Asesinas* publicado en 2001, escribe:

> En México me contaron la historia de una muchacha del MIR [Movimiento de izquierda revolucionaria de Chile] a la que torturaron introduciéndole ratas vivas por la vagina. Esa muchacha pudo exiliarse y llegó al D.F. Vivía allí, pero cada día estaba más triste y un día se murió de tanta tristeza. Eso me dijeron, yo no la conocí personalmente. 38. No es una historia extraordinaria. Sabemos de campesinas guatemaltecas sometidas a vejaciones sin nombre. Lo increíble de esta historia es su ubicuidad. En París me contaron que una vez llegó allí una chilena a la que habían torturado de la misma manera. Esta chilena también era del MIR, tenía la misma edad que la chilena de México y había muerto, como aquélla, de tristeza. 39. Tiempo después supe la historia de una chilena en Estocolmo, joven y militante del MIR o ex militante del MIR, torturada en noviembre de 1973 con el sistema de las ratas y que había muerto, para asombro de los médicos que la cuidaban, de tristeza, de morbus melancholicus. (212-13)

En México, Estocolmo, Guatemala, París y Chile, ocurren entonces historias de tortura que, por su carácter no extraordinario, adquieren *ubicuidad*. Eso es lo que sorprende al narrador. Pero esta ubicuidad no quiere decir que todo sea lo mismo: no todo da igual, y ahí está el punto de quiebre donde se instala *Amuleto* de Bolaño. Si todo diera igual, no tendría sentido resistir. Dos escritores latinoamericanos abordaron esta cuestión de la ubicuidad. Uno, contemporáneo de Bolaño, el mexicano Jorge Volpi, cuya interpretación sobre el escritor chileno citamos al comienzo del capítulo. El otro es, por supuesto, el argentino Jorge Luis Borges, que aparece en distintos lugares en los textos de Bolaño,[5] y a quien Auxilio, en conversaciones con su ángel de la guarda, ve aparecer de nuevo en el futuro: "Jorge Luis Borges será leído en los túneles en el año 2045" (134).

Como ya vimos, Volpi habla tanto del fin de la literatura latinoamericana, como del fin de las utopías (o *el fin de la locura*). Recordemos su argumento, en contra de quienes insisten en la existencia de una "literatura latinoamericana":

> Poco a poco la idea de ser un escritor mexicano, argentino, ecuatoriano o salvadoreño se convertirá en un mero dato anecdótico en la solapa de los libros. Pero no hay por qué llorar por las épocas pasadas: en la historia de la literatura siempre ha ocurrido lo mismo. ("El fin de la literatura" 41)

Para él, lo que era literatura latinoamericana ayer, hoy es literatura mundial. Volpi narra a su vez el fin de las utopías o, lo que él llama *el fin de la locura* como vimos en el capítulo III. Así, lo que Volpi ve en negativo (la destrucción del boom y el decretar el fin de la literatura latinoamericana, su caducidad, y el final de las utopías), Bolaño lo ve desde una óptica "afirmativa;" *óptica* es aquí la palabra clave, pues brinda lentes para observar, para ver sin lamentarse. Para Bolaño, nada se ha ido, nada caduca y nada se vuelve anacrónico. Lo que creíamos que había pasado ya, vuelve a suceder, en otro sitio, en otro tiempo. Aquí, ahora, mañana. Así lo repite en un texto breve de 1999, a su regreso a Chile tras veinticinco años de estar afuera, a propósito de la "transición" democrática y la concertación en Chile: "¿cuántos años hace desde el último toque de queda? ¿Cuántos años faltan para el próximo?" ("El pasillo" 77).

Una lectura "afirmativa" del anacronismo es lo que se impone aquí, no como proyección de los valores del presente sobre el pasado, sino como actualización de cosas que pensamos que se habían ido pues el tiempo ya había pasado. Es casi inevitable aquí retomar el juego que Borges realiza con los anacronismos, y con espacios que se traslapan, esto es, con mundos que coinciden en el tiempo y en el espacio, una y otra vez, por fuera de diferencias geográficas o temporales. Escribe Borges en *El duelo*: "Todo, según se sabe, ocurre inicialmente en otros países y a la larga en el nuestro" (1970: 91-92). Si ocurrió inicialmente en otro lado es porque ocurrió *antes*, en otro tiempo. Ese será el pliegue que explota Bolaño en *Amuleto*. Y que explorará en otros lugares de su obra. En *2666*, por ejemplo, para volver a Archimboldi (Ansky), quien al observar los cuadros de Arcimboldo, se da cuenta de la imbricación y pertenencia de las cosas: "Todo dentro de todo, escribe Ansky" (*2666* 918).[6] Además Borges escribió la que es quizás la historia más bella, creativa y al mismo tiempo, dolorosa, de una persona incapaz de olvidar: la historia de una ubicuidad donde todo lo leído y lo vivido se recordaba de manera lúcida y a un nivel de detalle ensordecedor. La historia de Ireneo Funes, alguien que resuena de diversas formas en el personaje de Auxilio Lacouture.

5.3. *Auxilio y Funes, el memorioso*

La fijación de Auxilio es, como vimos, con el tiempo. En *Amuleto* se dislocan las coordenadas temporales. Y Auxilio lo sabe: "sea lo que sea, algo pasa con el tiempo. Yo sé que algo pasa con el tiempo y no con el espacio" (*Amuleto* 107).

> Yo presiento que algo pasa y que además no es la primera vez que pasa, aunque tratándose del tiempo todo pasa por primera vez y aquí no hay experiencia que valga, lo que en el fondo es mejor, porque la experiencia generalmente es un fraude. (108)

Todo pasa por primera vez, por lo cual la experiencia, y el recuerdo de lo vivido, dejan de ser uno de los ejes del tiempo tal como lo entendemos convencionalmente. Eso que pasa con el tiempo y que Auxilio sospecha, es un plegamiento. "Y es entonces cuando el tiempo vuelve a detenerse, imagen trillada donde las haya pues el tiempo o no se detiene nunca o está detenido desde siempre" (107). El pájaro interior se convierte entonces es un sobrevuelo sobre líneas del tiempo donde lo que pasa y pasa sin cesar es el presente (en devenir), y lo que ES, es el pasado: "Yo no puedo olvidar nada. Dicen que ese es mi problema" (144) cuenta Auxilio unas páginas después. No puede olvidar, a pesar que su memoria no es infalible; Bolaño titubea aquí entre una memoria indefectible y una falible. Cincuenta y siete años antes de que sucediera la historia que Bolaño recrea a través de Auxilio, el argentino Jorge Luis Borges había abordado una paradoja similar. Es aquí donde viene el encuentro con unas de las inquisiciones o fabulaciones: el memorable Funes de Borges, "el memorioso," es aquí la referencia inevitable.[7] Ireneo Funes, uruguayo al igual que Auxilio, luego de un accidente (un golpe pues "lo había volteado un redomón" ("Funes, el memorioso" 113)) alcanza una memoria prodigiosa e infalible, que sin embargo ya mostraba signos descollantes previos al accidente. Borges postula en sus relatos unos supuestos, un precepto filosófico; y a partir de allí crea mundos que despliegan esos puntos de partida hasta sus máximas posibilidades e imposibilidades. Es decir, lleva ese precepto filosófico (sus postulados, sus afirmaciones y supuestos) hasta sus últimas consecuencias: desplegar todo el sistema—en el caso de Funes, el nominalismo—a través de la creación de un mundo construido a partir de las premisas de ese sistema. Hacerlo *real* independiente de que sea imposible en la realidad. En el caso de Funes, y en términos de las premisas que maneja—el nominalismo—, el postulado se autorefuta: las cosas son despliegues infinitos donde la idea misma de particularidad (el detalle) se disuelve. Aparte de su memoria absoluta, Ireneo Funes posee un nivel vívido de percepción exuberante e igualmente ilimitado. Ireneo, "el memorioso," no puede abstraer, no puede generalizar—no puede pensar. "Sospecho, sin embargo, que no era muy capaz de pensar. Pensar es olvidar diferencias, es generalizar, abstraer. En el abarrotado mundo de Funes no había sino detalles, casi inmediatos" (121). Para pensar es necesario olvidar infinidad de particularidades de las cosas, algo que Funes no puede hacer (por eso puede descansar es en la oscuridad, lejos de la luz del mundo y de las cosas, en el fondo negro donde nada emerge—ni formas, ni colores,... Estamos aquí, entonces, en el centro de las aporías de la memoria.

El caso de Auxilio es similar, pues recuerda todo. Algunos rasgos, sin embargo, desmarcan a Auxilio de Ireneo Funes. La precisión en los recuerdos de Auxilio, sin embargo, no parece tan aguda como la de Ireneo. Si bien esa memoria infalible la adquiere al caer y perder el conocimiento, la de Ireneo Funes es una memoria y una percepción prodigiosa que todavía requiere al sujeto (a su percepción por lo menos, sus "sensaciones"). Auxilio, sin embargo, tiene un primer rasgo distintivo: No importa la historia oficial, ni que se mueran los sobrevivientes que puedan rendir testimonio: el recuerdo tiene aquí una realidad independiente de la conciencia y de la voluntad del sujeto: "Luego me desperté. Pensé: yo soy el recuerdo" (146). Auxilio es el recuerdo mismo, no el recuerdo rememorado por un sujeto y su aparato sensorial. Auxilio no es una persona que da testimonio desde una voz (quizás por eso siempre se cubre su boca para hablar). Es el recuerdo que se cuenta a sí mismo: Auxilio no habla de lo que vio a la manera convencional del testigo, precisamente porque en parte no ha sucedido aun lo que atisba a recordar. El recuerdo en ese cuento de Borges, entre tanto, es aún un derecho del sujeto: "Lo recuerdo (yo no tengo derecho a pronunciar ese verbo sagrado, sólo un hombre en la tierra tuvo derecho y ese hombre ha muerto)" dice al inicio del relato ("Funes, el memorioso" 111). Esa es quizás la distancia entre ese hombre, Ireneo Funes, y Auxilio: al ser el recuerdo mismo, lo que sucede es que el sujeto deja de ser sujeto, y se convierte en un pliegue: el pliegue temporal desde donde es posible percibir lo que aún no ha sucedido, a lo que se refiere Bolaño en la entrevista sobre *Amuleto*. Pero aquí este pliegue ya no es simplemente un binarismo entre novedad absoluta y algo que siempre había estado allí. El pasado en algún momento fue presente: mostrar ese pasado que alguna vez fue presente, es mostrar, al mismo tiempo, el presente que hace que ese pasado sea pasado: es decir, mostrar "el presente que ese pasado fue." Pasado y presente se hacen contemporáneos, rompiéndose así la sucesión.

La pregunta entonces sería, ¿puede Funes recordar lo que no ha vivido, pensado ni leído? Esa es la pregunta en que se instala Auxilio. Recordar algo sin haberlo vivido o experimentado, ¿es eso posible? ¿o es simplemente una posibilidad que una vez se materializa, se autocancela? En gran medida, lo que recuerda Funes le viene a través de la *lectura*. El caso de Auxilio es distinto ¿Lee Auxilio? Sí, lee filosofía y poesía en libros que le regala Pedro Garfias (*Amuleto* 20). Pero lo que está en juego aquí es la ilusión referente a que primero viene la percepción, y luego la memoria; primero la lectura y luego la rememoración. Pero, ¿qué pasaría si la memoria no depende únicamente del aparato sensorial que experimenta o percibe "algo"? ¿Qué pasa si el vínculo entre memoria y experiencia—que testimonia—es más complejo?

Funes y Auxilio recuerdan, instantáneamente, las cosas que a los demás les toma toda una vida—y de manera imperfecta—: fechas, nombres, lugares. Como si todo, de alguna manera, estuviera desde siempre allí. Pero existen rasgos que los diferencian. En primer lugar, lo que en parte distingue a Auxilio de Funes, es que ella percibe cosas que vienen del futuro. Auxilio mezcla tiempos, y da varios atisbos de esto. "Y así llegué al año 1968. O el año 1968 llegó a mí. Yo ahora podría decir que lo presentí" comenta en las páginas iniciales de la novela (27): "Yo ahora podría decir que tuve una corazonada feroz y que no me pilló desprevenida. Lo auguré, lo intuí, lo sospeché, lo remusgué desde el primer minuto de enero; lo presagié y lo barrunté desde que se rompió la primera piñata (y la última) del inocente enero enfiestado" (27). Dos preguntas se abren aquí en dos direcciones: ¿Cómo logra Auxilio atisbar el futuro, sin haberlo vivido? ¿Es posible recordar lo no vivido? La memoria que opera en Auxilio es un caso de memoria trascendental, por oposición a la memoria empírica. "¿Por qué? Porque consiste en recordar algo que jamás ha estado presente. Es por consiguiente recordar algo que es objeto de un olvido fundamental. No de un olvido empírico" escribe Deleuze:

> Si hace un momento recordar era vencer al olvido, es porque el olvido es un accidente. Miro a alguien y digo: "¿Cómo se llama? Olvidé su nombre" Y luego, de golpe un detalle o una asociación de ideas me da el nombre. Todo esto es empírico. Yo ya había visto a ese alguien. Pero suponiendo que esto sea algo distinto a meras palabras, recuerdo algo que jamás he visto. Esta memoria no se propone superar un olvido accidental, se confronta con un olvido fundamental. Y recordando lo que jamás he visto, no triunfo ante un olvido fundamental, sino que por el contrario descubro el recuerdo como idéntico a ese olvido fundamental. (*La subjetivación* 49)

El tiempo se ha fracturado: la memoria, entonces, es el olvido. Por eso el dilema de Auxilio no es el del testigo que está allí para contar lo que vio, lo que ya sucedió. Y por eso es que el pájaro interior de Auxilio es una especie de futuro anterior, o futuro perfecto: el suceso—el acontecimiento—, anterior al otro suceso—o acontecimiento futuro—, puede ocurrir en el futuro o estar ocurriendo en el presente. Es decir que está siendo, deviniendo: en el futuro ya habrá sucedido el acontecimiento. En este momento, cuando el pájaro interno alza vuelo, la nube de polvo que se cernía sobre la casa de Pedro Garfias y León Felipe, sobre Ciudad de México, los amores y los cantos, se convierte aquí en una nube del tiempo:

> allí estaba yo, Auxilio Lacouture, o fragmentos de Auxilio Lacouture, los ojos azules, el pelo rubio y canoso con un corte a lo Príncipe Valiente, la cara

alargada y flaca, las arrugas en la frente, y mi mismidad me estremecía, me sumergía en un mar de dudas, me hacía sospechar del porvenir de los días que se avecinaban con una velocidad de crucero, aunque por otra parte me confirmaba que vivía con mi tiempo, con el tiempo que yo había escogido, y con el tiempo que me circundaba, tembloroso, cambiante, pletórico, feliz. (27)

5.4. *Nube del tiempo*

Estremecida ante sí misma, Auxilio ve lo que viene (el futuro), como si fuera algo que ya hubiera pasado. Por eso el pasado ES, es decir, el pasado está presente, no ha dejado de ser como dice Henri Bergson. Nicanor Parra, otro polémico poeta chileno admirado por Bolaño,[8] dirá en *Ultimo brindis* precisamente lo contrario.

> Ultimo brindis
>
> Lo queramos o no
>
> Sólo tenemos tres alternativas:
>
> El ayer, el presente y el mañana
>
> Y ni siquiera tres
>
> Porque como dice el filósofo
>
> El ayer es ayer
>
> Nos pertenece sólo en el recuerdo:
>
> A la rosa que ya se deshojó
>
> No se le puede sacar otro pétalo
>
> Las cartas por jugar
>
> Son solamente dos:
>
> El presente y el día de mañana
>
> Y ni siquiera dos
>
> Porque es un hecho bien establecido
>
> Que el presente no existe
>
> Sino en la medida en que se hace pasado
>
> Y ya pasó...

como la juventud.

En resumidas cuentas

sólo nos va quedando el mañana

Yo levanto mi copa

Por ese día que no llega nunca

Pero que es lo único

De lo que realmente disponemos.

El poema de Parra, de *Canciones rusas*, abre diciendo que, queramos o no, sólo tenemos tres alternativas: pasado, presente y futuro. En este bello poema de Parra ofrece sin embargo una visión convencional del tiempo: por un lado, "El ayer es ayer. Nos pertenece sólo en el recuerdo." Por el otro, "es un hecho bien establecido. Que el presente no existe. Sino en la medida en que se hace pasado. Y ya pasó." El paso del tiempo en el poema, sin embargo, nos deja al final sólo con una opción: "ese día que no llega nunca," el mañana. Parra escribe ese poema precisamente un año antes del 68. Bolaño por su parte, al final de su breve texto laudatorio sobre Parra, "Ocho segundos con Nicanor Parra" del 2001—todo en términos de tiempo—casualmente escribe una suerte de confirmación anticipada a la respuesta que Claire, en la novela de Volpi abordada en el capítulo anterior, le da a Aníbal Quevedo: "No importa quién lo dijo: *la hora de sentar cabeza no llegará jamás*" (93, énfasis en el original).

Jamás. El tiempo—¿de la resistencia?—nunca acaba ni se divide de forma convencional. Auxilio vive en su tiempo, que "escogió," y que la "escogió" a ella. En un fragmento repetido luego en *Amuleto*, leemos en *Los detectives salvajes* cómo Auxilio, al borde de ser descubierta por un soldado mientras está encerada en el baño, guarda silencio y entonces se rompe la división convencional del tiempo en pasado-presente-futuro: "se produjo un silencio especial, como si el tiempo se fracturara y corriera en varias direcciones a la vez" (193). Todos los tiempos al tiempo y en todas las direcciones. En vez de línea recta, una condensación en forma irregular de nube.

Esa es, por ejemplo, la alternativa que ofrece Deleuze para pensar, a través de Bergson, esta simultaneidad a la vez, bella, poderosa y problemática. El tiempo (pasado, presente y futuro) es esa nube que la circunda, la nube que Bergson utilizó para explicar la forma en que intentamos recordar algo que se nos escapa; una vez lo logramos, "poco a poco aparece como una nebulosidad que se condensa y pasa del estado virtual al actual" (Deleuze *Bergsonismo* 56-57). Bergson, además, en su momento (1896), ya había planteado el mismo dilema que plantea Borges cuatro décadas después—no resultaría extraño que Borges lo haya leído para fabricar a Funes (Martin)—: el de una memoria en la cual el cerebro cumple una función inhibitoria y selectiva que discrimine los recuerdos "útiles" para la acción (para el aparato sensorio motor): "Tanto es así que la percepción no es el objeto *más* algo, sino el objeto *menos* algo, menos todo aquello que no nos interesa" (22). Es el caso de Funes: "En caso, entonces, de que se produzca un accidente y el cerebro no pueda cumplir con su función inhibitoria, es claro que los recuerdos puros se manifestarán plenamente" (Martin 203). Pero convocar a Bergson es aún más interesante si pensamos en Auxilio, y su nube del tiempo—su "nebulosidad que se condensa"—: al recuerdo, dice Bergson, hay que ir a buscarlo, hay que desplazarse hacia él *por fuera de la conciencia o la memoria psicológica*. A la larga, Bergson dirá que lo que tiene una memoria prodigiosa e inolvidable es el universo, no el sujeto—No Funes, o Auxilio. No el cerebro. Hay que resistir entonces al sí mismo, estremecerse frente a su tentación de capturar la memoria. Gracias a su memoria prodigiosa, Funes "sabía las formas de las nubes australes del amanecer del treinta de abril de mil ochocientos ochenta y dos" (117-118) pero, ¿podía recordar el futuro, podía recordar no nubes sino nebulosas que se condensan? Se trata, quizás, no de elevar el pasado a una condena, o de confiar ciegamente en que el futuro es lo único que queda, sino en pensar en un encadenamiento, una gran condensación: pensar la "formación [génesis] de las ocasiones actuales" (Deleuze, *Exasperación* 254).

Auxilio, como anoté, contempla los años desde una perspectiva inédita ("me puse a pensar en mi pasado como si fuera en mi presente y en mi futuro y en mi pasado, todo revuelto") (53). Otro personaje femenino de Bolaño, Ingerborg, la compañera de Archimboldi en su novela *2666*, lo expresa en bellos términos. La conjetura (la "inquisición"), permite todas las posibilidades en un momento: "Estamos en la montaña—dijo Ingerborg—, pero también estamos en un lugar rodeado de pasado. Todas esas estrellas—dijo—¿es posible que no lo comprendas, tú que eres tan listo?" Archimboldi levanta la vista hacia las estrellas, y encoge los hombros. Prosigue Ingerborg:

> Toda esa luz está muerta. Toda esa luz fue emitida hace millones y millones de años. Es el pasado, ¿lo entiendes? Cuando la luz de esas estrellas fue emitida nosotros no existíamos, ni existía vida en la tierra, ni siquiera la tierra existía. Esa luz fue emitida hace mucho tiempo, ¿lo entiendes?, es el pasado, estamos rodeados por el pasado, lo que ya no existe o sólo existe en el recuerdo o en las conjeturas ahora está allí, encima de nosotros, iluminando las montañas y la nieve y no podemos hacer nada para evitarlo. (*2666* 1041)

Desde el lugar del presente se ve la luz que, emitida desde hace tanto tiempo, está ahora y seguirá estando mañana. Por eso desde ese presente lleno de pasado, se ve el futuro. La luz de las estrellas pervivirá después de ese presente, aún sin nosotros. Todos los tiempos suceden simultáneamente: no hay pues progreso posible. Por fin, entonces, cesa el tiempo que impide la coexistencia de múltiples tiempos. Todos los tiempos en un solo momento, sin pasado que es ayer o presente que es lo único que es. El pasado ES mientras que el presente "pasa," es todo nuestro pasado el que coexiste con cada presente.[9] El presente es lo que pasa y pasa y no deja de pasar, porque es puro devenir—por eso el presente NO es, *el presente deviene*. El pasado no ha dejado ser: ES. Sobrevive, pero lo hace porque está contenido en sí mismo—no en mi memoria. Auxilio es entonces "contemporánea de todo lo antiguo que pervive en lo más nuevo."

Por otro lado, los niveles desbordados de percepción y recordación que tiene Ireneo Funes contrastan con su parálisis física. Y mental: "Había aprendido sin esfuerzo el inglés, el francés, el portugués, el latín. Sospecho, sin embargo, que no era muy capaz de pensar. Pensar es olvidar diferencias, es generalizar, abstraer. En el abarrotado mundo de Funes no había sino detalles, casi inmediato" (121). Se paraliza entonces el movimiento del pensamiento, y es cuando vemos la contracara del don de Ireneo: una sobredosis y saturación de sensaciones y recuerdos que sobrecarga su cuerpo hasta un desgaste infinito. Ireneo está separado de la acción, está "tullido;" quizás, en parte, esa inmovilidad física, sumada al agotamiento de no poder detener el proceso perceptivo—sobrecarga sensorial hasta la extenuación—, lo lleva a morir joven (31 años) de una congestión pulmonar. Todavía estamos aquí frente al cansancio de un sujeto que se aturde y se agota con la luz del mundo. Funes, dice Borges

> era el solitario y lúcido espectador de un mundo multiforme, instantáneo y casi intolerablemente preciso. Babilonia, Londres y Nueva York han abrumado con feroz esplendor la imaginación de los hombres; nadie, en sus torres populosas o en sus avenidas urgentes, ha sentido el calor y la presión de una realidad tan infatigable como la que día y noche convergía sobre el infeliz Ireneo, en su pobre arrabal sudamericano. (121)

El don deviene así enfermedad, cansancio, agotamiento, e infelicidad. La restitución del sentido, una de las vías posibles de la memoria, llega a un callejón sin salida: es tal la saturación por el exceso de recordación, que todo pierde sentido. "Como la inmortalidad, una memoria infalible y total no es una liberación, sino una condena" puntualiza Jaime Alazraki en su lectura de *Funes* (120). Auxilio, en cambio, *actúa*: resiste. Ya que el recuerdo se conserva en sí mismo, para recordar hay que "ir" hacia el pasado, pues este no aparece en nosotros mismos, sino allí donde se conserva. Y eso implica un desplazamiento. Si sólo recordamos aquello útil para la acción y el aparato sensorio motor, por eso quizás es que Funes no requería moverse, cambiar de estado. Finalmente, en tanto para Ireneo la percepción y memoria infinita devienen irónicamente en una maldición, Auxilio por su parte cuenta con algo que puede conjurar esa maldición: un amuleto.

5.5. *Conjura*

> "¡No estar a la expectativa de bienaventuranzas y de bendiciones
> e indultos lejanos y desconocidos, sino vivir de tal manera que
> queramos vivir otra vez y queramos vivir así por la eternidad!
> Nuestra tarea se nos plantea en cada instante."
>
> Friedrich Nietzsche, *Fragmentos póstumos* 169

No es casualidad que amuleto, relacionado con la palabra talismán, tenga dos sentidos: el primero, "iniciar a alguien en el misterio," el lector en este caso, que es la forma en que empieza la novela ("Esta será una historia de terror. Será una historia policiaca, un relato de serie negra y de terror. Pero no lo parecerá" (11)). El segundo, tiene relación con la conjura de la maldición: el amuleto, como talismán, tiene también un carácter medicinal.

Luego de 13 días en el lavabo mientras termina la ocupación militar de la UNAM Auxilio, agotada, escucha un ruido. "Me levanté. La llave de uno de los lavamanos del baño de mujeres de la cuarta planta no estaba bien cerrada. La abrí del todo y me mojé la cara" (141). Esa es la gota de agua que, en su persistencia, termina por horadar el tempano de hielo del miedo, de la parálisis, de la extenuación de las fuerzas vitales: "Bastó ese ruidito para que no entrara en el sueño eterno" (141). Luego de levantarse y cerrar la llave, Auxilio baja de la montaña, es decir, baja del cuarto piso del lavabo de mujeres: "comenzaré a bajar apenas reponga un poco mis fuerzas" (150). Auxilio se levanta, se lava la cara en el baño y se peina. En ese momento la encuentra Lupita: "Luego Lupita, la secretaria del profesor Fombona, abrió la puerta y nos quedamos mirándonos, las dos con la boca abierta pero sin poder articular palabra. De la emoción, yo creo, me desmayé" (147). Auxilio se pone de pie en un mar de hielo, aún cuando escucha la voz de siempre, la voz de su propia conciencia, adormecida, llamando a otro tipo de despertar: "despierta, Auxilio. Esto no hay quien lo aguante." Pero Auxilio insiste: "Sin embargo, yo sabía que podía aguantarlo. Así que bauticé a mi pierna derecha con el nombre de voluntad y a mi pierna izquierda con el nombre de necesidad. Y aguanté. Yo aguanté y una tarde dejé atrás el inmenso territorio nevado y divisé el valle" (149). Voluntad y necesidad juntas, no separadas ni excluida una de otra—como quiere el orden de Estado y mercado—, en un mismo cuerpo, en un mismo acto. Ni la voluntad libre—del filósofo desencantado de las "masas," o del nihilismo neoliberal—, ni la necesidad ciega, sino voluntad y necesidad juntas en tanto amor al destino, tal como lo describe Nietzsche:

> Mi fórmula para expresar la grandeza en el hombre es *amor fati* [amor al destino]: el no querer que nada sea distinto ni en el pasado ni en el futuro ni por toda la eternidad. No sólo soportar lo necesario, y aún menos disimularlo—todo idealismo es mendacidad frente a lo necesario—, sino amarlo. (*Ecce Homo* 61)

En ese punto, Auxilio se vuelve alguien capaz de experimentar en forma selectiva no el orden, la forma o la lógica, sino la necesidad: "de aprender cada vez más a ver la belleza existente en la necesidad de las cosas, así yo seré uno de los que las embellezcan" ("La ciencia jovial" 730). Lejos estamos de la fatalidad, así como de la voluntad libre: no es una escogencia *de* lo necesario, sino una selección *en* lo necesario. No es, por tanto, la necesidad de las teleologías: es la del eterno retorno inmerso no en el tiempo sino en el devenir, "pues todas las cosas están bautizadas en el manantial de la eternidad y más allá del bien y del mal" (*Así habló* 235). En esa eternidad por fuera del tiempo, lo que se reitera indefinidamente es el devenir infinito, no lo mismo o lo igual—ningún sino trágico aquí. Tampoco un fin o meta, sino lo sinfín, que no es cualquier cosa sino todas las cosas. Si se quiere *algo* se tiene que elegir *todo*, todo aquello que nos sucede y que, incluso, nos resiste—incluyendo el dolor, el horror y el displacer. En el eterno retorno del devenir, la voluntad libre da paso a la voluntad de poder,[10] "puesto que el poder puede llegar a hacerse consciente sólo cuando se presentan impedimentos, así el displacer es un *ingrediente necesario de toda actividad* (toda actividad está dirigida contra algo que ha de ser superado)" (*Fragmentos póstumos* 127). Eterno retorno entonces como principio de selección, como "selección creadora": se trata de elegir cómo vivir, del *martillo* que permite discernir lo quebrantable de lo inquebrantable. De clarificar qué resiste y qué se quiebra: "Así que bauticé a mi pierna derecha con el nombre de voluntad y a mi pierna izquierda con el nombre de necesidad. Y aguanté," dice Auxilio.

Ni yo que como príncipe de sí detona o bien el proceso de resistencia, o el proceso de recordación a partir de su propia conciencia. Tampoco sometimiento al determinismo del destino, pues hay "voluntad" (no-libre, en relación con la necesidad): tenemos elección dice Bergson, tenemos tiempo para reaccionar pues nuestras acciones no se encadenan inmediatamente con las excitaciones recibidas. Por eso "percibir conscientemente significa escoger y la conciencia consiste ante todo en este discernimiento práctico" ("Materia y Memoria" 246). La voluntad actúa entonces a nivel de la acción al elegir, no simplemente a nivel de la evocación del recuerdo. La memoria entonces difiere de la simple rememoración, del recuerdo. El caso contrario que usa Bergson, la lesión cerebral que hace olvidarlo todo, puede ser útil aquí: "when there takes place a lesion to the brain it is not that memories are lost, simply that they can no longer be actualized and translated into movement or action in time" (Ansell-Pearson 6-7). Y esa elección parte de las imágenes-recuerdo, son su guía. Pero esas imágenes-recuerdo no están en mí, sino en el mundo (Bergson, "Materia y memoria" 254; Deleuze, *Los signos* 660). El recuerdo como resistencia impacta entonces en mis afecciones en tanto soy mundo, en el mundo que se expresa en mí, en el mundo que me expresa.

Entonces viene la escena final de la novela, donde Auxilio nos cuenta no sólo el crimen atroz, sino de qué se trata el misterio que rodea: el amuleto-talismán que nos induce a descifrar las claves de lo sucedido, y a toparnos con la posibilidad de una dosis medicinal. El mantenerse en pie es lo que permite a Auxilio no sólo recorrer el camino del crimen y su misterio ("cosa arcana o muy recóndita, que no se puede comprender o explicar"), al tiempo que el carácter medicinal del amuleto evita la parálisis, la extenuación: el inicio del capítulo final de *Amuleto* recrea la activación Auxilio. "En ese momento decidí bajar de las montañas. Decidí no morirme de hambre en el lavabo de mujeres. Decidí no enloquecer. Decidí no convertirme en mendiga" (142). Recordar, en la etimología en castellano, también quiere decir "volver en sí," "despertar" (Corominas 42). Auxilio decide entonces *ir* al mundo a través del acto, evita entonces la parálisis: el crimen cometido que no logra recordar está en el mundo, no en su memoria. Por eso debe actuar, no sólo evocar: "Yo soy la madre de todos los poetas y no permití (o el destino no permitió) que la pesadilla me desmontara" (27-28). Para decirlo de nuevo con Bergson, necesariamente debo ir a donde está el pasado: "Del mismo modo que no percibimos las cosas en nosotros mismos, sino allí donde están, así tampoco aprehendemos el pasado más que allí donde está, en sí mismo y no en nosotros o en nuestro presente" (Deleuze, *Bergsonismo* 57).

Desde el valle Auxilio observa unos jóvenes cantando y marchando hacia un abismo. De nuevo aparece la imagen del pájaro. "La rama estaba vacía. Supuse que los pájaros eran la enseña de los muchachos" (153). Ya el pájaro (interno) no está en la rama, y ha cogido vuelo: Auxilio cuenta que oyó esos pájaros en el pasado, y los oye aún cantar en el presente (*todavía*).

> Y los oí cantar, los oigo cantar todavía, ahora que ya no estoy en el valle, muy bajito, apenas un murmullo casi inaudible, a los niños más lindos de Latinoamérica, a los niños mal alimentados y a los bien alimentados, a los que lo tuvieron todo y a los que no tuvieron nada, qué canto más bonito es el que sale de sus labios, qué belleza, aunque estuvieran marchando hombro a hombro hacia la muerte, los oí cantar y me volví loca, los oí cantar, y nada pude hacer para que se detuvieran. (153)

Lo que en principio parece ser un descuido con los dientes, o falta de dinero para ir al dentista para recomponer la silueta de la cara (36), se revela al final como el efecto de un grito con el que intenta evitar que esos niños caigan al abismo. El grito de auxilio. El grito que está inscrito en las raíces del verbo recordar: "calling," "recall" o "to come to the aid of, to help" (Bollack),[11] tal como dice el epígrafe de *Amuleto*: "Queríamos, pobres de nosotros, pedir auxilio; pero no había nadie para venir en nuestra ayuda." "Yo perdí mis dientes en el altar de los sacrificios humanos" (37), dice por su parte Auxilio. "Lo único que pude hacer," continúa, "fue ponerme de pie, temblorosa, y escuchar hasta el último suspiro su canto, escuchar siempre su canto, porque aunque a ellos se los tragó el abismo, el canto siguió en el aire del valle." Ese canto se acompasa con los pasos de esos muchachos, "que era el paso del valor y de la generosidad en mis oídos." Niños, dice Auxilio, que se dirigían a la guerra, sí, pero el suyo era un canto de amor y guerra, "lo hacían recordando las actitudes teatrales y soberanas del amor" (154). Terminaron en el abismo, pero quedó su canto de amor: "¿Pero qué clase de amor pudieron conocer ellos?" pregunta Auxilio: "El amor de sus padres, el amor de sus perros y de sus gatos, el amor de sus juguetes, pero sobre todo el amor que se tuvieron entre ellos, el deseo y el placer" (154). Las canciones, el amor que la nube de polvo cernida sobre el DF había intentado pulverizar. Al final de la novela, al escapar de una especie de emboscada que tiende sobre ella el hijo de Lilian Serpas, Auxilio abre los ojos y ve cómo "luego el viento se llevaba el polvo en medio de la nada o de la ciudad de México" (129). La nube de polvo, por fin, se despeja.

Ese es entonces el crimen que anuncia el inicio de la novela: "una generación entera de jóvenes latinoamericanos sacrificados" (154), en el 68 en México, en Chile del 73. Generación cuyo canto, sin embargo, "por encima de todo hablaba del valor y de los espejos, del deseo y del placer." Generación que, al mismo tiempo, no es representativa o imagen de toda América Latina, no es la figura militante convencional de los jóvenes latinoamericanos: "Supe también que pese a caminar juntos no constituían lo que comúnmente se llama una masa: sus destinos no estaban imbricados en una idea común. Los unía sólo su generosidad y su valentía" (152). Y llegamos entonces al final de la novela. A ver el pájaro interno, aún en el nido ya en cenizas, pero gestando la transformación que da la bienvenida al futuro. A un nuevo canto que ha sonado desde siempre. Finalmente, es la resistencia de Auxilio durante esos trece días, previos a Tlatelolco, la que le permite escuchar *después* el canto de esos jóvenes, y portar el amuleto para *resistir*.

Para Auxilio el tiempo de la resistencia no necesariamente es el futuro, lo nuevo no sólo está en el mañana—en lo que aún no llega del que habla Parra. La resistencia *es*, el pasado *es*. No ve la masa, quizás ve lo múltiple: pero aquí lo múltiple no es simplemente aquello que está compuesto de muchas cosas (todas las cosas de las que es capaz de acordarse Auxilio o Funes): "lo múltiple no es lo que tiene muchas partes, sino lo que está plegado de muchas maneras" (Deleuze, *El pliegue* 11). Es inevitable aquí recordar a *El inmortal* de Borges, su epígrafe—"all novelty is but oblivion"—y su bella frase: "Sabía que en un plazo infinito le ocurren a todo hombre todas las cosas" (43). Eso fue, quizás, lo que le ocurrió a Auxilio. Por eso es que Auxilio *recuerda* al intentar contar su historia en el lavabo: "pero faltaba algo, faltaba lo que había visto" (148). Había olvidado lo que ya había visto, lo que quizás ya había sucedido: pero la cuestión no era simplemente rememorar lo sucedido en el 68 con esos jóvenes desde las formas convencionales. Hacia el final de la novela Auxilio lo expresa con claridad: "Yo presiento que algo pasa y que además no es la primera vez que pasa" (108). La cuestión es la del pliegue, y el despliegue de lo que está plegado: repliegue y despliegue de las fuerzas, y no acciones de la voluntad libre. Como lo dice el mismo Bolaño, "es un crimen atroz que ella al principio no sabe bien, lo recuerda vagamente porque aún no ha ocurrido, pero en ese pliegue temporal lo ha percibido" (Bolaño "Roberto Bolaño").

La repetición de lo infinito genera, finalmente, diferencia: Funes, "al caer, perdió el conocimiento" (Borges, "Funes, el memorioso" 117), y es en ese momento que alcanza su don y su condena. Auxilio, por su parte, no pierde el conocimiento, sino la forma habitual de rememoración basada en el tiempo dividido en 3, el tiempo no reversible y progresivo. Se abre a conjugar el tiempo en futuro perfecto. Al hacerse parte del pliegue del tiempo, Auxilio es capaz de recordar a partir de la resistencia (no de su memoria como Yo), de la experiencia vivida que está ahí pero no acaba de llegar (la cuestión es que puede llegar cualquier cosa, ¡Incluso lo peor!). Auxilio puede resistir porque sabe que nada se ha ido y todo volverá: que no hay un pasado que se deja atrás en un futuro que es síntoma de un avance.

Llegados a este punto, la divergencia entre los personajes de Borges y Bolaño no puede ser mayor: mientras Ireneo Funes "había quedado tullido, sin esperanza," pues "lo había volteado un redomón en la estancia de San Francisco" (113), Auxilio toca el amuleto-talismán desde la *atalaya* desde la que contempla el 68, desde ese "estado o posición de la que se aprecia bien una verdad" (DRAE). Ya su ángel de la guarda, se lo había dicho: "che, Auxilio, has descubierto a dónde fueron a parar los jóvenes de nuestro continente" (*Amuleto* 133). Toca el amuleto para *resistir*, entonces. Para hacer como ese pájaro interno cuyo amuleto le permite seguir volando, y cantando, y escuchando los cantos de los otros. El amuleto que no tuvo Funes. "Y ese canto es nuestro amuleto" (153).

Notas

1. Para entender la resistencia me apoyo en la reciente explicación que da Rebecca Comay a la palabra (238-239): "There's an antinomy implicit in the word itself: resistance signals both impediment and impetus. It can either disrupt or sustain the equilibrium and steadiness of every state of affairs or setup: either a force of transformation or a bulwark against innovation, either conservative or transformative and at times, disconcertingly, both at once. Resistance shares many of the semantic tensions of its close cognate, *stasis*, with its contradictory senses of immobility and upheaval. *Stasis*, in Greek, has the ambiguity pertaining to all things 'standing' (both *resistance* and *stasis* derive from *histemi*, from which came the Latin, *stare, sistere*, from which also came, eventually, *existere*, to step out into being, to stand forth, to exist), a verb that pivots on the grammatical tension between its stative and its dynamic usage, between the condition of standing and the act of standing up, between situation and event steadfastness, constancy, and stability, on the one hand; interruption, instigation, initiation, on the other. It points to that which is stationary, static, persists, which stands up over time, which withstands the corrosive and erosive forces of antagonism and entropy, which is consecrated to status, consistency, and standing, for example the installation of a statue, the establishment of an institution, constitution, legal statute, or sovereign state (the state, like every institution, is tautologically bound to its own status and stability). But it also gestures to that which insists, takes a stand, stands apart or against, stands up to or rises up against the existing state of affairs, defies the status quo, desists from consensus, dismantles statues and institutions, defies laws and constitutions, introduces dissent, division, discord into the stable order of the state itself. Stasis means steadiness, constancy, permanence and it also means sedition, faction, rebellion, civil war".
2. De acuerdo con Paul Ricoeur "con la rememoración, se acentúa el retorno a la conciencia despierta de un acontecimiento reconocido como que tuvo lugar antes del momento en que éste declara que lo percibió, lo conoció, lo experimen-

tó. La marca temporal del antes constituye así el rasgo distintivo de la rememoración, bajo la doble forma de la evocación simple y del reconocimiento que concluye el proceso de recordación" (*La memoria* 83). Y puntualiza: "el *ana* de *anamnesis* significa retorno, reanudación, recuperación de lo que antes se vio, se sintió o se aprendió; por lo tanto, significa, de alguna forma, repetición" (47).

3. Patricia Poblete señala en su análisis *Bolaño: otra vuelta de tuerca* (2010): "[...] *2666* ha sido, es, y posiblemente seguirá siendo considerada como el testamento literario de Bolaño, una suerte de Apocalipsis, dentro y fuera de la diégesis, que tematiza el destino fatal e irremediable de un continente que ha sido abandonado a su suerte, aquel continente por el que deambuló toda una generación de jóvenes—los nacidos en la época de los 50—abocados al fracaso [...]" (10). Por su parte, Patricia Espinoza argumenta: "Es esta una escritura que violenta la unicidad. Bolaño parece escribir fragmentos de un texto único, del cual conocemos sólo pedazos. El juego es: el fragmento que pervierte a la obra, que la desecha como totalidad, también la desea. Llegar a la fragmentación es llegar al desastre, como territorio de lo que nunca podrá ser totalizado o visto en conjunto" (126).

4. Y muchos de los escritores que le gustan a Bolaño, también: "Lemebel es valiente, es decir sabe abrir los ojos en la oscuridad, en esos territorios en los que nadie se atreve a entrar" ("Fragmentos de un regreso al país natal" 65).

5. Al inicio de *Estrella Distante*, novela que analizo en el próximo capítulo, escribe Bolaño: "Mi función se redujo a preparar bebidas, consultar algunos libros, y discutir, con él y con el fantasma cada día más vivo de Pierre Menard, la validez de muchos párrafos repetidos" (11).

6. "El jurista (un juez o un alto funcionario con la cabeza hecha de piezas de caza menor y el cuerpo de libros) también le parecía un cuadro de terror. Pero los cuadros de las cuatro estaciones eran alegría pura. Todo dentro de todo, escribe Ansky. Como si Arcimboldo hubiera aprendido una sola lección, pero ésta hubiera sido de la mayor importancia" (Bolaño, 2666 918).

7. Para la interpretación del cuento de Borges sigo las sugerencias hechas por Jon Stewart en "Borges' Refutation of Nominalism in 'Funes el memorioso'."

8. En "Nicanor Parra y adiós a Chile" dice Bolaño: "Para mí, Parra es desde hace mucho el mejor poeta en lengua española" ("Nicanor Parra y adiós a Chile" 69). Dada la posición de Parra no sólo ambivalente, sino incluso de apoyo tácito y complaciente al golpe militar—por lo menos en sus inicios (Gallo y Hopenhayn; Vargas Rojas)—, su figura es polémica y disonante en diversos círculos de izquierda. Recientemente el filósofo y poeta Andrés Claro, sintetiza parte de la perspectiva escritural de Parra en estos términos: "Creo que Parra, el de Poemas y antipoemas, fue una antena que anunció este impasse que se produce cuando el entusiasmo choca con el escepticismo. Él no es un simple escéptico, sino que pone en escena esta tensión: empieza a hablar con entusiasmo, pero inmediatamente llega el intelecto y le pega un palo. (O viceversa: 'Juro que no recuerdo ni su nombre / Mas moriré llamándola María'). La postura se lee como cínica, porque parece una toma de distancia, pero en realidad lo que hace es asumir esa tensión y diagnosticar toda una época. Ese diagnóstico dice bastante sobre

cosas que estamos viviendo hoy en Chile, donde de alguna manera estamos paralizados en la tensión entre el entusiasmo y el escepticismo."

9. "No sólo coexiste el pasado con el presente que ha sido, sino que además, como se conserva en sí (mientras el presente pasa), es el pasado en su totalidad, el pasado integral, todo nuestro pasado el que coexiste con cada presente" (Deleuze, *Bergsonismo* 60).

10. El concepto de voluntad de poder es, junto con el de eterno retorno, quizás uno de los más debatidos en torno a la obra de Nietzsche. Es indispensable, para una mínima clarificación del concepto, atender a dos distinciones. La primera, que será retomada por Wolfgang Müller-Lauter en la década de los setenta como parte de la revaloración de Nietzsche, la establece Nietzsche en un fragmento—póstumo—del otoño de 1885 a primavera de 1886: "El hombre es una pluralidad de 'voluntades de poder': cada una con una pluralidad de medios de expresión y de formas" (*Fragmentos póstumos* 145). La segunda distinción esencial la establece retrospectivamente Deleuze, para quien voluntad de poder no quiere decir querer dominar o querer el poder, sino que alude a la diferencia de cantidad, cualidad y dirección de las fuerzas y su juego: "si voluntad de poder significase *querer el poder*, dependería obviamente de los valores establecidos, de los honores, el dinero o el poder social, ya que son estos valores los que determinan la atribución y el reconocimiento del poder como objeto del deseo de la voluntad" ("Conclusiones sobre la voluntad" 157). De ahí que, escriba Deleuze: "querer el poder, tal es la imagen de la voluntad de poder que se forman los impotentes" (158)

11. "In French, the abstract value of the intensifier *rappeler* (to remind; *appeler intensément*, to call intensely) appears very early on in the language, in the sense of 'to bring to consciousness or memory.' It is the origin of the pronominal expression *se rappeler* (to recall; before 1673), which then begins to compete with se souvenir de (to remember), derived from the Latin *subvenir*, 'to come to the aid of, to help', then 'to come to mind, to occur'" (Bollack 645).

6. ¿Fascismo y sadismo en Chile? La *Estrella distante* de Roberto Bolaño

"Como en un sueño, cuando todo estaba perdido
Zurita me dijo que iba a amainar
porque en lo más profundo de la noche
había visto una estrella."

Raúl Zurita, *Anteparadiso* 23

"Todas las poetisas están muertas." Esa es la frase que pronuncia Alberto Ruiz-Tagle, asesino en serie de mujeres en la novela *Estrella distante* de Roberto Bolaño (1996). Ruiz-Tagle elegía sus víctimas en los talleres de literatura de la ciudad de Concepción en Chile en 1973 y 1974. Ruiz-Tagle, o Carlos Wieder como se le conocerá después, militar que escribe poemas en el aire, artista-asesino cuyas víctimas no logran reconocer la verdad que anuncia este "poeta autodidacta": "está a punto de nacer la 'nueva poesía chilena'" (Bolaño, *Estrella distante* 30). A renglón seguido de esta frase, Wieder asesina precisamente a dos de las futuras letradas pertenecientes a uno de los talleres literarios, las hermanas Garmendia entre ellas: marca así el fin de un linaje, de unas posibles herederas. Asimismo, anuncia un nuevo tiempo para la poesía chilena. Es el año de 1974 y Wieder ejecuta dicha revolución escribiendo una poesía aérea desde su avión de la Segunda Guerra Mundial, un Messerschmitt 109. Wieder escribe en el aire frases del Génesis de la Biblia y algunas sentencias breves sobre la muerte (*la muerte es comunión, la muerte es limpieza, la muerte es crecimiento, la muerte es resurrección*). El *happening* ejecutado por

Wieder es el complemento de una exhibición con las fotografías de las personas asesinadas y torturadas por él, cuyos nombres luego son escritos en el cielo con el avión. La primera parte de *Estrella distante* narra el fin de esa estirpe de aprendices: una nueva poesía que marca el fin de una serie de escritores jóvenes, dos de cuyos sobrevivientes—Bibiano O'Ryan y el narrador—emprenden la búsqueda de Wieder en la segunda parte de la novela.

Es llamativo ver cómo después de su ejecución (el performance que ofrece a amigos y compañeros de armas cercanos de las fotografías de las poetisas torturadas y masacradas), Wieder es reprendido por sus superiores y cae en una especie de descrédito y de "olvido" por parte del propio régimen ("a partir de esa noche las noticias sobre Carlos Wieder son confusas, contradictorias, su figura aparece y desaparece en la antología móvil de la literatura chilena envuelto en brumas, se especula con su expulsión de la Fuerza Aérea en un juicio nocturno y secreto" (*Estrella distante* 110)). Wieder quería cometer el crimen absoluto, aquel que diera inicio a una nueva época, una nueva forma material del cuerpo y la escritura: al escribir en el aire nombres de mujeres, "los generales que lo observaban desde el palco de honor de la pista pensaron, supongo que legítimamente, que se trataba del nombre de sus novias, de sus amigas o tal vez el alias de algunas putas de Talcahuano. Algunos de sus más íntimos, sin embargo, supieron que Wieder estaba nombrando, conjurando, a mujeres muertas. Pero estos últimos no sabían nada de poesía. O eso creían" (43). Luego de esa exhibición aérea Wieder es reconvenido y marginado por la institución militar, ante lo cual empieza su errancia. Tiempo después, cuando ya ha cometido los crímenes y es un fugitivo, asume una serie de pseudónimos y empieza a escribir artículos en distintas revistas como "El Cuarto Reich Argentino." Allí, "en las respuestas, largos monólogos divagantes, se bosqueja su teoría del arte," comenta uno de sus perseguidores, Bibiano O'Ryan. De acuerdo con O'Ryan esta teoría es "decepcionante, como si Wieder estuviera pasando por horas bajas y añorara una normalidad que nunca tuvo, un estatus de poeta chileno 'protegido por el Estado, que de esa manera protege a la cultura'" (106). La huida y errancia de Wieder es síntoma de no poder hallar un mecenazgo para su empresa cultural al interior de la dictadura de Augusto Pinochet (1973-1989).

Su excentricidad con respecto a la dictadura también es temporal: Marta la gorda Posadas, una de las participantes en los talleres literarios de Concepción, la única que "captó algo de lo que en realidad se movía detrás de Ruiz-Tagle" (22), le cuenta a Bibiano y al narrador, a la postre detectives que siguen la pista de Wieder, que este último "va a revolucionar la poesía chilena" (24). Y qué cosas te cuenta le preguntan ansiosos a Marta: "De la nueva poesía.... La que él va a *hacer*" (25). Y añade: "Porque no son sus poemas, dijo la Gorda. ¿Y tú cómo lo sabes?, pregunté exasperado. Porque conozco a las personas" (25). Terminada la conversación, dice el narrador: "Pocos días después llegó el golpe militar y la desbandada" (26). La nueva poesía de Wieder antecede entonces al 11 de septiembre y la consagración Augusto Pinochet como jefe supremo de las Fuerzas Armadas. De cierto modo, frente al argumento de una democracia estable (la más longeva de América Latina), de una norma civilista interrumpida a partir del 11 de septiembre de 1973, la nueva poesía de Wieder se erige como elemento extraño. En efecto, la novela de Bolaño empieza con el encuentro entre el narrador y Wieder, uno o dos años antes del golpe: "La primera vez que vi a Carlos Wieder fue en 1971 o tal vez en 1972, cuando Salvador Allende era presidente de Chile" (13). Ese encuentro también antecede al golpe militar como tal. Ese antecedente, aparece retratado a su vez en la manera de hablar el español de Wieder, "ese español de ciertos lugares de Chile (lugares más mentales que físicos) en donde el tiempo parece no transcurrir" (Bolaño, *Estrella distante* 16): eso que está *antes* del suceso. Un antecedente que quiero explorar en este capítulo, y que queda excluido de los análisis sobre la novela de Bolaño.

Recientemente Gareth Williams caracterizó a *Estrella distante* como una novela incapaz de escapar a la excepción soberana (terrestre) y la división amigo/enemigo. "*Estrella distante* turns on the question of poetry as a relation, forged in violence, to the exceptional status of sovereign command" ("Sovereignty and Melancholic Paralysis" 129). Wieder, el piloto-torturador, sería entonces el síntoma de la excepción soberana, y su escritura aérea, una instauración: "Carlos Wieder's first poetic act is to transcribe in the sky the mystical foundation of military sovereign command" (136). Williams asume que la descripción del monstruo que presenta Bolaño, coincide con la noción de enemigo. En ese sentido, la novela de Bolaño es para Williams "a narrative procedure that says its purpose is to construct the enemy's true face" ("Sovereignty and Melancholic Paralysis" 138). La incapacidad de Bolaño de salir de dicha división conduce así en *Estrella distante* a una repetición vacía que conlleva al eterno retorno de lo mismo, a una "parálisis melancólica": "Captured in the temporal despotism of the Chilean state of exception, captured in the eternal return of the loss of efficacy of what came before, the obsessive and yet essentially unproductive identification of friends, enemies, or something in between is the source of Bolaño's melancholic rendering of the historico-political" (138). Este capítulo va en la dirección opuesta: la exterioridad de Wieder con respecto a la dictadura, es mi tesis, permite pensar la dictadura chilena por fuera de los dilemas de la soberanía. Esta relativa exterioridad de Wieder con respecto al régimen dictatorial de Pinochet es lo que quiero explorar en este capítulo. En efecto, no es que Carlos Wieder esté aislado del régimen, o sea un simple cabo suelto: la cuestión es que su relación con el golpe militar, y la instauración y duración de la dictadura no es directa. Está mediada. Esa es la mediación que quisiera explorar.

Wieder haría parte así de una genealogía que el sonado debate en las páginas de la *Revista de Crítica Cultural* y *Extremoccidente*, sobre el golpe de 1973, oculta. O por lo menos no deja ver, si seguimos las intervenciones de Willy Thayer, Federico Galende y Nelly Richard en esas páginas, que problematizan el golpe como acontecimiento o como consumación de la "voluntad de acontecimiento." A saber, si el acontecimiento es el gobierno de Allende (Galende), las prácticas culturales que el golpe generó (Richard), o si por el contrario el golpe consuma la tentación vanguardista de las izquierdas (Thayer). El punto álgido del debate es en torno a si la dictadura (Thayer), o más bien el gobierno de Salvador Allende y la Unidad Popular (Galende), fue lo que interrumpió y desorganizó las reglas del régimen republicano. La novela de Bolaño, por supuesto, no es ajena a ésta discusión. Una posible genealogía del golpe militar, se sugiere en *Estrella distante*, se toparía con este tipo de rarezas que no encajan fácilmente en esa fructífera discusión, pues no preguntaría tanto acerca de *qué es* lo nuevo y *qué lo viejo* en el golpe y en el gobierno de Allende (como en el caso de Thayer, Galende y Richard), sino cuáles fueron las fuerzas que dieron origen a lo sucedido: no qué fue esto o aquello (golpe o acontecimiento), sino cómo fue posible algo (su génesis). Pues si no es recurriendo al enfrentamiento de fuerzas históricas, ¿cómo es posible saber si la historia se interrumpió o se redireccionó, esto es, si *aconteció* o no algo? Esas fuerzas, en cierto sentido, son exteriores al "acontecimiento" (sea bajo el nombre propio de Allende o Pinochet), tal como lo muestra la extensa documentación acerca del carácter pre-visto y pre-anunciado del Golpe mismo en 1973[1] (ahora, ¿cómo algo pre-anunciado y pre-dicho, puede llegar a ser un acontecimiento?). La cuestión sin embargo se complica pues el dilema que planteaba el gobierno de Allende, no era que fuera a convertirse en un régimen revolucionario como el cubano—activando la paranoia imperialista y el horror al asalto comunista—, sino precisamente que no iba a ser revolucionario;[2] ni siquiera marxista explica Grandin (*Empire's Workshop* 60).[3]

Bolaño mismo sugiere las claves en dos momentos del texto con respecto a una de esas fuerzas exteriores que operan la mediación. A mitad de la novela, cuando ya las acciones de Wieder son rastros que distintas personas intentan recomponer, empieza la búsqueda por hallar a este asesino múltiple: lo busca el detective y el literato, en una rara mezcla que opera por conjeturas

(*Estrella distante* 29) y en la cual el lector no puede distinguir con claridad quién es el detective y quién es el literato. La novela alude entonces a una pequeña pieza de teatro firmada "por un tal Octavio Pacheco," hallada en un momento de la búsqueda que se emprende contra Wieder una vez abandona Chile. Prosigue: "La pieza es singular en grado extremo: transcurre en un mundo de hermanos siameses en donde el sadismo y el masoquismo son juegos de niños. Sólo la muerte está penalizada." Pero, para que esto suceda, "hay que tocar fondo." Y termina diciendo: "La pieza no finaliza, como era de esperar, con la muerte de uno de los siameses sino con un nuevo ciclo de dolor" (103-04). Este nuevo ciclo de dolor, que recomienza se basa en un principio: "Su tesis acaso peque de simple: sólo el dolor ata la vida, sólo el dolor es capaz de *revelarla*" (104).

¿Cuáles son las formas en que se revela esa vida? Si juntamos las piezas, encontramos que la escena que recrea Bolaño opera no contra el fondo de una dictadura o un Estado autoritario, sino algo más oscuro. No por ello es casual, segundo momento, que el penúltimo capítulo de la novela abra con la siguiente sentencia: "Esta es mi última transmisión desde el planeta de los monstruos" (138). Estos monstruos difieren del gran déspota solitario, el gran dictador: Pinochet, apenas nombrado un par de veces en la novela. Poco a poco, el entramado de la novela va revelando que Carlos Wieder no es simplemente un agente de la dictadura: monstruos, ciclos de dolor, libros y actos poéticos configuran un universo que desborda la figura del gendarme y represor, para dar paso a un entramado más complejo y difuso, precisamente porque la imagen de un monstruo mitológico, un patriarca supremo (el gran dictador), da paso a otra cosa. Esa otra cosa, extraña y "exterior" a la dictadura, es el sadismo.

Una vez Wieder es un fugitivo, el narrador nos cuenta acerca del libro de Bibiano O'Ryan, uno de los literatos que posteriormente deviene perseguidor de Wieder, "sobre los movimientos literarios fascistas del Cono Sur entre 1972 y 1989" (117). Bibiano, que trabajaba como dependiente en una zapatería, ya le había contado al narrador uno de sus proyectos (a la postre, uno de los libros que Bolaño publicó con el título *La literatura nazi en América*): "quería, finalmente, escribir un libro, una antología de la literatura nazi en América. Un libro magno, decía cuando lo iba a buscar a la salida de la zapatería, que cubriría todas las manifestaciones de la literatura nazi en nuestro continente, desde Canadá (en donde los quebequeses podrían dar mucho juego) hasta Chile, en donde seguramente iba a encontrar tendencias para todos los gustos" (52).

Recordemos que Wieder escribe en el cielo usando un avión de la Segunda Guerra Mundial. La poesía aérea de Wieder, a pesar de querer acontecer en el escenario chileno, no es nueva: "La figura estilizada heroicamente del 'artista-aviator' terminó siendo la figura simbólica del fascismo" (Jennerjahn 86). Esto me permite situar lo sucedido a partir del golpe de Estado de Pinochet en una contrarrevolución de largo aliento. Para desarrollar esta idea, en la primera parte del texto realizo un desplazamiento con respecto a la noción de dictadura: un corte histórico y analítico para moverme desde la figura del gran dictador hacia el cúmulo de fuerzas que a mi juicio están en el *background* de la dictadura chilena: el fascismo. En ese contexto, la trama de *Estrella distante* puede leerse como una reacción específica frente a la Ilustración y el uso de la razón encarnado en Wieder. Esta reacción, en el caso de la novela de Bolaño, adquiere matices muy precisos anclados en algunos episodios de la historia chilena. No se trata simplemente de un burdo irracionalismo. Ni de algo súbito. Ya Carlos Keller, uno de los dirigentes del Movimiento Nacional Socialista en Chile,[4] exponía en una conferencia dada en la Academia de Guerra en 1932:

> No creo en teorías ni en fórmulas. No tengo la menor estimación por soluciones basadas en el raciocinio de la inteligencia humana, por la cual confieso haberme acostumbrado a tener cierta dosis de escepticismo. Creo, en cambio, en el poder creador de la naturaleza. La vida es un eterno proceso de nacer y morir. (*Cómo salir de la crisis* 3)

Ciclos de vida y muerte, concreción, fuerzas creadoras y naturales que no resuelven los problemas a través del raciocinio, son elementos que constituyen una problemática profunda que elude cualquier caracterización rápida o reduccionista a la hora de analizar el ascenso y consolidación de la derecha radical en Chile. En la segunda parte del texto me enfoco en el sadismo encarnado en Carlos Wieder, a través de dos de las técnicas predilectas del Marqués de Sade: las artes de la lectura, y las artes de la escritura. La distinción analítica entre fascismo y sadismo es pertinente al nivel de los lugares comunes (para desechar expresiones del tipo "los fascistas leyeron a Sade"), más lo interesante son las imbricaciones, interferencias y relaciones en las que ambas fuerzas se potencian y se lanzan una a otra cada vez más lejos. Su co-incidencia y con-fusión se presta a un complejo contrapunteo entre ambos términos en el caso chileno. En la novela, Wieder lee precisamente a uno de los pilares del pensamiento contra-revolucionario: Joseph de Maistre,[5] cuyo libro "Las veladas de San Petersburgo," está en la misma habitación donde el aviador-poeta ofrece su happening. El fascismo, y especialmente el sadismo, traen al mundo no sólo el monstruo criminal (verdugo, asesino en serie, el *outlaw*), sino el monstruo moral. Dos monstruos, entonces, ya no un único nombre propio. Ese surgimiento es, quizás, el paso del Leviathan al Behemoth: en contraste con el Leviathan, Behemoth es "an aggregation of monsters" ("Behemoth is, etymologically, plural" (MacGillivray 185)).

Sadismo y fascismo permiten así hacer un análisis alejado de la ley, para entrar en el dominio de las prácticas morales. Esto permite, no hallar y condenar los abusos y la crueldad, el quiebre del ideal y el humanismo (en términos generales, la condena del mal), sino captar los recorridos que hacen posible lo sucedido. El incontable cúmulo de cuerpos torturados y desaparecidos que relata la novela, en cierta medida es ilegible desde el ángulo humanista, que deposita su confianza en el progreso y las bondades de la civilización. Sólo cinco años antes de la publicación de *Estrella distante*, en 1992, la Comisión Nacional de Verdad y Reconciliación plantea en su informe (Informe Retigg)[6] con respecto a las desapariciones forzadas durante la dictadura, en el capítulo "motivaciones de los victimarios," que "ello supone no sólo adentrarse en el terreno de lo subjetivo, sino también intentar discernir una racionalidad en actos que repugnan a la conciencia" (Rettig 745). Esa es la racionalidad que, a su vez, buscarán la mayoría de estudios analíticos para entender la dictadura chilena.[7]

Como anoté en la introducción del libro, el humanismo ha pretendido alojar la crueldad en lo no humano: el bárbaro y el salvaje, la naturaleza, los animales y las plantas; el humano, así, trascendería aquello que corroe desde afuera, en presunta exterioridad, su naturaleza virtuosa y buena. Asemejar lo humano a la bondad, desvalorizando aquello que está fuera, ha permitido así convertir la diferencia en jerarquía, y trastocar la diferencia en posibilidad de mando. El sujeto deja de ser un ámbito de racionalidad para convertirse entonces en un centro de comando. Por eso estudiar las experiencias anti humanistas en sus propios términos—'que quizás son nuestros propios términos—, es a mi modo de ver un camino más fructífero. Muy temprano, Nietzsche vio con claridad la limitación de los presupuestos humanistas, a saber:

> [L]a creencia en un mundo que se supone que tiene su equivalencia y su medida en el pensamiento humano, en los conceptos humanos de valor, en un «mundo de la verdad» susceptible de ser abordado de manera definitiva con la ayuda de nuestra pequeña y limitada razón humana. (*La ciencia jovial* 830)

El sadismo y el fascismo, precisamente, permiten salir del terreno de lo subjetivo, y de los pliegues de la conciencia y la racionalidad que miden todo en sus términos y desechan lo demás como simple caos e irracionalidad. Ambos son anti-ilustrados, y por lo menos en principio, son anti-liberales y anti-comunistas. Pero lo son por motivos distintos. El sádico se acopla a unas leyes de la naturaleza (no al derecho natural del humano), en donde el hombre no tiene poder dentro del poder. Es una teoría natural de las pasiones, donde no hay Duce o caudillo. El fascismo, en ese punto, es demasiado humano con respecto al sadismo. En el fascismo hay el retorno y la rememoración de un origen, de un precedente arcaico consagrado en el renacimiento y regeneración nacional, y la exaltación de un extremismo nacionalista (Griffin *Fascism* 2-4). En el sadismo, por el contrario, hay sintonía con la forma en que obra la naturaleza por fuera de la historia humana y sus orígenes inmemoriales. Las divisiones nacionales son, para el sadismo, nimias. Pero no porque carezcan de importancia, sino porque para el orden de la naturaleza son artificiales, humanas. Le son indiferentes. No hay pues, en el sadismo, purificación alguna de raza humana ni culto de la personalidad de caudillo alguno. Tampoco hay deshumanización, ni cosificación, pues la dialéctica de sujeto-objeto del fascismo (Finchelstein 24) no es dable en el sadismo. No se trata por tanto de un proceso de deshumanización donde el sujeto es reducido instrumentalmente al carácter de objeto. Por último, entre el fascismo y el sadismo existe una diferencia de plasticidad, ya que "la teoría fascista nunca llegó a ser un sistema articulado de creencias. Siempre fue un conjunto cambiante de tropos e ideas" (29). Por el contrario, como veremos en la sección final del capítulo, el sadismo se rige por un sistema de estabilización, un repertorio exuberante de normas que incitan a construir un orden dentro del desorden. El encuentro entre ambos, sin embargo, puede ocasionar sucesos inesperados.

6.1. *De la dictadura al fascismo. De Carlos Keller a Carlos Wieder*

Una vasta literatura se ha enfocado en definir las características de las dictaduras latinoamericanas, en términos de requisitos o mínimos condicionales que permitan considerar o no un régimen como dictatorial. En ese sentido, la pregunta es acerca de *qué es* una dictadura o un régimen autoritario, y cuáles son sus características (*checklist*). Una de las síntesis más lúcidas de este enfoque es la que presenta Manuel Antonio Garretón para el caso chileno:

> There is a certain consensus with regard to the features of the military regimes which have been defined as 'the new authoritarianism' in Latin America. Whatever their designation, they emerge in countries with a certain level of development, following a relatively long period of broad popular

mobilization, and are organized around the armed forces, which destroy the previous regime and play the predominant role in alliance with the dominant economic classes. They rule through technocratic sectors in state leadership positions and propose a program to restructure society in terms of new mechanisms of capitalist accumulation and distribution and of a political reordering which is authoritarian, repressive, and exclusionary. (145)

Este tipo de enfoque dio pie a una explosión en la literatura sobre el tema, con un fuerte énfasis en los aspectos procedimentales, institucionales y legales de las democracias liberales.[8] A pesar del alto grado de sofisticación que han adquirido estos estudios, generalmente de tipo comparativo entre naciones, su efectividad y sistematicidad se basa en un "olvido": la dimensión moral. Es decir, son incapaces de captar la exterioridad de la dictadura, ese lado sombrío que permanece relegado en estos estudios centrados en el Estado, los partidos y los reglamentos electorales. Esa es la luz que trae Wieder, por más siniestra que sea, la luz de su estrella.

En principio, la posibilidad de un fascismo en las Américas pude pecar de ser un anacronismo. Al principio del texto recordábamos la exterioridad de Wieder con respecto al régimen militar de Pinochet: no sólo es reprendido por sus superiores sino marginado. Esta exterioridad es palpable en la actitud misma del régimen hacia agrupaciones de extrema derecha, inspiradas en el fascismo, como Patria y Libertad:

> [T]he regime's mistrust of mass politics blocked efforts to organize 'civic-military movements,' such as those proposed by aides like Federico Willoughby and supporters like Pablo Rodriguez of Fatherland and Liberty. Regime hard-liners feared they would prove uncontrollable, while moderates worried about creating the appearance of totalitarian rule. (Valenzuela y Constable 162)

Sin embargo, todo depende de los elementos analíticos e históricos que se utilicen para construir el problema del fascismo. Por un lado, el propio desarrollo de las fuerzas de derecha radicales en Chile indica en parte ese desplazamiento. A partir de 1932, el hispano-germano Jorge González Von Marees fundará el Movimiento Nacional Socialista (MNS) con el respaldo de inmigrantes alemanes, uno de los tres casos de movimientos fascistas en América del Sur en el siglo XX (Griffin *Fascism*). Con un antecedente de tres golpes de Estado (en 1924, 1935 y 1935), este grupo participó del golpe de Estado en 1938, que finalmente fue sofocado por un sector de las fuerzas armadas. Cuatro años antes, en 1934, la pregunta por el *quién* ya no será la pregunta por el dictador o el caudillo: Carlos Keller, otro hispano-germano colega de

Von Marees desecha esa opción, al escribir en *Acción Chilena*, órgano de difusión del Movimiento Nacional Socialista en Chile, que "the possibility of a personal dictatorship, of caudillismo, which has brought such misery to our continent" ("Chilean Action and National Regeneration" 232). Desechada la opción del hombre fuerte, la alternativa real, prosigue Keller, es entre marxismo y fascismo. Así, se establece la distinción entre las variadas formas de caudillismo (bonapartismo, cesarismo) y el fascismo, o entre dictadura militar y fascismo.[9] Un cesarismo o bonapartismo que además, en el caso chileno, es por lo menos discutible, y ha sido criticado en estudios recientes que atienden al funcionamiento de la Junta Militar en su conjunto y sus fricciones, y no sólo a la figura de Pinochet (Barros).

La opción por el fascismo en Chile será movilizada por distintas agrupaciones que invocarán al "verdadero pueblo chileno" (Griffin 232), especialmente frente a la crisis moral y ruina de la nación: Von Marées, por ejemplo, promulgará un discurso en 1936 una vez salido de la cárcel, en el que planteará la tarea más urgente del momento en estos términos: "reconstitución de toda la nación: reconstitución del pueblo chileno y reconstitución del Estado chileno" (6). Frente a la posibilidad de destruir el sistema democrático-parlamentario, la opción propuesta es otra: debido a que ese sistema necesariamente colapsará por sus propias acciones y lógica, González afirma que "our present duty is not to destroy but to build" (citado en Griffin *Fascism* 232). Algo que estará muy presente en el lenguaje y la práctica de la década del sesenta y el setenta: refundación, nacimiento, construcción un nuevo orden, ya fuera con la Unidad Popular de Allende y la "vía chilena al socialismo," o con el arribo de la junta militar en 1973.[10] Lo interesante es que este modo de plantear la cuestión, en términos de refundación o nacimiento (de acontecimiento), resuena sintomáticamente en parte el debate actual sobre el 73 en Chile (*Cfr.* Thayer, Galende, Richard).[11]

Lo que a su vez pone de presente el matiz del fascismo, es precisamente un olvido voluntario. En el marco de las teorías de la modernización, compleja y desigual, las teorías de la transición de finales de los ochenta se inscriben, con matices, en la gran oposición que emergió de la Segunda Guerra Mundial, y se consolidó definitivamente en los inicios de los noventa: democracia vs totalitarismo. Se consolida allí una superioridad o por lo menos, la elección menos costosa entre regímenes posibles, de la democracia liberal. Lo que viene a ser revolucionario, es entonces la invención democrática, la democracia misma. Y que en el origen de la sociedad hay un espacio vacío, que debe mantenerse como construcción inacabada y no cerramiento autoritario (Lefort). Para el caso latinoamericano, es posible establecer un nexo entre los supuestos de esos estudios de transición y esta división entre totalitarismo y su "resto" (Linz). Lo que no deja de ser curioso, es que a partir de la caída de las dictaduras y el ocaso de la vía armada en América Latina, bajo el totalitarismo progresivamente se han ido agrupando desde Europa fenómenos disímiles, tan dispares como el comunismo y el fascismo (Lefort 232-33). La idea de totalitarismo pierde de vista todos los matices, precisamente los matices sádicos y fascistas. Por otro lado, como ha sido señalado por perspicaces analistas del fascismo, la homologación entre fascismo y comunismo (como un resto exterior al totalitarismo) borra la conexión entre fascismo y el capitalismo (Kitchen 34-35). Este último vínculo, veremos, será decisivo en los desplazamientos que anuncia la novela de Bolaño.

6.2. *Raúl Zurita y la Nueva Vida*

Como siempre, entonces, el problema del origen, del renacimiento ligado al ocaso de algo, o la ruptura de todas las rupturas (con Wieder "está a punto de nacer 'la nueva poesía chilena'"). Al hablar de la "sorpresa" que pretendía Wieder acerca de "la naturaleza de las fotos," éste solo adelanta que "se trataba de poesía visual, experimental, quintaesenciada, arte puro, algo que iba a divertirlos a todos" (*Estrella distante* 87). Uno de los observadores describe así las "cientos de fotos que decoraban las paredes":

> Según Muñoz Cano, en algunas fotos reconoció a las hermanas Garmendia y a otros desaparecidos. La mayoría eran mujeres. El escenario de las fotos casi no variaba de una a otra por lo que deduce que es el mismo lugar. Las mujeres parecen maniquíes, en algunos casos maniquíes desmembrados, destrozados, aunque Muñoz Cano no descarta que en un treinta por ciento de los casos estuvieran vivas en el momento de hacerles la instantánea. (97)

Una vez el lector se entera de en qué consiste ese experimento, es imposible no aludir a cómo el sádico necesita este elemento provocador, la necesidad de la obscenidad en sí misma (Deleuze *Sacher-Masoch* 28): el *happening* cumple pues su función, revelando lo que la dictadura quería conservar oculto, negado y enterrado.[12] La "poesía aérea" de Wieder traza sobre el cielo en clara alusión al origen, por un lado, los primeros versículos del libro Génesis de la Biblia en latín; por el otro, como ya anotamos una serie de sentencias sobre la muerte: *la muerte es comunión, la muerte es limpieza, la muerte es crecimiento, la muerte es amistad, la muerte es resurrección. La muerte es Chile. La muerte es mi corazón. Toma mi corazón. Carlos Wieder* (89-91, énfasis en el original). El personaje de Bolaño, por supuesto, no es ajeno a la enorme polémica que generó la vanguardia chilena. "Por entonces Wieder estaba en la cresta de la ola," su año de gracia, 1974. "Lo llamaron para que hiciera algo sonado en la capital, algo espectacular que demostrar al mundo que el nuevo régimen y el arte de vanguardia no estaban, ni mucho menos reñidos" (86). Con el trazo de estos versículos Bolaño hace a su vez alusión a la poesía aérea de Raúl Zurita (nacido en 1950, tres años antes que Bolaño), quien en 1982 realizó una exhibición sobre el cielo de Nueva York, "La nueva vida," escribiendo sobre el aire estas sentencias:

>MI DIOS ES HAMBRE
>MI DIOS ES CÁNCER
>MI DIOS ES NIEVE
>MI DIOS ES VACÍO
>MI DIOS ES NO
>MI DIOS ES HERIDA
>MI DIOS ES DESENGAÑO
>MI DIOS ES GHETTO
>MI DIOS ES CARROÑA
>MI DIOS ES
>MI DIOS ES PARAÍSO
>MI AMOR DE DIOS

Zurita, de quien Bolaño en otro lugar critica precisamente "su escatología, su mesianismo" (Bolaño, "La poesía chilena a la intemperie" 89), fue miembro junto con Diamela Eltit del CADA (Colectivo Acciones de Arte), colectivo heterogéneo con claros signos vanguardistas guiados por "la fusión arte/vida, la fusión arte/política" (Richard 40).[13] Ahora, parejo a su filiación vanguardista hay un par de detalles pertinente para mi argumento en torno al sadismo y el fascismo. Zurita, en repetidas ocasiones, se auto-infligió una serie de heridas en sus ojos, sus pies y su rostro en 1974 y 1980.[14] ¿Qué cuerpo, aún en busca de la trasgresión y lo inefable, busca voluntariamente dañarse a sí mismo? ¿No es acaso, de Nietzsche a Horkheimer, el cuerpo del burgués el que acepta diseñar su yo a partir de la crueldad consigo mismo? ¿Y quién, sino el sádico, ve en el dolor y el daño a sí mismo una posible liberación, placentera además? Dañarse a sí mismo: "el débil se daña a sí mismo" (Nietzsche, *La voluntad de poder* 59).[15] Comenta Deleuze:

> El libertino [sádico] no teme que le hagan a él lo que él hace a los otros. Los dolores que le imponen son últimos placeres, y no porque vendrían a satisfacer una necesidad de expiación o un sentimiento de culpa, sino, al contrario, porque lo confirman en una potencia inalienable y le conceden

una certeza suprema. Sometido a la injuria y la humillación, en medio de los dolores, el libertino no expía sino que, dice Sade, 'goza por dentro de sí mismo el haber llegado lo bastante lejos como para merecer ese trato.' (*Sacher-Masoch* 42)

Por el otro lado, es interesante notar cómo Zurita *anuncia* previamente (al igual que Wieder) su escritura en el cielo en un texto llamado *Mein Kampf* (Bolognese 271). Como bien lo ha mostrado Ina Jennerjahn en su análisis de *Estrella distante*,

> La metáfora del vuelo ha sido el tópico central del futurismo italiano. En este se relacionó el mito de la máquina con el del "superuomo," metáfora que implicó el desprecio de la muerte, considerándose la empresa del vuelo como "[U]na forma neoaristocrática de la muerte." El volar, solamente reservado a pocas personas elegidas, encarnó la utopía de la libertad y liberación, la idea del poder y del progreso técnico-científico permanente. Las acciones aéreas de Ramírez Hoffman citan a aquellos piloto-artistas de la vanguardia italiana, Gabriele d'Annunzio y Filippo Tommaso Marinetti. Debido a sus aportes, en la segunda mitad de los años veinte, el futurismo italiano de entreguerras llega a ser la "[L]a figura estilizada heroicamente del "artista-aviatore' terminó siendo la figura simbólica del fascismo." Los autores de la segunda fase del futurismo pusieron su aeropintura, creada en 1924, al servicio del fascismo, tributando homenajes a Mussolini y a Hitler. (79)

Ahora, dados los lazos históricos entre vanguardia y fascismo, ¿es posible afirmar que el fascismo es el espectro que ronda en buena medida las discusiones sobre vanguardia, novedad y ruptura en Chile? Por lo menos sí es posible vislumbrar una resonancia inquietante. En especial porque el fascismo no pasa sólo por la cuestión del Estado-nacional. De un lado, está la cuestión geopolítica. Así, recientes estudios comparados sobre el fascismo muestran cómo América Latina no era un escenario indiferente para el fascismo europeo. Al abordar el tema del fascismo, *América Latina* vuelve a aparecer aquí en su dimensión problemática. La definición de América del Sur como *América Latina* fue explotada por seguidores del fascismo italiano: en su estudio sobre el carácter transatlántico del fascismo, que detalla las conexiones entre el fascismo italiano y el Cono Sur (específicamente Argentina), Federico Finchelstein comenta que para el régimen fascista italiano, "opposed to the Asian or African realities, Latin America was paternalistically considered an area discovered by an 'Italian' (Columbus) and thereby a vital space for fascist 'Latin' reclamation" (Finchelstein 36). A través de un minucioso análisis de archivos del Estado italiano, Finchelstein muestra cómo el papel de América Latina como campo de batalla para contener y enfrentar tanto el comunismo como a los Estados Unidos e Inglaterra fue un asunto recurrente al examinar el *Archivio Centrale dello Stato* en Italia. Asi mismo, en *Il Popolo d'Italia* de 1924, periódico fundado por Benito Mussolini, se puede leer que con respecto a América Latina "the most essential aspect from an Italian perspective [...] is the current and future interference between Latin American advancing civilization and the needs of our colonial expansion" (citado en Finchelstein 36-37).[16] En este sentido, adicional a la conexión vanguardia-fascismo, la conexión entre fascismo y capitalismo será, como veremos denle el siguiente capítulo, aún más explosiva: la derecha monetarista en Chile también se hacía vocera de un nuevo comienzo: "to us, it was a revolution" dice uno de los miembros del equipo económico de Pinochet: "we had terrible salaries, but a great deal of mystique" (Valenzuela y Constable 187).

Existe, a su vez, una distinción analítica importante que me permite dar el paso de la dictadura al fascismo. La dictadura es un proceso de contención, que obstruye y tapona cualquier disidencia o resistencia (que lo logre o no, es otro dilema). *Opera* a través de la destrucción y la abolición de *algo* (objeto, persona) que, bajo la forma del enemigo (terrorismo, virus, guerrilla,...) amenaza el orden de cosas. El punto es cuando ese proceso de abolición y destrucción ya no se dirige en contra de *algo*, sino en contra de todo—'incluso contra sí mismo—, es decir, cuando se convierte en una fuerza destructiva sin referente, sin objeto: pura abolición y pura destrucción. Deleuze y Guattari lo vieron con toda claridad: "a diferencia del Estado totalitario que se esfuerza en obstruir todas las líneas de fuga, el fascismo se construye en una línea de fuga intensa, que él mismo transforma en línea de destrucción y abolición puras" (*Mil mesetas* 233).

¿Puede entonces el fascismo ser una línea de fuga intensa? Esto se liga con el potencial de "novedad" del fascismo, asunto que aparece de manera recurrente en las revisiones teóricas e historiográficas sobre el tema. Una novedad destructiva, "novedad reaccionaria" (Badiou *Lógicas de los mundos*) o "a revolution against the revolution" (Neocleus XI; Poulantzas 47-51) que en algunos casos se ha postulado como el carácter pseudo-revolucionario del fascismo, una renovación de energía y un re-nacimiento que aboca al nacimiento de lo nuevo y la muerte de lo viejo. Esas interferencias no son extrañas a *Estrella distante*. Es interesante notar cómo el año de 1968, referente inagotable de las discusiones sobre el acontecimiento, también va a ejercer una influencia decisiva en Wieder. Al principio el relato se refiere a "la génesis en una modesta portería de París de la *Escritura Bárbara,* movimiento literario que tendrá en los últimos años de su vida una importancia decisiva" (44). Luego de asistir al happening con las fotos de personas torturadas y asesinadas, Bolaño nos da la pista al final de la novela para entender esa influencia decisiva de esta secta parisina de escritores bárbaros que buscaba "dar forma a su nueva literatura" (Bolaño, *Estrella distante* 139). Su fundador es Raoul Delorme, "el jefe," que "parecía exactamente lo que era, un ex legionario y un tipo con una gran voluntad" (142). Delorme fundó su secta "mientras los estudiantes levantaban barricadas y los futuros novelistas de Francia rompían, a ladrillazos, las ventanas de sus Liceos o hacían el amor por primera vez" (139). Uno de sus seguidores, Jules Defoe—el nombre propio que finalmente permite hallar a Wieder en Europa—años después, sentenció: "La revolución pendiente de la literatura, venía a decir Defoe, será de alguna manera su abolición. Cuando la poesía la hagan los no-poetas y la lean los no-lectores" (143). Abolición, entonces, empezando por la literatura misma y las divisiones que ésta produce: letrados e iletrados, escritores y aprendices, en un tono plebeyo presente en los fascismos cargados en la mayoría de veces en contra de *ciertos* privilegios de las clases altas (especialmente contra el poder de los banqueros y el capital financiero), la abolición de ciertas jerarquías heredadas y el fin del conflicto de clases sociales (Griffin, *Fascism* 6). Nada lejos de *cierto* utopismo y vanguardismo pero, y esto es lo esencial, por supuesto como línea de fuga incesante que nunca se reterritorializa. Una línea suicida: "la muerte es comunión, la muerte es limpieza, la muerte es crecimiento, la muerte es resurrección", escribe Wieder con su avión sobre el cielo. Es, a su vez, un eco del "artista-mensajero," que reta las convenciones burguesas del arte encerrado (en el museo), y fabrica un arte instalado en el escenario latente por excelencia, imperceptible a fuerza de ser visible: el aire, la atmósfera. El ataque a la representación burguesa y sus horrores (ocultos o velados en el trasfondo), precisamente pasará para las vanguardias en hacer evidente lo latente.[17]

Destrucción, entonces, en la que ni siquiera existe el duelo o la melancolía, pues no hay objeto perdido. Una existencia sin remordimiento, tal como se expresa en la defensa que hacen de Wieder tres antiguos compañeros de armas una vez este cae en desgracia: "a los tres," nos dice el narrador, "los guía el amor por la verdad y un desinteresado altruismo" (118). El tercer compañero, que "lo acompañó en algunas misiones en Santiago" afirma que "el teniente de la Fuerza Aérea sólo hizo lo que todos los chilenos tenían que hacer, debieron hacer, o quisieron y no pudieron hacer. En las guerras internas los prisioneros son un estorbo. Esta era la máxima que Wieder y algunos otros siguieron y ¿quién, en medio del terremoto de la historia, podía culparlo de haberse excedido en el cumplimiento del deber?" (118). Nada de participación pasiva, entonces, ni obligada por órdenes de los superiores. De nuevo, Deleuze y Guattari tienen razón en que el fascismo no es "lo ideológico," "el engaño al que sucumbieron las masas," "lo irracional," "lo negativo" o "lo subjetivo," sino que es una fuerza coextensiva al campo social, positiva y deseante (*El antiedipo* 36-37).

La pregunta por supuesto es: ¿Es *tolerable* analizar el fascismo en términos afirmativos? A este tipo de fuerza sin objeto específico, especie de fuerza natural, corresponde un discurso determinado en la voz de Wieder, en sus declaraciones ante la prensa: "la fuerza de ese discurso, la pureza y la tersura terminal de ese discurso, reflejo de una voluntad sin fisuras" (53). ¿Cómo es posible leer, entonces, esa fuerza en términos negativos o irracionales? En efecto, el fascismo fue leído como algo atado a la inseguridad psicológica de ciertos estratos sociales, a la idolatría, a la "personalidad autoritaria," o a cierto tipo de "actitudes" vinculadas a un desorden particular (anomia), por analistas de las más diversas tendencias, desde Erich Fromm y Theodor Adorno a Talcott Parsons.[18] La pregunta, más precisamente, es ¿para qué leerla en términos negativos? Aquí es donde la diferencia crucial entre la poesía aérea de Zurita y la de Wieder, sirve de ilustración. Estas poesías difieren en un punto fundamental: en tanto Zurita conserva a Dios y lo liga con algunas penurias de la existencia, Wieder se pregunta por el mal, sin Dios, pues "si Dios existe, ¿de dónde proviene el mal?" Al mesianismo de poetas como Raúl Zurita y sus rodeos con la divinidad, Wieder opone algo distinto: un mal práctico, "el mal y no meramente la irracionalidad, un mal práctico y no únicamente la falta de un sentido racional" (Negri *Job* 37). Esa pregunta por el mal y no por lo divino es la que llevará al fascismo de Wieder a territorios insospechados. Por eso el equívoco que señala la novela de Bolaño es creer que quizás hay puntos de vista enfrentados sobre el mal y la culpa, es decir, que hay opiniones diversas sobre lo que está bien y lo que está mal. El punto quizás es que los puntos de vista están situados en coordenadas distintas: por eso no se tocan, ni se convencen o persuaden entre sí. La línea de fuga fascista crea sus propios criterios de evaluación, inmanentes: es una fuerza que se autofunda, que opera por autoposición, extrayendo toda su potencia de sí misma.

Nada distinto de cómo opera el sadismo: por un lado, el sádico opera en un universo basado en la extravagancia y la destrucción. El mal, en la perspectiva del sádico, opera por normas o ciclos (destructivos) de la naturaleza y no por leyes humanas, derivadas o artificiales ("estas leyes absurdas son obra de los hombres y no debemos someternos a ellas" (Sade *La filosofía en el tocador* 55)), pues la naturaleza es al mismo tiempo anti-naturaleza, esto es, es capaz de ejercer el mal.

Las acciones más extraordinarias, las más extravagantes, las que parecen chocar de la manera más evidente con todas las leyes, con todas las instituciones humanas (porque del cielo no quiero hablar), pues bien, Eugenia, incluso ellas no tienen nada de terrible, y ninguna es tal que resulte imposible demostrarla en la naturaleza. (113)

Su fuerza maligna se auto-realiza de manera incesante, en un proceso autosuficiente, sin término: "todos sus actos desmienten la ilusión de una norma absoluta que la resumirían en un único orden y al mismo tiempo demuestran la naturalidad del mal que, al dejar de definirse con relación a los valores trascendentes, no se encarna sino en figuras relativas" (Macherey, "Sade y el orden del desorden" 190). Este relativismo, que abordaremos más adelante, permite descentrar la responsabilidad de las acciones del humano: lo que en principio es una opresión y un absurdo, es la ley del hombre. Aquella que, además, fabrica motivos a partir de la conciencia. El no poder captar esa inmanencia es, a su vez, el límite que los estudios pertenecientes a la modernización o las transiciones no pueden rebasar: analizan el caso chileno desde criterios trascendentales, interpretando la dictadura chilena desde el trasfondo del republicanismo y la democracia liberal. El punto es, según Sade, que quien reflexiona sobre el "mal radical," no es lo suficientemente radical en su reflexión: esa es la inconsistencia de la razón y el pensamiento ilustrado (Safranski 265). Y el límite de los estudios sobre la omnipotencia de un individuo (caudillo, dictador), ya que no sería tanto el carisma de una voluntad, como una pasión natural la que opera allí. De acuerdo con la interpretación de Sade, "la naturaleza manda que se retire el crédito a las reglas morales de la civilización" (270), especialmente la primera de ellas: el yo y sus convenciones supuestamente superiores a la naturaleza misma (no es casualidad que Wieder traza con su avión en el cielo frases del Génesis, precisamente el libro en el cual la luz, los animales y la naturaleza aparecen *antes* que el humano). El sadismo es un anti-humanismo. Por eso tanto la lectura republicana como la del gran dictador obedece a una interpretación desde las leyes derivadas y artificiales, trascendente con respecto a la cosa que trata de comprender: he ahí su desencuentro. Concebir el sadismo (y el fascismo) desde la irracionalidad o la ilusión, impide entenderlo en inmanencia. Impide, por eso mismo, entender las amplias movilizaciones en contra de Allende y a favor de Pinochet, y descifrar el estrecho margen de victoria del plebiscito de octubre 1988 para que se abrieran elecciones presidenciales, ahora sin Pinochet.

En su momento, ya Benito Mussolini lo había captado con toda claridad, en su artículo publicado en 1917, titulado *Trincherocracia*: Allí la *trincherocracia*, o "aristocracia de las trincheras," era definida así como un "neologismo" surgido a partir de "el eterno conflicto entre la vieja sensibilidad y la nueva" que anunciaba el retorno de los viejos combatientes formando una "nueva aristocracia." Una suerte de nuevo combatiente que forjaría la "aristocracia del mañana," la "aristocracia en acción," innombrable con los recursos existentes: "Las palabras república, democracia, radicalismo, liberalismo, la propia palabra 'socialismo' ya no tienen sentido: lo tendrán mañana" (Griffin, *Modernismo y fascismo* 296). Acorde con el estilo genealógico del libro, la pregunta no es por el qué, sino por el *cómo* y por el *quién*. Entonces, por un lado, a la pregunta de *qué es algo*, Nietzsche agregará algo esencial: qué es *para mí* algo. Por el otro, inquiere: "¡¿Entonces quién? Deberías haberte preguntado!" ¿Quién es el que quiere *algo*, en la novela de Bolaño? No es Pinochet, es Carlos Wieder, y es ahí donde encontramos un primer cambio de enfoque. "*Estrella distante*" nos da pistas interesantes: se enfoca en el soldado (Wieder, Delorme), no en el dictador. Y ahí se conecta con esa *trincherocracia*: Wieder, es el hombre de hoy y siempre, de mañana: "Wieder, según Bibiano, nos contó, quería decir 'otra vez,' 'de nuevo,' 'nuevamente,' 'por segunda vez,' 'de vuelta,' en algunos contextos 'una y otra vez,' 'la próxima vez' en frases que apuntan al futuro" (50). Estamos entonces ante un mañana que viene del pasado, un mañana que ya pasó y volverá una y otra vez, otra pista para salir del acontecimiento e ir a excavar en su génesis. Wieder, además, vive en América, el país del mañana, origen y destino, tierra de promisión.

  El punto entonces no es solo la omnipotencia de un solo hombre (el dictador), sino la serie de mecanismos que permitirán desplazar y reconfigurar las nociones de remordimiento y culpa ("Así pues," afirma Sade en *Juliette*, "el remordimiento no es más que una reminiscencia fastidiosa, resultado de las leyes y de las costumbres adoptadas, pero que de ninguna manera depende de la especie del delito" (17)). Por eso en el universo sádico no existe el otro, es precisamente un mundo sin otro dice Deleuze: no se puede esperar compasión o virtud hacia otro, pues simplemente no existe. Por eso, el sádico no se mueve por envidia o por el placer de hacer sufrir al otro, sencillamente porque ese otro es inexistente. Fruto de la experiencia de la soledad, del aislamiento (y en el límite, de la experiencia carcelaria del encierro), el sádico termina en un proceso de negación y destrucción, finalmente, de sí mismo.[19] Esta soledad moral autovalidada, se traducirá en un aislamiento que generalmente pasa por la incomprensión: "Sólo la gorda Posadas captó algo de lo que en realidad se movía detrás de Ruiz-Tagle" (*Estrella distante* 22). Nadie más comprende.

  En su búsqueda de Wieder, Bibiano O'Ryan va a parar en Estados Unidos, donde ubica a "un tipo especializado en los 'mensajes secretos de la literatura, la pintura, el teatro y el cine'" de nombre Graham Greenwood. Greenwood "creía en la existencia del mal, del mal absoluto": "En su particular teología el infierno era un entramado o una cadena de casualidades." Acorde con los planteamientos el dolor obedece a algo distinto del cálculo de la ley: "explicaba los asesinatos en serie como una 'explosión del azar.' Explicaba las muertes de los inocentes (todo aquello que nuestra mente se negaba a aceptar) como el lenguaje de ese azar liberado" (110). A pesar de las resistencias de la mente—de la razón—, el asesinato en serie de inocentes (como el caso de las poetisas) se convierte en algo incontrolable, sin causa razonable: el azar no requiere una voluntad—humana—deliberada que lo desencadene. Y es aquí donde Sade también aparece con toda su fuerza: "La primera ley que me dicta la naturaleza es deleitarme, *no importa a expensas de quién*" afirma en *Juliette*:

> ¡Oh Juliette! Puedes estar completamente segura de que todo está dispuesto por la naturaleza para llegar al estado en que la vemos. ¿Acaso ha dado la misma fuerza, las mismas bellezas, las mismas gracias, a todos los seres que han salido de sus manos? No hay duda de que no. Ya que quiere matices en las constituciones, exige lo mismo en las suertes y las fortunas. Los desgraciados que nos ofrece el azar, o que son víctimas de nuestras pasiones, están en los planes de la naturaleza como los astros con que nos ilumina, y hacemos un mal tan seguro turbando esta sabia economía como lo sería el cambiar el curso del sol, si este crimen estuviese en nuestras manos. (83)

Y añade:

> ¡Hombre! Crees que cometes un crimen contra la naturaleza cuando te opones a la propagación o cuando la destruyes, y no piensas que la destrucción de tantos hombres como hay en la superficie de la Tierra no le costaría ni una lágrima a esta naturaleza, y no le produciría la más mínima alteración en la regularidad de su marcha. (59)

El punto aquí no es solamente la eliminación de la otredad o la disidencia. Sino la supresión del proceso de victimización: a la luz del sadismo, quien muere a manos de Wieder ni siquiera es víctima. El débil muere no por constituirse en un ser maléfico, o culpable. "Nuestro orgullo es quien decide erigir el asesinato como crimen," comenta Dolmancé, personaje de Sade en *La filosofía en el tocador*:

> Puesto que nos preciamos de ser las primeras criaturas del universo, hemos imaginado estúpidamente que toda lesión que pudiera sufrir esta sublime criatura debiera ser necesariamente un crimen enorme; hemos creído que la naturaleza perecería si nuestra maravillosa especie llegase a desaparecer del

globo; siendo por el contrario, que la total destrucción de esta especie devolvería a la naturaleza la facultad creadora que ella nos ha cedido y le volvería a conferir una energía que al propagarnos le quitamos. (72)

No se trata pues de un prejuicio moral como motivación del crimen, o de asesinar al culpable. Tampoco se trataría, para el sadismo, de buscar el móvil en un acto desviado de la conciencia. Matar es, por el contrario, una fuerza *natural*

> Nuestra constitución, nuestros órganos, la circulación de los licores, la energía de los espíritus animales, tales son las causas físicas que, en el mismo momento, producen Titos o Nerones, Mesalinas o Chantales. No hay que enorgullecerse más por la virtud, que arrepentirse por el vicio, ni acusar más a la naturaleza por habernos hecho nacer buenos que por habernos creado perversos; ha actuado según sus propósitos, sus planes y sus necesidades: sometámonos a ellos. (90)

No estamos aquí lejos de una autovalidación cercana, es fácil predecirlo, a la impunidad legal. En este punto, el sadismo como eje interpretativo, por supuesto, no está exento de dilemas y paradojas. Y aquí es donde se agudiza un momento de co-incidencia y con-fusión entre sadismo y fascismo, ya que la voluntad "natural" de destrucción del sádico en ciertas circunstancias se ve amparada por la salvaguarda natural de la ley (artificial, humana). Es el caso chileno, en el que se decretó a través del Decreto Ley 2191 de 1978 amnistiando a quienes cometieron delitos durante la vigencia del estado de excepción (entre 11 de septiembre de 1973 y el 10 de marzo de 1978). Este tipo de dilemas es, a su vez, el que aparece en la *Estrella distante* al referirse a las acciones de Wieder. Las apreciaciones sobre Wieder, como dijimos, varían de acuerdo al personaje. "El primero, un mayor del ejército, dice que Wieder era un hombre sensible y culto, una víctima más, a su manera, claro, de unos años de fierro en donde se jugó el destino de la república" (118). La paradoja mayor es que la verdad de lo sucedido parece estar ligada a la versión que cada cual tiene de los hechos, un pluralismo de interpretaciones donde todas tienen igual valor. Una suerte de "super-relativismo" a tono con la práctica del fascismo: situar la discusión como un simple juego de opiniones, en el cual mi verdad es la verdad. Mussolini lo va a plantear una y otra vez en sus escritos. En "Relativismo y fascismo," escribe:

> From the circumstance that one ideology is as good as the next, that is, that all are mere fictions, the modern relativist infers that everybody has the right to create his own ideology and to get the most out of it with all

the energy at his disposal (citado en Horkheimer, "Critical Theory. Selected Essays" 165).

Bajo esta lógica, al final, por supuesto, se arriba al "todo vale" nihilista. Nada entonces tiene sentido, diferencia o singularidad porque todo da igual. En la novela, otros personajes ofrecen otra visión sobre Wieder, que difiere de la ofrecida por los compañeros de armas del poeta-torturador. Primero "un juez pesimista y valiente" lo inculpa en un proceso de instrucción que no progresará. Finalmente, Wieder es llamado a juicio como principal sospechoso del asesinato de las gemelas Garmendia (dos de las poetisas) y de su tía. Durante el juicio aparece como testigo sorpresa Amalia Maluenda, la empleada mapuche que fue testigo del proceder de Wieder esa noche, y que alcanzó a huir. En la historia de Amalia se condensan dos historias: "su historia, la historia de la ciudadana Amalia Maluenda, antigua empleada de las Garmendia, y en parte de la historia de Chile. Una historia de terror" (119). Amalia conecta en su memoria distintos "La noche del crimen, en su memoria, se ha fundido a una larga historia de homicidios e injusticias" (119). El desenlace de su testimonio es predecible: ninguno de los juicios prospera, en clara alusión a la inefectividad de la Comisión Retigg. "Chile lo olvida," dice el final del capítulo. El punto que pone de presente la novela entonces es el de la valoración: ¿da igual el testimonio de un posible victimario, y los puntos de vista de sus colegas, a la perspectiva de una víctima? ¿Es igual la voz de Wieder y sus colegas, que la de Amalia? En medio de la diversidad de opiniones y puntos de vista, los crímenes de Wieder se convierten entonces en un hecho entre otros, un suceso sobre el que además no es posible ponerse de acuerdo dadas las distintas valoraciones: "Muchos son los problemas del país como para interesarse en la figura cada vez más borrosa de un asesino múltiple desaparecido hace mucho tiempo" (120).

En parte lo problemático aquí es el lente moral que se utilice para entender esta situación. Si se usa el lente de la institución y el Estado, como es el caso del Informe Retigg, partimos del presupuesto del humanismo como marco interpretativo, y del prejuicio de la voluntad detrás de cada acto. Así, se estipula que detrás tanto de la víctima como del victimario, hay una voluntad equiparable. Destacados analistas e historiadores del caso chileno coinciden en la crítica a la voracidad y crueldad de la dictadura de Pinochet, claro, pero también un punto: las imágenes y móviles de una justificada violencia redentora y que marcaría el re-inicio de Chile provienen no sólo de la junta militar y la prensa de derecha, sino también de la Unidad Popular. Sostiene Steve Stern: "The energy and bravado by the Left to organize for the coming clash turned back against the Left, lending certain credence to government propaganda and spectacular exposes about the dangers of leftist violence. As Violeta E. put it with courageous frankness, she thought the barrio neighbors who denounced her and her husband, Ricardo, for carrying secret arms, in a bag that actually contained bulk food, had acted in good faith" (36; Valenzuela y Constable 25). Equiparan ambas formas de violencia, en una especie de *violencia sin más*. Otros historiadores, como Greg Grandin, muestran precisamente el prejuicio presente en este tipo de análisis, convergentes con los de la Comisión Retigg: no es que una violencia sea buena y otra mala, una represiva y otra salvífica, no. Lo que sí, es que no son lo mismo. Como bien lo vio Horkheimer, las torturas infligidas por el fascismo desbordan la capacidad de imaginación y pensamiento, reduciendo ambos a una impotencia tal que "desaparece incluso la conciencia de la opresión" ("Razón y autoconservación" 114).

6.3. *Artes de la lectura: el confinamiento*

Al igual que Sade, y Wieder, lee y escribe, publica e interpreta. ¿Para qué? ¿Para qué escribir? Una de las líneas intelectuales que resuenan con el pensamiento esotérico (Leo Strauss) que tanto interesará al fascismo (Carl Schmitt) nos da un posible camino para entender cómo en Wieder se cifran los dilemas del nuevo mundo y la nueva guerra con el apalancamiento del libro: "he begins a war against the established order, a new war, a new land against a new enemy of the highest possible reputation. But he is a captain without an army. He must recruit his army. He can recruit it only by means of his books" (Strauss, *Thoughts on Machiavelli* 154). El gran capitán, "the lord of all," en busca de una legión de nuevos combatientes, de nuevos lectores. Al igual que Sade.

Los rastros para finalmente hallar el paradero de Wieder se encuentran en una serie de revistas europeas, "fanzines de escaso tiraje" que "no eran revistas literarias de derechas al uso: cuatro de ellas las sacaban grupos de skinhead, [...] por lo menos quince eran abiertamente nazis" (*Estrella distante* 129). La revisión de las revistas que hace el narrador finalmente llega a puerto seguro cuando, junto a los textos de escritura bárbara de Raoul Delorme, halla el estilo de Wieder bajo el nombre propio de Jules Defoe. La búsqueda que se relata en *Estrella distante*, la del gran verdugo—Alberto Ruiz-Tangle o Carlos Wieder—, está marcada por un desvío o desajuste: como en las novelas detectivescas, ley y verdad no coinciden. Es precisamente a partir de ese desajuste que se configura la trama, guiada siempre por las prácticas de la lectura.

Estas revistas son suministradas por Abel Romero "uno de los policías más famosos en la época de Allende" (121) quien, al final de la novela, es quien insta al narrador a ayudarle a encontrar a Wieder pagándole un salario que el narrador acepta antes de preguntar: "Acepto, ¿pero en qué puedo ayudarle? En asuntos de poesía, dijo. Wieder era poeta, yo era poeta, él no era poeta, ergo para encontrar a un poeta necesitaba la ayuda de otro poeta" (126). Es entonces, en términos literarios, como se puede descifrar el enigma.

Es Bibiano quien le da los datos a Romero sobre el paradero del narrador: "Su amigo es una buena persona, dijo Romero, y parece conocer muy bien al señor Wieder, pero cree que usted lo conoce mejor" (126). En ese momento, también, el uso de pseudónimos se multiplica: De Alberto Ruiz-Tagle y Carlos Wieder se pasa a R.P. English, y finalmente, Jules Defoe. Proliferan, así mismo, los lugares posibles: Romero le facilita revistas (fanzines) y materiales audiovisuales de España, Francia, Portugal, Polonia, Rumania, Rusia, Inglaterra, Suiza e Italia, en suma, buena parte de Europa, una búsqueda que se ubica en algo más que un único Estado-nacional soberano: "la pista de Wieder se pierde en Sudáfrica, en Alemania, en Italia" (116). Es interesante notar cómo el detective Romero aparece una vez la ley y la justicia institucional fallan, luego del fallido testimonio de Amalia Maluenda, empleada mapuche del servicio doméstico que presencia el asesinato de las hermanas Garmendia. Es en el momento en que falla el testimonio ante los tribunales que los materiales literarios se convierten en el "puzzle" (según le dice Abel Romero al narrador) que permite localizar a Wieder. Estas prácticas en la novela muestran que lo que está en juego es algo más que una ruptura o interrupción de la legalidad—del Estado de derecho. El detective sabe y hace saber que la ley no funciona, que funciona mal: está ahí para recordar que la institución no funciona. Por eso es necesario otro tipo de pesquisa, de práctica que inquiera por lo sucedido. En la novela de Bolaño es en el espacio de la literatura donde se empiezan a componer las piezas del enigma sobre el paradero de Wieder.

La novela empieza con el asesinato de las aprendices literarias, las hermanas Garmendia, y con la descripción de los hábitos de aprendizaje de Wieder. Wieder, según lo cuenta una de sus futuras víctimas, la gemela Verónica Garmendia, "decidió dejar de estudiar a los quince años para dedicarse a los trabajos del campo y a la lectura de la biblioteca paterna" (14). Al final de la novela, el lector se entera de que uno de los maestros de Wieder (Raoul Delorme), sigue la misma senda de aprendizaje que Sade para "dar forma a su nueva literatura": "El aprendizaje consistía en dos pasos aparentemente sencillos. El encierro y la lectura" (139). Precisamente dos de las vías principales que el marqués Donatien Alphonse usó para devenir Sade mientras escribía encerrado en prisión, rodeado de libros.[20] El sadismo fue construido entre libros: es una experiencia de confinamiento no sólo carcelaria, sino literaria. Nicasio Ibacache, sacerdote y "uno de los más influyentes críticos literarios de Chile," en su exaltación de la literatura del poeta aviador, "aconsejaba a Wieder que no dejara de leer" (46). ¿Qué lee este poeta-asesino, Carlos Wieder, mientras ejecuta su obra? En el cuarto donde Wieder exhibe las fotos de las personas que ha asesinado (la mayoría mujeres) existen "símbolos escasos pero elocuentes. La foto de la portada de un libro de Francois-Xavier de Maistre (el hermano menor de Joseph de Maistre), *Las veladas de San Petersburgo*" (97-98).

A través de De Maistre, leído por quien es considerado el gran ideólogo de la dictadura—el abogado del Opus Dei, Jaime Guzmán—se abrirán diversas líneas que componen el cuerpo social movilizado con máximo furor durante la dictadura chilena: el anti-racionalismo, el catolicismo ultramontano y el neoconservadurismo anti-democrático, como veremos en el próximo capítulo. La complicada arquitectura institucional desplegada durante los años de la dictadura, va a mostrar que el punto no era una simple exaltación de la maldad, sino un proceso meditado cuyas bases son nociones como "ley moral" y "ley natural" (Guzmán). Guzmán lo expresa en una carta a su madre en 1962 aludiendo a su estado ("Estoy archifranquista"), y su guía: "'No hay libertad sino dentro de un orden' ha dicho Franco" (Errázuriz 60-61).

Es interesante notar cómo en el diagnóstico que hace Guzmán del golpe y el período anterior, no hace referencia a la ley (por ejemplo, al carácter ilegal o ilegítimo del gobierno de la Unidad Popular), sino a la ausencia de institucionalidad en Chile. "El 11 de septiembre NO HABÍA DEMOCRACIA NI INSTITUCIONALIDAD EN CHILE" escribe Guzmán, siempre en procura de la construcción de una "nueva institucionalidad."[21] Escribe Guzmán en 1973 en un texto: "El 11 de septiembre Chile ya no tenía ni institucionalidad verdadera ni democracia auténtica y vivía una virtual anarquía política, económica y social... Entonces ya no cabía defender una democracia que no existía, que había sido deliberada y sistemáticamente destruida" (Guzmán 120).

No es entonces la ley el foco, sino la institución, y las instituciones son, como se sabe, la obsesión del sádico: "la institución se presenta en un orden muy diferente del de la ley, haciendo inútiles las leyes y reemplazando el sistema de derechos y deberes por un modelo dinámico de acción, poder y potencia" (Deleuze, *Sacher-Masoch* 81). Este vínculo entre Sade y De Maistre no es casual. Sade, al igual que De Maistre en el libro aludido, entablará extensos diálogos entre personajes: ya no serán el duque, el caballero y el senador de las veladas en San Petersburgo y el inquirir por "la felicidad de los malvados y la infelicidad de los justos" (20), sino el duque, el obispo, el magistrado y el financiero de los *120 días de Sodoma* y *Gomorra* "la felicidad en el mal" ¿cómo liberar al Mal, reglamentándolo? Ya Pierre Klossowski mostró en detalle las innumerables resonancias entre esos dos autores, de las cuales tomo por el momento sólo una: Sadismo y contra-revolución se encuentran en un pensamiento de la caída, la restauración y el nacimiento, un orden dentro del desorden.

Ya no estamos en las novelas de Gabriel García Márquez, Roa Bastos o Asturias sobre los dictadores. "La novela del dictador," que produjo su propio criticismo liderado por Angel Rama,[22] enfrenta con *Estrella distante* de Bolaño un dilema: ¿Por qué Carlos Wieder, un piloto, y no Pinochet, el dictador? Si antes era necesario conocer el mundo interior del dictador, los pliegues de su alma y su conciencia, para amarlo u odiarlo, ahora ya no.

La comprensión de la situación de Chile como dictadura ha estado ligada a la cuestión de la soberanía (el estado de excepción). Ahora bien, la soberanía, en últimas, es una convención, algo derivado y condicional, mortal y artificial ("la soberanía es un alma artificial" se lee en la introducción al Leviatán de Hobbes (3)), mientras para el sádico existe un reino natural, incondicional y primario. La soberanía, contingente, es histórica, producida ("ese gran *Leviatán* que llamamos *república* o *Estado* (en latín *civitas*) que no es sino un hombre artificial" (3)). Por eso difiere del dominio natural sádico. Además, la soberanía es terrestre, no aérea como en el caso del poeta-piloto Wieder. Esa es, también, parte de la exterioridad de Wieder con respecto a la dictadura de Pinochet. El sádico muestra no sólo el carácter represivo de la ley, sino su carácter anti-natural (pues la ley es una máquina moralizante): por eso se aparta de la soberanía del amigo/enemigo. Lo interesante es que la ley, el *nomos*, está íntimamente ligada a la tierra. De alguna manera, así sea perversa, la poesía aérea de Wieder es un desprendimiento de esa opresión que el sádico ve en la ley (debido a que sólo la ley, en su injusticia, nos tiraniza (Deleuze, 90)). No por ello es casual, de otro lado, para volver al Manifiesto de Aeropintura firmado entre otros por Marinetti y su rastro fascista, que allí se aluda a una "nueva espiritualidad extraterrestre," a una "pintura cósmica" (G.L. 8-9). En 1992 el nombre de Wieder aparece en una encuesta judicial sobre torturas y desapariciones: "Es la primera vez que aparece ligado a temas extraliterarios" (116). En 1993 se le vincula con un "grupo operativo independiente" responsable de la muerte de varios estudiantes en el área de Concepción y en Santiago. Y finalmente dos escrituras donde: el libro de Muñoz

Cano, que relata pormenorizadamente la velada del *happening* de Wieder, y el de Bibiano O'Ryan, "sobre los movimientos literarios fascistas del Cono Sur entre 1972 y 1989" (117). En el libro de Bibiano, *La literatura nazi en América*, hay un capítulo dedicado a Wieder titulado "La exploración de los límites": "Su figura, como se suele decir más bien tristemente en Latinoamérica, brilla con luz propia" (117). Es quizás el brillo solitario de la *Estrella distante*, de la estrella que en distancia y aislamiento (su exterioridad), no deja de brillar, de tener luz propia: de darse sus reglas (inmanentes). La estrella está a distancia de la tierra, que es la superficie sobre la que se ejerce soberanía: una estrella distante es ajena a las convenciones de la tierra (al *nomos*). De ahí a mi entender la imposibilidad de encuadrar la novela de Bolaño en el análisis de la soberanía y la excepción. Este tipo de análisis están enmarcados en la centralidad de la figura del humano y el orden social, algo que queda desplazado bajo la lógica del sadismo: "Luego de la pérdida de la mayor batalla" afirma Sade, "¿qué digo? Luego de la extinción de la mitad del mundo o si se quiere de su totalidad, ¿acaso la pequeña cantidad de seres que podrían sobrevivir experimentaría la menor alteración material? ¡Ay, no!" En el sadismo ya la tierra no es una morada para conquistar, para ser su amo. Puntualiza Sade precisamente en el acápite titulado *Costumbres*:

> Tampoco la naturaleza lo sentiría más y el estúpido orgullo del hombre, convencido de que todo ha sido hecho para él, se asombraría mucho, luego de la destrucción total de la especie humana, al ver que nada varía en la naturaleza y que el curso de los astros tampoco se retardan. (*La filosofía en el tocador* 182)

6.4. Artes de la escritura: de la tinta al gas

> "Cuando es trascendente, vertical, celeste, producida por la unidad imperial, el elemento trascendente tiene que inclinarse o someterse a una especie de rotación para inscribirse en el plano del pensamiento-Naturaleza siempre inmanente: la vertical celeste se reclina sobre la horizontal del plano de pensamiento siguiendo una espiral."
>
> Deleuze y Guattari, *¿Qué es la filosofía?* 90

A lo largo de la novela Carlos Wieder se convierte en una estrella futura (algún crítico habla "del prometedor poeta Carlos Wieder" (115) "el gran poeta de los nuevos tiempos" (*Estrella distante* 45)), distante de las convenciones de la práctica literaria: al leer sus poemas en los talleres literarios, estos no parecen "suyos" (es distante y frío), no siente el orgullo por ellos del autor en ciernes: "Carecía del orgullo pueril que los demás poetas solían tener por su propia obra" (22).

Un par de horas antes de asesinar a las gemelas Garmendia, al inicio de la novela, la tía de éstas le insiste a Wieder que lea algo suyo, algún poema propio: "dice que está a punto de concluir algo nuevo, que hasta no tenerlo terminado y corregido prefiere no airearlo, se sonríe" (30). Airear entonces el poema, eso será lo que intenta este piloto-poeta. Wieder está buscando algo que mucha gente ha buscado antes que él, y que lo hará después de él: algo que fuera más que la literatura, que no fuera solo literatura. "El libro único, la obra total, todas las posibles combinaciones *en el interior* del libro, el libro árbol, el libro-cosmos, todas esas reiteraciones tan apreciadas por las vanguardias, que aíslan el libro de sus relaciones con el afuera" (Deleuze y Guattari, *Mil mesetas* 131).

Invitaba a su espectador entonces a "un acto único, a un evento importante para el arte del futuro" (*Estrella distante* 92). Sus admiradores así lo entendían: "eran los poemas de una nueva edad de hierro para la raza chilena" (53). Evento, acto único, raza, nueva edad, hierro, todos los elementos para poder consumar el crimen perfecto, absoluto, estéticamente superior. Para lograrlo, Wieder acude a un cambio de medio: el paso de la tinta sobre el papel (del letrado, del poeta y escriba), al humo sobre el cielo. Es otro compuesto el que se usa, y otro plano sobre el que se "escribe." Ya no se marca la tierra, el suelo sobre el que se asienta el modelo de soberanía, ni se escribe sobre el papel que mapea esa tierra, el papel que otorga el título jurídico de posesión de la tierra. El aire, como medio, tiene un poder de difusión y generalización (universalización) que no posee la tierra. Por eso es que en la habitación que prepara para su exhibición de fotos "el gran poeta de los nuevos tiempos," como era conocido, no aparecen los "retratos heroicos" que esperaba encontrar Tatiana von Beck Iraola (94), una de las invitadas al *happening*. Ya no es el instante del héroe soberano.

Los poemas-aéreos de Wieder marcan el paso de lo sólido (la soberanía terrestre) a lo gaseoso y lo aéreo (los gases). Se pierde entonces la duración de lo escrito, el alfabeto grabado sobre un medio permanente: "Muy pocos descifraron sus palabras: el viento las deshacía en apenas unos segundos" (*Estrella distante* 89). El cambio de medio es percibido hasta por el propio Wieder, segundos antes de volar sobre el Palacio de la Moneda: "la visión aérea de una ciudad, es una foto rota cuyos fragmentos, contrariamente a lo que se cree, tienden a separarse," para inmediatamente, trazar otra de sus sentencias: "Sobre la Moneda, escribió el tercer verso: *La muerte es responsabilidad*" (89).

El alfabeto gaseoso trazado en el cielo de Wieder es expresión de lo que Deleuze presenta como un "sadismo pronunciado" esto es, un sentimiento de potencia de carácter no personal—no está dirigido hacia alguien en específico—, sino una potencia "que se mueve en gran parte según dibujos geográficos o matemáticos" (*Sacher-Masoch* 25). Marinetti, rara convergencia, habla de una síntesis abstracta desde la experiencia de vuelo. Una escritura que se ubica en el trasfondo, en el *background*, en lo latente, en el medio (ambiente) imperceptible: el cielo, el aire. Puede pensarse incluso que la humareda amorfa y confusa levantada a raíz del bombardeo y destrucción del Palacio de la Moneda el 11 de septiembre de 1973, adquiere una forma en la escritura aérea de Wieder. "No olvidemos que Wieder hace manifiesto cómo los mismos aeroplanos usados para bombardear La Moneda, pueden ser reutilizados para escribir poesía en el cielo" (Villalobos-Ruminott 212).

No es posible saber si son los mismos aeroplanos. Más, de manera nada coincidencia, Wieder volaba un avión de la Segunda Guerra Mundial, un Messerschmitt 109, "el mejor caza de 1940 (*Estrella distante* 36). Si seguimos la explicación de Peter Sloterdijk sobre el terror, la intervención aérea de Wieder sería no una excentricidad de un cuasi-literato megalómano, sino uno de los signos primordiales que inventó el siglo XX: el atmo-terrorismo, inaugurado y perfeccionado durante las Guerras Mundiales. Este tipo de terror está ya no dirigido contra la vida misma (el cuerpo del combatiente), sino contra las condiciones ambientales que hacen posible esa vida (el aire). Es una suerte de ataque al *background* de lo viviente, ejecutada a través de una nueva legión de combatientes con nuevos medios técnicos de aniquilación. Esta idea de trasfondo o *background*, o mejor, ambiente, es útil además porque revela algo interesante con respecto a los bombardeos aéreos sobre La Moneda. Sólo la destrucción con bombardeos desde el aire sobre el Palacio de la Moneda reveló sus alteraciones estructurales a través del tiempo. Y eso fue lo que permitió volver al origen: "El planteamiento básico del proyecto se apoyó en la concepción original del Palacio, restaurándose, en toda la acepción de la palabra," se lee en el documento oficial *Palacio de La Moneda* de 1983: "Luego del incendio sufrido por el edificio en 1973, la caída de estucos de los muros permitió apreciar las graves alteraciones estructurales producidas a través del tiempo, las que aumentaron peligrosamente al quemarse las vigas de roble que sustentaban los pisos y techumbres" (Dirección de Bibliotecas 59). De nuevo, entonces, la destrucción como posibilidad para el re-comienzo, la destrucción como camino hacia el origen.

Ningún dictador tropical o tirano arcaico aquí, sino un "ser-en-el-aire" ligado a una práctica que, con el exterminio, lleva el sadismo a su máximo esplendor: no la usurpación del otro (pues como vimos el sadismo es un "mundo sin otro"), sino a la liberación del propio ambiente con respecto a los actos de libertad posibles de esos posibles otros (Sloterdijk *Temblores* 26). Un poeta-torturador encerrado en el cielo, en su éxtasis solitario y aéreo. De ahí, de nuevo, el encierro: no es casual que las primeras exhibiciones aéreas de Wieder sean presenciadas por presos políticos desde una cárcel, el Centro La Peña en las afueras de Concepción (*Estrella distante* 34). Ser-en-el-aire entonces, y no soberano terrestre, la poesía de Wieder aparece perceptible, por primera vez en la novela, desde la experiencia carcelaria, cuando algunos presos políticos miran hacia arriba, hacia el cielo.

6.5. Técnicas morales: mercantilismo meditado

> "Mercado mundial que se extiende hasta los confines de la tierra, antes de pasar a la galaxia: hasta los cielos se vuelven horizontales."
>
> Deleuze y Guattari, *¿Qué es la filosofía?* 98

Estamos aquí frente a un terror devastador, en parte ciego (pues obedece a reglas naturales, a una nueva génesis), pero a la vez preciso y meditado. El paso de la tortura (en un lugar escondido, en la oscuridad) a la visibilización del *happening* de Wieder marca, en parte, el aspecto controlado del proceso. La exposición fotográfica de Wieder, tiene por supuesto los amarres de cualquier "novedad" provocada: un escenario preparado adrede para que parezca normal: "Ni una lámpara de más, ni un foco extra que realzara la visión de las fotos," ya que "el ambiente debía ser casual, normal, sin estridencias" (*Estrella distante* 94). Y un orden en medio del caos: "El orden en que estaban expuestas [las fotos] no es casual: siguen una línea, una argumentación, una historia (cronológica, espiritual…), un plan" (97). Poco a poco, entonces, toda la voluptuosidad y el desorden sádico empieza a ordenarse y sedimentarse y a aparecer menos libertino de lo que parece. Su desorden empieza a tener una lógica: "El lenguaje de Sade es paradójico porque es esencialmente el de una víctima. Sólo las víctimas pueden describir las torturas, los verdugos emplean necesariamente el lenguaje hipócrita del orden y del poder establecidos" (Deleuze *Sacher-Masoch* 21). ¿Es entonces el sadismo el que permite contener la línea de fuga suicida fascista, y otorgarle coordenadas? Es el spinozismo perverso al que nos referíamos: producir una trascendencia al interior mismo de la inmanencia. ¿Es entonces, el sadismo, al final, "el orden del desorden"?[23]

A su vez, al uso de la tecnología (el avión, la cámara fotográfica que usa Wieder para retratar a las mujeres asesinadas), en el sadismo se despliegan una serie técnicas de control que de alguna manera pliegan lógicas externas: la de la industria, la de la prisión, la disciplina de la guarnición y del soldado del mañana. No es casual por tanto que uno de los personajes de la novela de Bolaño asemeje el planeta Tierra a una colonia penal (*Estrella distante* 111). Esto no sólo redobla la cuestión del confinamiento, sino que nos alerta sobre una de las fijaciones de Sade, la técnica moral que guía comportamientos y tiempos. En efecto, una de las paradojas del libertinaje sádico es la construcción de una reglamentación al infinito. Sade, a quien Foucault por ese motivo llegó a llamar el "sargento del sexo" (Foucault "Sade, Sergeant of Sex"), promueve una liberación del deseo extremadamente controlada y planificada. Sin ley pero con infinidad de reglas, el sadismo se ve atrapado por la misma lógica de grillas y cuadrículas que inauguran la era industrial y la moral disciplinaria. Así, en el sadismo "el exceso imaginativo, más que el carnal, es en última instancia una forma de autocoacción" (Durán 38).

En esa dirección, es el sadismo el que da la pista más interesante para entender la avanzada de la derecha monetarista en Chile, la mercantilización de las relaciones sociales. Algunos de los desarrollos del celebrado por muchos "experimento chileno" ("Chile is an economic miracle" según la expresión del economista Milton Friedman (407)) podrían en parte explicarse desde la lógica del sadismo. En efecto, en lo que coinciden diversos observadores de Sade, es en la homologación que este hace entre las relaciones mercantiles y las humanas al transformar a las personas en un objeto más. En el marco de un mundo de personas jurídicamente iguales, un mundo contractual (el del capitalismo) por un lado, y por el otro un mundo natural donde la ley humana es artificial, la lógica de la utilidad se extiende hacia el ámbito íntimo: las personas, al igual que las cosas, se convierten en mercancías intercambiables. No resulta casual entonces lo que afirma Deleuze: "La posesión es la locura propia del sadismo" (*Sacher-Masoch* 25).

El vuelo del avión de Wieder de alguna manera simboliza el desprendimiento de la tierra, del terreno donde se instala el gobernante y su palacio; el bombardeo al Palacio de la Moneda es el signo de esto: la moneda ya no iba a estar asentada en un palacio, el del gobernante. El gobernante, en cierto sentido, ya no posee la moneda. La moneda, como veremos en el siguiente capítulo, flotará en la sociedad-empresa, inscrita en la volatilidad del flujo de capital. El lazo entre fascismo y capitalismo, no es un secreto; menos aún el lazo entre super-relativismo del fascista, y el todo vale nihilista del capitalista. Así, en cierto sentido *Estrella distante* anuncia, desprevenidamente, el encuentro entre los dos tipos de nueva derecha que inundaron Chile de forma radical a partir de 1973: la estética-mítica y la monetarista (ambas marcadas por la idea del *new beginning*). Los movimientos del avión de Wieder al trazar su escritura celeste, coinciden con el paso de una jerarquía imperial (el reino venidero donde de nuevo empieza todo) a la inmanencia del capital: es el paso del movimiento ascendente y en espiral del avión y su escritura aérea, a la horizontalidad de los flujos del capital. Lo que quizás puso a volar Wieder en su avión no era sólo la escritura gaseosa, sino el capital mismo.

Notas

1. Por un lado, la literatura que soporta este pre-anuncio del golpe es vasta. De acuerdo con Steve Stern, "in many respects the coup of 11 September was a coup 'foretold' since September 1970 election" (13). No sólo por el Tancazo del 29 de junio de 1973, que intentó derrocar a Allende; a esto se sumó "the declaration by the Chamber of Deputies that the Allende government had violated the Constitution on 22 August; and the polemics about civil war and infiltration of the armed forces during the two weeks before the cup" (17). Puede verse así mismo la carta de Agosto de 1973 de Radomiro Tomic, oponente de Allende en las presidenciales de 1970 y líder del partido Democracia Cristiana, al General Carlos Prats, "Everyone knows what is going to happen" (426). Valenzuela comenta cómo el General Gustavo Leigh Guzmán "had being an early instigator of the conspiracy, a role that gave him considerable prestige in military and civilian circles" (30). Por el otro, el contexto de creciente tensión entre facciones militares y sectores civiles tiene un proceso previo al golpe: "Tension between military and civilian elites sharpened in the 1960s, just as Pinochet moved into higher army echelons. President Jorge Alessandri reduced military spending to promote economic recovery and development after a major earthquake. Military expenditures, which in 1957 had reached 3.2 percent of the gross national product, dropped to 2 percent in 1964, and the army was sharply cut back to 20.000 men" (Valenzuela y Constable 49).
2. El programa básico de gobierno de la Unidad Popular, firmado en diciembre de 1969 hace un anuncio de alarma: "Hablando franca y honestamente, no somos una garantía para la minoría privilegiada. No somos una garantía para 10s intereses del capital imperialista que explota, intriga, corrompe y detiene el desarrollo de nuestro país. No somos garantía para el latifundio ni para la oligarquía bancaria, ni para los potentados del capitalismo que ejercen en Chile el verdadero poder, no elegidos por cierto por el pueblo" (Allende 41). Y si bien anuncia que "las transformaciones revolucionarias que el país necesita solo podrán realizarse si el pueblo chileno toma en sus manos el poder y lo ejerce real y efectivamente," el rasgo de lo que posteriormente fue el gobierno de Allende se esboza en el inicio del programa: *ni reformismo ni desarrollismo*: "En Chile las recetas 'reformistas' y 'desarrollistas' que impulsó la Alianza para el Progreso e hizo suyas el gobierno de Frei no han logrado alterar nada importante. En lo fundamental ha sido un nuevo gobierno de la burguesía al servicio del capitalismo nacional y extranjero, cuyos débiles intentos de cambio social naufragaron

sin pena ni gloria entre el estancamiento económico, la carestía y la represión violenta contra el pueblo. Con esto se ha demostrado una vez más que el reformismo es incapaz de resolver los problemas del pueblo" (4).

3. Grandin cita aquí a William Benton, "a former president of the University of Chicago and the State Department's director of overseas education programs": "University of Chile economists have been followers of Keynes and Prebisch more than of Marx. 'The Chicago influence'" he said, would "introduce a third basic view point, that of contemporary 'market economics'" (*Empire's Workshop* 168). Al respecto comenta Ignacio Walker, expresidente de la Democracia Cristiana y abogado de la vicaría Solidaridad: No obstante, a partir de 1973, y tras el advenimiento de un régimen autoritario, se analiza el surgimiento de lo que hemos denominado un "nuevo socialismo democrático" en Chile. En marcado contraste con la experiencia anterior a 1973, caracterizada por la existencia de una permanente ambigüedad, cuando no de un franco cuestionamiento de las instituciones de la democracia representativa, este nuevo socialismo democrático surgido en los últimos años tiene como núcleo central la revalorización de la democracia política (12). Ver asimismo *Thinking Politics*, donde se menciona el triunfo (temporal) de Allende frente a la vía insurreccional en el Veinteavo Congreso del Partido Socialista de 1964 (Puryear 30).

4. Sobre el proceso de formación del fascismo y el nazismo en Chile pueden verse los trabajos de Mario Sznajder y Marcus Klein. En particular sigo a Klein en su crítica de los trabajos como los de Verónica Valdivia, que entiende estas expresiones como las "nuevas voces del nacionalismo chileno," antes que fascistas.

5. No hay que olvidar que De Maistre es citado por el jurista reaccionario Carl Schmitt en *Teología política*, en el apartado titulado "Contribución a la filosofía política de la contrarrevolución." De Maistre figura en el libro de Schmitt como uno de los pensadores que hace uso de una analogía que le interesa en particular, a saber, que "el estado de excepción tiene en la jurisprudencia análoga significación que el milagro en la teología" (37). Y anota: "El racionalismo de la época de la Ilustración no admite el caso excepcional en ninguna de sus formas. Por eso la convicción teísta de los escritores conservadores de la contrarrevolución pudo hacer el ensayo de fortalecer ideológicamente la soberanía personal del monarca con analogías sacadas de la teología teísta" (37).

6. De acuerdo con la presentación del Informe Rettig, llamado así por Raúl Rettig, exembajador, miembro del Partido Radical y presidente de la Comisión, "el Decreto Supremo N° 355 de 25 de abril de 1990 creó la Comisión Nacional de Verdad y Reconciliación, cuyo objetivo principal fue contribuir al esclarecimiento global de la verdad sobre las más graves violaciones a los derechos humanos cometidas entre el 11 de septiembre de 1973 y el 11 de marzo de 1990, ya fuera en el país o en el extranjero, si estas últimas tuvieron relación con el Estado de Chile o con la vida política nacional. Al cabo de nueve meses de intensa labor, el 8 de febrero de 1991 la Comisión entregó al ex Presidente de la República, Patricio Aylwin Azócar, el Informe de la Comisión Nacional de Verdad y Reconciliación. En él se establece la recepción de 3.550 denuncias, de las cuales se consideraron 2.296 como casos calificados" (Pública).

7. Incluso uno de los más recientes esfuerzos comprehensivos para explicar la supervivencia, quiebre y emergencia de dictaduras y democracias en América Latina, el libro de Scott Mainwaring y Aníbal Pérez-Liñán, se centrará en la racionalidad estratégica o la orientación normativa (consciente) de los actores. Presenta a su vez argumentos circulares (la estabilidad de la democracia y/o la dictadura se explica por el apoyo de los ciudadanos a la democracia y/o dictadura): "Actors' normative attitudes about democracy and dictatorship are important influences in regime survival or fall. If the most powerful actors have a normative preference for democracy—if they believe that democracy is intrinsically the best political regime even if it does not satisfy their other policy preferences—democracy is more likely to survive" (6).
8. Ver por ejemplo el texto de Juan Linz, *Transiciones a la democracia*.
9. Es el postulado inicial de Poulantzas en *Fascismo y dictadura*: "El primer problema que se plantea en el estudio del fascismo es el de su especificidad con respecto a formas de régimen tales como la dictadura militar y el bonapartismo" (6, 60-63).
10. El programa básico de la Unidad Popular fue aprobado por el "Partido Comunista, Socialista, Radical y Social Demócrata, el Movimiento de Acción Popular Unitaria (MAPU) y la acción popular independiente," para la construcción de poder popular como vía hacia un socialismo nacionalista y planificado.
11. Federico Galende por ejemplo, afirma que el Golpe de Estado del 73 fue un "simulacro," un "pseudoacontecimiento," pues lo que se ha esfumado es "el verdadero acontecimiento...el acontecimiento de la dignidad de Chile: el de la llegada de la Unidad Popular al poder" (Galende). De otro lado, críticos como Thayer afirmarán precisamente lo contrario: que la dictadura de Pinochet es la consumación (nihilista) de la voluntad de acontecimiento de las vanguardias chilenas. Por eso comprende "el Golpe soberano como *big bang* de la Globalización" ("El golpe" 44), y le da el poder destituyente generalmente atribuido a las rupturas revolucionarias: "Es el Golpe y no el arte el que desarma los sobreentendidos de la cotidianeidad en cualquier ámbito; el Golpe y no la universidad, lo que traerá la reforma de la subjetividad y del pensamiento; es el Golpe el que cambia el arte, la universidad, la política, la subjetividad" (24-25). Thayer alude a su vez a "la pérdida de la palabra" frente a lo que no tiene nombre—el golpe—, lo impresentable (Thayer y Oryazún) o, en otras palabras, al Golpe como un "Golpe a la lengua" según la formulación de Patricio Marchant. Para esta discusión ver, aparte de Thayer y Oryazun, el libro de Galende (*La oreja de los nombres*) y especialmente el de Sergio Villalobos-Ruminot, *Soberanías en suspenso*.
12. Las estrategias de ocultamiento, negación de los hechos y desinformación por parte de la dictadura de Pinochet han sido ampliamente documentadas. Para un recuento reciente, ver Stern.
13. Para la discusión de las tensiones al interior del CADA y su relación con la Revista de Crítica Cultural, en las que rondan los nombres de Zurita, Eltit y Richard, ver Zamorano.

14. En la última página de *Anteparaíso*, texto de Zurita publicado en 1982, escribe Diamela Eltit: "El 18 de marzo de 198, el que escribió este libro atentó contra sus ojos, para cegarse, arrojándose amoniaco puro sobre ellos" (Zurita 160). Sobre las lesiones auto-infligidas en pies y cara ver las entrevistas de Zurita en: http://www.poesias.cl/reportaje_zurita.htm. También puede verse este enlace: http://www.lasegunda.com/Noticias/Nacional/2014/04/926337/raul-zurita-si-no-hago-nada-nuevo-me-siento-peor-que-muchos-que-desprecio.
15. Horkheimer, en uno de sus textos sobre el fascismo, escribe en una línea nietzscheana y freudiana: "El individuo se debe hacer violencia a sí mismo. Debe comprender que la vida de la colectividad es condición necesaria de la suya propia. Gracias a su capacidad racional de comprensión debe dominar los sentimientos e instintos contrarios [...]. La inhibición, que originariamente viene de fuera, debe ser impuesta por la propia conciencia" ("Razón" 94).
16. "He was confident that Argentina was ready to choose the former insofar as it was 'the center of Latinity in South America'" (Finchelstein 81).
17. Sobre este punto ver el análisis de Peter Sloterdijk en *Temblores de aire, en las fuentes del terror*.
18. A propósito del fascismo (y el sadismo), Erich Fromm escribe lo siguiente en *El miedo a la libertad* (de 1947): "¿No es el sadismo, tal como lo hemos descrito, algo similar al apetito del poder? La contestación es que, aunque las formas más destructivas del sadismo (cuando su fin es el de castigar y torturar a otra persona) no son idénticas a la voluntad de poder, ésa es sin duda la expresión más significativa del sadismo. El problema ha ido ganando cada día mayor importancia en nuestros días. Desde Hobbes en adelante se ha visto en el poder el motivo básico de la conducta humana; los siglos siguientes, sin embargo, han ido concediendo mayor peso a los factores morales y legales que tienden a contenerlo. Con el surgimiento del fascismo, el apetito de poder y la convicción de que el mismo es fuente del derecho han alcanzado nuevas alturas. Millones de hombres se dejan impresionar por la victoria de un poder superior y lo toman por una señal de fuerza" (163). Talcott Parsons, por su parte, en su *Presidential Address* ofrecida ante la Eastern Sociological Society el 25 de abril de 1942, instala al fascismo en las raíces mismas de Occidente y su anomia, que entiende como "the state where large numbers of individuals are to a serious degree lacking in the kind of integration with stable institutional patterns which is essential to their own personal stability and to the smooth functioning of the social system." Intenta entonces mostrar los correlatos psicológicos de la anomia ("the general character of the typical reaction of the individual to anomie is that usually referred to in psychological terms as a state of insecurity"), sosteniendo que lo que distingue al fascismo del conservatismo convencional es su recurso a los movimientos de masas, que entiende en un sentido preciso: "Perhaps the most important reason why we are justified in speaking of 'radicalism' lies in the existence of a popular mass movement in which large masses of the "common people" have become imbued with a highly emotional, indeed often fanatical, zeal for a cause." Así, tras señalar que el fascismo "is deeply rooted in the structure of Western society as a whole and its internal strains

and conflicts," afirma que una de las razones más importantes para explicar su éxito es "the differing degrees in which national traditions and with them pride and honor, have been integrated with the symbols of the rationalized patterns of Western culture" (138, 39). Marx Horkheimer y Samuel Flowerman, finalmente, escriben en el postfacio al texto de Theodor Adorno y colaboradores, *La personalidad autoritaria*: "The volume on The Authoritarian Personality by Adorno, Frenkel-Brunswik, Levinson and Sanford, based upon a combination of research techniques, suggests one answer. It demonstrates that there is a close correlation between a number of deep rooted personality traits and overt prejudice" (vi). Y en su prefacio, dice Horkheimer (ix): "This is a book about social discrimination. But its purpose is not simply to add a few more empirical findings to an already extensive body of information. The central theme of the work is a relatively new concept the rise of an anthropological species we call the authoritarian type of man. In contrast to the bigot of the older style he seems to combine the ideas and skills which are typical of a highly industrialized society with irrational or anti-rational beliefs. He is at the same time enlightened and superstitious, proud to be an individualist and in constant fear of not being like all the others jealous of his independence and inclined to submit blindly to power and authority".

19. "Al describir las consecuencias de esta soledad moral, Maurice Blanchot muestra al solitario encaminándose, por grados, hacia la negación total: la de todos los demás primero, y por una especie de lógica monstruosa, la propia. En la postrera negación de sí, al parecer víctima de la oleada de crímenes que ha suscitado, el criminal aún se regocija de un triunfo que el crimen, en cierto modo divinizado, celebra por fin sobre el propio criminal. La violencia entraña esta negación descabellada, que pone fin a toda posibilidad de discurso. Por eso el sadismo comporta una soledad infinita, soledad moral autovalidada que conduce finalmente "hacia la negación total: la de todos los demás primero, y por una especie de lógica monstruosa, la propia" (Bataille 141).

20. Preso en La Bastilla durante cinco años, precisamente en 1784 y 1789, Sade leyó y escribió rodeado de 600 volúmenes (Roudinesco 68).

21. Para un análisis extensamente documentado del pensamiento político de Jaime Guzmán ver los textos de Renato Cristi.

22. Angel Rama, al leer la novela *Yo, el supremo* Augusto Roa Bastos, nos habla de una "invención fuera de serie" o "invención desmesurada," una suerte de "monstruo o animal mitológico" (*La Crítica* 307).

23. Esta es la expresión de Pierre Macherey en su texto sobre Sade. Es posible, a condición de recordar que es una coordenada temporal, ya que en el sadismo "sus movimientos no generan figuras de orden sino para deshacerlas" (Macherey, "Sade" 189).

7. De las letras a los cálculos: el *Nocturno de Chile* de Roberto Bolaño

> "Then came the coup, and the commissars were replaced by colonels.
> From on high came an order to each colonel:
> Thou shalt not have a deficit."
>
> Arnold Harberger
> The Gustavus F. and Ann M. Swift Distinguished Service
> Professor Emeritus in Economics (at Chicago since 1953)
> University of Chicago

"¿Cómo se siente?" le pregunta el sacerdote Sebastián Urrutia-Lacroix al crítico literario Farewell, al enterarse del golpe de Estado en Chile en 1973: "Estoy saltando en una patita, me contestó." La alegría de Farewell, crítico de críticos, tenía motivos precisos: "Me van a devolver mi fundo" (Bolaño, *Nocturno* 99-100). Esto se lo cuenta Farewell al oído a Sebastián en pleno entierro de Pablo Neruda. Su fundo había sido expropiado por la Reforma Agraria de Allende. La alegría de Farewell no estaba lejos de tener asidero en la realidad: luego de cuatro años, el régimen de Pinochet había devuelto casi el 30 por ciento de toda la propiedad expropiada no sólo durante Allende, sino durante la Alianza para el Progreso (Grandin, *Empire's Workshop* 170).

Farewell es uno de los personajes de la novela *Nocturno de Chile* (2010) de Roberto Bolaño, que describe las confesiones y alucinaciones de una noche febril del sacerdote y crítico literario Sebastián Urrutia-Lacroix a lo largo del ascenso y derrocamiento de Salvador Allende. Sebastián, "probablemente el miembro del Opus Dei más liberal de la república," no siente alegría al enterarse del golpe, sino algo más: "Entonces yo me quedé quieto, con un dedo en la página que estaba leyendo, y pensé: qué paz. Me levanté y me asomé a la ventana: qué silencio" (99). Luego de haber retornado a los griegos, tras el golpe, y de la muerte de Neruda, "los días que siguieron fueron bastante plácidos y yo estaba cansado de leer a tantos griegos. Así que volví a frecuentar la literatura chilena." Y vuelve a escribir: poesía, que no era "demoniaca. Era rabiosa." La ira persigue a Sebastián, tanto que a lo largo de la novela se ve atormentado por "la voz de la inquina, en mi interior" (74).

¿Por qué elige Bolaño a un sacerdote del Opus Dei, que es crítico literario, como el personaje central del *Nocturno de Chile*? Para responder a esta pregunta, es necesario recordar parte del contexto desplegado durante la dictadura militar. En especial, las reformas económicas que implementa el equipo económico de Pinochet, conocido como los "Chicago Boys"—ya que la mayoría de ellos se doctoraron en el departamento de economía de la Universidad de Chicago—.[1] De acuerdo con Steve Stern,

> Led by the 'Chicago Boys' economists, the junta moved toward free-market-oriented policies…In April 1975, a 'shock' policy announced by Finance Minister Jorge Cauas sealed this transition by cutting money supply, state spending and protective tariffs, devalued the escudo and set aside price controls, and dismantled labor rights and resistance. The Cauas plan set the stage for Chile's emergence as Latin America's pioneer of neoliberalism and privatization. (75)

Vale la pena notar cómo la historiografía del neoliberalismo en Chile resalta, por un lado, el papel de la élite tecnocrática que diseñó unas políticas de shock y, por el otro, el rol de la junta militar en la viabilización de dichas medidas. Es importante recordar que el papel del Estado en ese proceso fue decisivo; no fue una simple reducción del Estado, sino una reorientación de sus funciones y prácticas, sin lo cual la racionalidad económica del neoliberalismo no hubiera podido desplegarse con esa intensidad. Arnold Harberger, profesor de economía de la Universidad de Chicago, y quien es antes que Milton Friedman la persona clave en la formación de los llamados "Chicago Boys," lo expresa en estos términos:

> The first ones to do something, the pioneers, always have a harder time than those that follow them. And in the context of the middle and late 1970s, it took a great deal of courage to take those steps. Given that there was a military government, the idea that they were willing to cede economic authority

to a group of technocrats made that transition easier than it would have been in a democratic context of the same time and place. (38)

Pero una transformación de esa magnitud es imposible de captar si no se atiende a los virajes de las prácticas sociales al interior del cuerpo social. O si no ¿cómo entender—desde la imagen del dictador 'tropical,' 'primitivo,' 'arcaico'—, el que el gobierno de Augusto Pinochet adoptara las fórmulas económicas más "avanzadas" a nivel mundial, producidas en la Universidad de Chicago? ¿Y cómo entender que, en un país católico, supuestamente incompatible con el desarrollo del capitalismo, se haya entronizado el neoliberalismo con tal intensidad? El lazo entre catolicismo y capitalismo presuntamente es un obstáculo, o por lo menos un suelo no propicio para el despliegue de dicha economía.[2] Esta formulación se deriva en gran medida del estudio de Weber, *La ética protestante y el 'espíritu' del capitalismo* (1904-05) y su apropiación en América Latina, en el cual constataba "la reducida participación de los católicos en la vida productiva moderna" (*La Ética* 48). Sin embargo, la consolidación del modelo neoliberal chileno, iniciado durante la dictadura de Augusto Pinochet (1973-1990), plantea una pregunta importante frente a este supuesto: ¿cómo fue posible entonces que, en un país católico como Chile, el neoliberalismo y la idea de ganancia, lucro y éxito empresarial, encontraran un suelo fértil?

La tesis que desarrollo en este capítulo es que la novela de Bolaño retrata un aspecto descuidado y olvidado por la inmensa mayoría de historias del neoliberalismo en Chile: el papel de la religión, como práctica social, en la modulación de dicho tránsito económico. Por ende, no es casual que Urrutia-Lacroix sea un sacerdote del Opus Dei: la relación que el catolicismo propagado por el Opus Dei estableció con la riqueza y la ganancia es distinta de la del catolicismo convencional. Y tampoco es casual que sea crítico literario: precisamente la novela muestra el tránsito del letrado convencional al intelectual requerido para agenciar la transformación neoliberal: el *money doctor*, término que Sarah Babb utiliza para describir el fomento a nivel local de "la americanización de la profesión de economista" (133). El cuerpo febril de Sebastián será el principal síntoma de esa transformación: un cuerpo alucinante y febril que luego de la crisis final, de su culmen nihilista, da paso a algo distinto. El paso de las letras del letrado a los cálculos del *money doctor*. La noche febril de Sebastián es la noche misma de Chile: su entrada a la indiferencia generalizada del capitalismo donde todo da igual porque todo se puede intercambiar. Todo entonces pierde su valor porque todo vale lo mismo. No es casualidad por ende que el gran fisiólogo del nihilismo, Nietzsche, encuentre el origen de este precisamente en el judeo-cristianismo, y la desvalorización del mundo terrenal que lleva a cabo.[3] Ni que Pinochet entienda el enfrentamiento de fuerzas en Chile en términos religiosos:

> As for the secret to my survival, it is not a secret. I am a man fighting for a just cause: the fight between Christianity and spiritualism on one hand, and Marxism and materialism on the other. I get my strength from God. (Pinochet 67)

Luego de analizar esta ascesis mundana operada por el Opus Dei veremos cómo, a su vez, el análisis del *money doctor* no corresponde al linaje del letrado rastreado por Rama desde tiempos coloniales; por eso es necesario atender a una genealogía no-marxista del capitalismo: la de Max Weber. De hecho, como lo muestra Verónica Valdivia para el caso chileno, "en general los análisis sociológicos y politológicos de la época sostenían la existencia de una íntima relación entre el subdesarrollo y la seducción alcanzada por el marxismo" (174).

Cabe recordar que el análisis nietzscheano desancla el nihilismo de su génesis europea, debido a que el nihilismo no tiene un único origen; aparece en diversas culturas: "Este mismo proceso evolutivo se ha dado en la India, con total independencia, y, por tanto, demuestra algo: el mismo ideal forzando a la misma conclusión; el punto decisivo cinco siglos antes de la era europea, con Buda" (*La genealogía* 202). Esto permite entonces situar el nihilismo *también* en América Latina. El nihilismo se despega de su génesis europea, multiplica su procedencia (deviene *dispar*), precisamente porque es una cuestión del Capital y del cristianismo: el problema del nihilismo capitalista tiene un eco cristiano pues se trata, en ambos casos, de una desvalorización de la vida.

7.1. *Sebastián consigue trabajo*

Antes del golpe del 73, Sebastián es enviado a Europa en un viaje sabático pagado por los señores Oido y Odeim (odio y miedo). "Más que un trabajo es una beca," dicen Oido y Odeim, quienes se dedican "a los negocios de importación y exportación, pero también tocamos otros rubros." La misión le es ofrecida a Sebastián en un momento de depresión vital extrema, de destrucción, odio hacia la vida y cansancio vital. De nihilismo:

> Y esto producía no solo desaliento en mi alma sino también aburrimiento, o tal vez el desaliento comenzó a devenir aburrimiento, cualquiera sabe, lo cierto es que hubo una época de calles amarillas y de cielos azules luminosos

y de profundo aburrimiento, en que cesó mi actividad de poeta, o mejor dicho mi actividad de poeta fue objeto de una mutación peligrosa, puesto que lo que se dice escribir, seguía escribiendo, pero poemas llenos de insultos y blasfemias y cosas peores que tenía el buen sentido de destruir apenas amanecía, sin mostrárselos a nadie. (Bolaño, *Nocturno* 72)

La misión especial consistía en un trabajo sobre conservación de las iglesias. Les interesaba cómo en Europa "se hablaba ya de soluciones definitivas para frenar el deterioro de las casas de Dios" (80). La misión, que es diseñada en asocio con la Casa de Estudios del Arzobispado, será, como veremos, reveladora respecto al personaje de Urrutia como sacerdote y crítico literario. A su vez, parte de las funciones de Sebastián es dictar unas clases de marxismo a la Junta Militar Chilena, Pinochet incluido. Por ahora basta con retomar la forma en que han sido analizados la labor y el trabajo de Sebastián por parte de la crítica.

En efecto, la novela puede ser vista, y de hecho ha sido frecuentemente analizada, como expresión de las tribulaciones de un alma culpable y cómplice de los horrores de la dictadura (Draper *Afterlives* 127; González Echeverría 121). Jean Franco sintetiza este enfoque en su último libro, *Cruel Modernity*. Tras señalar con antelación recurrentes complicidades de la literatura ("It also raises questions about the ethical status of literature and the authoritarian nature of the lettered city" (58)), Franco pasa a analizar la misma escena que recrea Bolaño en la parte final de la novela, la historia de Mariana Callejas (María Canales en la novela de Bolaño). Canales ofrece una serie de veladas o *soirees* en pleno toque de queda, a la que asisten escritores, aprendices de escritores y críticos literarios. Mientras en la casa de Canales se festeja la bohemia con licor y lectura de poesía en voz alta, en el sótano de esa misma casa, su esposo, agente de la CIA, tortura disidentes políticos. La escena es, en cierta medida, el punto culmen de la complicidad del letrado con los horrores de la dictadura chilena. Señala entonces, Franco "the complicity of the literary institution in atrocity, shattering the notion that literature was, by its very nature, uncontaminated by the dirty work of the state" (114). Y puntualiza, ya refiriéndose explícitamente a Bolaño y su novela: "The story can be read as that of either the degradation of the avant-garde or perhaps its extreme realization" (116). Más allá de señalar la complicidad entre letra y poder, y lejos de una naturaleza propia de la literatura alejada de la atrocidad o la crueldad, me interesa algo más en la función del letrado.

Me enfoco no en esa dimensión íntima, sino la dimensión social o institucional de dichas tribulaciones de este sacerdote y letrado. Ni en las complicidades. Me interesa el papel de la religión tanto en la consolidación y desvanecimiento del letrado, como en el despegue de la economía neoliberal en Chile y la emergencia de una nueva figura intelectual. La religión, católica en este caso, se ha presentado comúnmente como obstáculo para la consolidación de un mercado y una ética ciudadana moderna. Y como una posible interferencia para la labor del letrado que, en su presunto cosmopolitismo y viajes por el mundo, debía poder llegar a experimentar la secularización en un mundo regido por la ciencia. Fue Max Weber quien, en su fundacional trabajo sobre la divergencia entre el político y el científico, estableció en 1919 las bases de este tipo ideal: "La ciencia no es hoy un don de visionarios y profetas que distribuyen bendiciones y revelaciones, ni parte integrante de la meditación de sabios y filósofos sobre el sentido del mundo" (*El político* 225).

Ahora bien, si atendemos a la crítica del destacado crítico uruguayo Ángel Rama, es posible entrever por qué en el caso del letrado esta presunción es por lo menos discutible. La crítica literaria latinoamericana y estadounidense, se destaca por una larga reflexión en torno a las relaciones del intelectual con el poder. Independiente del enfoque utilizado, las alianzas entre la letra y el trono, la literatura y la soberanía, han ocupado centenares de páginas a lo largo del siglo XX. El letrado y La ciudad letrada, el bohemio y el *flaneur*, aparecen como personajes y espacios recurrentes. Es interesante notar cómo el texto de Rama, citado y evocado por doquier, contiene un elemento casi siempre invisibilizado por la crítica que lo usa. *La ciudad letrada* es un libro derivado de una conferencia que Rama dictó en la Universidad de Harvard en 1980, bajo el título "Funcionamiento del sistema literario en América Latina". El lapso de tiempo que va desde 1980 hasta la muerte de Rama en 1983 se enmarca, según sus propias palabras, en

> la angustia por la negativa del visado por parte del *Immigration and Naturalization Service* (Baltimore) que me obligaba a abandonar mi tarea docente en la Universidad of Maryland y la campaña denigratoria que organizaron quienes disponían de poderes para ello, acompañados de un pequeño y lamentable grupito de cubanos exiliados. (*La ciudad letrada* 13)

A estas circunstancias de hostigamiento, generalmente silenciadas, que en gran medida marcan la génesis y sentido del texto, se une una tesis sostenida en varios momentos en el libro: Rama se refiere a un "grupo social especializado," el de los letrados, pero añade algo sustancial: "fue también indispensable que este grupo estuviera imbuido de la conciencia de ejercer un alto ministerio que lo equiparaba a una clase sacerdotal" (31). A la "ciudad bastión, la ciudad puerto, la ciudad pionera de las fronteras civilizadoras," Rama añade

La ciudad letrada que es "agresiva y redentorista," con una "implícita calidad sacerdotal" (32). Este carácter sacerdotal, tanto de La ciudad letrada como de la clase que ejerce ese alto ministerio, pasado por alto en las innumerables evocaciones de Rama, a mi modo de ver, constituye un elemento rico y fructífero para extraer nuevas miradas sobre la función de los letrados en el continente. El carácter sacerdotal del letrado está ejemplificado al extremo en la novela de Bolaño en la figura de Sebastián Urrutia-Lacroix que, de alguna manera, encarna y manifiesta aquello que el letrado ha pretendido ocultar: su vocación sacerdotal. Pero el sacerdote no sólo salva; primero, enferma. Nietzsche, claro, mostró la máscara que envuelve la voluntad de conocimiento: aquel hombre que, a través del conocimiento, se disfraza de sacerdote para hacerse necesario y temido, para hurgar la herida y después decir al enfermo que le proveerá la cura "quienes nos ponen enfermos nos parecen hoy más necesarios incluso que cualesquiera curanderos y «salvadores»" (Nietzsche *La genealogía* 147).

Bolaño estaba consciente de la incomodidad que podía generar su novela. Comenta en una entrevista: "Si yo viviera en Chile, probablemente nadie me perdonaría esta novela. Porque hay más de tres o cuatro personas que se sentirían aludidas, que tienen poder y que no me lo perdonarían jamás" ("Si viviera en Chile"). Alude a los individuos recreados en su novela, al sacerdote del Opus Dei y al crítico literario José Miguel Ibáñez Langlois (cuyo seudónimo era Ignacio Valente) y al crítico literario Hernán Díaz (*Alone*) que, en *Nocturno de Chile*, aparecen como Sebastián Urrutia-Lacroix y Farewell, a quien Sebastián visita con regularidad, "pues era un honor pasar un fin de semana en el fundo del mayor crítico literario de Chile" (*Nocturno* 15). Tanto Langlois como Díaz publicaron asiduamente en *El Mercurio*, el diario de extrema derecha que fue una de las puntas de lanza tanto del golpe militar como de su sostenimiento en el tiempo (Valenzuela y Constable 154). En un breve texto de 1971 acerca de Alone, Ibáñez Langlois cuenta el procedimiento de la crítica literaria de Alone en estos términos:

> Es un hecho que reconocen sus enemigos más enconados (numerosos, como los de todo crítico exigente y sincero): la opinión del grueso público, y por tanto el éxito o fracaso externo de obras y autores dependieron en Chile—bien o mal—del dictamen de este imprevisible juez. (Valente)

Juez y sacerdote, el crítico literario y la literatura, enfrentarán un nuevo escenario en donde su prestigio y autoridad se verán minados por la transformación global del capitalismo y por la consolidación específica del modelo neoliberal en Chile. En México, Argentina y Colombia también se dio ese tipo de exigencias al tiempo que el modelo neoliberal se desplegaba: formación doctoral en el exterior, contacto con medios de comunicación masivos.[4] En Argentina por ejemplo, varios de los miembros fundadores del Instituto Torcuato di Tella, siempre en contacto fluido con los medios de prensa, se reunieron a partir de la década del 50 en torno a la facultad de Economía de la Universidad de Columbia, en el llamado "grupo Columbia" (Plotkin y Neiburg 214-22). Y en Argentina, también hubo golpe militar. Pero sólo en Chile sucedió el despliegue neoliberal radical con una dictadura sostenida hasta finales de los ochenta. La novela de Bolaño ofrece pistas útiles para entender esa diferencia.

En el análisis comparado de Chile, Argentina y México, es posible rastrear el desplazamiento experimentado a partir de 1950 del rol del abogado y su cercanía a las élites, hacia la tecnificación económica (Dezalay y Garth). Es decir, el desplazamiento de una soberanía jurídica, donde el abogado y el letrado ofician como consejeros, a la suspensión del derecho y la generalización del Estado de excepción, donde el economista oficia como *policy-maker*, asumiendo funciones del político profesional. Pero, ¿basta el saber técnico-económico, para lograr la hegemonía no sólo como consejero del príncipe sino como actor decisivo (*policy-maker*) de la política económica, esto es, para dar el paso del consejero al director? (Markoff y Montecinos 49-50). En tanto Markoff y Montecinos enfatizan la dimensiones ritual y ceremonial como factores explicativos para explicar el paso del consejero al policy-maker en América Latina—Chile en específico—, en este capítulo me centro en una dimensión poco estudiada en los numerosos estudios sobre el auge del neoliberalismo en América Latina: la cuestión religiosa.

Esta cuestión se transformó a nivel global tanto a raíz de los efectos Concilio Vaticano II de 1962-1965, que en la novela de Bolaño puede leerse en dos registros: la misión encomendada a Sebastián Urrutia-Lacroix para estudiar las técnicas necesarias para frenar el deterioro de las iglesias, y las tribulaciones internas del alma de este sacerdote del Opus Dei. Los diálogos, acciones y pensamientos de este sacerdote cuyo seudónimo como crítico literario es H. Ibacache, son expresión de transformaciones globales al interior de la iglesia católica. Esa es la desubicación de Sebastián con respecto al mundo en que vive. "A la larga hasta rezar aburre" (*Nocturno* 74), exclama este sacerdote en uno de sus picos nihilistas. Considero que la confesión y auto-auscultamiento de la vida de Urrutia-Lacroix, es síntoma de las tensiones al interior de la Iglesia Católica en la segunda mitad del siglo XX, y en concreto, la división que hubo en la iglesia católica chilena con respecto al golpe militar de Pinochet. División en la que el Opus Dei en Chile marcó su diferencia frente a otros sectores de la iglesia católica.

> There also reemerged after the coup a small but articulate group of reactionary Catholics (most from upper-middle-class families) closely identified with Opus Dei and the Integralist movement, the Society for the Defense of tradition, Family and Property [Tradición, Familia y Propiedad] (TFP). Although they went underground for the most part during the Allende years (or focused their energies in the militant Father Land and Freedom movement), they surfaced after 1973 as staunch supporters of the new regime. Moreover they publicly opposed the official humanitarian position of the church, and even the cautious position of the bishops, on several occasions between 1973 and 1975. (B. Smith 285)

La maqueta interior de Sebastián expresará el vínculo que por mucho tiempo se consideró como atávico y causa del subdesarrollo: el lazo que une (o separa) a la religión católica con la economía capitalista. Un lazo que es un obstáculo, o por lo menos un suelo no propicio para el despliegue de dicha economía, formulación que se deriva en gran medida del estudio de Max Weber publicado en 1904-05, *La ética protestante y el 'espíritu' del capitalismo*, en el cual constataba "la reducida participación de los católicos en la vida productiva moderna" (48).

Como veremos, la calidad de miembro del Opus Dei de Sebastián Urrutia deja entrever las relaciones que cierto sector de la iglesia católica tejió con el ámbito intelectual y el económico empresarial en Chile. Una relación que, a su vez, rebasa las fronteras nacionales y se entronca con la gran transformación neoconservadora, de nueva derecha y religiosa en Norteamérica en la segunda mitad del siglo XX. Las tribulaciones del alma de Sebastián, entonces, no son sólo reflejo de su intimidad. La desintegración de las iglesias y el permanente vaivén espiritual de Urrutia es, por un lado, el vaivén del catolicismo con respecto a la propiedad privada, el lucro y el éxito personal. Por el otro, su confesión a lo largo de la novela no es sólo la voz de una conciencia culposa, sino la expresión del estricto control y severidad con que se guía y evalúa la conducta ordinaria del creyente católico impactado por estas transformaciones del Opus Dei, a saber, "la grandeza de la vida corriente" ("the richness of ordinary life"). Y esto será así, de acuerdo con las tesis de Weber, porque precisamente la confesión de la culpa ya no es suficiente: "De ahí se derivaba para el individuo el *impulso* para el *control metódico* de su estado de gracia en su modo de vida, y para que este fuera penetrado ascéticamente" (*La ética* 193). Aquí es entonces donde la confesión de Sebastián, su constante auto-interrogamiento, adquiere un sentido más allá de lo febril y lo delirante de un estado corporal, o lo culposo de un estado moral. No es simplemente una orientación o disposición moral, sino económica, la que se despliega en las "confesiones" y tribulaciones de Urrutia-Lacroix. Escribe Angélica Thumala Olave en su estudio sobre las élites chilenas adscritas al Opus Dei:

> Both numeraries and supernumeraries follow a 'life plan' that consists of daily prayers and mass, and frequent confession. The life-plan also includes the monthly 'day of recollection' which 'involves setting aside some hours, on one day a month, for personal prayer and reflection on topics to do with Christian life.' ("The Richness" 19)

Este dominio severo de la rutina diaria es, precisamente, el que encuentra Max Weber en la reforma protestante (y no en el catolicismo convencional), y el que conduce según él a la sustitución de una forma de autoridad por otra: el paso de la autoridad muchas veces inoperante de la institución iglesia en la vida diaria a la "reglamentación completa del modo de vida."[5] Frente al aburrimiento y la destrucción que configuran a Sebastián en el retrato del hombre del resentimiento, este se autoimpone un suplicio, una ardua técnica de disciplina cuya expresión máxima será el trabajo. Convierte entonces el sufrimiento (autoimpuesto) en un proceso de autodisciplina, auto-vigilancia (de ahí su compulsión a auto-examinarse), auto-superación. El vínculo entre nihilismo y ascetismo coagula a través del trabajo, para que Sebastián ingrese a hacer parte de aquel grupo de hombres, los sacerdotes ascetas, que ejercen "la crueldad consigo mismos, la auto-mortificación rica en invenciones" (Nietzsche, *La genealogía* 149). Es en esa rearticulación de religión y economía desde donde se produce la crítica cultural de la que Urrutia-Lacroix es estandarte. Rearticulación que, a su vez, se dio en la sustitución en la forma de autoridad específicamente al interior de la élite económica chilena. En efecto, una de las grandes transformaciones vividas al interior de una parte sustancial de le élite chilena fue la transformación, durante la dictadura, de los hábitos católicos convenciones frente a la riqueza, la propiedad y el lucro y éxito personal (Olave "Notions;" Olave "The Richness").

Ese desplazamiento en la creencia es el que a mi modo de ver es imposible de captar desde la idea de letrado y su función sacerdotal de Ángel Rama, basada en el catolicismo convencional. Una especie de sacerdocio intramundano. Esta nueva "teología del laicado," apuntalada en Chile por el Opus Dei como una especie de "ideal de lo práctico" guiado por las "exigencias de cada día" (Weber, *El político* 231), además se conectará con el saber que se estaba produciendo desde hacía décadas en el Departamento de Economía de la Universidad Chicago; una universidad en la que desde 1949 también enseñaba el polémico pensador conservador Leo Strauss, algo quizás nada casual y sobre lo que volveré más adelante. Ese saber, como veremos, estaba a su vez imbuido por una mezcla compleja de renovación de un catolicismo y un protestantismo, con el auge neoconservador y de la nueva derecha experimentado por la sociedad norteamericana a partir de la década de 1960. Sostengo que es en ese intrincado contexto y esa tupida red de relaciones en donde florece la legitimación de las medidas económicas, políticas y culturales del régimen de Augusto Pinochet. Una legitimación en la que el papel del intelectual, en este caso del crítico literario, va adquirir nuevos matices y a involucrarse en desplazamientos novedosos.

En el escrito titulado *El ladrillo. Bases de la política económica del gobierno militar chileno*, el ministro de hacienda y finanzas de la dictadura Sergio de Castro entre 1974 y 1982, doctorado en economía en Chicago, enuncia este problema así: "muchos se extrañan y se preguntan cómo fue posible que el Gobierno de las Fuerzas Armadas aplicara un programa libertario tan ajeno a los conceptos de extrema centralización con que éstas operan" (12). La respuesta de Castro, como es posible intuir, se centra en la lucidez mental de la junta, y abstrae dicha implementación del denso tejido social que la recubre ("nuestra respuesta es que ello se debió a la visión de que hicieron gala los Comandantes en Jefe de cada una de las instituciones armadas"). En este capítulo presento otra interpretación de eso que, en efecto, es extraño y genera preguntas, y que no debe tomarse como una simple ejecución de voluntades lúcidas o malévolas, como en el caso de los "Chicago Boys," o del propio Milton Friedman, economista de la Escuela de Chicago acusado de ser el artífice intelectual la política económica del régimen de Pinochet. Constatar la devastación económica, política y corporal sufrida por las disidencias, la izquierda militante y la clase obrera, no impide evitar la pregunta por cómo eso fue posible. Sostengo que lo que en un principio puede verse como una dictadura o régimen militar apuntalada por una ideología o un modelo económico—el neoliberalismo, agenciado por los "Chicago Boys"—, es algo mucho más complejo. Es una complicada mezcla de fascismo y sadismo que, en las dos novelas de Bolaño (*Nocturno de Chile* y la que revisé en el capítulo anterior, *Estrella distante*), marca un cambio de régimen de existencia: un desplazamiento con respecto al modelo jurídico, político y escritural de la soberanía.

Entonces, ¿sigue siendo efectiva ese tipo de crítica del letrado, una vez se sitúa fuera del campo literario—por ejemplo, para analizar a los denominados "Chicago Boys," el grupo de economistas chilenos educados en la Universidad de Chicago-? ¿O la del letrado es una crítica que funciona sólo al interior del campo literario, una crítica básicamente intra-literaria? Si es así, quizás eso explique el agotamiento de los grandes paradigmas de la crítica literaria como proyecto político de académicos vinculados principalmente a los estudios culturales latinoamericanos o al latinoamericanismo. A este ascenso estrepitoso de esta nueva práctica intelectual que dio el paso de la economía como ciencia social a la ciencia económica afincada en un credo religioso particular, se corresponde una nueva imagen, ya no la del letrado: son los *money doctors*. Este *money doctor*, es más que un técnico o un asesor, es un *guardián* (ver Markoff y Montecinos 53). Como veremos el problema de la insatisfacción de Sebastián con el mundo y con su vida es en gran medida el problema de la inadecuación del letrado.

Este paso hacia el *money doctor* es el que Bolaño retrata al final de la novela, con las veladas bohemias ofrecidas por María Canales (Mariana Callejas, ex agente de la DINA): la muerte, por la vía del asesinato, del linaje de los letrados. El cierre de la vida de Callejas es el final del mecenazgo a ese tipo de intelectuales, y el inicio de una estirpe de intelectuales que por fin ocuparán un lugar de prestigio, reconocimiento y remuneración laboral. Hay que recordar que en *Estrella distante* el poeta-verdugo, Carlos Wieder, asesina precisamente a los letrados y a su estirpe: a los aprendices de los talleres de poesía.

7.2. Sebastián se deprime

Varios de los rasgos de Sebastián apuntan al conservadurismo de un sector de la Iglesia Católica en Chile, y al usufructo (mutuo) que obtuvo de la relación con el régimen de Pinochet. En distintos momentos de la novela se evidencian su desprecio e incluso asco frente a ciertos grupos humanos, como expresión de lo que percibe como una humanidad degradada. En una de sus visitas al feudo de Farewell sale por la puerta equivocada y se topa con varios campesinos que recuerda posteriormente:

> Recuerdo que bebí su rostro hasta la última gota intentando dilucidar el carácter, la psicología de semejante individuo. Lo único que quedaba de él en mi memoria, sin embargo, es el recuerdo de su fealdad. Era feo y tenía el cuello extremadamente corto. En realidad todos eran feos. Las campesinas eran feas, y sus palabras incoherentes. El campesino quieto era feo y su inmovilidad incoherente. (33)

Fealdad y degradación hacen parte del empobrecimiento de la vida que señala Nietzsche en el nihilismo cristiano, como religión de la *décadence* (*El anticristiano* 36). En el acápite titulado "De la sagacidad del cristianismo," escribe en *Humano, demasiado humano*:

7. De las letras a los cálculos: el Nocturno de Chile de Roberto Bolaño | 219

> Es una artimaña del cristianismo pregonar tan alto la total indignidad, pecaminosidad y despreciabilidad del hombre en general, que con ello ya no es posible el desprecio del prójimo 2. "Peque cuanto quiera, sin embargo no se diferencia esencialmente de mí: yo soy el indigno y despreciable en grado sumo", se dice el cristiano, Pero también este sentimiento ha perdido su aguijón más afilado, pues el cristiano no cree en su despreciabilidad individual: es malo como hombre en general, y se tranquiliza un poco con el axioma: todos somos de la misma especie. (104-105)

El cristianismo es, según el comentario de Gutiérrez-Girardot de este pasaje de Nietzsche, "la ideología de la indiferencia social" (LX). A su vez, intentando discernir "la psicología de semejante individuo," Urrutia identifica un rasgo clave: la paciencia, "una paciencia que no era chilena aunque aquellas mujeres fueran chilenas. Una paciencia que no se había gestado en nuestro país ni en América. Una paciencia como venida del espacio exterior." La paciencia de los excluidos del proyecto nacional afirma Patrick Dove (148-49). Quietud (pasividad), a-temporalidad: campesinos en un no lugar, en un espacio exterior, sin tierra, enfrentando el retorno de los feudos a los propietarios latifundistas por el que tanto se alegra Farewell. Más adelante veremos cómo será la tradición hacendataria de lo público la que provea las raíces de la legitimidad de los economistas contemporáneos, en el sentido de hacendistas públicos ("technopols" como los denomina Jorge I. Domínguez o "intelectual brokers," por su rol de intermediarios entre el gobierno y las entidades prestamistas internacionales (Fischer 320)).

El conservadurismo de Sebastián tiene además un rasgo característico: su decepción por el mundo tal cual es, su permanente abatimiento vital. "Y ese estado de perplejidad y conmoción coexistía con un estado de aburrimiento y abatimiento. La perplejidad y la conmoción eran pequeñas y vivían incrustadas en algún rincón del estado general de aburrimiento y abatimiento. Como una herida dentro de otra herida" (*Nocturno* 72). Entonces Sebastián deja de dar clase, de dar misa, deja de leer y de escribir sus reseñas literarias. La parálisis (nihilista) del letrado y el sacerdote deviene total, hasta que en una calle de Santiago se encuentra con Odeim. Más adelante, cuando es contactado por primera vez por Odeim y Oido, dedicados como ya anotamos "a los negocios de importación y exportación." Al flujo del capital. Luego del encuentro, Odeim insiste en que tomen café en el Café Haití, "que es un sitio infecto en donde se juntan todos los canallas que trabajan en el centro de Santiago, vicegerentes, vicedelegados, viceadministradores, vicedirectores": los sub-alternos en últimas. Ya en el café Urrutia observa el lugar: "En los semblantes de algunos creí descubrir un dolor inmenso. Los cerdos también sufren, me dije" (77). Urrutia recorre entonces los tradicionales registros jerárquicos frente a sus compatriotas, y por eso comenta: "En este país dejado de la mano de Dios solo unos pocos somos realmente cultos. El resto no sabe nada" (126). Por eso exclama: "¡Más cultura! ¡Más cultura!" (123).

Los pensamientos y acciones de Sebastián, como ya dije, se enmarcan en transformaciones globales de la Iglesia. En su estudio sobre el Opus Dei en Chile, Thumala precisamente muestra cómo este tipo de transformaciones internas de la iglesia rechazan la doctrina social de la iglesia. "Although the new religious movements' approach to business and wealth creation is part of this general move within the Church, their peculiarity lies in their explicit rejection of the 'political' or 'socially committed' readings of the social doctrine" (Olave "The Richness" 15). Esto es en parte lo que va a explicar la actitud de Sebastián frente a los campesinos, los marginados: "Los cerdos también sufren" comenta Sebastián luego de observar a los campesinos. "Acto seguido me arrepentí de ese pensamiento. Sufren los cerdos, sí, y su dolor los ennoblece y limpia" (76, 77).

Pero hay algo más. Al contarnos su proceso de conversión en H. Ibacache, el pseudónimo que Sebastián utiliza para ejercer la crítica literaria, Urrutia-Lacroix se emparenta con una extraña tradición del conservadurismo radical. "Y tomé la decisión" dice Sebastián "de que debía adquirir un pseudónimo para mis labores críticas y mantener mi nombre verdadero para mis entregas poéticas. Y entonces adopté el nombre de H. Ibacache" (36). Acto seguido, nos cuenta Bolaño: "Urrutia Lacroix planeaba una obra poética para el futuro, una obra de ambición canónica que iba a cristalizar únicamente con el paso de los años, en una métrica que ya nadie en Chile practicaba, ¡Qué digo! que nunca nadie jamás había practicado en Chile" (37). Finalmente, luego de pedir "¡Más cultura! ¡Más cultura!" nos dice que "en ocasiones mis gañidos solo eran audibles para quienes con la uña del índice eran capaces de rascar sobre la superficie de mis escritos, sólo para ellos, que no eran muchos, pero que para mí eran suficientes" (123). Doble estrategia de ocultamiento entonces: bajo un pseudónimo (Ibacache, o Ignacio Valente, que es el pseudónimo usado por José Miguel Ibáñez Langlois); y bajo una prosa sólo audible para quien (unos pocos) supiera leer por debajo de lo visible, de la superficie. El letrado que retrató Rama no es capaz de leer o interpretar ese doble mensaje, esa segunda lectura "oculta." Es Leo Strauss, filósofo de la Universidad de Chicago entre 1947 y 1967, y quien sostuvo una particular relación intelectual y personal con Carl Schmitt,[6] el que ha explicitado la técnica de escritura que precisa esta forma de legibilidad para pocos, a saber, "writing between the lines":

> Persecution, then, gives rise to a peculiar technique of writing, and therewith to a peculiar type of literature, in which the truth about all crucial things is presented exclusively between the lines. That literature is addressed, not to all readers, but to trustworthy and intelligent readers only [...] Therefore an author who wishes to address only thoughtful men has but to write in such a way that only a very careful reader can detect the meaning of his book. (*Persecution and the Art of Writing* 25)

La coincidencia de lo que nos cuenta Sebastián sobre sí mismo y su escritura, con el análisis que Geoff Waite ha hecho de Strauss, el conservadurismo radical y su escritura entre líneas, para pocos lectores, es por lo menos inquietante. En su análisis de la tradición conservadora inscrita en la ley cristiana, Waite muestra cómo para esta vertiente lo esencial ("father of all things;" "the lord of all;" "truth about all crucial things" en la formulación de Strauss) permanece oculto e ilegible para la mayoría: un monólogo oculto que permite conservar el orden y el rango, las jerarquías. Una tradición que Waite llama esotérica, anterior y posterior a cualquier intervención histórica, y que dispone de la justificación de algo crucial para su propia conservación: "the high hand of violence." En otro sentido, el "rango y orden" es el "rango y poder," es decir, servicio del trabajo, servicio de las armas y servicio del saber en medio de una jerarquía irrebasable pues es, en modo alguno, una configuración histórica: "And the essential purpose of any exoteric teaching is 'government' of the lower by the higher, and hence in particular the guidance of political communities" (Strauss *Persecution and the Art of Writing* 121).

Un pensamiento que es sólo legible entre líneas, esotérico y oculto: sólo unos pocos lo pueden leer y captar. Todo esto, por supuesto, no está lejos de la secrecía en que opera el *Opus Dei*, al que pertenece Urrutia. ¿No es acaso en ese tipo de monólogo en el que está atrapado Sebastián a lo largo del *Nocturno de Chile*? Sebastián se ve interpelado por distintas voces durante la novela, y parte de su labor es descifrar quién habla, quién le habla. Sabemos que es un monólogo, "toda conversación, todo diálogo, decía una voz, está vedado" (*Nocturno* 35)—.

> A veces me interrogaba por la naturaleza de esa voz. ¿Era la voz de un ángel? ¿Era la voz de mi ángel de la guarda? ¿Era la voz de un demonio? No tardé mucho en descubrir que era mi propia voz, la voz de mi superego que conducía mi sueño como un piloto de nervios de acero, era el super-yó que conducía un camión frigorífico por en medio de una carretera en llamas,

> mientras el ello gemía y hablaba en una jerga que parecía micénico. Mi ego, por supuesto, dormía. Dormía y laboraba. (35-36)

Sebastián observa "el paso del tiempo, el paso del tiempo, el despeñadero de las ilusiones" (35). Poco a poco, el tedio vital que ha consumido a Sebastián se expresa socialmente, impidiendo la diferenciación pues todo da igual. Da lo mismo ejercer una función aquí o allá ("los generales retirados reconvertidos en consejeros de empresas" (119-120)). Por eso da igual que el rol del intelectual sea en parte asumido en la novela por Augusto Pinochet, quien se presenta en la novela como gran lector y escritor (a diferencia de Allende por supuesto). Sebastián descubre esto cuando es encomendado de nuevo por Odeim y Oido para dictarle clases de marxismo a la Junta Militar Chilena: "Para que sepa usted" le dice Pinochet a Urrutia, "que yo me intereso por la lectura, yo leo libros de historia, leo libros de teoría política, leo incluso novelas" (117-118). Y, además, prosigue Pinochet, "a mí no me da miedo estudiar. Siempre hay que estar preparado para aprender algo nuevo cada día. Leo y escribo. Constantemente. Eso no es algo que se pueda decir de Allende o de Frei o de Alessandri, ¿verdad? Asentí tres veces" (118). Acto seguido, Sebastián exclama:

> todos, tarde o temprano, iban a volver a compartir el poder. Derecha, centro, izquierda, todos de la misma familia. Problemas éticos, algunos. Problemas estéticos, ninguno. Hoy gobierna un socialista y vivimos exactamente igual. Los comunistas (que viven como si el Muro no hubiera caído), los democratacristianos, los socialistas, la derecha y los militares. O al revés. ¡Lo puedo decir al revés! ¡El orden de los factores no altera el producto! ¡Ningún problema! (120-21)

Esta no diferenciación, esta equivalencia generalizada, va sumada entonces al sopor que ahoga a Sebastián, pero esta vez en términos colectivos: "el aburrimiento como un portaviones gigantesco circunnavegando el imaginario chileno. Y ésa era la verdad. Nos aburríamos" (123). Sostengo que la indiferenciación que padece Sebastián en su vida, donde todo da igual en su tedio vital y no hay distinciones en la vida política, es el síntoma de la proliferación de la equivalencia generalizada del capital. Como todo da igual entonces no hay por qué elegir: el mismo lema esgrimido por una de las puntas de lanza del neoconservatismo, Margareth Tatcher, "TINA" (*there is no alternative*). El punto es que esa equivalencia generalizada (nihilista), donde nada vale porque todo da igual, tiene como uno de sus resortes la cuestión religiosa, personificada en Urrutia-Lacroix.

7.3. Sebastián viaja a Europa

> "El siglo XIX se vio interrumpido por un clamor/
> acompañado de abundantes lágrimas y terremotos/
> Dios ha muerto gritaba Federico cabeza de pólvora/
> mientras sus mostachos eléctricos vibraban de teología/
> y los cuatro puntos cardinales se le volvían esquizofrénicos/
> y eso de querer ser Dios comenzaba a ser una moda/
> entre los doctorcillos de filosofía y letras."
>
> José Miguel Ibáñez Langlois, *Historia de la filosofía* Vol. 2 20 1983

El paso del letrado al "money doctor" inicia en *Nocturno de Chile* durante el viaje de Sebastián a Europa. "El aburrimiento no disminuía," dice Urrutia-Lacroix en un lamento nihilista, ante lo cual, por recomendación de dos de sus superiores eclesiásticos, el señor Odeim lo recomienda para

> Una delicada misión en Europa, sin duda pensando que un viaje prolongado por el viejo continente era lo más indicado para devolverme algo de la alegría y de la energía que había perdido y que a ojos vistas seguía perdiendo, como una herida que no quiere cicatrizar y que a la larga causa la muerte, al menos la muerte moral de quien la padece. (75)

El aburrimiento no sólo no disminuía, "por el contrario, algunos mediodías se hacía inaguantable y me llenaba la cabeza de ideas disparatadas" (74). La cura para su tristeza y vida sin energía es entonces un viaje como observador de la situación arquitectónica de las iglesias, ya que "la Casa de Estudios del Arzobispado" quería que alguien preparar un trabajo sobre conservación de las iglesias." El destino es Europa, "ya que en Chile, como no podía ser menos, nadie sabía nada acerca de ese tema." En aras de hallar "soluciones definitivas soluciones definitivas para frenar el deterioro de las casas de Dios," Sebastián debía "ir, visitar las iglesias punteras en soluciones antidesgaste, cotejar los distintos sistemas, escribir un informe y volver" (80-81). En su viaje en barco hacia Europa entrando por Lisboa, Urrutia recita una noche el *Nocturno* de José Asunción Silva. Al llegar a su primer destino, Sebastián es puesto en situación con respecto al problema: "la contaminación ambiental no era el mayor agente destructor de los grandes monumentos románticos o góticos, sino la contaminación animal, más concretamente las cagadas de las palomas, cuya población, tanto en Pistoia como en otras muchas ciudades y pueblos europeos, se había multiplicado geométricamente" (84). La solución, infalible de acuerdo con el padre Pietro, su anfitrión en Génova, es un "arma que estaba en su etapa experimental": un halcón entrenado que devoraba las palomas. En Francia, su segunda escala, Sebastián presencia la cacería, "el revolotear de los estorninos se ensangrentaba, se fragmentaba y se ensangrentaba, y entonces el atardecer de las afueras de Avignon se teñía de rojo intenso," un crepúsculo que Sebastián imagina presenciando desde la ventanilla de un avión, cuando despierta

> y corre la cortinilla del avión y en el horizonte distingue una línea roja como una vena, la femoral del planeta, la aorta del planeta que poco a poco se va hinchando, esa vena de sangre fue la que vi en los cielos de Avignon, el vuelo ensangrentado de los estorninos, los movimientos como de paleta de pintor expresionista abstracto de Ta gueule, ah la paz, la armonía de la naturaleza. (87-88)

La escena de los halcones y las palomas se ha prestado a diversas interpretaciones (Benmiloud 235). Me interesa subrayar tres acepciones de cetrería. La primera tiene que ver con la estructura formal de la novela. De ella Bolaño ha dicho que al igual que *Amuleto*, el *Nocturno de Chile*:

> Son novelas musicales, de cámara, y también son piezas teatrales, de una sola voz, inestable, caprichosa, [...] es el intento de construir con seis o siete u ocho cuadros toda la vida de una persona. Cada cuadro es arbitrario y al mismo tiempo, paradójicamente, es ejemplar, es decir, se presta a la extracción de un discurso moral. Cada cuadro puede ser leído de forma independiente. Todos los cuadros están unidos por ramitas o pequeños tubos, que en ocasiones son más veloces aún y necesariamente mucho más independientes que los cuadros en sí. (*Bolaño por sí mismo* 115)

Nada lejos entonces de una de las acepciones de cetrería: "Multitud de imágenes o ideas que andan vagantes en la imaginación, lo cual hace no determinarse o no fijarse en ninguna." Así, en términos de la forma de la novela, los episodios febriles de Sebastián pueden leerse más allá del delirio de una conciencia culposa buscando salvación.

Existe una segunda acepción posible de la cetrería, esto es, arte de criar, domesticar, enseñar y curar los halcones y demás aves que servían para la caza de volatería. En uno de sus "sueños inquietantes," Sebastián veía una bandada de halcones, miles de halcones que volaban a gran altura por encima del océano Atlántico, en dirección a América" (*Nocturno* 95). En cierto sentido, el aterrizaje de esos halcones no es sólo onírico: los "Halcones" remite directamente al grupo represivo que entre 1966 y 1971 integraron alrededor de mil agentes armados. Este grupo para-militar, fundado por el coronel Manuel Díaz Escobar, participó en México de la masacre de Tlatelolco, el 2 de octubre de 1968, y en la del 10 de junio de 1971 perpetró la matanza conocida como *Jueves de Corpus*. Poco después, Díaz Escobar fue trasladado como agregado militar de la representación mexicana en Chile, a pocos meses del golpe militar de septiembre de 1973 (y hasta el 30 de noviembre de 1974) (García; Aguilar). Finalmente, Sebastián nos cuenta cómo "el sol se ennegrecía en mis sueños," un sol negro posado sobre Chile: "By night in Chile"—*De Noche en Chile*—es el título que se usó en la traducción al inglés de la novela, una traducción de título que para Bolaño debería ser el verdadero título de su novela.[7]

Finalmente, hay un tercer sentido para la cetrería, que es el que más me interesa. Un cetrero es, precisamente, un "Ministro que servía con capa y cetro en las funciones de iglesia." El *money doctor* ya no es ni consejero ni amanuense, sino un ministro en el sentido eclesial y estatal. Cetrería viene de cetro: coronación y unción de un nuevo personaje. Discernir el perfil de este cetrero, es lo que permite entender el paso del letrado que diagnosticaba Rama, al *money doctor* del Chile contemporáneo. Pues precisamente permite entender la conexión entre iglesia y Estado que a mi juicio no sólo potenció la entronización del neoliberalismo, sino que, especialmente, constituye una de las fuentes primordiales de legitimidad del economista neoliberal.

Este nuevo ministro, "superministro" se hacía llamar Sergio Caguas, funcionario de Pinochet y amigo personal de quien era la punta de lanza de los Chicago Boys en Chile, Arnold Harberger, se enfrenta a una tensión inmensa: el encuentro entre las tradiciones eclesiales, esotéricas y jerárquicas, por un lado, y los nuevos modos de gobierno al amparo de la tecnificación estatal y económica. Precisamente parte de la complejidad del neoliberalismo chileno es que se nutre de tradiciones religiosas y políticas conservadoras, e incluso reaccionarias. Esto es, el dilema que el corporativismo, la concepción orgánica de la sociedad y el hispanismo enfrentan ante el liberalismo económico.

En ese contexto es que se consolida el movimiento *gremialista* que giraba en torno a la Universidad Católica, marcado "por un rechazo visceral al marxismo, doctrina a la que definían no sólo como una teoría política y económica equivocada, sino esencialmente como un error moral, una 'herejía cristiana'" (Arriagada 76). Como ha sido ampliamente documentado posteriormente, el gremialismo fue uno de los pivotes esenciales en el reclutamiento de la coalición pro-golpista (Fischer 312). Este grupo, liderado por el abogado Jaime Guzmán, mantuvo una estrecha asociación con el grupo carlista de Viña del Mar liderado por Osvaldo Lira. Este grupo conspirativo adoptó el modelo estratégico del carlismo español y sus principales ideólogos Vásquez de Mella y Víctor Pradera. El temple legitimista de ese movimiento conservador determinó que su estrategia esencial fuese, desde sus inicios en 1833, la formación de juntas rebeldes y los 'pronunciamientos', término empleado por el carlismo para referirse a sus golpes de Estado. (Cristi)

Sin embargo, las contradicciones del pensamiento y la práctica conservadora en términos económicos con el capitalismo y el liberalismo ya habían dado un paso decisivo en 1959 en el franquismo: el paso de la autarquía al liberalismo económico. Sebastián pasa por Barcelona y Málaga, para finalmente llegar a uno de sus destinos, Pamplona, donde firma un contrato editorial con "los hermanos de la Obra" (88). El viaje de Sebastián por las iglesias de Europa coincide, precisamente, con el momento de la entrada de miembros del Opus Dei al gobierno español y el grupo de reformas económicas que despliegan al amparo de la dictadura de Franco, incluyendo inversiones diversas en el sector del turismo.[8] El destacado sociólogo de las religiones José Casanova sostiene que "the Opus Dei members were the adequate carriers' of the Spanish modernization process" (27), ubicándose en sectores estratégicos como lo muestran Stanley Payne y Jesús Palacios.[9] Asimismo,

> In response to the economic crisis of the late 1950s, technocratic ministers of the secretive lay Catholic organization, Opus Dei, carried out a rationalization and liberalization of the Spanish economy that, together with reform of the State bureaucracy, launched the unprecedented economic growth of the 1960s and early 1970s. (Townson 3)

En efecto, es la mediación tecnocrática la que en España va a permitir el acercamiento entre conservatismo radical y capitalismo en cabeza del Opus Dei, enfrentados al ala falangista al interior de la burocracia estatal (Preston 5).[10] Mi argumento en este punto es que en el caso Chileno, es la mentalidad religioso-económica del Opus Dei la que permite saldar esos dilemas del conservatismo frente al capitalismo. Y al igual que en el caso español, en Chile el Opus Dei

> While all of these conservative and reactionary Catholics [incluyendo al Opus Dei] constituted a relatively small part of the total number of Catholics in Chile (less than 10%), their influence went far beyond their numbers. Several TFP [Tradición, Famila y Propiedad] sympathizers were invited by the military into key government positions after the coup, including that

of chief legal adviser to the Junta Regime (Jaime Guzmán), and leadership in National Secretariats of Youth and Women respectively. They also were active in the communication media after 1973, and several Opus Dei members replaced Christian Democrats in the administration of the Catholic university system. (B. Smith 285-86)

Para poder entender la especificidad de esa labor del Opus Dei en Chile, entonces, hay que evocar una de las discusiones más notables y duraderas en el pensamiento latinoamericano: el papel del catolicismo en el desarrollo económico. Si se quiere entender la forma en que el Opus Dei "salda" el dilema entre el conservadurismo y el liberalismo económico, es necesario retroceder un poco y trazar algunos hilos genealógicos que, a contravía del prejuicio común, muestran otra postura dentro del catolicismo frente a la riqueza y el lucro. Postura que, como veremos, es decisiva como procedencia genealógica para el despliegue de la economía neoliberal y la legitimación del *money doctor* en Chile. El viaje a Europa de Sebastián para aprender sobre restauración y conservación de iglesias será decisivo aquí. Para desarrollar este argumento, es preciso primero volver sobre ese recurrente debate en el pensamiento latinoamericano, pero esta vez desde otras coordenadas. Me refiero a la inacabada discusión sobre el papel del catolicismo y las tradiciones hispánicas en la situación de desarrollo o subdesarrollo en América Latina. La nueva coordenada que utilizo para describir esa procedencia genealógica es una relectura de alguien citado por Ángel Rama en su texto *La ciudad letrada*: Max Weber. Al comentar que "los intelectuales no sólo *sirven* a un poder sino que también son *dueños* de un poder," Rama afirma que estos intelectuales, por esa doble condición, "están en inmediato contacto con el forzoso principio institucionalizador que caracteriza a cualquier poder":

> Una breve incursión en el siglo XIX, demostrativa de la pervivencia de estas concepciones coloniales, puede mostrarlo. Bastante antes de los conocidos análisis de Max Weber sobre la burocracia, que desde luego no conocieron, los escritores latinoamericanos del siglo XIX y XX fueron extraordinariamente perceptivos acerca de esta capacidad de agruparse que revelaron los burócratas del sistema administrativos del Estado. (36)

Me interesa entonces seguir las ideas de Weber aquí, en especial hacer una relectura de las tesis sobre la religión y las profesiones, pues quienes conducen a Chile por la senda del capitalismo neoliberal son los sacerdotes y creyentes del Opus Dei. Rama mismo lo entreví cuando escribe que se da cabida "junto a la 'gente decente' de la aristocracia terrateniente, a dos anillos amplificadores:

el de comerciantes, industriales y especuladores, y el del equipo educado de la administración, las finanzas y la enseñanza" (100).

7.4. *Sebastián se despista*

Imaginemos por un momento otro de los "sueños inquietantes" de Sebastián, donde las cosas aparecen fuera de lugar, desubicadas: el florecimiento extremo del capitalismo en suelo católico. Para sintonizar el capitalismo, el recorrido debe ser distinto al lugar común que opone el catolicismo al lucro y la acumulación. Y ahí la adscripción de Sebastián al Opus Dei resulta decisiva. El *money doctor* hunde sus raíces en otra procedencia diferente a la del letrado. Encuentra su génesis no en la figura del consejero del Príncipe, atada a la problemática de la soberanía y el contrato entre éste y sus súbditos. Responde por el contrario a un primer intento de racionalización y economía general del ejercicio del poder a través del mercantilismo del siglo XVII.[11] Desde el campo de la historia, Marco Palacios por ejemplo ha mostrado cómo en América Latina, la legitimidad de los economistas contemporáneos viene de una herencia hacendataria, compuesta de abogados, políticos, empresarios y, finalmente, ingenieros: "El prestigio social de economista (una de las fuentes de su legitimación) echa raíces en el arquetipo de racionalidad atribuida al hacendista del tardío periodo colonial cuando las obras públicas y el manejo de las finanzas estatales fueron materia explícita del arte del buen gobierno" (165).[12] De acuerdo con George Reid Andrews, este linaje histórico al que apunta Palacios se retrotrae a los inicios de la economía política como una disciplina intelectual en la segunda mitad del siglo XVIII. Los economistas políticos desempeñaron un rol central en las administraciones de las monarquías borbónicas francesa y española, ejerciendo como administradores de Estado o hacendistas, a saber, "persona versada en la administración o en la doctrina de la Hacienda pública" (Andrews). Es la restitución del saber económico hacendatario que, unido a un arte de gobernar específico, se entroniza en Chile con el golpe militar del 73. Ese arte de gobernar será aquel influenciado por el Tomismo y por las prácticas religiosas del Opus Dei, saber que confrontará el lugar común de la incompatibilidad esencial entre catolicismo y capitalismo.

Ese lugar común atiende a los rasgos principales de la recepción de las tesis sobre capitalismo y religión de Max Weber. Dichas tesis han circulado de manera constante en el debate sobre las causas del atraso y subdesarrollo de América Latina. La tendencia en dicha recepción es omitir los matices sobre los que Weber elaboró sus tesis sobre religiones universales, condenándolo por ser eurocéntrico. Omitiendo, entonces, el carácter *contingente y multi-*

dimensional que Weber asignaba al despliegue proceso de modernización capitalista, como lo aclarará en "Mi palabra final a sus críticos" de 1910 y en la introducción de 1920 a *La ética protestante*, anticipándose a ese tipo de lecturas unilaterales.[13] Dos científicos sociales chilenos estarán a la cabeza de esta particular recepción de las tesis de Weber: Cristian Parker y Pedro Morandé. Ambos han participado activamente en la discusión sobre la identidad latinoamericana y su posible especificidad frente a Europa. Esta especificidad pasa por la afirmación unidad latinoamericana, el enfrentamiento entre secularización y tradicionalismo, y la diferencia en las formas de sociabilidad en Europa y América Latina. La figura del pueblo es esencial aquí. Por su ethos o su religiosidad popular "escapa" o por lo menos se distancia de los estragos de la racionalidad instrumental de la modernización capitalista. Morandé lo sintetiza de esta forma:

> El desafío de la modernización era constituir una nueva síntesis que asumiera, sin negar del pasado, la historia latinoamericana real, la intrahistoria. La participación en la ecúmene mundial debía derivar de una "misión" constituida por la misma síntesis cultural. Algunos querían deducirla de la vigencia del hispanismo católico, otros de la "raza cósmica" sintetizada en América, otros de la posibilidad de desarrollar un socialismo original, para referirnos sólo a Eyzaguirre, Vasconcelos, Mariátegui. La idea compartida por todos es la de un continente nuevo que quiere desarrollarse de manera original aportando al mundo la riqueza de su propia identidad. (17)

En tiempos recientes, las tesis de Parker como de Morandé se encuentran en sintonía con la conocida tesis del encubrimiento del otro en el encuentro entre Europa y América sostenida por Enrique Dussel (*1492. El encubrimiento del Otro*). A su vez, en el artículo dedicado a Chile en la compilación de 2002 de Samuel Huntington y el afamado sociólogo de las religiones Peter Berger, se mantiene ese tipo de distinciones: "Lack of trust in people and institutions is typical of Chilean and Latin American societies in general" (Talavera 275).

Los textos de Morandé y Parker, que reivindican una suerte de "ethos popular" en exterioridad frente a la modernidad occidental, han sido ya suficientemente criticados por su esencialismo (Castro-Gómez). Esa exterioridad, a su vez, impedía establecer la conexión entre el desarrollo de unos países con respecto al subdesarrollo de otros, refrendando "la creencia de que el subdesarrollo es un estado original caracterizado por índices de tradicionalidad y que, por consiguiente, el desarrollo consiste en abandonar esas características" (Frank *Sociología* 12). André Gunder Frank puntualiza que esta modalidad se deriva "no sólo de la concepción de Max Weber acerca de un tipo ideal general, sino también modelos ideales particulares del propio Weber" (13). Entre aquellas características se encontraba, por supuesto, la religión católica. La religión católica, desde esta perspectiva, fue el detonante para convertir las sociedades latinoamericanas en cuerpos sociales deficitarios.

Lo curioso sin embargo es que esos textos discuten extensamente sobre el impacto de una modernización capitalista basada en una racionalidad instrumental. Pero no sobre la ética ni la ascética del trabajo en América Latina. Más allá de su esencialismo, el punto ciego de la argumentación de Parker y Morandé es precisamente ese. Recientemente, Renato Ortiz también pasa por alto esa cuestión al invocar a Weber:

> En verdad el proceso de racionalización (para decirlo con Weber) se instituyó a través de la conjunción de la acción de instituciones diversas—Estado, empresas, universidades, sindicatos—logrando que los países latinoamericanos se distancien así de su pasado rural y arcaico. Tal vez el mejor ejemplo de esos cambios sea la llegada de las industrias culturales. (57-58)

La afamada e influyente tesis de Gunder Frank sobre América Latina (el desarrollo del subdesarrollo), elaborada desde un ángulo ideológico y analítico diferente, tiene extrañas resonancias aquí. Frank vivió durante mucho tiempo en Chile, país al que dedicó uno de sus estudios centrales: *Capitalismo y subdesarrollo en América Latina*. Allí sigue las ideas de Claudio Véliz ("los incentivos de esta falsa burguesía capitalista chilena no estaban relacionados con motivaciones morales—como aquellas engendradas por la actitud calvinista-" (*Capitalismo* 98)), para añadir:

> Cualquiera que haya sido el papel que la moralidad calvinista o católica, la mentalidad "burguesa," "seudo burguesa" o "feudal" y el "impulso" expansionista o no expansionista desempeñaran en la producción del desarrollo y del subdesarrollo, tales factores no fueron determinantes o decisivos sino, cuando más, derivativos y secundarios. (102)

Lo más curioso de estos acercamientos dispares, de Gunder Frank a Parker, es que sus trabajos parecen basados no en una lectura de Weber, sino en el trabajo de Werner Sombart sobre la mentalidad burguesa titulado "El Burgués. Introducción a la historia espiritual del hombre económico moderno." Sombart, contemporáneo de Weber, sostendrá precisamente en relación con "la península ibérica" que

> [l]uego llega el siglo XVII y con él la paralización total de la que tantas veces se ha hablado. El espíritu de empresa se paraliza, el interés por los negocios se extingue: la nación vuelve la espalda a todo lo que tenga relación con

la economía, y su atención se fija en los asuntos eclesiásticos, cortesanos o caballerescos. El ocuparse en el comercio o en la agricultura representaba un oprobio que no convenía al hombre de buena cuna. (148)

Sombart menciona las "pruebas de ese estilo de vida, tan extraño a toda clase de espíritu capitalista" y finaliza diciendo: "En consecuencia, las colonias donde se establecieron españoles y portugueses no tardaron en verse dominadas por el mismo espíritu" (149). Sombart a su vez brinda argumentos sobre lo que denomina la "mentalidad económica precapitalista." Para él,

> el hombre precapitalista es el hombre natural, el hombre tal y como ha sido creado por Dios, el hombre de cabeza firme y piernas fuertes, el hombre que no corre alocadamente por el mundo como nosotros hacemos ahora, sino que se desplaza pausadamente, sin prisas ni precipitaciones. Y su mentalidad económica no es difícil de descubrir, puesto que se deriva directamente de la naturaleza humana. (20)

Lo importante a resaltar con respecto a su prejuicio para mi argumento, es la forma en que esta concepción naturalista del ser "precapitalista" resuena tanto con la exterioridad del pueblo (Parker) como con la tradición conservadora que reivindica los vínculos hispánicos (Eysaguirre). El argumento de Sombart se vuelve aún más interesante en la medida en que, hacia el final de su libro, su línea argumentativa se vuelve ambigua, o por lo menos cambia de dirección. Y es en ese momento que el argumento de Sombart abre conexiones pertinentes para mi argumentación al indagar por la "ética social de la empresa cuya historia política, cultural y económica habían procurado hacer Weber, Sombart y Schumpeter" (Foucault, *El nacimiento de la biopolítica* 183). Esto es, dilucidar uno de los hilos genealógicos que permite comprender la legitimidad del *money doctor*.

Al final de su estudio, Sombart se ocupa de la religión católica, en particular, de "la moral de la ley tomista" (246).

> La influencia de estas doctrinas sobre la mentalidad económica del nuevo hombre fue tanto más profunda cuanto que aquellas eran capaces de producir estados anímicos especiales, que por su naturaleza favorecían el crecimiento del espíritu capitalista. Me estoy refiriendo ante todo a la *represión de los impulsos eróticos*, tan propia de la moral cristiana. Nadie ha reconocido tan profundamente como Santo Tomás que las virtudes burguesas sólo pueden florecer allí donde la vida amorosa del hombre está sometida a ciertas restricciones. (248)

Sombart amplía su argumento, aduciendo que la "formalidad comercial" se debe a la labor educativa de la Iglesia. Sombart era consciente de que esta tesis "se oponen abiertamente a la opinión reinante acerca de la postura de la doctrina eclesiástica frente a las exigencias del floreciente capitalismo" (252). Sin embargo, se reafirma:

> Estoy convencido de que las teorías de los escolásticos (sobre todo, como es natural, de los de la Baja Edad Media) acerca de la riqueza y el lucro, y en especial también sus opiniones acerca de la legitimidad o ilegitimidad moral del cobro de intereses, no sólo no supusieron un obstáculo para el desarrollo del espíritu capitalista, sino que contribuyeron a fortalecerlo y fomentarlo. (252)

Si atendemos a la bibliografía reciente sobre los orígenes del capitalismo, el tomismo juega un papel clave, e invisibilizado largo tiempo por la historia económica mayoritaria, en la configuración de esa subjetividad burguesa (Skinner *The Foundation* 321-23). En efecto la historiografía económica revisionista, ha señalado cómo el antecedente de Adam Smith y su teoría de los sentimientos morales se halla precisamente en España, en las teorías morales de la economía surgidas en el ámbito dominico en el siglo XVI. Esto es, en la Escuela de Salamanca o "segundo escolasticismo," donde Francisco de Vitoria regía la cátedra de teología denunciando los errores y herejías del luteranismo (135-41). Donde regía el tomismo, una de las doctrinas que lee Sebastián en su juventud (66).

Uno de los alumnos de la Escuela de Salamanca será Tomás de Mercado, sacerdote dominico formado en México, "asesor moralista de los mercaderes," que establece una relación entre economía y filosofía a través de la ética (Beuchot y Íñiguez 9). En el prólogo a su obra *Suma de tratos y contratos*, escribe Tomás de Mercado:

> Obligación es muy estrecha, como dice el evangelio, de quien comunicó la divina clemencia alguna gracia gratis dada para la utilidad de su pueblo, servirle con ella en lo que de ella el pueblo tiene más necesidad. Y condición es muy singular de quien le cupo en suerte de estos dotes el del saber y entendimiento—riquezas verdaderas si bien se emplean—, servir a su república, enseñándole los medios que se han de tomar en los negocios que en ella más se cursan, como doctrina que a muchos será provechosa, porque es propio de la sabiduría, haciendo su asiento en uno o a lo menos en pocos, comunicarse como bien divino y dejarse gozar de muchos; y su comunicación consiste en guiar y encaminar los negocios de todos por las palabras de

estos pocos que, como a templo do habite y de do responda, escoge entre todos los mortales.

De esta manera, la posibilidad de un catolicismo cuyo sentido del lucro y la riqueza dista de la concepción reinante sobre el catolicismo de la que habla Sombart. Lo que sorprende aún más es que quien inicia esa re-evaluación de la historia económica global, es alguien cuyas teorías tendrán gran influencia en la entronización del neoliberalismo chileno décadas más tarde: Joseph Schumpeter. Este economista austriaco recoge la versión de Sombart y la desarrolla en profundidad en su texto de 1954, *History of Economic Analysis*:

> But while the economic sociology of the scholastic doctors of this period was, in substance, not more than thirteenth-century doctrine worked out more fully, the 'pure' economics which they also handed down to those laical successors was, practically in its entirety, their own creation. It is within their systems of moral theology and law that economics gained definite if not separate existence, and it is they who come nearer than does any other group to having been the 'founders' of scientific economics. And not only that: it will appear, even, that the bases they laid for a serviceable and well-integrated body of analytic tools and propositions were sounder than was much subsequent work, in the sense that a considerable part of the economics of the later nineteenth century might have been developed from those bases more quickly and with less trouble than it actually cost to develop it, and that some of that subsequent work was therefore in the nature of a time—and labor-consuming detour. (93)

Es decir, que lo que hay bajo esta línea, no es simplemente una acumulación perversa de las élites con ayuda de los tecnócratas, sino un trastrocamiento de los modos de operación de la economía política. Un giro radical que viene de la mano de dos agrupaciones: la sociedad Mont Pellerin y la Escuela de Chicago. Schumpeter formó parte de la sociedad Mont Pellerin, agrupación cuyos miembros (Hayek entre ellos) jugaron un rol decisivo en la fundación de la denominada *Escuela de Chicago*, tanto, que es posible afirmar que "the dual start-ups of the two landmarks of the history of postwar neoliberal thought were intimately connected" (Horn y Mirowski 158).

Para el caso chileno, la revalorización del catolicismo, siempre esgrimida por la derecha participante en el golpe militar Allende en cabeza del *gremialismo*,[14] toma aquí una nueva dirección: una nueva visión del trabajo. Así, José Miguel Ibáñez Langlois, sacerdote y crítico del Opus Dei que Sebastián "encarna" en la novela, escribe en *Teoría y praxis del marxismo* acerca de la "transfiguración espiritual y religiosa del trabajo" (Langlois 43). Esta transfiguración que propone el marxismo, cuenta con el visto bueno de Langlois: "Ahora bien, esta conquista nos parece no solo cristianizable sino simplemente cristiana." Si bien advierte del "peligro espiritual del estado del rico," también advierte que "el trabajo es santo para el cristiano, y después de la Encarnación encierra un contenido sacro y divino." Y concluye: "Que toda la maquinaria económica, y la organización social, y la misma representación política se atengan a la realidad profesional, a la base laboral de la vida humana, es un ideal de la más pura raigambre cristiana" (43). La transformación en la valoración del trabajo apunta a una dimensión esencial del capitalismo neoliberal: el hombre autoproducido, el *self made man*. Esfuerzo personal que ya había señalado en *El Ladrillo*, que señalaba un hecho con resultados funestos: "la acentuación de la idea de que la pobreza puede derrotarse sin que sea necesario trabajar más esforzadamente" (35-36).

Ese cambio de perspectiva es precisamente el que Angélica Thumala va a encontrar en la élite económica chilena frente al catolicismo convencional. En su detallado estudio sobre el Opus Dei en Chile, Thumala en efecto reconoce que la nueva actitud hacia la riqueza y los negocios es un movimiento global de la iglesia católica a partir de 1964.[15] Pero al mismo tiempo reconoce los matices que grupos como el Opus Dei oponen al catolicismo convencional en términos de su ética del trabajo. Esto es, "the key role assigned to business in its contribution to the common good and the religious interpretation of entrepreneurship as a vocation are essential parts of this process" (Olave "The Richness" 16). Los testimonios de la élite económica chilena recogidos por Olave soportan ese cambio de visión con respecto a la riqueza:[16]

> [S]ome of the elements in the Church's tradition which serve to question acquisitiveness remain in the elite's imagination as an obstacle to economic development and a major source of difference between Catholicism and Protestantism, the latter being described as more appreciative of business and personal gain. Like no other religious option before them, the movements have provided their followers with a meaningful religious interpretation of personal success. ("The Richness" 15)

Este proceso resuena directamente con el rol ya mencionado del Opus Dei en la España franquista. De acuerdo con Casanova, "The Opus Dei introduced for the first time in the history of Catholic Spain the typically Protestant notion of sanctification of work in the world through the professional 'calling'" (29). Y, de nuevo, con el análisis de Weber acerca del surgimiento del espíritu capitalista a través del protestantismo: el enriquecimiento no sólo es lícito desde el punto de vista moral, sino que es una obligación (*La ética* 208).

Obligación que se inscribe en la glorificación que la oportunidad providencial convertida en beneficio hace el "hombre de negocios" (209). Adicional a ello, la oportunidad de lucro es una llamada intencional de la divinidad. No es solo el cumplimiento de un deber patriótico sino de un deber económico. Deber económico, además, relacionado con el designio o llamado de la divinidad. Para el caso chileno, era la oportunidad del nuevo comienzo, algo que intrigaba al mismo Pinochet al escuchar la descripción que hacían de sí mismos los "Chicago Boys": "Pinochet was especially intrigued by the Chicago Boy's self-described 'revolutionary' aims to transform the economy and break with the ortodoxes of the past" (Valenzuela y Constable 171).

Ese era a su vez el caso de ODEPLAN (Oficina de Planeación Nacional) y posterior Ministerio de Planificación y Cooperación de Chile (MIDEPLAN), coordinado por Miguel Kast, economista graduado en Chicago, quien entró al gobierno en 1975 y cinco años después fue nombrado ministro de trabajo. Miguel "was a mystical Catholic who saw his work as a moral mision":

> Miguel was a motivator who captured us and imparted the ideal of service. We became part of crusade to build a modern, efficient economy and to combat poverty' recalled Cristián Larroulet, a campus gremialista leader who was lured into ODEPLAN by Kast and spent the next decade as a government economic aid. 'To us, it was a revolution. We had terrible salaries, but a great deal of mystique.' (Valenzuela y Constable 187)

El retrato es sorprendentemente cercano al postulado de la ciencia como vocación de Weber, tal como lo reafirma *El ladrillo. Bases de la política económica del gobierno militar chileno*, firmado por los "Chicago Boys": "El primer efecto del Programa de Desarrollo Económico fue la migración, de casi todos sus autores, desde los claustros universitarios al árido y difícil, pero espiritualmente gratificante, campo del servicio público" (Castro 11). En efecto Weber hablará tanto de "la inspiración" y la "embriaguez" necesarias en la práctica científica, como de la necesidad de estar al servicio de la causa científica, en términos de vocación (*El político* 195). Y resuena con el postulado de Weber acerca de la política como vocación: el funcionario del Estado (tecnócrata en este caso) que opera desde la dominación carismática, es decir, que actúa bajo la ética del deber y la convicción (propia del caudillo).[17] Es decir, no sólo Pinochet está regido por la ética del caudillo. Mística, vocación, misión moral, espiritualidad, todas gestionadas por los funcionarios que Weber identifica como "un conjunto de trabajadores intelectuales altamente especializados mediante una larga preparación y con un *honor* estamental muy desarrollado, cuyo valor supremo es la integridad. Sin este funcionariado se cerniría sobre nosotros el riesgo de una terrible corrupción y una incompetencia generalizada" (101-102). El paso siguiente a esta vocación embriagante será la experiencia del reinicio, del nuevo comienzo dejando atrás la "terrible corrupción" y la "incompetencia generalizada."

El radicalismo de la novedad gestada en tiempos de decadencia, ataca precisamente la presunta rutina y ruina de la vida cotidiana a causa la mediocridad: de ahí el aburrimiento sostenido de Sebastián. En este punto la sensación de agotamiento vital de Sebastián se puede conectar, de nuevo, con una sensación de decadencia epocal ("Chile que ha pasado contigo" se pregunta Sebastián durante los años de Allende). Decadencia unida siempre a los signos de un nuevo comienzo. El prólogo de *El ladrillo. Bases de la política económica del gobierno militar chileno*, de alguna manera insinúa ese agotamiento.

> Todos nosotros, estando convencidos de los beneficios de la libertad económica, habíamos sido bombardeados por años de estatismo y habíamos experimentado, en mayor o menor medida, dependiendo del grado de entendimiento y convicción personal, una cierta erosión intelectual y política. (De Castro 11)

Esa *erosión* intelectual y política, padecida por años, es la que saldará con el arribo final del *money doctor* y así, el nuevo comienzo. Radicalismo acompañado, por supuesto, por el "shock treatment" de "a radicalized versión of the monetarist approaches" (Foxley 13). Se completa así la idea de una apertura, surgimiento o puesta en marcha. Aquel amanecer que Harberger saludaba al hablar de los economistas chilenos como "the first ones to do something, the pioneers." Años después Joaquín Lavín, economista graduado en Chicago, propagandista del régimen de Pinochet y a la postre ministro de educación durante el gobierno de Sebastián Piñera, reactualizará el debate del desarrollo y el subdesarrollo al valora la integración de la economía chilena a la economía mundial en términos revolucionarios en su ampliamente difundido panfleto "La Revolución Silenciosa" de 1987.[18] Por eso luego del estruendo del bombardeo a La Moneda, finalmente exclama Sebastián: "qué paz." La celebración retratada al final de la novela de Bolaño, será la expresión de ese nuevo comienzo que surge en el silencio.

7.5. *La rumba final de Sebastián*

El periplo de Sebastián, como mencioné al inicio del capítulo, culminará en Chile, en plena dictadura y estado de sitio, en la casa de María

Canales, la mecenas que ofrecía unas veladas periódicas para artistas, escritores y críticos literarios. Esta última parada en su peregrinación es el sello del ritual de paso entre la economía capitalista y la religión católica: el ritual final del paso del letrado convencional que diagnosticó Rama en su momento, al *money doctor*. El paso del letrado al *money doctor* aparece como consumación en la tercera parte de la novela de Bolaño a través de dos ritos: la muerte y la fiesta.

El deceso del letrado es retratado en el último encuentro entre Sebastián y Farewell, el patriarca de la crítica literaria chilena en la novela. En ese momento, Urrutia-Lacroix le confiesa la segunda parte de la misión encargada por Odeim y Oido: "Le conté, pese a las admoniciones que me había encarecido el coronel Pérez Larouche, mi extraña aventura como profesor de aquellos ilustres y secretos alumnos" (*Nocturno* 114). Estos ilustres y secretos alumnos son nada menos que los miembros de la Junta Militar chilena, Pinochet incluido por supuesto. ¿De qué eran las clases? De marxismo. "Y entonces Farewell me miró achicando los ojos, como si de pronto no me conociera o descubriera en mi rostro otro rostro o experimentara un amargo acceso de envidia por mi inédita situación en las esferas del poder y me preguntó cómo era el general Pinochet." La respuesta de Sebastián es sintomática: "Y yo me encogí de hombros." Farewell insiste. "Y Farewell dijo: algo tiene que tener el caballero que lo haga excepcional. Y yo volví a encogerme de hombros." Así, "los ojos de Farewell, achinados" escuchan el día que Sebastián conoció al general Pinochet. Sin embargo, nada excepcional en él, nada de excepción en el personaje de Pinochet.

> Y cuando terminé de relatar esta historia los ojos de Farewell entrecerrados como trampas para oso fallidas o destrozadas por el tiempo y las lluvias y el frío glacial, aún me miraban. Y yo tuve la impresión de que el gran crítico de las letras chilenas del siglo XX había muerto. (118-119)

Luego de esta muerte simbólica, en las últimas páginas de la novela Farewell efectivamente muere. Sin embargo, para consumarse, el rito de pasaje del letrado al *money doctor* debe completarse con la fiesta. Una vez Urrutia ha vuelto de su viaje por Europa y reactiva sus contactos en el ámbito cultural chileno, comienza a asistir a las soirées ofrecidas por María Canales. La de Canales es la historia de Mariana Callejas, ex agente de la DINA y esposa de un agente de la DINA y la CIA, Michael Townley, encargado de hacer torturas en su casa a disidentes de la dictadura. Callejas, al tiempo que ganó el premio de novela Andrés Bello en 1980, fue sindicada y procesada por ser coautora intelectual y material junto con Townley del asesinato del general retirado Carlos Pratts en Argentina. Mientras arriba se festeja la bohemia, en el sótano de su casa se arrancan confesiones de forma brutal. El carnaval de la sangre y la letra nuevamente se concreta. "¿Dónde se podían reunir los intelectuales, los artistas—pregunta Sebastián—, si a las diez de la noche todo estaba cerrado y la noche, como todo el mundo sabe, es el momento propicio de la reunión y de las confidencias y del diálogo entre iguales? Los artistas, los escritores. Qué época" (124). El letrado, absorto en la ebriedad de la bohemia, encuentra la casa de María Canales, su casa: debido al toque de queda, "los escritores (y los críticos) no teníamos muchos lugares a donde ir." Las veladas o *soirées* transcurren en la casa de Canales, "una casa en las afueras. Una casa grande, rodeada por un jardín lleno de árboles, una casa con una sala confortable, con chimenea y buen whisky, buen coñac" (124).

Una vez se descubre lo sucedido en el sótano, los asiduos asistentes niegan por supuesto sus visitas a la casa. La escena, también recreada por Pedro Lemebel en "Las orquídeas negras de Mariana Callejas (o 'el Centro Cultural de la DINA')," ha permitido señalar nuevamente el vínculo culposo y cómplice de tantos intelectuales con los autoritarismos en el continente. Eso es innegable, pero sostengo algo más: esa escena podría ser no una perversión de la función ideal del letrado: civilizar. Podría no ser su estadio final, no su torcimiento (su complicidad), o su punto máximo de esplendor como afirma Jean Franco. En efecto, hacia la mitad de la novela Sebastián ha llegado al esplendor de su carrera como crítico literario ("llegó mi hora de pasear por los aeropuertos del mundo" (122)). Más aún: no es su esplendor perverso, sino el fin de su estatuto. Es precisamente lo que indican los (nuevos) doctores: una nueva dieta, un nuevo "régimen." Al final de la novela, precisamente, Urrutia Lacroix se pregunta: "¿Dónde está la literatura?" (135). La noche agónica y delirante de Urrutia es la agonía del letrado sacerdotal, su desubicación con respecto al mundo, y el arribo final del *money doctor*. Por eso es que en una de las pocas conversaciones que Sebastián sostiene con Callejas, y en las se insinúa cierta atracción física, la soberanía de Sebastián (sacerdote y crítico literario) estalla frente a la de la mecenas, Canales: tras preguntarle por su hijo y su marido, Sebastián le insiste que lo importante es la vida y no la literatura: "respondió que ya lo sabía, que siempre lo había sabido. Mi autoridad se deshizo como una pompa de jabón y la autoridad de ella (su soberanía) creció hasta una altura inimaginable" (138).

Vale anotar que Callejas ofrecía no sólo veladas bohemias en su casa en Lo Curro, sino talleres literarios, vía óptima para el aprendizaje de las artes literarias y la obtención de legitimidad en el medio cultural. Posteriormente, Urrutia Lacroix visita a Callejas una vez todo se ha descubierto y la casa de ésta se encuentra a punto de ser rematada. Sebastián, Ibacache, regresa al lugar donde "antes se reunían los escritores de mi patria, los artistas, los trabajadores de la cultura" (146). Las veladas son recordadas así por Sebastián: "María Canales era simpática y se hacía querer: es decir, era generosa, no parecía importarle nada más que la comodidad de sus invitados y ponía todo su empeño en conseguirlo. La verdad es que la gente se sentía bien en las veladas o tertulias o *soirées* o malones ilustrados de la novel escritora" (126). Y se daba inicio a la velada,

> empezaba la fiesta, la anfitriona servía whiskeys a todo el mundo, alguien ponía un disco de Debussy, un disco de Webern grabado por la Berliner Philarmoniker, al poco rato a alguien se le ocurría recitar un poema, a otro se le ocurría ponderar en voz alta las virtudes de tal o cual novela, se discutía de pintura y de danza contemporánea, se hacían corrillos, se criticaba la última obra de fulanito, se decían maravillas de la más reciente performance de menganito… la anfitriona aparecía de repente con una bandeja rebosante de empanadas, alguno se ponía a llorar, otros cantaban, a las seis de la mañana, o a las siete, cuando ya había terminado el toque de queda, todos volvíamos en una fila india vacilante hacia nuestros autos, algunos abrazados, otros dormidos, la mayoría felices. (127-128)

Bolaño da una pista preciosa al referirse a los comensales como "trabajadores de la cultura." Si atendemos a uno de los posibles orígenes de esos "trabajadores de la cultura," podemos relocalizar las soirées de Callejas en otro registro distinto al de la culpabilidad. Pues ¿son simplemente las soirées de Callejas, expresión de una bohemia incauta e indolente frente a las atrocidades de la dictadura de Pinochet? De nuevo es Max Weber quien con su sociología de la religión y su ascética de los intelectuales brinda pistas útiles de interpretación. En su tipología religiosa de los intelectuales y las profesiones, Weber apunta a lo que está "en la base de la más antigua de todas las 'profesiones' (*Beruf*), la de 'hechicero profesional'" ("La aparición" 67). En ese texto, sintomáticamente titulado *La aparición de las religiones*, Weber identifica la forma originaria de la asociación religiosa, esto es, la orgía. Y su medio: el éxtasis. "Para la obtención del éxtasis se utilizan, además de la música, todas las bebidas alcohólicas, así como tabaco y narcóticos similares" (67). La orgía es un medio ocasional "frente a la 'empresa' permanente del hechicero." Y el éxtasis, un medio secundario frente "al modo de influir racionalmente sobre los espíritus en interés de la economía" (68).

Las veladas en la casa de Canales consuman la alianza entre religión y empresa a través de la bohemia orgiástica ("trance extático" es la palabra que usa Weber). El lugar donde ocurre la consumación de esta orgía es sintomático: "Los escritores (y los críticos) no teníamos muchos lugares adonde ir. María Canales tenía una casa en las afueras" (125). El ritual se desarrollaba entonces por fuera de la ciudad, en las afueras. Donde ni siquiera el toque de queda y la suspensión de la ley funcionaba: afuera, precisamente, de La ciudad letrada y sus muros. En las afueras, pues ya el letrado no tenía cabida en la ciudad de la que había formado parte. Ciudad cuyos muros había ayudado a construir con tanto esfuerzo. Y entonces es posible realizar una última conexión. El letrado narcotizado da paso al cálculo en una con-fusión de alucinaciones: la del sacerdote opus deísta Sebastián y su fiebre, la del letrado bohemio y su éxtasis. Llega entonces el momento cuando leemos la línea final de la novela, cuando ya el golpe militar ha consumado la entronización de los cálculos "y la verdad empieza a emerger como un cadáver" (149) en el esplendor del sol negro: "Y después se desata la tormenta de mierda" (150). Ese es el nocturno de Chile.

Notas

1. De acuerdo con el contrato entre la Universidad Católica y la Universidad de Chicago, "in the light of previous experiences with Latin American students, the Chicago had concluded that 'in certain respects training in economics in Latin America countries prepares students inadequately for the rigorous instruction in economics at the University of Chicago'" (Valdés 136-37). La selección de candidatos partiría entonces un criterio: "the primary criteria for choosing among the candidates are capacity for rational intelligence, quality in prior trainings in economics, and command of English" (136). Según Valenzuela y Constable, "between 1956 and 1961, at least 150 promising students received fellowships to Chicago through a U.S. government-sponsored program; many, including [Sergio] de Castro, returned to teach at their alma mater" (Valenzuela y Constable 168). Finalmente, para enero de 1963, nueve profesores chilenos graduados en Chicago fueron contratados como profesores de tiempo completo en la Escuela de Economía de la Universidad Católica de Chile (Valdés 165).
2. Al respecto comenta Fernando Guillén Martínez, al trazar la génesis colonial de esta problemática: "La perspectiva vital ibérica, pone el acento y la esperanza individual en la exención y el ocio sociales, a los cuales debe subordinarse la riqueza y quedar condicionado el lucro." Y añade: "Siguiendo las pautas ancestrales provenientes de la encomienda granadina y de la Edad Media Ibérica, el nuevo capitalismo hacendario no finca su auge en la eficacia económica o en el enriquecimiento 'racional' según sus aparentes modelos europeos. No es el dinero el que crea el *status* y confiere poder. Es el poder, particularmente el *poder político*, el que se utiliza por estos noveles empresarios 'modernos' para lucrarse hasta de la ineficiencia financiera y la incapacidad productiva" (123, 315-16).

3. Herbert Frey explica en su texto sobre Nietzsche, por un lado, el nexo entre la experiencia judeo-cristiana y el advenimiento del nihilismo: "el repudio de su propia tradición politeísta pagana y la adopción de un extraño Dios mesooriental constituye a Occidente como Occidente, pero implica al mismo tiempo al nihilismo como una consecuencia inevitable a largo plazo" (210). Por el otro, cómo el esplendor del nihilismo está ligado al destino del cristianismo, a saber, la muerte de Dios: "Sólo a partir del hecho de que en la tradición judeo-cristiana Dios estaba considerado como el depositario de la moral, su muerte podía significar también el fin de un orden ético que había subsistido durante dos mil años y, por ello, sólo después de su muerte, en el contexto del nihilismo europeo, se pudo proclamar aquello de que 'todo está permitido'" (217).

4. De acuerdo con Plotkin y Neiburg, para el caso argentino "el Itdt tenía además contactos fluidos con los medios de prensa 'modernos.' En 1968 se hacía llegar regularmente material informativo sobre el Itdt a 10 periodistas de *Primera Plana*, 8 de *Confirmado*, 7 de *Panorama* y 5 de *Análisis*" (220). Para el caso colombiano, comenta el destacado economista Salomón Kalmanovitz: "la ideología neoliberal alcanzó su mayor raigambre durante los años setenta, cuando estudiantes colombianos de las Universidades de Chicago, MIT, Rice, Stanford y California encontraron acogida en la fundación privada de Fedesarrollo, la Universidad de los Andes, la Asociación Bancaria, el Banco de la República. Muchos de estos cuadros ingresaron a las administraciones de López Michelsen y Turbay Ayala y en los gremios interesados para orientar el nuevo curso de la política económica" (464-65).

5. "Pero en este punto hay que tomar en consideración, y esto se olvida hoy con frecuencia, que la Reforma no significó tanto la *eliminación* de la autoridad de la Iglesia sobre la vida en general como, mas bien, una sustitución de la forma de autoridad existente entonces por *otra*: la sustitución de un poder, en muchas ocasiones casi solo formal, muy poco y que en aquella época se hacía sentir poco en la práctica, por una reglamentación completa del modo de vida, infinitamente pesada y seria y que penetraba en todas las esferas de la vida familiar y pública con la mayor intensidad que se pueda pensar" (Weber, *La ética* 45).

6. Aparte de una larga amistad, la relación se sostuvo en un intercambio intelectual permanente que inicia tempranamente: "Under the auspices of a grant from the Rockefeller Foundation, Strauss left Germany for Paris where he lived from October 1932 to December 1933. One of the minor ironies of twentieth-century history is that his fellowship was made possible in part because of letters of recommendation written by Carl Schmitt, who would later become the infamous legal philosopher of National Socialism" (S. Smith 18). Para un recuento de la relación entre Strauss y Schmitt puede consultarse el libro de Heinrich Meier subtitulado, precisamente, "Sobre un diálogo de ausentes," donde indaga por el interés de Strauss en Schmitt: "¿Qué es lo que produce esa chispa, qué es lo que despierta el interés particular de Strauss? Antes que nada, es 'la crítica radical al liberalismo a la que aspira Schmitt' (A 26). Es la crítica a la que Schmitt *aspira*, sin poder sin embargo llevarla a cabo él mismo. Ya que la crítica al liberalismo que Schmitt *se propone* se desarrolla y permanece 'en el

horizonte del liberalismo.' 'Su tendencia antiliberal' queda contenida debido a que 'aún no se ha superado la sistemática del pensamiento liberal' (A 35), que, según la propia opinión de Schmitt, 'pese a todos los reveses, en Europa todavía no ha sido sustituida por ningún otro sistema'" (23). Para una crítica radical del linaje que une a Strauss, Schmitt, Heidegger (e incluso Nietzsche) con el pensamiento reaccionario esotérico, puede verse el artículo de Geoff Waite "Heidegger, Schmitt, Strauss."

7. En la última comunicación que Roberto Bolaño envió a Chris Andrews, uno de sus traductores al inglés y traductor del *Nocturno de Chile*, le escribió el 30 de junio de 2003: "Si yo pudiera echar el tiempo atrás, una de las cosas que haría sería cambiar Nocturno de Chile por De noche en Chile o algo semejante. El énfasis nos hunde a los autores en lengua española." (Andrews).

8. Curiosamente, uno de los frentes focalizados por el Opus Dei en España era el del turismo. "The most traditional right-wing groups, associated with Opus Dei by their opponents, had a firm foothold in the Ministry of Tourism and Information and the Atheneum in the person of Florentino Pérez Embid, and also in the National Scientific Research Council (CSIC)" (Tusell 132). Al respecto comenta Sasha Pack: "Many were members of the shrouded *Opus Dei* lay Catholic society and harboured close ties to leading Spanish industrialists. They regarded tourism as a 'highly worrisome' social force that undermined the regime's authority and diverted investment resources away from sounder projects" (56).

9. De acuerdo con Stanley Payne y Jesús Palacios: (356): "Conversely, Franco did not want to appoint any alternative power group of Monarchists or political Catholics, and so he named a government in which key ministers were selected for professional competence, not political identity. Some of the most important appointees were members of Opus Dei, the new Catholic secular institute that had many of the characteristics of a religious order but was dedicated to advancing spiritual values in the workplace. Most of its members took only partial vows, remaining laymen, and were particularly visible because so many held elite professional positions".

10. "In 1956, strikes and a violent university crisis saw Franco remove his most liberal minister, the social Catholic Joaquín Ruiz Giménez. He thus limited competition within the regime to the rivalry between Falangists and the technocrats of the immensely powerful Catholic pressure group, Opus Dei, known by its enemies as the 'holy mafia'. The logic of industrialization favoured the technocrats. Continued strikes and student unrest led Franco reluctantly to bring them into the cabinet in February 1957" (Preston 5).

11. El mercantilismo sería el primer intento, no exitoso por lo demás, de desbloqueo de la problemática de la soberanía del Príncipe de acuerdo con Foucault: "Digamos, en todo caso, que la preponderancia del problema del ejercicio de la soberanía, a la vez como cuestión teórica y como principio de organización política, fue un factor fundamental en ese bloqueo del arte de gobernar. Mientras la soberanía fuera el problema principal, mientras las instituciones de la soberanía fuesen las instituciones fundamentales, mientras el ejercicio del poder se

concibiera como ejercicio de soberanía, el arte de generar no podía desarrollarse de una manera específica y autónoma, y creo, justamente, que tenemos un ejemplo de ello en el mercantilismo. El mercantilismo fue en verdad el primer esfuerzo—iba a decir la 'primera sanción'—de ese arte de gobernar en el nivel, a la vez, de las prácticas políticas y los conocimientos sobre el Estado, y en ese sentido puede decirse que es un primer umbral de racionalidad de dicho arte. El mercantilismo es la primera racionalización del ejercicio del poder como práctica del gobierno; es la primera vez que se comienza a constituir un saber del Estado susceptible de utilizarse para las tácticas del gobierno" (*Seguridad* 128-29).

12. "La emisión y recepción del discurso económico sigue en Colombia la trayectoria histórica de otros países latinoamericanos en tanto y en cuanto que asunto público e institucional: principió por los hacendistas de la época borbónica (abogados, políticos y empresarios a los que un siglo después se sumaron ingenieros) y en nuestros días está a cargo de funcionarios y exfuncionarios nacionales e internacionales, en su mayoría egresados de universidades norteamericanas con el título de Ph. D. en economía" (Palacios 162).

13. Los probables malos entendidos los explica así Max Weber: "En el *Archiv* (XX:54/EP:102) describí como 'tonta' [*töricht*] la hipótesis de querer 'derivar' exclusivamente de la Reforma protestante, tanto el 'sistema' económico capitalista como el 'espíritu' del capitalismo (en mi significado del término); y además en el *Archiv* (XXI:4,n.1-2/EP:108-109) también señalé expresamente la obviedad [*Selbstverständlichkeit*] de que las condiciones psicológico-religiosas tan sólo podrían contribuir a estimular directamente el desarrollo del capitalismo en el contexto de muchas otras 'condiciones', especialmente de carácter geográfico-natural. Finalmente, en mi réplica a una reseña espiritualmente afín [*geistesverwandte*] a la de Rachfahl, nuevamente aclaré desde 1908—a fin de evitar cualquier 'absolutización' de la complejidad causal originalmente por mí discutida—que mis investigaciones analizan exclusivamente el desarrollo de un 'estilo de vida' ético, adecuado para el capitalismo incipiente de la era moderna. Si, por lo tanto, otros han 'sobrestimado el alcance de mi investigación', eso ya no es mi culpa" ("Mi Palabra" 227).

14. Stern describe el gremialismo como un movimiento "which began at Catholic University in the late 1960s in opposition to university reforms and the politicization of associational life by the Left and the Center" (57). Liderado por el profesor de leyes Jaime Guzmán, "gremialistas promoted the politics of antipolitcs. Professional, university and trade associations self-identified as 'guilds' (gremios) yearned for an organic society of nonpoliticized corporate groups, able to pursue their needs without turning into instruments of political ideology or party and protected by authoritarian government against the excesses of liberal democracy and professional politicians" (57).

15. Como lo afirma Angélica Thumala, "the theme of the potential for sanctification in ordinary life that came about with Vatican II involves also a shift towards positive conceptualizations of business and wealth creation" ("The Richness" 15).

16. Así lo describe uno de los miembros perteneciente a la élite económica chilena entrevistado por Angélica Thumala Olave: "There is, unfortunately, a good influence of the Catholic Church. A lot more emphasis is placed on the idea that it is easier for a camel to go through a needle's eye than for a rich man to enter the kingdom of God. There you have a tremendously perverse message. This is, 'You should not be rich. You don't have to make an effort. Instead, you must be pious and pray all day long, but do not become rich, because the rich are evil' and they have repeated this for generations, actually, for centuries, and that is what marks the difference between the north and the south, that emphasis [...]. Protestants have a different view of wealth. The idea that it is easier for a camel to go through a needle's eye than for a rich man to go through heaven's door, that is kind of quite socialist, and Catholic, well, very Catholic. Having money is a sin and doing things well d because, at the end of the day, having money is doing things well d is a sin. This is not the case in Protestant regions where doing things well is great and if you are rich, fantastic! 'Exploit your talents and make them grow'. More in the line of the parable of the talents. But the Catholic religion is a lot more coercive, 'you were born poor? Then, console yourself!" ("The Richness" 22).
17. Escribe Weber: "El funcionario ha de desempeñar su cargo 'sine ira et studio', sin ira y sin prevención. Lo que le está vedado es, pues, precisamente aquello que siempre y necesariamente tienen que hacer los políticos, tanto los jefes como sus seguidores. Parcialidad, lucha y pasión (*ira et studio*) constituyen el elemento del político y sobre todo del *caudillo* político" (*El político* 115). En *Economía y sociedad*, escribe: "La autoridad carismática se basa en la 'creencia' en el profeta o en el 'reconocimiento' que encuentran personalmente el héroe guerrero, el héroe de la calle o el demagogo, y cae con estos. Y, sin embargo, no deriva en modo alguno su autoridad de dicho reconocimiento por parte de los sometidos, sino que es al revés: la fe y el reconocimiento se consideran como un *deber*, cuyo cumplimiento el que se apoya en la legitimidad carismática exige para sí, y cuya negligencia castiga" (713).
18. Allí afirma Lavín (19): "En síntesis, la existencia de chilenos mejor informados, cultos, y con más conocimientos de la realidad económica, constituye parte importante de esta 'revolución silenciosa' [...] La revolución silenciosa: nuevos liderazgos para un país que cambia inserto en un mundo que avanza más rápido que nunca antes en su historia, con una nueva generación de chilenos que asume el rol protagónico".

8. Palabras de salida

> "Una pobreza del todo nueva ha caído sobre el hombre al tiempo que ese enorme desarrollo de la técnica. Y el reverso de esa pobreza es la sofocante riqueza de ideas que se dio entre la gente—o más bien que se les vino encima—al reanimarse la astrología y la sabiduría yoga, la Christian Science y la quiromancia, el vegetarianismo y la gnosis, la escolástica y el espiritismo."
>
> Walter Benjamin, "Experiencia y pobreza" 1933

Describir el trayecto del proyecto implica recordar que el criterio para relacionar a Revueltas y Bolaño—y a los capítulos—no fue el de obra o autor, sino el de problemas. Y recrear la tentativa de engranaje. Allí donde la historia coagula en meros hechos o catálogo de sucesos, la filosofía emerge para mostrar la disparidad de esta con respecto al devenir. Donde cae en el historicismo, y pierde de vista la totalidad (abierta) sucumbiendo en el relativismo, la literatura muestra los diversos rostros de la verdad, desfigurándolos para llevarlos tan lejos como sea posible.

Y allí donde la literatura y la crítica literaria se ensimisman en el texto, la historia pone de presente los riesgos de la pérdida de experiencia que acarrea la ceguera frente a las fuerzas sociales. De hecho, la ruptura del lazo entre crítica literaria e historia, que opera de forma preeminente en las Humanidades, puede explicar parte de las ilegibilidades entre las Américas. La literatura a su vez multiplica los grados de verdad al multiplicar los puntos de vista. Adiciona y adiciona en una suma que no totaliza (perspectivismo). Le recuerda así a la filosofía los riesgos de la devoción por la sustancia y el origen, deformando su ansiedad por el ser. Si la capacidad humana está "narcotizada" por la razón, la literatura, entonces, no está "destinada a despertar el juicio sino a adormilarlo, a hacer reír o a conmocionarlo para que no pueda actuar" (Zuleta "La moral de la crueldad").

Pensamiento y escritura no son lo mismo, pero no están desligados en la medida en que lo expresado no difiere del medio en que se expresa. Reconstruir la maqueta del libro, es entonces retratar las formas del hacer que intervinieron en pensar en tanto se escribía. Tempestad: Inocencia, entonces, pero no exenta de horror. Pues la inocencia, el no saber, reconoce al horror tanto como al amor. Inocencia spinoziana, que vuelvo a citar del primer capítulo:

> [M]e he esmerado en no ridiculizar ni en lamentar ni en detestar las acciones humanas, sino en entenderlas. Y por eso he contemplado los afectos humanos, como son el amor, el odio, la ira, la envidia, la gloria la misericordia y las demás afecciones del alma, no como vicios de la naturaleza humana, sino como propiedades que le pertenecen como el calor, el frío, la tempestad, el trueno y otras cosas por el estilo a la naturaleza del aire. (Spinoza, *Tratado político* 80-81)

Por eso, el libro fue un combate con mi propia culpa y mi propia crueldad. Recorrer un sendero sin salvación posible, sin derrotados ni vencidos. Crueldad no es sólo la tortura. Crueldad es haber erigido la figura del autor, del yo o del crítico por encima de la experiencia en que vive para así poder juzgarla. Crueldad es, también, fomentar el humanismo y evitar ascéticamente el horror del cual, querámoslo o no, también hacemos parte. Y es tratar de atemperar al militante, al convertir el pensamiento en disciplina universitaria. Nada de *ascesis* entonces, esto es, en el libro intenté evitar el situarme más allá, o más acá del mundo. Pero sin suspender la valoración, pues no todo equivale ni da igual. Ardua tarea la de distribuir a los duelistas, darles su espacio y poblar su campo, sin perder el gusto y sin esconder mis inclinaciones.

Lo que sucede en el mundo, es algo que pasa en mí, algo que pasa por mí, algo que nos pasa, porque el mundo no es algo externo a mi ser, mi ser es el mundo entero y lo que adviene: el ser *y* el acontecimiento. Leibniz lo explica con una metáfora bellísima: "Cada porción de materia puede ser concebida como un jardín lleno de plantas y como un Estanque lleno de peces. Pero cada ramificación de la planta, cada miembro del animal, cada gota de sus humores, es aún ese jardín o ese estanque" (126). Así, la literatura *también* es ese estanque y ese jardín.

Por eso en el libro aparecen figuras de lo genérico una y otra vez: soberanía genérica, recuerdo no psicológico, deuda inmemorial y acto profundo; lo aéreo, y la abstracción matemática del cálculo. Contraste, entonces, entre el agua y el aire: el vendaval y la isla en Revueltas; la escritura aérea y la atmósfera nihilista-capitalista dibujada por Bolaño. Isla, vendaval, parcela, tormenta (la tormenta de mierda del *Nocturno de Chile*). Pero también el sadismo, el fascismo y lo represivo. Y las interrupciones al tiempo del Capital, para bosquejar los momentos de irrupción del tiempo de la vida. El acontecimiento, a pesar de ser sorprendente e intempestivo, requiere tiempo para llegar. Pero el acontecimiento no es "bueno," simplemente sucede, pasa, deviene; es inocente. Por eso es que por momentos la literatura de Bolaño y Revueltas alcanza a rozar no sólo la novedad, sino lo vivido: se enfrenta con la experiencia en su esplendor y en su horror. Se vuelve ese esplendor y ese horror.

Walter Benjamin escribía en 1933, tras la catástrofe de la guerra, que "la cotización de la experiencia ha bajado," diagnosticando "una pobreza del todo nueva," la de la experiencia. Es decir, en el revés del intercambio está la genealogía de la deuda como tejido de lo social. Deuda tan brutal que llega a permear la propia experiencia. Pareciera entonces que hay cosas tan catastróficas como la guerra misma. Por eso el libro afrontó y combatió con algunas de las dificultades que afronta el despertar *de* la experiencia, o el despertar *en* la experiencia. Así ese despertar no sea un esclarecimiento, sino un despertar en la barbarie. El bárbaro, por lo menos, es lo que es: devenir y extravío. Invasivo, en propagación, atentando contra cualquier principio de identidad. Y contra cualquier identidad de los principios. Como asedio de un "anacronismo" que deja de serlo.

> ¿Barbarie? Así es de hecho. Lo decimos para introducir un concepto nuevo, positivo de barbarie. ¿Adónde le lleva al bárbaro la pobreza de experiencia? Le lleva a comenzar desde el principio; a empezar de nuevo; a pasárselas con poco; a construir desde poquísimo y sin mirar ni a diestra ni a siniestra. (Benjamin, "Experiencia y pobreza" 169)

9. Bibliografía

Abreu, Alvaro Ruiz. "Génesis de *Los muros de agua*". *Nocturno en que todo se oye. José Revueltas ante la crítica*. Ed. Edith Negrín. México, D.F.: ERA, 1999. Impreso.

Adorno, Theodor. "Introducción". *La disputa del positivismo en la sociología alemana* Theodor Adorno y otros. Barcelona: Ediciones Grijalbo, 1972. Impreso.

Aguayo, Sergio. *1968. Los archivos de la violencia*. México, D.F.: Grijalbo, 1998. Impreso.

Aguilar Héctor y Lorenzo Meyer. *In the Shadow of the Mexican Revolution. Contemporary Mexican History, 1910-1989*. Austin: University of Texas Press, 1993. Impreso.

Aguilar, Paula. "Ciudad letrada y dictadura. Los espacios en Nocturno de Chile de Roberto Bolaño". *Revista Escrita* 11 (2010). Impreso.

Alazraki, Jaime. *Versiones, inversiones y reversiones. El espejo como modelo estructural del relato en los cuentos de Borges*. Madrid: Gredos, 1977. Impreso.

Alba, Luis González de. "1968 La fiesta y la tragedia". *Nexos* 1993. Impreso.

—. *Los días y los años*. México, D.F.: ERA, 1999. Impreso.

Alexander, Robert. *International Trotskyism. 1929-1985. A Documented Analysis of the Movement*. Durham: Duke University Press, 1991. Impreso.

Allende, Salvador. *Programa básico de la unidad popular. Candidatura presidencial de Salvador Allende*. Santiago de Chile, 1969. Impreso.

Althusser, Louis. *Iniciación a la filosofía para los no filósofos*. Madrid: Siglo XXI, 2016. Impreso.

Andrews, George Reid. "On Hacendatarios". Ed. Alejandro Sánchez. Comunicación personal 2015. Impreso.

Andrews, Chris. "De noche en Chile". Ed. Alejandro Sánchez. Comunicación personal. 2016. Impreso.
Angeles, Felipe. *Documentos históricos de la Revolución Mexicana. XXIII. La Convención. Debates de las sesiones de la Soberana Convención Revolucionaria, 1914-1915*. Tomo 2. Ed. Isidro Fabela. México: Fondo de Cultura Económica, 1960. Impreso.
Ansell-Pearson, Keith. *Bergson on memory*. Internet. 15 Enero 2016. <https ://www.academia.edu/23237091/Bergson_on_Memory>.
Arévalo, Javier. "Revueltas y el cine". *La brújula en el bolsillo, número especial José Revueltas* 8 (1983). Impreso.
Arriagada, Genaro. *Por la razón o por la fuerza. Chile bajo Pinochet*. Santiago: Editorial Sudamericana, 1998. Impreso.
Avila Espinosa, Felipe Arturo. *Las corrientes revolucionarias y la soberana convención*. México, D.F.: Instituto Nacional de Estudios Históricos de las Revoluciones de México. El Colegio de Mexico, 2014. Impreso.
Babb, Sarah. "Del nacionalismo al neoliberalismo: el ascenso de los nuevos *Money Doctors* en México". *Intelectuales, tecnócratas y reformas neoliberales En América Latina*. Ed. Jairo Estrada. Bogotá: Universidad Nacional de Colombia Convenio Andrés Bello, 2005. Impreso.
Badiou, Alain. *Breve tratado de ontología transitoria*. Barcelona: Gedisa, 2002. Impreso.
—. *El siglo*. Buenos Aires: Manantial, 2005. Impreso.
—. *Lógicas de los mundos. El ser y el acontecimiento 2*. Buenos Aires: Manantial, 2008. Impreso.
—. *Manifesto for Philosophy*. Trad. Norman Madarasz. Albany: SUNY Press, 1999. Impreso.
—. "Panorama de la filosofía francesa contemporánea". *Nómadas*. 23 (2005): 175-83. Impreso.
—. *San Pablo: la fundación del universalismo*. Barcelona: Anthropos, 1999. Impreso.
—. *Segundo manifiesto por la filosofía*. Buenos Aires: Manantial, 2010. Impreso.
Badiou, Alain, y Peter Hallward. "Politics and Philosophy. An Interview with Alain Badiou". *Angelaki: Journal of the Theoretical Humanities* 3. 3 (1998): 113-133. Impreso.
Barragán, Oscar. "Filosofía como política, fabulación y cine. Nietzsche, Bergson, Nancy y Deleuze". *Nómadas*. 37 (2012): 171-183. Impreso.

Barros, Robert. *La Junta Militar. Pinochet y la Constitución de 1980* Santiago: Editorial Sudamericana, 2005. Impreso.
Bataille, Georges. *El Erotismo*. Barcelona: Tusquets Editores, 2000. Impreso.
Beasley-Murray, Jon. "Introduction: Towards a New Latin Americanism". *Journal of Latin American Cultural Studies: Travesia* 11.3 (2002): 261-264. Impreso.
Benjamin, Walter. "El origen del Trauerspiel alemán". *Walter Benjamin. Obras.* Libro 1/ vol. 1. Abada Editores, 2006. Impreso.
—. "Experiencia y pobreza". *Discursos interrumpidos I. Filosofía del arte y de la historia.* Buenos Aires: Taurus, 1989. Impreso.
—. *Libro de los pasajes.* Madrid: Akal, 2005. Impreso.
—. "Para una crítica de la violencia". *Para una crítica de la violencia y otros ensayos. Iluminaciones.* Ed. Eduardo Subirats. Vol. 4. Madrid: Taurus, 1998. Impreso.
Benmiloud, Karim. "Odeim y Oido en *Nocturno de Chile* de Roberto Bolaño". *Aisthesis* 48 (2010): 229-43. Impreso.
Bergson, Henri. "Materia y Memoria". *Obras escogidas.* México, D.F.: Aguilar, 1969. Impreso.
—. "Pensamiento y Movimiento". *Obras escogidas.* México, D.F.: Aguilar, 1969. Impreso.
Beuchot, Mauricio, y Jorge Íñiguez. *El pensamiento filosófico de Tomás de Mercado: Lógica y Economía.* México, D.F.: UNAM, 1990. Impreso.
Beverley, John. "A Turbulent Decade Remembered: Scenes from the Latin American Sixties (Review)". *Hispanic Review* 77.2 (2009): 267-270. Impreso.
—. *Latinamericanism after 9/11.* Durham: Duke University Press, 2011. Impreso.
Bobbio, Norberto. *Thomas Hobbes and the Natural Law Tradition.* Chicago: University Of Chicago Press, 1993. Impreso.
Bolaño, Roberto. *2666.* New York: Vintage Español, 2009. Impreso.
—. *Amuleto.* Barcelona: Anagrama, 1999. Impreso.
—. *Bolaño por sí mismo.* Ed. Andrés Braithwaite. Santiago: Ediciones Universidad Diego Portales, 2006. Impreso.
—. "Carnet de baile". *Putas Asesinas.* Barcelona: Anagrama, 2001. Impreso.
—. "El pasillo sin salida aparente". *Entre paréntesis.* Barcelona: Anagrama, 2004. Impreso.
—. *Entre paréntesis.* Barcelona: Anagrama, 2013. Impreso.
—. "Entrevista a Roberto Bolaño". Entrevista. Jornadas Homenaje Roberto Bolaño (1953-2003). Casa América, Barcelona, 2005. Impreso.

—. *Estrella distante*. New York: Vintage español, 2010. Impreso.
—. "Exilios". *Entre paréntesis*. Barcelona: Anagrama, 2004. Impreso.
—. "Fragmentos de un regreso al país natal". *Entre paréntesis*. Barcelona: Anagrama, 2004. Impreso.
—. "La poesía chilena a la intemperie". *Entre paréntesis*. Barcelona: Anagrama, 2004. Impreso.
—. *Los detectives salvajes*. New York: Vintage español, 2010. Impreso.
—. "Neuman, Tocado Por La Gracia". *Entre paréntesis*. Barcelona: Anagrama, 2004. Impreso.
—. "Nicanor Parra y Adiós a Chile". *Entre paréntesis*. Barcelona: Anagrama, 2004. Impreso.
—. *Nocturno de Chile*. New York: Vintage español, 2010. Impreso.
—. "Ocho segundos con Nicanor Parra". *Entre paréntesis*. Barcelona: Anagrama, 2004. Impreso.
—. "Preliminar. Autorretrato". *Entre paréntesis*. Barcelona: Anagrama, 2004. Impreso.
—. "Roberto Bolaño anuncia el fin de su autoexilio". Entrevista. *La Tercera*. 30 Marzo 1999. Impreso.
—. "Si viviera en Chile, nadie me perdonaría esta novela". Entrevista. 25 Julio 2015. Internet. <http://www.letras.s5.com/bolao21.htm>.
—. "Una proposición modesta". *Entre paréntesis*. Barcelona: Anagrama, 2013. Impreso.
Bollack, Jean. "Memory". *Dictionary of Untranslatables. A Philosophical Lexicon*. Ed. Barbara Casin. Princeton: Princeton University Press, 2014. Impreso.
Bolognese, Chiara. "Roberto Bolaño y Raúl Zurita: Referencias cruzadas". Entrevista. *Anales de Literatura Chilena* 11.14 (2010): 259-272. Impreso.
Borges, Jorge Luis. "El duelo". *El informe de Brodie*. Buenos Aires: Emece, 1970. Impreso.
—. "El inmortal". *Narraciones*. Madrid: Salvat Editores, 1982. Impreso.
—. "Funes, el memorioso". *Narraciones*. Madrid: Salvat Editores, 1982. Impreso.
Bosteels, Bruno. *Badiou and Politics*. Durham: Duke University Press, 2011. Impreso.
—. *Marx and Freud in Latin America: Politics, Psychoanalysis, and Religion in Times of Terror*. New York: Verso, 2012. Impreso.
—. "México 1968. La revolución de la vergüenza". *Cuadernos del Pensamiento Latinoamericano* 20 (2013): 128-142. Impreso.

—. "Una arqueología del porvenir: acto, memoria, dialéctica". *La palabra y el hombre: Revista de la Universidad Veracruzana* 134 (2005): 161-171. Impreso.

—. *The Actuality of Communism*. Verso: Londres, 2014. Impreso.

Branderburg, Frank. *The Making of Modern Mexico*. New Jersey: Prentice Hall, 1964. Impreso.

Braun, Herbert. "Protests of Engagement: Dignity, False Love, and Self-Love in Mexico During 1968". *Comparative Studies in Society and History* 39 3 (1997): 511-549. Impreso.

Campa, Roman de la. *Latin Americanism*. Minneapolis: University of Minnesota, 1999. Impreso.

Cano, Germán. "Friedrich Nietzsche, crítico de la moral". *Nietzsche I*. Madrid: Gredos, 2009. Impreso.

Capelleti, Angel. "Historia y evolución de las ideas filosóficas en América Latina". *Revista Javeriana* 439 (1977): 17-24. Impreso.

Carr, Barry. *Marxism & Communism in Twentieth-Century Mexico*. Lincoln: University of Nebraska Press, 1992. Impreso.

Casanova, José. "The Opus Dei Ethic, the Technocrats and the Modernization of Spain". *Social Science Information* 22.1 (1983): 27-50. Impreso.

Castellanos, Laura. *México Armado 1943-1981*. Mexico D.F.: ERA, 2007. Impreso.

—. "Ordenó la Sedena exterminio en 1971". *El Universal*. 26 enero 2015. Impreso.

Castro-Gómez, Santiago. *Crítica de la razón latinoamericana*. Segunda ed. Bogotá: Pontificia Universidad Javeriana, 2011. Impreso.

Chartier, Roger. "La Historia, entre relato y conocimiento". *Historia y Espacio* 17 (2001): 185-206. Impreso.

Cheron, Philippe. *El Árbol de Oro: José Revueltas y el pesimismo ardiente*. Ciudad Juárez: Universidad Autónoma de Ciudad Juárez, 2003. Impreso.

Claro, Andrés. "Andrés Claro, filósofo: 'Estamos paralizados entre el entusiasmo y el escepticismo.'" *The Clinic*. 14 octubre 2015. Internet. <http://www.theclinic.cl/2015/10/14/andres-claro-filosofo-estamos-paralizados-entre-el-entusiasmo-y-el-escepticismo/>.

Colmenares, Germán. *Las convenciones contra la cultura. Ensayos sobre la historiografía hispanoamericana del siglo XIX*. Cali: Universidad del Valle, 1997. Impreso.

Comay, Rebecca. "Resistance and Repetition: Freud and Hegel". *Research in Phenomenology* 45 (2015): 237-266. Impreso.
Corominas, Joan. "Acordar". *Diccionario crítico etimológico castellano e hispánico*. Eds. Joan Corominas y José Pascual. Madrid: Gredos, 1984. Vol. A-CA. Impreso.
Crespi, Roberto. "Jose Revueltas (1914-1976): A Political Biography". *Latin American Perspectives. Studies on the State and Development and on Popular Mobilization* 6.3 (1979): 93-113. Impreso.
Cristi, Renato. "Jaime Guzmán y el golpe militar". *El mostrador.* 24 noviembre 2008. Impreso.
Cruz Revueltas, Juan Cristóbal "Prólogo". *En el filo*. México, D.F.: UNAM/ ERA, 2000. Impreso.
Cruz Vélez, Danilo. "La filosofía en Latinoamérica: ¿Posibilidad o realidad?" *Al encuentro de la cultura hispanoamericana*. Bogotá: Banco de la República, 1985. Impreso.
—. *Tabula Rasa*. Bogotá: Planeta, 1991. Impreso.
de Castro, Sergio *El ladrillo. Bases de la política económica del gobierno militar chileno*. Santiago: Centro de estudios públicos, 1992. Impreso.
Deleuze, Gilles. *Bergsonismo*. Madrid: Cátedra, 1987. Impreso.
—. "Conclusiones sobre la voluntad de poder y el eterno retorno". *La isla desierta y otros textos. Textos y entrevistas (1953-1974)*. Valencia: Pre-textos, 2005. Impreso.
—. *El pliegue. Leibniz y el barroco*. Barcelona: Paidós, 2008. Impreso.
—. *En medio de Spinoza*. Clases. Buenos Aires: Cactus, 2004. Impreso.
—. *Exasperación de la Filosofía. El Leibniz de Deleuze*. Buenos Aires: Cactus, 2006. Impreso.
—. *Foucault*. Barcelona: Paidós, 1987. Impreso.
—. *La Imagen-Movimiento. Estudios sobre cine 1*. Barcelona: Paidós, 1984. Impreso.
—. *La Imagen-Tiempo. Estudios sobre cine 2*. Barcelona: Paidós, 1987. Impreso.
—. *La Subjetivación. Curso sobre Foucault*. Buenos Aires: Cactus, 2015. Impreso.
—. *Lógica del sentido*. Barcelona: Paidós, 1994. Impreso.
—. *Los signos del tiempo y del movimiento. Cine II*. Buenos Aires: Cactus, 2011. Impreso.
—. "Mayo del 68 nunca ocurrió". *Dos regímenes de locos. Textos y entrevistas (1975-1995)*. Valencia: Pre-textos, 2007. Impreso.
—. *Nietzsche y la filosofía*. Barcelona: Anagrama, 1986. Impreso.

—. "Pensamiento nómada". *La isla desierta y otros textos. Textos y entrevistas (1953-1974)*. Valencia: Pre-textos, 2005. Impreso.
—. *Presentación de Sacher-Masoch. Lo frío y lo cruel*. Buenos Aires: Amorrortu, 2001. Impreso.
Deleuze, Gilles, y Félix Guattari. *El antiedipo. Capitalismo y esquizofrenia*. Barcelona: Paidós, 1985. Impreso.
—. *Mil Mesetas. Capitalismo y Esquizofrenia*. Valencia: Pre-textos, 2004. Impreso.
—. *¿Qué es la filosofía?* Barcelona: Anagrama, 1993. Impreso.
—. *Francis Bacon. Lógica de la sensación*. Trad. Ernesto Hernández. Cali: Revista *Sé cauto*, s.f.
Deleuze, Gilles, y Claire Parnet. *Conversaciones*. Valencia: Pre-textos, 2006. Impreso.
—. *Diálogos*. Valencia: Pre-textos, 1980. Impreso.
Derrida, Jacques. *Adieu to Emmanuel Levinas*. Stanford: Stanford University Press, 1999. Impreso.
—. *Canallas. Dos ensayos sobre la razón*. Madrid: Trotta, 2005. Impreso.
—. *Espectros de Marx. El estado de la deuda, el trabajo del duelo y la Nueva Internacional*. Valladolid: Trotta, 1995. Impreso.
—. *Fuerza de ley. El 'fundamento místico de la autoridad'*. Madrid: Tecnos, 2008. Impreso.
—. "Marx e hijos". *Demarcaciones espectrales. En torno a* Espectros de Marx, *de Jacques Derrida*. Ed. Michael Sprinker. Madrid: Akal: 2002. Impreso.
Dezalay, Yves, y Bryant Garth. *La internacionalización de las luchas por el poder. La competencia entre Abogados y economistas por transformar los Estados latinoamericanos*. México, D.F.: UNAM, 2005. Impreso.
Dirección de Bibliotecas, archivos y museos. "Palacio de La Moneda". Ed. Pública, Ministerio de Educación. Santiago1983. Impreso.
Domínguez, Jorge. *Technopols. Freeing Politics and Markets in Latin America in the 1990s*. University Park: Pennsylvania State University Press, 1997. Impreso.
Dove, Patrick. "The Night of the Senses: Literary (dis)orders in Nocturno De Chile". *Journal of Latin American Cultural Studies: Travesia* 18.2-3 (2009): 141-154. Impreso.
Draper, Susana. *Afterlives of Confinement. Spatial Transitions in Post-Dictatorship Latin America*. Pittsburgh: University of Pittsburgh, 2012. Impreso.

—. "Fragmentos de futuro en los abismos del pasado: Amuleto, 1968-1998". *Fuera de quicio: Bolaño en el tiempo de sus espectros.* Ed. Raúl Rodríguez Freire. Santiago: Editorial Ripio, 2012. 53-76. Impreso.

—. "Las prisiones del archivo: pasado y presente de Lecumberri en *Cementerio de papel*". *MLN* 128.2 (2013): 352-372. Impreso.

Durán, Jorge Gaitán. "Sade Contemporáneo". *Mito. 50 años después (1955-2005).* Ed. Fabio Jurado Valencia. Bogotá: Universidad Nacional de Colombia, 2005. Impreso.

Dussel, Enrique. *1492. El encubrimiento del Otro. Hacia el origen del "Mito de la Modernidad".* Conferencias de Frankfurt. Octubre de 1992. La Paz: Plural Editores CID UMSA, 1994. Impreso.

—. *Materiales para una política de la liberación.* México, D.F.: Plaza y Valdéz Universidad Autónoma de Nuevo León, 2007. Impreso.

—. "Modernidad, Imperios Europeos, Colonialismo y Capitalismo (para entender el proceso de la Transmodernidad)". *Materiales para una política de la liberación.* México, D.F.: Universidad Autónoma de Nuevo León. Plaza y Valdés, 2005. Impreso.

Echeverría, Bolívar. "De violencia a violencia". *Vuelta de siglo.* México, D.F.: ERA, 2006. Impreso.

Elmore, Peter. "2666: La autoría en el tiempo del límite". *Bolaño salvaje.* Eds. Edmundo Paz y Gustavo Faverón. Barcelona: Candaya, 2008. Impreso.

Errázuriz, Rosario Guzmán. *Mi hermano Jaime.* Santiago: Editorial JGE, 2008. Impreso.

Escalante, Evodio. "Preposteración y alienación generalizada en *El Apando* de José Revueltas". *Nocturno en que todo se oye. José Revueltas ante la crítica.* Ed. Edith Negrín. México, D.F.: ERA, 1999. Impreso.

Espinoza, Patricia. "Roberto Bolaño: un territorio por armar". *Roberto Bolaño. La escritura como tauromaquia.* Ed. Cecilia Manzoni. Buenos Aires: Ediciones Corregidor, 2002. Impreso.

—. "Bolaño y el Manifiesto Infrarrealista". *Rocinante* 84 (2005). Impreso.

Espinoza, Rogelio. "Ángeles en el abismo. Las imágenes dialécticas de Walter Benjamin y José Revueltas". *Acta Poetica* 28.1-2 (2007). Impreso.

Feinmann, José Pablo. *¿Qué es la filosofía?* Buenos Aires: Prometeo, 2008. Impreso.

Finchelstein, Federico. *Transatlantic Fascism. Ideology, Violence, and the Sacred in Argentina and Italy, 1919-1945.* Durham: Duke University Press, 2010. Impreso.

Fischer, Karin. "The Influence of Neoliberals in Chile before, during, and after Pinochet". *The Road from Mont Pèlerin: The Making of the Neoliberal Thought Collective*. Eds. Philip Mirowski y Plehwe Dieter. Cambridge: Harvard University Press, 2009. Impreso.

Foucault, Michel. "Clase del 7 de enero de 1976". *Defender la sociedad*. Eds. Alessandro Fontana y François Ewald. Buenos Aires: FCE, 2001. 15-31. Impreso.

—. *El nacimiento de la biopolítica*. Buenos Aires: Fondo de Cultura Económica, 2007. Impreso.

—. *La arqueología del saber*. México, D.F.: Siglo XXI, 2001. Impreso.

—. "Les problèmes de la culture. Un débat Foucault-Preti". *Dits et Écrits*. Vol. 2. Paris: Gallimard. Impreso.

—. *Nietzsche, la genealogía, la historia*. Valencia: Pre-textos, 1992. Impreso.

—. "¿Qué es un autor?" *Michel Foucault. Entre filosofía y literatura. Obras esenciales*. Vol. 1. Barcelona: Paidós, 1999. Impreso.

—. "Sade, Sergeant of Sex". *Aesthetics, Method, and Epistemology. Essential Works of Foucault 1954-1984*. Ed. Faubion, James. Vol. 2. New York: The New Press, 1998. Impreso.

—. *Seguridad. Territorio. Población. Curso en el college de France (1977-1978)*. Buenos Aires: FCE, 2006. Impreso.

Foxley, Alejandro. "The Neoconservative Economic Experiment in Chile". *Military Rule in Chile. Dictatorship and Oppositions*. Eds. Samuel Valenzuela y Arturo Valenzuela. Baltimore: The John Hopkins University, 1987. Impreso.

Franco, Jean. *Cruel Modernity*. Durham: Duke University Press, 2013. Impreso.

—. *The Decline and Fall of the Lettered City. Latin America in the Cold War*. Cambridge: Harvard University Press, 2002. Impreso.

—. "Questions for Bolaño". *Journal of Latin American Cultural Studies: Travesia* 18.2-3 (2009): 207-217. Impreso.

Frank, André Gunder. *Capitalismo y subdesarrollo en América Latina*. México, D.F.: Siglo XXI Editores, 1982. Impreso.

—. *Sociología del desarrollo y subdesarrollo de la sociología. El desarrollo del subdesarrollo*. Barcelona: Anagrama, 1971. Impreso.

Freud, Sigmund. "Duelo y melancolía". *Obras Completas (1914-16)*. Ed. Strachey, James. Vol. 16. Buenos Aires: Amorrortu Editores, 1992. Impreso.

—. "Moisés, su pueblo y la religión monoteísta". *Moisés y la religión monoteísta y otros escritos sobre judaísmo y antisemitismo*. Madrid: Alianza, 2001. Impreso.

—. "Pulsiones y destinos de pulsión". *Obras completas (1914-16)*. Ed. Strachey, James. Vol. 14. Buenos Aires: Amorrortu Editores, 1992. Impreso.

Frey, Herbert. *En el nombre de Diónysos. Nietzsche el nihilista antinihilista*. México, D.F.: Siglo XXI, 2013. Impreso.

Friedman, Milton, y Rose Friedman. *Two Lucky People: Memoirs*. Chicago: The University of Chicago Press, 1998. Impreso.

Fromm, Erich. *El miedo a la libertad*. Barcelona: Paidós, 1997. Impreso.

G.L. "Aeropintura". *Diccionario Akal de arte del siglo XX*. Ed. Gérard Durozoi. Madrid: Akal, 2007. Impreso.

Gadamer, Hans-Georg. *Verdad y método II*. Salamanca: Ediciones Sígueme, 1994. Impreso.

Galende, Federico. "Esa extraña pasión por huir de la crítica". *Revista de crítica cultural* 31 (2005). Impreso.

Gallo, Macarena, y Daniel Hopenhayn. "Parra en dictadura". *The Clinic*. 5 septiembre 2014. Internet. <http://www.theclinic.cl/2014/09/05/parra-parra-en-dictadura/>.

García, Gustavo Castillo. " Historial represivo de Ballesteros Prieto y Díaz Escobar. Dos Generales, claves en el golpe en Chile y Tlatelolco " *La Jornada* 2003. Impreso.

Garretón, Manuel Antonio. "Political Processes in an Authoritarian Regime: The Dynamics of Institutionalization and Opposition in Chile, 1973-1980". *Military Rule in Chile. Dictatorship and Oppositions*. Eds. Samuel Valenzuela y Arturo Valenzuela. Baltimore: The John Hopkins University, 1987. Impreso.

Garro, Elena. *Yo, Elena Garro*. Ed. Carlos Landeros, 2013. Internet. 3 jul. 2014.

Gilly, Adolfo. *La revolución interrumpida. México, 1910-1920: una guerra campesina por la tierra y el poder*. México: Ediciones El Caballito, 1971. Impreso.

Gilman, Claudia. *Entre la pluma y el fusil: debates y dilemas del escritor revolucionario en América Latina*. Buenos Aires: Siglo XXI Editores, 2003. Impreso.

Ginzburg, Carlo. *El hilo y la trama. Lo verdadero, lo falso, lo ficticio*. México D.F: Fondo de Cultura Económica, 2010. Impreso.

—. "Just One Witness". *Probing the Limits of Representation. Nazism and the 'Final Solution.'* Ed. Saúl Friedlander. Cambridge: Harvard University Press, 1992. Impreso.

González Echevarría, Roberto. *Myth and Archive: A Theory of Latin American Narrative.* Cambridge: Cambridge University Press, 2006. Impreso.

González Echeverría, Roberto. "*Nocturno de Chile* y el canon". *Acta Literaria* 41 (2010): 117-128. Impreso.

González Von Marées, Jorge. *Pueblo y Estado.* Santiago de Chile: Antares, 1936. Impreso.

Graff-Zivin, Erin. "Beyond Inquisitional Logic, or, toward an an-Archaeological Latin Americanism". *CR: The New Centennial Review* 14.1 (2014): 195-212. Impreso.

Grandin, Greg. *Empire's Workshop: Latin America, the United States, and the Rise of the New Imperialism.* New York: Metropolitan Books, 2006. Impreso.

—. "The Instruction of Great Catastrophe: Truth Commissions, National History, and State Formation in Argentina, Chile, and Guatemala". *The American Historical Review* 110.1 (2005): 46-67. Impreso.

—. *The Last Colonial Massacre. Latin America in the Cold War.* Chicago: The University of Chicago Press, 2004. Impreso.

Griffin, Roger. *Fascism.* Oxford: Oxford University Press, 1996. Impreso.

—. *Modernismo y Fascismo: La sensación de comienzo bajo Mussolini y Hitler.* Madrid: Akal, 2010. Impreso.

Guillén, Fernando. *El poder político en Colombia.* Bogotá: Planeta, 1996. Impreso.

Gutiérrez Girardot, Rafael. "Introducción". *El anticristo. El anticristiano.* Bogotá: Panamericana, 1997. Impreso.

—. *Nietzsche y la filología clásica. La poesía de Nietzsche.* Bogotá: Panamericana Editorial, 2000. Impreso.

Guzmán, Jaime. *Derecho político: apuntes de las clases del profesor Jaime Guzmán Errázuriz.* Eds. Gonzal Rojas, Marcela Achurra y Patricio Dussaillant. Vol. Universidad Católica de Chile: Santiago, 1996. Impreso.

Hallward, Peter. *Badiou: A Subject to Truth.* Minneapolis: University of Minnesota Press, 2003. Impreso.

—. "Generic Sovereignty: The Philosophy of Alain Badiou". *Angelaki: Journal of the Theoretical Humanities* 3.3 (1998): 87-111. Impreso.

Harberger, Arnold. Entrevista. *The Region.* 1999. Impreso.

Hegel, G.F.W. *Lecciones de filosofía de la historia universal*. Vol. 1. Madrid: Revista de Occidente, 1953. Impreso.

Herlinghaus, Hermann. "From 'Pharmakon' to Feminicide: *2666* (Roberto Bolaño)". *Narcoepics. A Global Aesthetics of Sobriety*. London: Bloomsbury Academic, 2013. Impreso.

Hobbes, Thomas. *Leviathan with Selected Variants from the Latin Edition of 1668*. Ed. Edwin Curley. Indianapolis Cambridge: Hackett Publishing Company Inc, 1994. Impreso.

—. *Leviatán. O la materia, forma y poder de una república eclesiástica y civil*. Buenos Aires: FCE, 1992. Impreso.

Horkheimer, Max. "Critical Theory. Selected Essays". *The Latest Attack on Metaphysics*. New York: Continuum, 2002. Impreso.

—. "Preface". *The Authoritarian Personality*. Eds. Theodor Adorno et al. New York: Harper and Brothers, 1950. Impreso.

—. "Razón y Autoconservación". *Teoría tradicional y teoría crítica*. Barcelona: Paidós, 2003. Impreso.

Horkheimer, Max, y Samuel Flowerman. "Foreword to Studies in Prejudice". *The Authoritarian Personality*. Theodor Adorno y otros. New York: Harper & Brothers, 1950. Impreso.

Horn, Rob Van, y Phillip Mirowski. "The Rise of the Chicago School of Economics and the Birth of Neoliberalism". *The Road from Mont Pèlerin : The Making of the Neoliberal Thought Collective* Eds. Philip Mirowski y Plehwe Dieter. Cambridge: Harvard University Press, 2009. Impreso.

Jameson, Fredric. "Periodizing the 60s". *Social Text* 9/10. The 60's without Apology 1984: 178-209. Impreso.

Jennerjahn, Ina. "Escritos en los cielos y fotografías del infierno. Las 'Acciones de Arte' de Carlos Ramírez Hoffman, según Roberto Bolaño". *Revista de Crítica Literaria Latinoamericana* 28.56 (2002): 69-86. Impreso.

Joseph, Gilbert, y Jürgen Buchenau. *Mexico's Once and Future Revolution: Social Upheaval and the Challenge of Rule since the Late Nineteenth Century*. Durham: Duke University Press, 2013. Impreso.

Joseph, Gilbert, y Daniel Nugent. "Popular Culture and State Formation in Revolutionary Mexico". *Everyday Forms of State Formation. Revolution and the Negotiation of Rule in Modern Mexico*. Eds. Gilbert Joseph y Daniel Nugent. Durham and London: Duke University Press, 1994. Impreso.

Kalmanovitz, Salomón. *Economía y nación. Una breve historia de Colombia*. Bogotá: Universidad Nacional de Colombia Siglo XXI Editores, 1986. Impreso.
Katz, Friedrich. *La Guerra Secreta en México: Europa, Estados Unidos y la Revolución Mexicana*. México, D.F.: ERA, 2013. Impreso.
—. "Pancho Villa y la Revolución Mexicana". *Revista Mexicana de Sociología* 51.2 (1989): 87-113. Impreso.
Keller, Carlos. "Chilean Action and National Regeneration". *Fascism*. Ed. Roger Griffin. Oxford: Oxford University Press, 1995. Impreso.
—. *Cómo salir de la crisis*. Santiago: Editorial Nascimento, 1932. Impreso.
Keller, Renata. "A Foreign Policy for Domestic Consumption: Mexico's Lukewarm Defense of Castro, 1959-1969". *Latin American Research Review* 47.2 (2012): s/p. Impreso.
Kitchen, Martin. *Fascism*. London: Palgrave Macmillan, 1976. Impreso.
Klein, Marcus. "The Chilean Movimiento Nacional Socialista, the German-Chilean Community, and the Third Reich, 1932-1939: Myth and Reality". *The Americas* 60.4 (2004): 589-616. Impreso.
—. "The New Voices of Chilean Fascism and the Popular Front, 1938-1942". *Journal of Latin American Studies* 3.2 (2001): 347-75. Impreso.
Knight, Alan. "VII. Alan Knight: El Leviatán de papel". Entrevista. *Doce voces de la historiografía mexicana. Entrevistas con Christopher Domínguez Michael*. Letras Libres, México, D.F. 2010. Impreso.
—. *La Revolución Mexicana. Del Porfiriato al Nuevo Régimen Constitucional*. México, D.F.: Fondo de Cultura Económica, 2010. Impreso.
—. "The Mexican Revolution: Bourgeois? Nationalist? Or Just a 'Great Rebellion'?" *Bulletin of Latin American Research* 4.2 (1985): 1-37. Impreso.
—. *The Mexican Revolution. Volume 2: Counter-Revolution and Reconstruction*. Nebraska: University of Nebraska, 1990. Impreso.
—. "The Myth of Mexican Revolution". *Past and Present* 209 (2010): 223-73. Impreso.
Kosik, Karel. *Dialéctica de lo concreto (estudio sobre los problemas del hombre y el mundo)*. México D.F: Grijalbo, 1976. Impreso.
Krauze, Enrique. *La presidencia imperial. Ascenso y caída del sistema político mexicano (1940-1996)*. México, D.F.: Tusquets Editores, 1997. Impreso.
Lacan, Jacques. "Impromptu at Vincennes". *Television* 40 (1987): 116-127. Impreso.

Langlois, José Miguel Ibáñez. *Teoría y praxis del marxismo*. Medellín: SD, Servicio de Documentación, s/f. Impreso.

Larsen, Neil. "Latin-Americanism without Latin America:'Theory' as Surrogate Periphery in the Metropolitan University". *A Contracorriente* 3.3 (2006): 37-46. Internet. <https://acontracorriente.chass.ncsu.edu/index.php/acontracorriente/article/view/210>.

Lavín, Joaquín. *La revolución silenciosa*. Santiago de Chile: Zig-Zag, 1987. Impreso.

Lefebvre, Henri. "Prólogo". *Dialéctica de la conciencia. Obras Completas*. Vol. 20. México, D.F.: ERA, 1986. Impreso.

Lefort, Claude. *Democracy and Political Theory*. Oxford: Polity Press, 1988. Impreso.

Leibniz, G.W. *Monadología. Principios de filosofía*. Trad. Julián Velarde Lombraña. Madrid: Biblioteca Nueva, 2001. Impreso.

Lemebel, Pedro. "Las Orquídeas Negras de Mariana Callejas (o "El Centro Cultural De La Dina")". *De perlas y cicatrices*. Santiago: LOM Ediciones, 1998. Impreso.

Linz, Juan. "Transiciones a la democracia". *Revista Española de Investigaciones Sociológicas* 51 (1990): 7-33. Impreso.

Loeb, Paul. "Suicide, Meaning, and Redemption". *Nietzsche on Time and History*. Ed. Manuel Dries. Berlín: Walter de Gruyter, 2008. Impreso.

Lomnitz, Claudio. *The Return of Comrade Ricardo Flores Magón*. New York: Zone Books, 2014. Impreso.

Long, Ryan. "Traumatic Time in Roberto Bolaño's *Amuleto* and the Archive of 1968". *Bulletin of Latin American Research* 29.1 (2010): 128-143. Impreso.

Lund, Joshua, y Alejandro Sánchez Lopera. "Revolutionary Mexico, the Sovereign People and the Problem of Men with Guns". *Política Común* 7 (2015). Impreso.

MacGillivray, Royce. "Thomas Hobbes's History of the English Civil War a Study of Behemoth". *Journal of the History of Ideas* 312 (1970): 179-198. Impreso.

Macherey, Pierre. "Marx desmaterializado o el espíritu de Derrida". *Demarcaciones espectrales. En torno a Espectros de Marx, de Jacques Derrida*. Ed. Michael Sprinker. Madrid: Akal: 2002. Impreso.

—. "Sade y el orden del desorden". *¿En qué piensa la literatura?* Bogotá: Universidad Nacional de Colombia, Siglo del Hombre Editores, 2003. Impreso.

—. "Sobre una historia natural de las normas". *Michel Foucault, Filósofo*. Eds. Etienne Balibar y otros. Barcelona: Gedisa Editorial, 1995. Impreso.

Mainwaring, Scott, y Aníbal Pérez-Liñán. *Democracies and Dictatorships in Latin America: Emergence, Survival, and Fall*. Cambridge: Cambridge University Press, 2013. Impreso.

Mariátegui, Jose Carlos. *La escena contemporánea*. Lima: Biblioteca Amauta, 1959. Impreso.

Markarian, Vania. "Debating Tlatelolco Thirty Years of Public Debates About the Mexican Student Movement". *Taking Back the Academy! History of Activism, History as Activism*. Eds. Jim Downs y Jennifer Manion. New York: Routledge, 2004. Impreso.

Markoff, John, y Veronica Montecinos. "The Ubiquitous Rise of Economists". *Journal of Public Policy* 13.1 (1993): 37-68. Impreso.

Martin, Jorge. "Borges, Funes y ... Bergson". *Variaciones Borges* 19 (2005): 195-208. Impreso.

Masilla, Hugo Celso. "Los iluminados y sus sombras. Crítica de la guerrilla latinoamericana, 1960-1975". *Nueva Sociedad* 105 (1990): 118-129. Impreso.

Meier, Heinrich. *Carl Schmitt, Leo Strauss y 'El concepto de lo político.' Sobre un diálogo entre ausentes*. Buenos Aires: Katz Editores, 2008. Impreso.

Monsiváis, Carlos. "1968: La herencia en busca de herederos (Primera de dos partes)". *Revista de la Universidad de México* 56 (2008): 18-26. Impreso.

Monsiváis, Carlos, y Julio Scherer. *Parte de guerra. Documentos del General Marcelino García Barragán. Los hechos y la historia*. México: Editorial Nuevo Siglo, 1999. Impreso.

Montag, Warren. *Althusser and his Contemporaries. Philosophy's Perpetual War*. Durham: Duke University Press, 2013. Impreso.

—. "Espíritus armados y desarmados: los *Espectros de Marx* de Derrida". *Demarcaciones espectrales. En torno a 'Espectros de Marx', de Jacques Derrida*. Ed. Michael Sprinker. Madrid: Akal: 2002. Impreso.

Moore, Barrington. *Social Origins of Dictatorship and Democracy. Lord and Peasant in the Making of the Modern World*. Middlesex: Penguin University Books, 1966. Impreso.

Morandé, Pedro. *Cultura y modernización en América Latina: Ensayo sociológico acerca de la crisis del desarrollismo y su superación*. Santiago:

Instituto de Sociología de la Universidad Católica de Chile, 1984. Impreso.

Moreiras, Alberto. *The Exhaustion of Difference. The Politics of Latin American Cultural Studies*. Durham: Duke University Press, 2001. Impreso.

Morgan, Nick. "¿Olvidar el Latinoamericanismo?: John Beverley y la política de los Estudios Culturales Latinoamericanos" *Cuadernos de literatura* 17.34: 18-45. Impreso.

Morúa, Jorge Fuentes. *José Revueltas. Una biografía intelectual*. México, D.F.: UAM Porrúa, 2001. Impreso.

—. "La formación de la problemática nacional en el pensamiento de José Revueltas". *Polis: investigación y análisis sociopolítico y psicosocial* 2 (2002): 173-193. Impreso.

Müller-Lauter, Wolfgang. *Nietzsche. His Philosophy of Contradictions and the Contradictions of his Philosophy*. Urbana Campaign: University of Illinois Press, 1999. Impreso.

Negri, Antonio. *Job. La fuerza del esclavo*. Buenos Aires: Paidós, 2003. Impreso.

—. "La sonrisa del espectro". *Demarcaciones espectrales. En torno a 'Espectros de Marx', de Jacques Derrida*. Ed. Michael Sprinker. Madrid: Akal: 2002. Impreso.

—. *Spinoza Subversivo. Variaciones (in)actuales*. Madrid: Akal, 2000. Impreso.

Negrin, Edith. "El luto humano y la narrativa mexicana que lo precede". *Literatura mexicana* 3.1 (1992): 93-122. Impreso.

Neocleus, Mark. *Fascism*. Buckingham: Open University Press, 1997. Impreso.

Nietzsche, Friedrich. *Así habló Zaratustra: un libro para todos y para nadie*. Madrid: Alianza, 1984. Impreso.

—. *Ecce Homo. Cómo se llega a ser lo que se es*. Madrid: Alianza Editorial, 2011. Impreso.

—. *El anticristiano. Maldición del cristianismo*. Bogotá: Panamericana, 1997. Impreso.

—. "El caminante y su sombra". *Nietzsche*. Ed. Germán Cano. Vol. 1. Madrid: Gredos, 2009. Impreso.

—. "Ensayo de Autocrítica. El nacimiento de la tragedia o helenismo y pesimismo". *Nietzsche*. Ed. Germán Cano. Vol. 1. Madrid: Gredos, 2009. Impreso.

—. *Fragmentos póstumos*. Trad. Germán Meléndez. Bogotá: Editorial Norma, 1992. Impreso.

—. *Fragmentos póstumos (1885-1889)*. Trad. Juan Luis Vermal y Joan B. Llinares. Ed. Diego Sánchez Meca. Vol. 4. Madrid: Tecnos, 2006. Impreso.

—. *Humano, demasiado humano. Un libro para espíritus libres*. Trad. Alfredo Brotons Muñoz. Vol. 1. Madrid: Akal, 2001. Impreso.

—. *La ciencia jovial*. *Nietzsche*. Ed. Germán Cano. Vol. 1. Madrid: Gredos, 2009. Impreso.

—. "Los filósofos preplatónicos". *Nietzsche*. Ed. Germán Cano. Vol. 1. Madrid: Gredos, 2009. Impreso.

—. *La genealogía de la moral. Un escrito polémico*. Madrid: Alianza Editorial, 1997. Impreso.

—. *La voluntad de poder. Ensayo de una transmutación de todos los valores*. Madrid: EDAF, 2000. Impreso.

—. *Más allá del bien y del mal*. Madrid: Alianza Editorial, 2012. Impreso.

—. "Sobre la utilidad y el perjuicio de la historia para la vida [II Intempestiva]". *Nietzsche*. Ed. Germán Cano. Vol. 1. Madrid: Gredos, 2009. Impreso.

O'Gorman, Edmundo. *La Invención de América*. 2da. ed. México: Fondo de Cultura Económica, 1991. Impreso.

Olave, Angélica Thumala. "Notions of Evil, the Devil and Sin among Chilean Businessmen". *Social Compass* 54.4 (2007): 613-632. Impreso.

—. "The Richness of Ordinary Life: Religious Justification among Chile's Business Elite". *Religion* 40 (2010): 14-26. Impreso.

Ordaz Díaz, Gustavo. "Cuarto Informe de Gobierno. Mensaje Político. Capítulo V del Informe". *El movimiento estudiantil. Julio-diciembre de 1968. Documentos*. Ed. Ramón Ramírez Vol. 2. México, D.F.: ERA, 1969. Impreso.

Ortega, José. "José Revueltas: Dos Aproximaciones". *Nocturno en que todo se oye. José Revueltas ante la crítica*. Ed. Edith Negrín. México, D.F.: ERA, 1999. 98-109. Impreso.

Ortiz, Renato. "América Latina. De la modernidad incompleta a la modernidad-mundo". *Nueva Sociedad* 166 (2000): 44-61. Impreso.

Pack, Sasha D. "Tourism and Political Change in Franco's Spain". *Spain Transformed. The Late Franco Dictatorship, 1959-75*. Ed. Nigel Townson. London: Palgrave Macmillan, 2007. Impreso.

Palacios, Marco. "Saber es poder: el caso de los economistas colombianos". *Populistas: El poder de las palabras. Estudios de política*. Bogotá: Universidad Nacional, 2011. Impreso.

Parsons, Talcott. "Some Sociological Aspects of the Fascists Movements". *Social Forces* 21.2 (1942): 138-147. Impreso.

Payne, Stanley, y Jesús Palacios. *Franco: A Personal and Politcal Biography*. Madison: The University of Wisconsin Press, 2014. Impreso.

Paz, Octavio. "Cristianismo y revolución: José Revueltas". *José Revueltas. El Apando y otros relatos*. Ed. Cheron, Andrea Revueltas y Philippe. Madrid: Alianza Editorial, 1985. Impreso.

—. "Postdata". *El laberinto de la soledad. Postdata. Vuelta a* El laberinto de la soledad. México, D.F.: FCE, 2009. Impreso.

Pellicer, Olga. "México y Cuba revolucionaria: Cincuenta años de relación". *Foro Internacional*.1 (2009). Impreso.

Pensado, Jaime. *Rebel Mexico. Student Arrest and Authoritarian Political Culture During the Long Sixties*. Stanford: Stanford University Press, 2013. Impreso.

—. "The Rise of a 'National Student Problem' in 1956". *Dictablanda. Politics, Work, and Cultures in Mexico, 1938-1968*. Eds. Paul Gillingham y Benjamin Smith. Durham: Duke University Press, 2014. Impreso.

—. "'To Assault with the Truth': The Revitalization of Conservative Militancy in Mexico During the Global Sixties". *The Americas* 70.3 (2014): 489-521. Impreso.

Perelló, Marcelino, y Luis Gonzalez de Alba. "El 68, cartas cruzadas". *Letras Libres*. 2003. 10 agosto 2016. Internet. <http://www.letraslibres.com/revista/convivio/el-68-cartas-cruzadas>.

Pinochet, Augusto. Entrevista. "'Destiny Gave Me the Job". *Newsweek* 67(1984): s/p. Impreso.

Plotkin, Mariano, y Federico Neiburg. "Elites intelectuales y ciencias sociales en la Argentina de los años 60. El Instituto Torcuato Di Tella y la nueva economía". *Intelectuales, tecnócratas y reformas neoliberales en América Latina*. Ed. Jairo Estrada. Bogotá: Universidad Nacional de Colombia, 2005. Impreso.

Poblete, Patricia. *Bolaño: Otra vuelta de tuerca*. Santiago: Editorial Universidad Academia de Humanismo Cristiano, 2010. Impreso.

Poder Ejecutivo Federal. *Diario Oficial. Órgano del Gobierno Constitucional de los Estados Unidos Mexicanos*. México, D.F.: Secretaría de la Gobernación. Vol. 29. 14 noviembre 1941. 1-2. Impreso.

Pollack, Sarah. "Latin America Translated (Again): Roberto Bolaño's the *Savage Detectives* in the United States". *Comparative Literature* 61.3 (2009): 346-365. Impreso.

Ponce, Juan García. "La voz de la novela: *El Apando*". *Nocturno en que todo se oye: José Revueltas ante la crítica*. Ed. Edith Negrín. México, D.F.: ERA UNAM, 1999. Impreso.

Poniatowska, Elena. *La noche de Tlatelolco. Testimonios de historia oral*. s/f. Internet. 10 agosto 2016. <http://lopezcuenca.com/mapa_de_mexico/03r/elena_poniatowska_tlatelolco.pdf>.

Poulantzas, Nicos. *Fascismo y dictadura. La Tercera Internacional frente al fascismo*. México, D.F.: Siglo XXI, 1971. Impreso.

Presidencia de la República. *Acuerdo por el que se disponen diversas medidas para la procuración de justicia por delitos cometidos contra personas vinculadas con movimientos sociales y políticos del pasado*. México, D.F.: Diario Oficial (Edición Vespertina), 2001. Impreso.

Preston, Paul. *The Triumph of Democracy in Spain*. Londres: Routledge, 1987. Impreso.

Proyecto Patrimonio. 10 agosto 2016. Internet. <http://www.letras.s5.com/ms090107.html>.

Puryear, Jeffrey. *Thinking Politics. Intellectuals and Democracy in Chile, 1973-1988*. Baltimore: The Jonh Hopkins University, 1994. Impreso.

Quezada, Sergio Aguayo, y Javier Treviño Rangel. "Fox y el pasado. La anatomía de una capitulación". *Foro Internacional* 47.4 (2007): 709-739. Impreso.

Quiteño, Norma Castro. "Oponer al ahora y aquí de la vida, el ahora y aquí de la muerte". *Conversaciones con José Revueltas*. Ed. Andrea Revueltas y Philippe Cheron. México, D.F.: ERA, 2001. Impreso.

Rama, Angel. *La ciudad letrada*. Montevideo: Arca, 1998. Impreso.

—. *La crítica de la cultura en América Latina*. Caracas: Ayacucho, 1972. Impreso.

Ramírez, Ramón. *El movimiento estudiantil. Julio-diciembre de 1968*. Vol. Tomo 1. México, D.F.: ERA, 1969. Impreso.

—. *El movimiento estudiantil. Julio-Diciembre de 1968. Documentos*. Vol. 2. México, D.F.: ERA, 1969. Impreso.

Rettig, Informe. *Informe de la Comisión Nacional de Verdad y Reconciliación*. Ed. Corporación Nacional de Reparación y Reconciliación. 1991. Vol. 1. Tomo 2. s/f. 10 agosto 2016. Internet. <http://www.ddhh.gov.cl/ddhh_rettig.html>.

Revueltas, Andrea, y Philippe Cheron, eds. *México 68: Juventud y Revolución*. México, D.F.: UNAM/ ERA, 2003. Impreso.

Revueltas, José. "Autogestión académica, y universidad crítica". *José Revueltas. México 68: Juventud y Revolución*. 1978. Eds. Andrea Revueltas y Phillipe Cheron. México, D.F.: UNAM/ ERA, 2003. Impreso.

—. "Cama 11. Relato Autobiográfico". *Obra Reunida. Relatos Completos*. Vol. 3. México, D.F.: ERA/ Conaculta, 2014. Impreso.

—. "Carta al III Congreso (después de la Reunificación) de la IV Internacional". *México 68: Juventud y Revolución*. Eds. Andrea Revueltas y Philippe Cheron. México, D.F.: ERA, 1978. Impreso.

—. *Cuestionamientos e Intenciones [Ensayos]*. México, D.F.: ERA, 1978. Impreso.

—. *Dialéctica de la conciencia*. Vol. 20. México, D.F.: ERA, 1986. Impreso.

—. *El conocimiento cinematográfico y sus problemas*. México D.F: UNAM, Dirección general de difusión cultural departamento de actividades cinematográficas, 1965. Impreso.

—. *El luto humano*. México, D.F.: ERA, 1989. Impreso.

—. *El proletariado en México 1910 y Flórez Magón*. Conferencia en la Universidad de California, Berkeley. Box 71/Lectures and Talks. 1974. José Revueltas Papers, 1906-2010. The Nettie Lee Benson Latin American Collection, Austin, TX. Impreso.

—. "El realismo y el progreso de la literatura mexicana (Adolfo A. Ortega)". *Conversaciones con José Revueltas*. Eds. Andrea Revueltas y Philipe Cheron. México, D.F.: ERA, 2001. Impreso.

—. "El reojo del yo". *Obra Reunida. Relatos completos*. Vol. 3. México, D.F.: ERA, 2014. Impreso.

—. "En México faltan críticos que ayuden al desarrollo de la novela. Entrevista. *Conversaciones con José Revueltas*. Eds. Andrea Revueltas y Philipe Cheron. México, D.F.: ERA, 2001. Impreso.

—. *Ensayo sobre un proletariado sin cabeza*. México D.F: ERA, 1980. Impreso.

—. *Ensayos sobre México*. Obras Completas. Vol. 19. México, D.F.: ERA, 1985. Impreso.

—. "Esquema sobre las cuestiones del Materialismo Dialéctico y la estética a propósito de *Los días terrenales*". *Cuestionamientos e Intenciones [Ensayos]*. México, D.F.: ERA, 1978. Impreso.

—. "Esto también era el mundo…". *Las Cenizas. Obras Completas*. Vol. 11. México, D.F.: ERA, 1981. Impreso.

—. "Ezequiel o la matanza de los inocentes". *José Revueltas y el 68*. Ed. Andrea Revueltas y Philippe Cheron. México, D.F.: UNAM/ERA, 1998. Impreso.

—. "Ezequiel o la matanza de los inocentes". *Obra Reunida. Relatos Completos*. Vol. 3. México, D.F.: ERA Conaculta, 2014. Impreso.

—. "Gris es Toda Teoría [I]. Diario". *José Revueltas y el 68*. Eds. Andrea Revueltas y Philipe Cheron. México, D.F.: UNAM/ERA, 1998. Impreso.

—. "Hegel y yo". *Obra Reunida. Relatos Completos*. Vol. 3. México, D.F.: ERA Conaculta, 2014. Impreso.

—. "Hegel y yo". *José Revueltas. El Apando y otros relatos*. Ed. Andrea Revueltas y Philipe Cheron. Madrid: Alianza Editorial, 1985. Impreso.

—. *José Revueltas y el 68*. Eds. Andrea Revueltas y Philipe Cheron. México, D.F.: Diversa, 1998. Impreso.

—. "La independencia nacional, un proceso en marcha". *Ensayos sobre México*. Eds. Andrea Revueltas y Philippe Cheron. México, D.F.: ERA, 1985. Impreso.

—. "Libreta de Apuntes". *Las evocaciones requeridas I*. México, D.F.: ERA, 1987. Impreso.

—. *Los días terrenales*. Edición crítica. Madrid: Colección Archivos ALLCA 1991. Impreso.

—. *Los errores*. México, D.F.: ERA, 2001. Impreso.

—. *Los muros de agua*. México, D.F.: ERA, 2001. Impreso.

—. "¿Nacionalismo burgués o socialismo revolucionario?" *Escritos políticos III (El fracaso histórico del Partido Comunista en México)*. México, D.F.: ERA, 1984. Impreso.

—. "Por una Literatura Nacional (Mesa Redonda)". *Cuestionamientos e Intenciones [Ensayos]*. Ed. ERA. México, D.F.1978. Impreso.

—. "Problemas del conocimiento estético". *Cuestionamientos e Intenciones [Ensayos]*. México D.F: ERA, 1978. Impreso.

—. "Prohibido Prohibir la Revolución". *José Revueltas. México 68: Juventud y Revolución*. Eds. Andrea Revueltas y Phillipe Cheron. México, D.F.: ERA, 2003. Impreso.

—. "Respuestas al cuestionario de la Profesora G.Gutiérrez". *Cuestionamientos e Intenciones [Ensayos]*. México, D.F.: ERA, 1978. Impreso.

—. "Un Movimiento, una Bandera, una Revolución". *México 68: Juventud y Revolución*. Eds. Andrea Revueltas y Philippe Cheron. México, D.F.: ERA, 2003. Impreso.

—. *Written Works, Essays Mexico 68: Juventud y Revolución. Materiales documentos y recortes materiales Movimiento 68*, Box 18/18.8. 1968. José Revueltas Papers, 1906-2010. The Nettie Lee Benson Latin American Collection, Austin, TX. Impreso.
Richard, Nelly. *La insubordinación de los signos (cambio político, transformaciones culturales y poéticas de la crisis)*. Santiago de Chile: Cuarto Propio, 1994. Impreso.
Ricoeur, Paul. *La memoria, la historia, el olvido*. Buenos Aires: Fondo de Cultura Económica, 2013. Impreso.
—. "On interpretation". *Philosophy in France today*. Ed. Alan Montefiore. Cambridge: Cambridge University Press, 1983. Impreso.
Rivera, Jorge Eduardo. "Prólogo del traductor". *Ser y tiempo*. Madrid: Trotta, 2003. Impreso.
Romero, Francisco. "Sobre la filosofía en Iberoamérica". *¿Qué es eso de … filosofía latinoamericana?* Bogotá: El Búho, 1993. Impreso.
Roudinesco, Elisabeth. *Nuestro lado oscuro. Una historia de los perversos*. Barcelona: Anagrama, 2009. Impreso.
Sade, Marqués de. *Juliette o las prosperidades del vicio*. Trad. Pilar Calvo. Barcelona: Tusquets Editores, 2009. Impreso.
—. *La filosofía en el tocador*. Barcelona: Editorial Bruguera, 1977. Impreso.
Safranski, Rudiger. *El mal o el drama de la libertad*. Barcelona: Tusquets Editores, 2005. Impreso.
Salazar Ramos, Roberto. "Acerca de la filosofía Latinoamericana en la última década en Colombia". *Tendencias actuales de la filosofía en Colombia. IV Congreso Internacional de Filosofía Latinoamericana*. Bogotá: Universidad Santo Tomás, 1988. Impreso.
—. "Los grandes Meta-Relatos en la interpretación de la historia latinoamericana". *Filosofía de la Historia. VII Congreso Internacional de Filosofía Latinoamericana, Ponencias*. Vol. 2. Bogotá: Universidad Santo Tomás, 1993. Impreso.
—. *Posmodernidad y verdad. Algunos metarrelatos en la constitución del saber*. Bogotá: Universidad Santo Tomás, 1993. Impreso.
Salazar Ramos, Roberto. *Filosofía contemporánea: esbozos y textos*. Bogotá: USTA-Centro de Enseñanza Desescolarizada, 1983. Impreso.
Sánchez Lopera, Alejandro. "El estallido de la verdad en América Latina". *Nómadas* 31 (2009): 49-61. Impreso.
—. "Por una ética del desorden en América Latina". *Nómadas* 37 (2012): 105-119. Impreso.

Sánchez Prado, Ignacio. "Bienaventurados los marginados porque ellos recibirán la redención: José Revueltas y el vaciamiento literario del marxismo". *El terreno de los días. Homenaje a José Revueltas*. Ed. Francisco Ramírez Oyata, y Martín. Puebla: Benemérita Universidad Autónoma de Puebla, 2007. Impreso.

Sartre, Jean Paul. *El existencialismo es un humanismo*. Barcelona: Edhasa, 2009. Impreso.

Schmitt, Carl. *El Nomos de la tierra en el Derecho de Gentes de 'Jus Publicum Europaeum.'* Buenos Aires: Editorial Struhart, s.f. Impreso.

—. *The Nomos of the Earth in the International Law of the Jus Publicum Europaeum*. New York: Telos Press, 2006. Impreso.

—. *Teología Política*. Madrid: Trotta, 2009. Impreso.

Schumpeter, Joseph. *History of Economic Analysis*. Oxford and New York: Routledge, 2006. Impreso.

Schwab, Georges. "Introduction". *Political Theology. Four Chapters in the Concept of Sovereignty*. Massachusetts: MIT Press, 1985. Impreso.

Sefchovich, Sara. *México: país de ideas, país de novelas. Una sociología de la literatura mexicana*. México, D.F.: Grijalbo, 1987. Impreso.

Sherman, John. "The Mexican 'Miracle' and Its Collapse". *The Oxford History of Mexico*. Eds. William Beezley y Michael Meyer. Oxford: Oxford University Press, 2010. Impreso.

Sierra Mejía, Rubén. *La época de la crisis. Conversaciones con Danilo Cruz Vélez*. Cali: Editorial Universidad del Valle, 1996. Impreso.

Skinner, Quentin. *The Foundation of Modern Political Thought. Volume 2: The Age of Reformation*. Vol. 2. Cambridge: Cambridge University Press, 2004. Impreso.

—. *Reason and Rhetoric in the Philosophy of Hobbes*. Cambridge: Cambridge University Press, 1997. Impreso.

Skocpol, Theda. *States and Social Revolutions. A Comparative Analysis of France, Russia, and China*. Cambridge: Harvard University Press, 1979. Impreso.

Sloterdijk, Peter. *El pensador en escena. El materialismo de Nietzsche*. Valencia: Pre-Textos, 2000. Impreso.

—. *Normas para el parque humano. Una respuesta a la 'Carta sobre el Humanismo' de Heidegger*. Madrid: Siruela, 2006. Impreso.

—. *Temblores de aire, en las fuentes del terror*. Trad. Germán Cano. Valencia: Pre-textos, 2003. Impreso.

Smith, Brian. "Old Allies, New Enemies: The Catholic Church as Oppsition to Military Rule in Chile, 1973-1979". *Military Rule in Chile*.

Dictatorship and Oppositions. Eds. Samuel Valenzuela y Arturo Valenzuela. Baltimore: The John Hopkins University, 1987. Impreso.

Smith, Steven. "Leo Strauss. The Outlines of a Life". *The Cambridge Companion to Leo Strauss*. Ed. Steven Smith. Cambridge: Cambridge University Press, 2009. Impreso.

Sombart, Werner. *El burgués. Introducción a la historia espiritual del hombre económico moderno*. Madrid: Alianza Editorial, 1993. Impreso.

Sorensen, Diane. "Tlatelolco 1968: Paz and Poniatowska on Law and Violence". *Mexican Studies/ Estudios Mexicanos* 18 (2002): 297-321. Impreso.

Spinoza, Baruch. *Ética demostrada según el orden geométrico*. Trad. Atiliano Domínguez. Madrid: Trotta, 2000. Impreso.

—. *Tratado Teológico-Político*. Madrid: Alianza Editorial, 1986. Impreso.

Spinoza, Benedictus. *Tratado Político*. Madrid: Alianza Editorial, 1986. Impreso.

Steinberg, Samuel. "'Tlatelolco me bautizó': Literary Renewal and the Neoliberal Transition". *Mexican Studies/ Estudios Mexicanos* 28.2 (2012): 265-86. Impreso.

Stern, Steve. *Battling for Hearts and Minds: Memory Struggles in Pinochet's Chile, 1973-1988*. Vol. 2. Durham: Duke University Press, 2006. Impreso.

Stewart, Jon. "Borges' Refutation of Nominalism in 'Funes El Memorioso'". *Variaciones Borges* 2 (1996): 68-86. Impreso.

Strauss, Leo. *Persecution and the Art of Writing*. Chicago: University of Chicago Press, 1988. Impreso.

—. *Thoughts on Machiavelli*. Chicago: The University of Chicago, 1958. Impreso.

Subirats, Eduardo. *Las poéticas colonizadas de América Latina*. Guanajuato: Universidad de Guanajuato, 2009. Impreso.

Sznajder, Mario. "A Case of Non-European Fascism: Chilean National Socialism in the 1930s". *Journal of Contemporary History* 28.2 (1993):s/p. Impreso.

Taibó, Paco Ignacio. *68*. Madrid: Traficantes de sueños, 2006. Impreso.

Talavera, Arturo Fontaine. "Trends toward Globalization in Chile". *Many Globalizations: Cultural Diversity in the Contemporary World*. Eds. Samuel Huntington y Peter Berger. Oxford: Oxford University Press, 2002. Impreso.

Thayer, Willy. "El golpe como consumación de la vanguardia". *El fragmento repetido: escritos en estado de excepción*. Santiago: Metales Pesados, 2006. Impreso.

Tomic, Radomiro. "'Everyone Knows What Is Going to Happen' Radomiro Tomic to General Carlos Prats". *The Chile Reader. History, Cutlure, Politics*. Eds. Elizabeth Quay Hutchison y otros. Durham: Duke University Press, 2014. Impreso.

Torres, Vicente Francisco. "Las influencias literarias de Revueltas: Micrós, Faulkner, Malraux". *Nocturno en que todo se oye: José Revueltas ante la crítica*. Ed. Edith Negrín. México, D.F.: UNAM ERA, 1999. Impreso.

Toscano, Alberto. "Review Essay: Beginnings and Ends: For, against and beyond '68". *New Formations* 65 (2008): 94-104. Impreso.

—. "¿Se puede pensar la violencia? Notas sobre Badiou y la posibilidad de la política (marxista)". *Nómadas* 25 Oct. 2006. Impreso.

Townson, Nigel. "Introduction". *Spain Transformed. The Late Franco Dictatorship, 1959-75*. Ed. Nigel Townson. London: Palgrave Macmillan, 2007. Impreso.

Tusell, Javier. *Spain: From Dictatorship to Democracy. 1939 to the Present*. Oxford: Blackwell, 2007. Impreso.

Tutino, John. *From Insurrection to Revolution in Mexico. Social Bases of Agrarian Violence 1750-1940*. New Jersey: Princeton University Press, 1988. Impreso.

UNAM. "Memorial del 68. Cronología". UNAM. 10 agosto 2016. Internet. <http://www.tlatelolco.unam.mx/docs/cronologia_memorial.pdf>.

Cámara de Diputados del Honorable Congreso de la Unión. *Código Penal Federal. Nuevo Código. Publicado en el Diario Oficial de la Federación el 14 de agosto de 1931*. México DF.: Ed. Parlamentarios, Secretaría de Servicios, 1931. Impreso.

Unión, PRD. Grupo Parlamentario del PRD en la LX Legislatura de la Cámara de Diputados del Congreso de la. *La guerra sucia en México y el papel del poder legislativo comparativo internacional*. México, D.F.: Centro de Producción Editorial, 2009. Impreso.

Valdés, Juan Gabriel. *Pinochet's Economists. The Chicago School in Chile*. Cambridge: Cambridge University Press, 1995. Impreso.

Valdivia, Verónica. "'¡Estamos en guerra, Señores!' El régimen militar de Pinochet y el 'Pueblo,' 1973-1980". *Historia* 1.43 (2010): 163-201. Impreso.

Valente, Ignacio. "Alone y su época". *El Mercurio* 1971. Apunte de romera. Impreso.

Valenzuela, Arturo. "The Military in Power: The Consolidation of One-Man Rule". *The Struggle for Democracy in Chile*. Eds. Paul Drake e Iván Jaksic. Revised edition. Lincoln: University of Nebraske Press. Impreso.

Valenzuela, Arturo, y Pamela Constable. *A Nation of Enemies. Chile under Pinochet*. New York: W.W. Norton & Company, 1991. Impreso.

Van Young, Eric. *La otra rebelión: la lucha por la independencia de México, 1810-1821*. México, D.F.: FCE, 2006. Impreso.

Vargas Rojas, Vanessa. "Nicanor Parra y la izquierda en sus 100 años: 'Yo lo relativizo todo, hasta la revolución'". *El desconcierto*. 9 mayo 2014. Internet. <http://www.eldesconcierto.cl/cultura-y-calle/2014/09/05/nicanor-parra-y-la-izquierda-en-sus-100-anos-yo-lo-relativizo-todo-hasta-la-revolucion/>.

Villalobos-Ruminott, Sergio. *Soberanías en suspenso. Imaginación y violencia en América* Latina. Buenos Aires: La Cebra, 2013. Impreso.

Volpi, Jorge. "Bolaño, epidemia". *Revista de la Universidad de México* 49 (2008): 77-84. Impreso.

—. *El fin de la locura. El delirante relato del derrumbe de las utopías revolucionarias*. Barcelona: Seix Barral, 2003. Impreso.

—. "El fin de la narrativa latinoamericana". *Revista de Crítica Literaria Latinoamericana* 30.59 (2004): 33-42. Impreso.

—. *La guerra y las palabras. Una historia del alzamiento Zapatista en Chiapas*. Barcelona: Seix Barral, 2004. Impreso.

Waite, Geoff. "Heidegger, Schmitt, Strauss: The Hidden Monologue, or, Conserving Esotericism to Justify Thehigh Hand of Violence". *Cultural Critique* Radical Conservative Thought in Transition: Martin Heidegger, Ernst Jünger, and Carl Schmitt, 1940-1960 69 (2008): 113-144. Impreso.

Walker, Ignacio. *Socialismo y democracia: Chile y Europa en perspectiva comparada*. Santiago: Cieplan-Hachette, 1990. Impreso.

Weber, Max. *Economía y sociedad. Esbozo de una sociología comprensiva*. México, D.F.: FCE, 2004. Impreso.

—. *El político y el científico*. Madrid: Alianza Editorial, 1979. Impreso.

—. *El político y el científico*. Trad. Francisco Rubio Llorente. Barcelona: Ediciones Altaya, 1995. Impreso.

—. "La aparición de las religiones". Trad. Enrique Gavilán. *Sociología de la religión*. Ed. Enrique Gavilán.. Madrid: Istmo, 1997. Impreso.

—. *La ética protestante y el 'espíritu' del capitalismo.* Trad. Joaquín Abellán. Madrid: Alianza Editorial, 2009. Impreso.

—. "Mi palabra final a mis críticos (Antikritisches Schlusswort Zum 'Geist Des Kapitalismus')". *Revista Mexicana de Ciencias Políticas y Sociales* 45.186 (2002): 224-273. Impreso.

White, Hayden. *The Content of Form: Narrative Discourse and Historical Representation*. Baltimore: John Hopkins University Press, 1990. Impreso.

—. *Tropics of Discourse. Essays in Cultural Criticism*. Baltimore: The John Hopkins University, 1978. Impreso.

Whitehead, Lawrence. *Latin America: A New Interpretation*. London: Palgrave, 2006. Impreso.

Williams, Gareth. *The Mexican Exception. Sovereignty, Police, and Democracy*. New York: Palgrave Macmillan, 2011. Impreso.

—. "Sovereignty and Melancholic Paralysis in Roberto Bolaño". *Journal of Latin American Cultural Studies: Travesia* 18 2-3 (2009): 125-40. Impreso.

Womack Jr., John. *Zapata y la revolución mexicana*. México: Siglo Veintiuno XXI, 2011. Impreso.

Zamorano, César. "Revista de Crítica Cultural: pensando (en) la transición". University of Pittsburgh, 2013. Impreso.

Zapata, Emiliano, y otros. *Plan de Ayala*. México, D.F.: CONDUMEX. Facsímil del Manuscrito. 28 noviembre 1911. 10 agosto 2016. Internet. <http://www.bibliotecas.tv/zapata/1911/PlandeAyala-28nov1911/z28nov11a.html>.

Zapata, Emiliano, y Francisco Villa. *Pacto de Xochimilco. Emiliano Zapata. Francisco Villa. 4 de diciembre de 1914*. México: Departamento del Distrito Federal, 1978. Impreso.

Zea, Leopoldo. *La filosofía en América como filosofía sin más*. México, D.F.: Siglo XXI, 1969. Impreso.

—. "Liminar. Revueltas, el endemoniado". *Los días terrenales*. Ed. Evodio Escalante. Edición Crítica. Madrid: Colección Archivos ALLCA, 1991. Impreso.

Zepke, Stephen. "Anita Fricek: la pintura contemporánea como mecanismo de crítica institucional". *Nómadas* 30 (2009): s/p. Impreso.

Zermeño, Sergio. *México: Una democracia utópica. El movimiento estudiantil del 68*. México, D.F.: Siglo XXI Editores, 2003. Impreso.

Zolov, Eric. *Refried Elvis: The Rise of the Mexican Counterculture*. Berkeley: University of California Press, 1999. Impreso.

Zuleta, Mónica. "La moral cruel colombiana". *Nómadas* 39 (2013): 262-265. Impreso.
—. "La moral de la crueldad". *Nómadas* 33 (2010): 13-29. Impreso.
Zurita, Raúl. *Anteparaíso*. Santiago de Chile: Editores Asociados, 1982. Impreso.

www.ingramcontent.com/pod-product-compliance
Lightning Source LLC
Chambersburg PA
CBHW021835220426
43663CB00005B/260